河北能源发展报告

（2021）

本书编委会 编著

中国言实出版社

图书在版编目(CIP)数据

河北能源发展报告. 2021 / 本书编委会编著. ——
北京：中国言实出版社，2022.3
ISBN 978-7-5171-4070-2

Ⅰ.①河… Ⅱ.①本… Ⅲ.①能源发展–研究报告–
河北–2021 Ⅳ.①F426.2

中国版本图书馆CIP数据核字(2022)第036357号

河北能源发展报告（2021）

责任编辑：薛　磊
责任校对：崔文婷

中国言实出版社出版发行
地址：北京市朝阳区北苑路180号加利大厦5号楼105室（100101）
编辑部：北京市海淀区花园路6号院B座6层（100088）
电话：64924853（总编室）　　64924716（发行部）
网址：www.zgyscbs.cn
E-mail：zgyscbs@263.net

经销：新华书店
印刷：固安兰星球印刷有限公司
版次：2022年5月第1版　　2022年5月第1次印刷
规格：710毫米×1000毫米　1/16　25.5印张
字数：300千字

定价：98.00元
书号：ISBN 978-7-5171-4070-2

河北能源发展报告（2021）
编委会

摘要

2021年是"十四五"开局之年，也是全面建设社会主义现代化国家新征程开启之年。河北省深入贯彻落实党中央、国务院关于统筹做好经济社会发展和碳达峰碳中和等决策部署，加快现代能源体系建设进程，能源供给结构持续优化，能源消费总量和强度"双控"有效实施，为经济社会高质量发展提供了有力支撑。

为全面、客观、系统性展示河北省能源发展总体情况，探索碳达峰碳中和、经济转型升级背景下适宜河北省能源转型升级的路径和发展模式，国网河北省电力有限公司经济技术研究院从研究角度出发，联合国网冀北电力有限公司经济技术研究院撰写了《河北省能源发展报告（2021）》，深入系统分析了2020年河北省能源发展态势，对2021年以及"十四五"期间河北省能源发展形势进行了研判，从服务碳达峰、碳中和、服务智慧城市、乡村振兴等角度开展专项研究，对于政府部门施政决策、能源企业、广大研究机构和社会公众研究、了解河北省能源发展具有较高的参考价值。全书内容报告五个部分：总报告、行业发展篇、服务碳达峰碳中和篇、服务智慧城市篇、服务乡村振兴篇及专题研究篇。

本书总报告介绍了河北省2020年能源发展基本情况，并对"十三五"期间河北省能源发展成效进行了总结，总体看来，河北省全省能源供应保障能力全面提升、基础设施不断完善，能源结构不断优化，为河北深化供给侧结构性改革，全力推动京津冀协同发展、雄安新区规划建设、冬奥会筹办三件大事提供了坚强有力保障。2021年，在碳达峰、碳中和的规划和"经济强省美丽河北"建设推动下，能源供给脱碳需要将清洁、安全和稳定相融合，终端消费脱碳需要将技术、市场和政策相统一，总报告章节从能源设施、能源供给、能源消费、能源体制以及新型电力系统构建等方面系统性提出相关建议。

本书行业发展篇，分别从河北省煤炭、石油、天然气、电力、可再生能源等各能源行业分析了2020年发展态势，对各行业2021年发展态势进行了展望，提出了在国家和河北总体部署下，各能源行业高质量发展的对策建议。

本书"十四五"展望篇，分别从能源资源开发与产业发展、能源供需分析与展望、能源关键技术与应用场景、终端能效与电气化水平预测等方面进行研究，以期从多角度为河北省"十四五"进行展望，并提出相关建议。

本书服务碳达峰碳中和篇，分析了当前我河北省碳排放主要特点，面临的主要挑战，结合国内外碳治理有效经验，从构建低碳产业体系、能源互联网示范省、低碳技术创新体系发展、低碳政策保障体系等方面提出相关建议，并针对光伏、储能、新型电力系统、氢能等重点难点问题开展了专题研究。

本书服务智慧城市篇，主要是从电力服务智慧城市入手，分析了雄安新区智能城市电网形态、智慧楼宇能源系统优化与控制、城市智慧变电站建设、交直流配电网应用场景，以期在技术基础、城市功能与发展空间等方面推动河北省智慧城市持续创新。

本书服务乡村振兴篇，聚焦乡村现代能源体系建设，探索研究了河北省乡村现代能源体系发展路径、乡村新型电力系统发展模式、农村地区典型负荷特征、乡村能源系统优化与控制，并从河北省县域资源环境经济协同发展角度提出对策建议。

本书专题研究篇，分别结合中、美部分地区限电事件分析了对冀北电网安全发展的启示，结合大数据研究了用户终端综合能源服务业务布局新模式，从推动市场化角度提出储能电站参与电力现货市场的建议，可为相关政策制定、策略研究提供借鉴参考。

目录

壹

总报告

2020—2021 年河北省能源发展形势分析与展望

一、河北省 2020 年能源发展基本情况

（一）经济运行总体向好

2020 年，全省坚持稳中求进工作总基调，践行新发展理念，把握高质量发展要求，深化供给侧结构性改革，全力推动京津冀协同发展、雄安新区规划建设、冬奥会筹办三件大事，实施重点行业去产能、工业转型升级、战略性新兴产业发展战略，经济增长稳中向好，稳中有进，全年全省生产总值增长 3.9%，为电力行业发展提供了良好的环境。

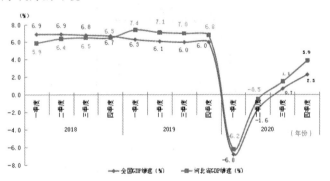

图 1 国内和全省 GDP 增速变化情况

数据来源：《2021 年河北省政府工作报告》

（二）能源供需总体平衡

能源消费方面，2020 年河北省能源消费总量约 3.27 亿吨标准煤。其中，煤炭消费约 24070 万吨，石油消费约 2445 万吨，天然气消费约 2213 万吨（均为折标数据），全省用电量约 3934 亿千瓦时。

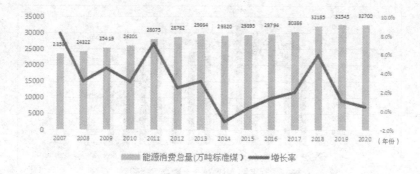

图2 2007—2020年河北省能源消费总量和增长情况

"十三五"以来，能源消费总量和强度"双控"有效实施，能源消费总量保持低速增长，"十三五"以来年均增长2.15%；能源消费结构加快优化，煤炭消费总量、占比双下降，煤炭消费占比由"十三五"初期的86.6%降至2020年的73.3%；清洁能源利用快速增长，天然气消费增加到2020年的180亿立方米；新能源发电量增加至2020年的504亿千瓦时。非化石能源品种消费来看，2020年煤炭消费24070万吨标准煤，较2015年减少5.44%，"十三五"年均增速为-1.11；2020年石油消费2445万吨标准煤，较2015年增加3.97%，"十三五"年均增速0.78%；2020年天然气消费2213万吨标准煤，较2015年增加128.14%，"十三五"年均增速17.93%。

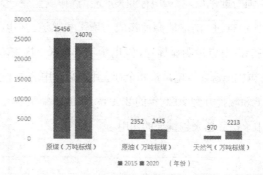

图3 "十三五"河北省化石能源消费变化

数据来源：《中国能源统计年鉴》

能源供给方面，2020年河北省能源生产总量0.5837亿吨标准煤，其中，煤炭产量4974.7万吨标准煤，石油产量543.5万吨，天然气产量5.6亿立方米。

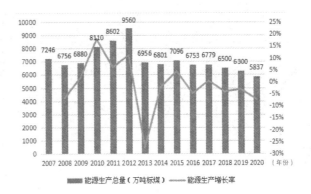

图 4 2007—2019 年河北省能源生产总量及增长情况

　　截至 2020 年底，河北南网新能源装机规模达到 1697.5 万千瓦，全口径装机占比达到 35.3%。其中，风电装机 383.3 万千瓦；集中式光伏装机 747.5 万千瓦；分布式光伏装机 566.7 万千瓦。冀北电网新能源装机规模达到 2874.5 万千瓦，占全网电源总量的 63.6%。其中风电装机 1958.2 万千瓦，集中式光伏 695.7 万千瓦，分布式光伏 180.6 万千瓦，生物质 35.6 万千瓦，储能 4.4 万千瓦。

　　"十三五"期间总体来看，河北省能源生产总量趋于稳定，以化石能源主导的能源生产总量已过峰值。2013 年受煤炭行业整体不景气、去产能等因素影响，能源生产总量呈现大幅减少。由于能源供给能力不足，河北省能源供给对外依存度较高。能源供应质量持续改善。强力推进煤炭、火电行业去产能，煤矿安全生产、煤电机组节能和油品质量改造升级加快推进。清洁能源逐步成为增量主渠道，风电、光伏均跨入千万千瓦级省份，可再生能源发电量明显提速，发电量年均增长 24% 左右。随着可再生能源发电的增加，可再生能源在发电总量和全社会用电总量中的占比也迅速增加，分别由 2015 年的 9.47%、6.86% 提升到 2020 年的 21.94% 和 16.39%，可再生能源在河北省能源转型和低碳发展中承担着越来越重要的作用。

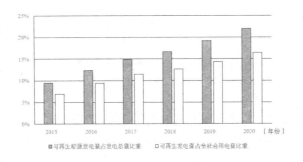

图 5 "十三五"河北省可再生能源发电量占比

（三）能源结构不断优化

（1）煤炭产量、消费量均呈下降趋势。河北省 2020 年煤炭产量 4974.7 万吨，煤炭消费量控制在 2.6 亿吨以内，整体呈现供不应求，消费量远大于生产量，缺口主要依靠进口和外省购入解决。2020 年河北煤炭生产、消费均呈现下降趋势，煤炭生产比 2019 年降低 2%，煤炭进口＋调入量保持在 2.1 亿吨左右。

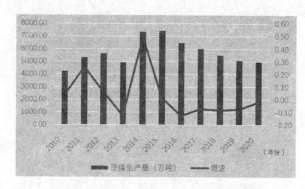

图 6 2010—2020 年河北省煤炭生产量及增速情况

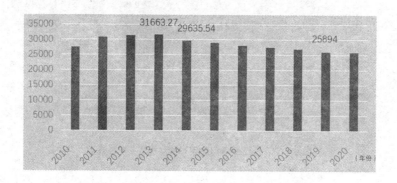

图 7 2010—2020 年河北省煤炭消费量和增长情况

（2）原油产量呈下降趋势。自 2009 年开始，河北省原油产量基本维持在 500 万—600 万吨之间，石油产量整体趋向平稳态势。2020 年河北省内原油共计生产 543.5 万吨，较 2019 年 550 万吨略有下降，下降 1.2%。石油消费量呈上升趋势。近十年，河北省石油消费量增长较快，2020 年河北省石油消费量达到 1700 万吨，较 2010 年上升 279 万吨。上升的主要因素一是经济和投资快速增长，二是交通运输发展拉动石油消费。

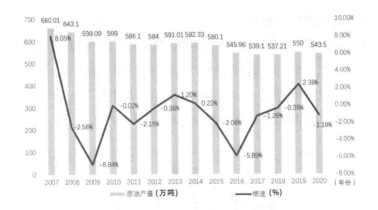

图 8 2010—2020 年河北省原油产量和增长情况

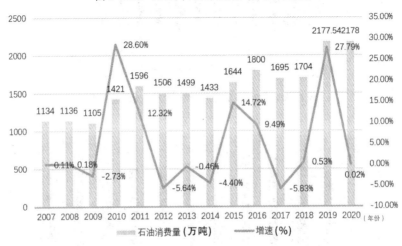

图 9 2010—2020 年河北省石油消费量和增长情况

（3）天然气产量呈逐年下降趋势，需求量快速增长，部分时段气源紧张。生产方面，随着我国经济放缓及替代能源的不断开发，近两年来天然气生产增速明显放缓，达到历史低点。省内天然气生产量自 2011 年开始增长，到 2014 年达到最大值，随后逐年下降。消费方面，一是随着天然气使用的普及和城镇化进程的加快，城市居民天然气需求量快速增长；二是随着国家对环境保护要求的提高和能源结构的调整，天然气工商业用户迅速增多，全省天然气需求量保持快速增长。

（4）可再生能源装机全国领先。"十三五"期间，河北省可再生能源装机规模持续扩大，2020 年底总装机达到 4761 万千瓦，其中水电、风电、光伏和生物质发电装机分别达到 182 万千瓦、2774 万千瓦、2190 万千瓦和 115 万千瓦，比

2015年分别增加0万千瓦、1251万千瓦、1910万千瓦、69万千瓦，可再生能源装机占全部装机比重由26%提高到48%，可再生能源的清洁能源替代作用日益突显。截至2020年底，河北省可再生能源装机占全国总容量比重的5.1%，排名全国第5，新能源装机排名全国第2，仅次于内蒙古。

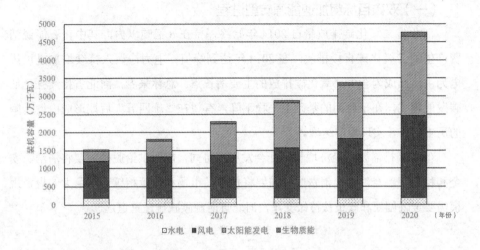

图10 "十三五"河北省可再生能源发电装机

（四）电力供需形势依然偏紧

近年来，河北南网与冀北电网负荷需求持续增长，网内机组无法满足尖峰时刻的电力需求增长，均出现了不同程度的电力供应紧张局面，需通过临时性购电、有序用电等措施保障电网安全。

2020年，河北南网负荷增长缓慢，电力供应充足，没有出现有序用电，但是河北南网夏季空调与冬季采暖需求增长较快，依靠加大区外购电（2020年河北南网最大外购电力1469万千瓦），方才满足了负荷增长需求。冀北电网实施京津冀北统一的电力平衡。2020年，冀北电网电力平衡情况良好，未出现因电力平衡缺口造成的限电情况。

二、河北省2021年及"十四五"能源发展形势

"十三五"以来，全省能源发展始终立足于能源资源实际，坚持节约能源与环境保护，为经济社会发展和生态文明建设提供了重要保障。"十四五"是河北

省推动经济转向高质量发展、跨越中等收入陷阱以及推进京津冀一体化战略实施的攻坚期，也是实现碳达峰碳中和、能源绿色低碳的转型期，河北将坚定不移走绿色发展之路，全力促进能源高质量发展。

（一）双碳目标将加速能源转型进程

河北省二氧化碳排放量自2014年始终保持在8亿吨以内，其中化石能源消费产生的二氧化碳直接排放，在2014年达到峰值；电力净调入持续增加且以煤电为主，已成为全省二氧化碳排放的主要增长点。总体来看，河北省持续强化低碳发展模式，在平台期的基础上平稳下降，有望在"十四五"后期形成由增转降的历史拐点，实现提前达峰。

但碳减排需要与经济增长、社会发展相协同，能源供给脱碳需要将清洁、安全和稳定相融合，终端消费脱碳需要将技术、市场和政策相统一，巨大的投资规模需要金融创新和政策扶持做支撑，河北省能源碳减排任重道远。

（二）能源供需矛盾将持续延续

现代化经济体系建设和生态文明建设对河北省能源发展提出新的定位，决定河北省能源消费结构将持续向"低碳化""少煤化"深度演进，河北省能源结构优化将更加突出绿色低碳的特征。随着经济社会发展和人民用能需求提升，河北省用能需求仍将刚性增长，未来天然气和电力占比将不断提高；同时，受环绕京津冀区域资源开发政策和环境治理措施影响，能源生产将低速增长、能源双控政策将保持从紧态势，能源供需矛盾短时之间难以消除。

（三）技术模式将进一步获得突破

随着先进储能、制氢储氢、新能源并网、智能电网技术将得到突破和广泛应用，信息技术将与传统能源行业深度融合，能源行业数字化转型将继续提速，能源互联网将加快发展，"互联网＋智慧能源"体系将加快形成，进一步推动能源生产革命和消费革命。

（四）能源体制机制改革将持续深化

在国家总体部署和推动下，河北省能源体制改革将在"十四五"进一步落地深化，制约能源行业发展的体制机制障碍将进一步消除，市场对能源资源配置能力将不断加强。

综合时间序列法和单位 GDP 能耗法预测，到 2025 年，全省能源消费总量控制在 3.55 亿吨标准煤，"十四五"年均增长 1.66%。省内煤炭产能压减至 4000万吨／年，原油、天然气产能稳定在 450 万吨和 5.5 亿立方米左右。电力装机容量 1.3 亿千瓦，其中煤电约 5000 万千瓦。煤炭实物消费控制在 2.76 亿吨以内，原油、天然气消费约 1770 万吨和 280 亿立方米，煤炭消费比重下降到 65% 以下，天然气消费比重提高到 9.5%。单位 GDP 能耗累计下降 15%，煤电单位供电煤耗降至 300 克标煤以内。新能源装机占比、发电量占比将大比例提升。化石能源电源将成为调节电源，新能源与化石能源之间的博弈将从激烈对撞向共存共生转变。预计到 2025 年，河北南网新能源装机不低于 3400 万千瓦，占比达 51%，首次超过常规电源装机规模，新能源电量占全社会用电量比重达 23.4%。

三、河北省"十四五"能源发展路径建议

（一）能源设施方面

加快电网建设。加强省内电网建设，完善省内 500 千伏主网架，2025 年河北南网建成"四横两纵"双环网，构建石家庄、邯邢、保定、沧州 500 千伏环网结构，实现与特高压电网、周边 500 千伏电网的有效衔接，构建结构合理、安全可靠、运行高效的坚强电网。推进 220 千伏电网项目建设，增强供电能力，消除一般电网事故风险；开展配电网建设改造，加快农网改造升级，提高电力普遍服务水平，高标准建设智能、高效、可靠的城市配电网，提高对新能源、电动汽车、储能和电代煤的接入适应能力。推进重大输电通道建设，加快国家规划的"西电东输"通道建设，提升现有通道受电能力，加快北京东、雄安、邢台特高压主变扩建工程，力争全部由 2 台主变扩建为 4 台。调整山西—河北输电通道，争取尽快实施山西、河北间 500 千伏网间联络通道改为点对网送电通道，同时将晋北、晋中特高压站接入山西 500 千伏电网，增加山西电网电力外送河北能力。推动新受电通道建设，积极对接陕西、内蒙古等西部能源基地省份，提前开展送电通道方案论证，争取列入国家"十四五"电力规划，"十四五"期间为承载区外电力受入，省内提前谋划增加特高压交流布点或直流换流站 2—3 个，同时支持山西省盂县二期电厂、鑫磊电厂向河北南网的"点对网"送电项目建设。加强电力供需衔接。统筹省内外发电资源，精准预测负荷需求，根据电力供需实际走势和供热需求并实施调整

制订优先发电计划，滚动安排各机组检修、优化电力平衡，严格管控发电设备非停受阻，统筹协调日前和日内电力平衡，科学指导全省电力生产和供应。

加快天然气管网建设。推进重点管线工程建设，推进中俄天然气东线、蒙西煤制气管线、鄂安沧管线等重要气源管线工程，积极推进煤层气入冀管道项目，建设神木—安平煤层气管道。加快曹妃甸LNG接收站建设，支持河北建投与中海油在现有曹妃甸预留岸线位置合资建设2000万吨级LNG接收站，争取"十四五"初期建成投产，支持中石油唐山LNG接收站扩建，曹妃甸LNG接卸总能力达到3000万吨／年，同步加快曹妃甸LNG外输管道建设。推进省内集输管网建设，完善支干线管网和输配管网体系，重点推进涿州—永清、涿州—清苑、秦皇岛—丰南沿海管线等天然气管道项目建设，打通曹妃甸LNG资源由海上向内陆输送的供气通道；加强省内管线与国家气源干线互联互通，保障天然气输送能力，在人口规模较小、管道接入经济性差等不适宜建设天然气管道的县区，因地制宜建设LNG点供设施，全面提升"县县通气"覆盖率。

加强应急储气、储油设施建设。积极发展天然气调峰设施，提升天然气应急调峰能力。推进大型储气设施建设，积极谋划宁晋岩盐地下储气库建设，支持重点通道城市加快发展储气设施，增强全省天然气应急调峰能力。配合国家战略石油储备建设，在曹妃甸等地区积极谋划石油储备基地，健全石油储备管理体系，以防范石油供给风险。探索建设天然气地下储库设施，在保证洞库稳定性和密封可靠的前提下，探索利用废弃矿井、衰竭气田储气库储存天然气。

加快城市热网建设。加快热源项目配套热网建设，结合城市周边煤电机组供热改造，加快推进配套大温差长输供热管线及既有热源置换热网工程建设，实现热源与热网衔接配套，充分发挥热源供热能力，探索将上安、西柏坡电厂等既有大型煤电的大量余热引入市区，解决了城市新增供暖需求，扩大热网供热能力和集中供热覆盖范围。推进城市主力热源互联互通、互为备用管线建设，尽早实现各类热源联网运行，强化热源保障能力，提升城市供热安全可靠性。加强老旧管网和换热站改造，重点改造运行年限15年以上或材质落后、管道老化腐蚀严重、存在安全隐患及跑冒滴漏现象的老旧管网，加强换热站自动控制，提高热网输配效率和供热装备技术水平，消除市政供热管网安全隐患。

探索开展天然气掺氢应用。推动形成天然气掺氢相关标准规范，支持通过天然气配送网络掺氢为家庭和企业供热可行性、测试天然气网络掺氢比例对天然气输配关键设备、材料、终端设备和电器的影响、掺氢天然气地下储存的技术和监测要求等领域的相关研究。

（二）能源供给方面

大力发展可再生能源。科学统筹新能源发展，综合考虑新能源发展、消纳及安全问题，加强电网、新能源以及其他电源规划布局，加强"绿电入冀"通道和电网配套项目建设，促进新能源资源在更大范围内优化配置。规范新能源并网标准。加强新能源向主导电源转变过程中的标准引领，发挥地方技术标准委员会的作用，明确符合河北省实际的设计、并网、运行、检测、结算等一系列标准体系，保障新能源健康有序发展。

压实传统能源支撑。持续推进煤炭增优减劣，巩固煤炭去产能成果，统筹考虑区域煤炭供应、优化布局，进一步提升煤炭供给体系质量，严格生产加工企业煤炭质量管理，确保供应符合使用、销售标准的合格煤炭。积极推进油气增储上产，优化布局炼油产业。多渠道拓展天然气气源，稳定产能。加快整合地方炼油厂，结合淘汰落后产能，加快推进曹妃甸炼化一体化基地建设，发展清洁油品、烯烃等炼化一体化项目，延伸炼油加工产业链，推动产业集聚发展。结合油品质量升级工程，依托现有炼油能力，打造石家庄、沧州现代化油品加工基地。

加快优化煤电结构。合理推进煤电项目建设，严格控制煤电投产规模，按照等容量替代原则建设，保障核准项目建设。稳定煤电产能，统筹利用压减煤量指标，实施等容量、减煤量、减排放替代，重点用于煤电建设，保持支撑电源规模稳定，针对特（超）高压交直流落点周边地区以及负荷集中地区，谋划建设大规模百万千瓦级煤电机组支撑电网，保障电力供应安全。淘汰关停落后产能，淘汰关停小型纯凝、违法违规、去产能配套、服役期满以及环保、节能不达标机组，"十三五"期间累计淘汰关停234.15万千瓦。建设先进高效机组，以等容量减煤量减排放为前提，支持新建机组应用先进清洁高效发电技术，鼓励应用超超临界、二次再热等先进技术，探索60万千瓦等级超超临界供热机组、超临界水蒸煤发电等前沿技术应用；在沿海地区以及负荷中心区，利用先进技术建设超超临界大型支撑电源；在热负荷集中稳定的开发区、工业园区，规划建设背压机组。优化热电布局，对城市建成区内的石家庄热电、邯郸热电、唐山热电等燃煤火电机组，在保障供电供热安全前提下，稳妥实施退城搬迁；对城市周边的热电机组，运行期满后可综合考虑建设、交通、环境、供热等因素，采用最先进的环保节能技术，科学选择厂址等容量建设新机组；在建设条件较好的县城连片区域、石家庄、邯郸、唐山等大中城市周边建设大容量、高参数热电联产机组。提升在运煤电机组水平，继续推进现役煤电机组汽轮机通流改造、锅炉烟气余热回收利用、电机变频等综合节能改造，统筹周边热负荷需求加快 30 万千瓦等级及以上纯凝机组供热改造，到 2025 年，全省在役煤电机组平均供电煤耗降至 300 克标准煤／千瓦时以内；推进燃煤耦合生物质发电技改试点，加快任丘热电、邯峰电厂等 6 个国家试点项目建设，适时扩大应用范围；探索开展碳捕捉技术试点，降低煤电行业碳排放水平。

（三）能源消费方面

全面实施能源节约和梯次利用。强化能源消费约束，扎实开展能源消费总量和强度"双控"行动，落实节能目标责任制，严控高耗能产业发展，实施高耗能企业能耗天花板制度，协同推进产业结构和用能结构优化调整，严格节能审查制度，强化节能标准约束，坚决限制不合理用能，有效调控新增用能。加强重点领域节能，以工业、建筑和交通领域为重点，深入推进技术节能和管理节能，实施重点用能单位"百千万"行动，加强工业领域先进节能工艺和技术推广，开展既有建筑节能改造，新建建筑严格执行 75% 节能标准，推进大宗货物运输"公转铁"，建设绿色交通运输体系，鼓励开展合同能源管理等节能服务业，加强电力需求侧管理，全面提高能效水平。完善节能措施引导，完善峰谷电价、阶梯气价等价格政策，扩大差别电价实施范围，加大惩罚性电价实施力度，实施非居民用气季节性差价、可中断气价；探索用能权初始分配制度，创新用能权有偿使用，培育发展交易市场，促进能源资源优化配置高效流动。

优化煤炭消费结构。继续压减煤炭消费，深化政策限煤、工程减煤、提效节煤、清洁代煤，综合施策、精准发力，逐步降低高耗煤行业用煤总量和强度，加快产业结构向高新高端产业转变，推进钢铁、焦化、水泥等重点行业去产能，对电力供热等行业实施改造提升和节煤挖潜，实施工业窑炉、燃煤锅炉等集中供热替代和清洁能源置换，对新增耗煤项目严格执行煤炭减（等）量替代。大力实施散煤替代，因地制宜采取集中供热、改电、改气和改新能源等方式，加快替代居民生活、工业、服务业、农业等领域分散燃煤，推进传输通道平原农村生活和采暖散煤基本清零、山坝等边远地区推广使用洁净煤；严格执行民用燃煤质量标准，加强劣质煤管控。深入推进煤炭清洁高效利用，稳定煤电装机规模，加快淘汰落后产能，利用淘汰关停煤电机组容量，等容量减煤量减排放替代建设大型高效机组，保障电煤比例；构建高端煤化工产业链条，科学有序推进煤制油、煤制气。

扩大清洁能源利用。推动新能源规模化利用，发展以清洁能源为主的多能互补分布式能源系统，积极推进太阳能供暖、制冷技术在建筑领域应用，提高太阳能、风能、生物质能就地消纳水平，有效控制弃风弃光率，结合受电通道建设，增加省外水电等清洁能源电力在河北省消纳利用，持续提高非化石能源消费占比。大力实施电能替代，以居民采暖、公共建筑、生产制造、交通运输为重点，扩大电力消费，提升电气化水平。推广应用电蓄热、电蓄冷设备和热泵等节能高效新技术、新设备，促进电力负荷移峰填谷；扩大电锅炉、电窑炉技术在工业领域应用，推广靠港船舶使用岸电和电驱动货物装卸，支持空港陆电等新兴项目推广，加快充换电基础设施建设，到2025年形成百万级电动汽车充电服务能力。拓展天然气消费，结合新型城镇化和乡村振兴战略实施，积极稳妥扩大天然气利用规模，优先保障民生用气，同步拓展公服、商业、交通用气，鼓励发展天然气分布式能源，有序发展天然气调峰电站。

（四）新型电力系统构建方面

推动各级电网协调发展。加快跨区输电通道建设。充分发挥现有特高压通道输电能力，持续提升利用效率；大力推动新增特高压等跨区输电通道建设，扩大受电规模；优化通道配套电源结构，提高输送清洁能源比重，确保清洁电力"受得进"。提升主网架承载能力。持续优化各级电网结构、提升装备水平，搭建好风光水火等能源资源优化配置平台，保障不同类型电源并网消纳，确保清洁电力"落得下"。加快建成现代化城乡配电网。落实乡村振兴、新型城镇化等国家战略，助力服务民生改善，发展多形态电网，提高规划精益水平；实施农村电网巩固提升工程，推进国际领先城市电网建设，建成现代化城乡电网，确保清洁电力"用得上"。

做好新能源接网服务。针对新能源与送出工程建设周期不匹配问题，开辟风电、光伏发电等新能源配套电网工程立项和建设"绿色通道"，加快接网工程建设，确保电网电源同步投产。深化应用新能源云，为新能源规划、建设、并网、消纳、补贴等全流程业务提供一站式服务，实现接网全环节高效化、透明化。扩大清洁能源交易规模。落实省间优先发电计划和年度交易结果，扩大省间清洁能源交易规模，提升清洁能源受电占比；探索雄安全绿电交易；构建适应新能源快速发展的市场机制。

提升系统调节能力。推动抽蓄电站建设。滚动开展河北南网调峰需求分析，配合政府有关部门做好抽蓄电站中长期规划编制；根据新能源发展和电网运行客观实际，提出抽蓄电站布局和建设时序优化建议；加快抽蓄电站接网工程建设，保障电站及时并网。全力推进火电灵活性改造。持续深化调峰辅助服务市场建设，推动存量火电机组全面开展灵活性改造，新增火电机组全部按灵活性标准建设。支持新型储能规模化应用。滚动开展新能源消纳能力分析，向政府有关部门提出储能建设规模、布局和时序建议。大力支持电源侧、用户侧储能发展，开展新型储能调控关键技术研究，制订电化学储能调度运行管理规范；明确电化学储能并网技术要求，开展储能调度并网检测，确保储能设施安全合规并网。提升需求侧调节能力。建设用户侧资源聚合服务系统，整合储能、分布式电源、工业生产、居民用电等多种可调节负荷资源，深度参与需求响应市场、辅助服务市场和现货市场。协同调度控制系统，加强负荷预测和控制能力建设。编制不小于最大负荷20%且覆盖最大电力缺口的有序用电方案。建立"需求响应优先、有序用电保底"的需求侧管理模式，在"源网荷储一体化"上取得突破。

（五）能源体制方面

推进能源体制改革。建立统一开放、竞争有序的现代能源市场体系。实行统一的市场准入制度，在制订负面清单基础上，鼓励和引导各类市场主体依法平等进入负面清单以外的领域，推动能源投资主体多元化。推进石油、天然气、电力等领域价格改革，有序放开竞争性环节价格，建立优先发电和优先购电制度，完善抽水蓄能、储能等调峰设施的辅助服务机制。推动建设能源大数据中心，开展国内外能源领域大数据的采集、整理、分析和应用，面向政府和社会提供能源行业宏观调控、产业发展、公共服务等领域的数据支撑。

完成成本疏导机制。支持河北省中长期、现货、辅助服务与容量市场建设，鼓励灵活性调节资源参与电力市场交易；完善需求侧响应市场化激励机制，引导用电负荷主动削峰填谷；优化峰谷分时电价，合理拉大峰谷价差，推动实现源网荷储调峰成本的合理疏导。发挥市场配置资源决定性作用。推动碳市场和电力市场协同发展，将电能价格与碳排放成本有机结合，提高清洁能源的市场竞争力。

健全监督考核管理体系。创新监管方式，建立省级主管部门与各市、县政府部门之间上下联动、横向协同、相互配合的能源监管工作机制。建立方案实施、监督检查、评估考核机制，完善能源结构转型任务落实督促检查和第三方评价机制，探索可再生能源电力配额目标考核机制。加强项目节能评估审查，对不符合能源政策和节能标准的高耗能项目，不得办理相关许可手续。

（本书编委会）

贰

行业
发展篇

2020—2021年河北省煤炭行业发展形势分析与展望

一、河北省煤炭行业发展概况

（一）河北省煤炭资源基本情况

河北省作为我国炼焦煤的主要产出地之一，煤炭资源较为丰富。全国共有十四个大型煤炭基地，河北是其中之一。煤炭种类齐全，最主要以长焰煤—肥煤为主。不粘煤、褐煤、长烟煤主要分布在河北北部的张家口—承德一带，整体煤气变质程度偏低，河北南部煤变质程度相对较高，比如气煤、无烟煤。

2020年根据中国煤炭工业协会公开中国煤炭企业排名资料表明，河北省冀中能源集团有限责任公司以2118.55亿元的年收入位列全国第五；开滦（集团）有限责任公司以829.39亿元位列全国第十五名。全省煤炭、火电去产能完成初级阶段目标，"十三五"期间煤炭累计压减4810万吨，火电减少1340万千瓦。

表1 2020年中国煤炭企业50强省份分布

数量排名	地区	企业数量
1	北京	8
2	山西	7
3	内蒙古	6
4	河南	4
5	安徽	4
6	山东、陕西	3
7	河北、辽宁	2
8	黑龙江、新疆、广西、四川、湖南、甘肃、吉林、重庆、贵州、江苏、浙江	1

受河北省持续加大去产能力度等多方面的影响，尽管2019年从外省购入的煤炭量有减少趋势，但由于购入量减小趋势低于煤炭总量减少趋势，造成购入煤炭占比仍有所增加。

（二）煤炭资源在能源结构中占比情况

大力发展清洁能源，降低煤炭等传统能源在能源结构中的占比，是解决能源转型等问题的关键。作为煤炭消耗大省河北煤炭占比相当高，即使近几年在去产能等各种政策的引导下，煤炭在能源总量中的占比有下降趋势，但占比仍然处于高位，短期内河北省的经济发展、能源消耗仍以煤炭为主。

按照电热当量法，将各类能源通过折算系数转换为标准煤进行汇总，计算得到终端能源总消耗（万吨标准煤），同时折算煤炭消费（万吨标准煤），由此可得到煤炭占终端能源的消费比重。"一煤独大"特征明显，煤炭占比高于全国23个百分点，电煤比重低于全国15个百分点，非化石能源比重低于全国9个百分点。新中国成立70多年来，河北省能源消费结构不断完善优化，传统能源在能源消费中的比重不断下降。在我国工业高速发展期，煤炭能源占比由85%提高到92.5%。2009年之后，煤炭能源占比开始缓慢下降。

（三）河北省煤炭应急保障能力情况

2020年，河北省发展改革委、省生态环境厅、省应急管理厅三部门联合印发的《河北省煤炭应急保障储运中心监督管理办法（暂行）》提出，加强煤炭应急保障储运中心监督管理，确保煤炭储备基地能力到位、规范运行，充分发挥应急保障作用。在储煤能力上，储煤场地要根据辐射范围内所供应的电煤、重点行业用煤和民用煤需求情况，原则上占地面积100亩左右。按照"日常存煤＋季节存煤＋应急存煤"原则，静态储煤能力达到20万吨以上。

在运输能力上，储运中心必须具备铁路专用线和装卸车条件及相应发运能力；具备相匹配的、必要的配送运输车辆和应急供给功能。

在安全保障上，储运中心要严格落实安全生产责任制，建立健全安全生产规章制度和操作规程。必须具备完善的安全、消防、应急等防护系统。具备监测预警、安全防护、灭火装置、紧急处理等设施，在有较大危险因素的生产经营场所和有关设施、设备上设置安全警示标志。

此外，应按规定要求配备完善的煤炭质量检测设施和基本配煤设备。铁路货台与储煤场分离的，鼓励建设皮带管廊等方式进行封闭运输。

二、河北省煤炭行业发展情况分析

（一）河北省煤炭供需现状分析

河北省 2020 年煤炭产量 4974.7 万吨，煤炭消费量控制在 2.6 亿吨以内，整体呈现供不应求，消费量远大于生产量，缺口主要依靠进口和外省购入解决。2020 年河北煤炭生产、消费均呈现下降趋势，煤炭生产比 2019 年降低 2%，煤炭进口＋调入量保持在 2.1 亿吨左右。

1. 煤炭产量呈下降趋势，2020 年河北省原煤累计产量 4974.7 万吨，同比降低 2%

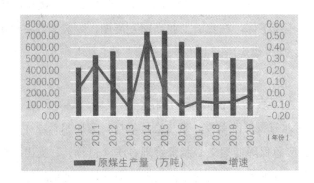

图 1 2010—2020 年河北省煤炭生产量及增速情况

截至 2016 年底，河北省煤炭保有量近 250 亿吨，位居全国第九，焦炭保有量居全国第四，原煤产量居全国第十一。

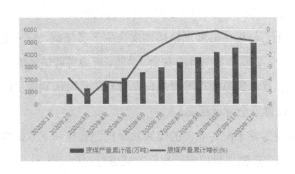

图 2 2020 年河北省原煤产量及增速（1）

图 3　2020 年河北省原煤产量及增速（2）

2.2020 年煤炭消费量控制在 2.6 亿吨以内，呈逐年降低趋势

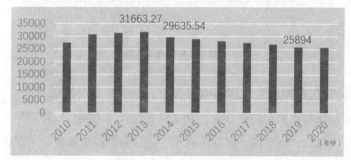

图 4　2010—2020 年河北省煤炭消费量走势（万吨）

近几年，煤炭需求保持低速增长，产能过剩压力长期存在。我国已进入传统能源稳步发展与新能源加快开发并存的新时期，太阳能、核电、风电、水电等清洁能源替代作用逐步增强，对煤炭挤压效应将逐步显现，煤炭需求将进入长期低速增长期。

3.省内煤炭整体供不应求，煤炭自给率不断下降

全国煤炭 50 强中，冀中能源集团 2020 年营业收入居第五位，河北开滦集团居第十五位。煤炭产量全国排名分别为第十和第十七。河北省煤炭生产主要集中在唐山、邯郸、邢台三地，占全省产能九成以上。

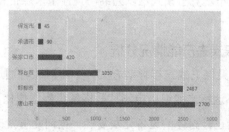

图 5　河北省各地市煤炭产能（万吨／年）

煤炭对外依存度偏高。2020 年煤炭产量 4974.7 万吨，煤炭消费量控制在
2.6 亿吨以内，煤炭外供约 2.1 亿吨，占煤炭消费总量比例的 78.07%。近年河北
省煤炭缺口情况见下图。

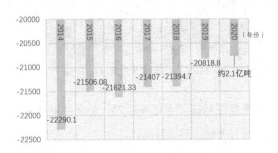

图 6 煤炭缺口情况（万吨）

4.煤炭价格基本稳定，或有小幅下降

煤炭经济下行态势已持续 3 年，众多煤企经营压力剧增。特别是今年以来，
煤炭产销量下降、价格下滑、库存居高不下，企业利润大幅减少，煤企亏损面已
超 80% 以上。煤炭企业同质化竞争加剧，具有一定发展潜力但抗风险能力较弱的
中小企业将被优势企业收购兼并，煤质差、成本高等缺乏竞争力的煤矿将会陆续
退出市场。从秦皇岛煤价波动情况来看，5500 千卡／千克的动力煤价格由 2011
年最高点的 860 元／吨下降到目前的 420—450 元／吨，但煤炭市场供需总体偏紧，
世界主体经济继续复苏，国际能源和煤炭需求旺盛，而市场供应依然偏紧，因此
国际煤炭价格将大幅上涨。国内电厂补库存需求比较旺盛，加上建材、化工等煤
耗行业刚性煤炭需求带动。预计煤炭市场价格有望回升。

但受煤炭需求低速增长、煤炭产量严重过剩、库存居高不下、运煤通道逐步
缓解、进口煤冲击等因素影响，稳定煤炭市场价格难度较大，"以量补价""让
利不让市场"的传统市场竞争模式难以为继，预计未来煤价将长期处于低位。

（二）河北省煤炭去产能情况分析

《河北省打赢蓝天保卫战三年行动方案》中，河北将通过执行一系列的标准
及相关法规，倒逼不达标产能退出市场。严格禁止新增焦化、钢铁、水泥、电解
铝等产能，严格防治已经封停的设备死灰复燃。据河北省发改委消息，2020 年河
北省煤炭行业化解过剩产能关闭（产能退出）20 处煤矿，计划去产能 627 万吨，
实际去产能 783 万吨。

根据《煤炭行业化解过剩产能验收办法》和《河北省煤炭行业化解过剩产能验收细则》标准，对于存在安全隐患、超过《煤矿安全规程》采深规定、每年产能小于30万吨及煤质较差等情况的煤矿做到有序退出市场，经省、市、县逐级验收，2020年煤炭行业化解过剩产能关闭（产能退出）的开滦集团荆各庄矿业分公司等20处煤矿（产能783万吨）符合产能退出条件。在2020年，省钢铁煤炭火电行业化解产能工作领导小组结合化解过剩产能任务目标及河北省具体实施情况，经过协商研究，对河北省退出煤矿名单进行了调整，计划退出产能总量由627万吨调整为783万吨，增加156万吨。关闭煤矿数量20处。

表2 2016—2020年河北省煤炭去产能情况（单位：万吨）

2016 年	2017 年	2018 年	2019 年	2020 年
1458	1125	1401	1006	783

（三）推进清洁取暖工程，加强清洁能源替代

截至2020年3月，统计数据河北省煤改电、煤改气工程的覆盖人数突破759万户，而河北省2019年的统计数据是535万户。国家电网启动的煤改电工程成果显著，在京津冀地区，北京市的煤改电用户突破123万户，天津市的煤改电用户数突破40万户。

自北方地区展开声势浩大的清洁取暖工程以来，河北省及周边地区使用散煤过冬取暖的用户数已经从2400万户减少到了1000万户，每年的散煤使用量也从每年5600万吨减少到了每年2300万吨左右，冬季燃煤取暖所带来的空气污染明显大幅度缓解。在2019年，国网河北电力公司完成了29.2万户的煤改电任务，总计实施了煤改电单体工程1825项，新增容量155.8万千伏安，新建改造路线7637千米。上述一系列的工程可以让河北省的煤改电用户在供暖季单户节省3吨左右的散煤，这对雾霾天气的改善具有重大意义。

据环境部门的数据，冬季使用散煤过冬对空气环境的破坏严重，散煤燃烧污染物排放量是电厂排放的15倍左右。目前，京津冀地区还是存在着1000万户烧煤过冬，因此煤改电、煤改气等清洁取暖工程会继续推进。

国网河北电力公司在2020年的煤改电计划是以电定改，以此方式推进煤改电工程，同时坚持宜气则气、宜电则电、因地制宜的方针政策，多措并举持续推进河北地区的煤改电、煤改气，清洁取暖工程。邯郸市已经在2020年3月试点开始了清洁取暖工程建设，邯郸市在2020年10月底完成了426998户的清洁取

暖改造任务，具体为煤改气 382260 户，煤改电 44738 户。

三、河北省煤炭行业发展形势展望

虽然近几年煤炭消费比重逐年下降，但在未来很长一段时间内，煤炭仍然会在河北省能源体系中占主体地位。河北省经过几年的能源结构调整优化，全省在构建多元化的能源供应体系方面已经取得初步成效。石油供应能力稳步发展，天然气供应基础快速提升，核能供应保障大幅增强，可再生能源供应体系得到快速发展，为未来能源多元化建设提供了有利条件，能源安全供应得到了保障。

（一）发展形势

1. 煤炭行业供需形势总体平稳

河北省是能源消耗大省，虽然煤炭占能源消耗的比例呈现下降的趋势，但其占比仍然很高。预计短期内河北省能源行业发展对煤炭的依赖程度不会明显下降，简而言之，目前河北省经济社会的发展离不开煤炭能源。2020 年河北煤炭生产、消费均呈现下降趋势，煤炭生产比 2019 年降低 2%，煤炭进口＋调入量保持在 2.1 亿吨左右。煤炭行业总体趋势平稳，波动不大。

2. 煤炭价格或将以稳为主，小幅回升

在国家政策的宏观调控下，结合目前的经济形势，2020 年的煤炭价格不会有太大波动。综合来看，预计煤炭供应将总体充足，煤炭需求将保持增长，煤炭市场供需形势将总体平衡，煤炭价格或将以稳为主，小幅上升。其表现为：中长协动力煤价将回到绿色区间（500—535 元／吨），月度长协价和现货价格中枢将回到黄色区间（570—600 元／吨）；焦煤焦炭价格与去年持平或略有上升。

3. 电煤需求有所增加，供应总体稳定

针对解决电煤、LNG 等重要能源物资公路运输受阻问题，河北省发展改革委紧急协调相关部门，保证此次疫情期间，交通运输系统不设卡、不拦车、不封路，省内高速公路及主干公路畅通。特别是石家庄、邢台等地，主动联系辖区重点运输企业，对接有关部门，及时了解民生重点车辆运输需求，构筑"绿色通道"，保障电煤、LNG 等重要能源物资车辆优先通行。积极协调解决县乡村卡口限制通行问题，对向石家庄、邢台地区运输应急物资的持有通行证的车辆，保障优先便捷通行。

河北省发展改革委印发通知，要求开滦集团、冀中能源集团要切实组织好电煤生产，认真履行电煤中长期合同，在保证安全生产的前提下，加大省内电煤供应量；各市迅速组织力量，认真摸排本辖区内铁路沿线各煤炭集运站（发煤站）煤炭资源存储情况，纳入全省电煤保供范围，以备电厂应急调用。

河北省发展改革委要求，为进一步确保煤源保障到位，各地要督促指导电力企业加强与煤矿、铁路部门的沟通，落实所需资源和运力；帮助企业协调解决在环保、用地、运输等方面的实际困难，提高储煤能力，保证电煤库存平均可用天数保持在 10—15 天。指导煤炭应急储备基地抓紧组织电煤采购入库，提升应急保障能力，对省内电煤库存较低的电厂，及时动用储煤基地应急储备提升库存；有关部门要搞好协调保障，确保应急状态下调得出、用得上。

（二）发展展望

1. 炭生产消费清洁化约束压力增强，需加快煤炭消费的清洁替代

未来将呈现能源清洁化、低碳化、绿色化不断增强的不可逆转的趋势，作为能源消费大省，占比最高的煤炭行业肩负能源结构转型的重要使命，应该持续保持较高的关注度。为大力推动煤炭行业转型升级，应从生产与消费两端施策，将着力点放在供给侧结构性改革，在技术创新和管理创新两个方面持续发力。

河北省 2021 年煤炭行业生产总量将继续缓慢减少，但在能源总量中的占比依然很高。面对能源转型形势，河北省将继续加大电改力度，实施绿色经济调度，增强电网对可再生能源的消纳能力，提高清洁能源占比。河北省加强跨区输电的基础设施建设，鼓励河北省清洁能源较少地区采取灵活的方式与西部张家口、承德地区清洁能源丰富地区加强合作，提升风能、太阳能丰富地区外送清洁电力的规模和保障能力。同时，河北省将在天然气价格及储气调峰能力方面加强规划建设，确保全省"煤改气"推得开、用得起。

2. 煤炭消费总量变化主要看电力需求情况

分析目前煤炭消费构成，电力需求的煤炭消费占煤炭消费总量的 60% 左右，由此判断，2021 年的煤炭消费总量仍将以电力需求煤炭量为主导。分析河北省其他能源发展形势，风能、太阳能等清洁能源发展迅速，天然气储气量也相对充足，其他能源的用能替代，可能会造成煤炭消费总量略有下降，但由于煤炭在经济性方面具有一定优势，所以需求量下降趋势将比预期缓慢。

四、河北省煤炭行业发展对策建议

碳达峰、碳中和背景下，各个能源行业都在积极推进能源生产和消费的革命，能源绿色消费不断深入。清洁高效利用能源和稳步推进绿色消费是近几年河北省能源结构转型的重中之重，尤其是发电行业在煤电清洁与节能改造方面不断深入推进。针对河北省煤炭行业转型发展，主要发展建议如下：

一是调控煤炭生产总量，保持供需基本平衡。煤炭产能过剩实质是违规产能过剩，即擅自扩大产能（超能力）、未批先建、批小建大。三部委联合印发的《关于遏制煤矿超能力生产规范企业生产行为的通知》明确提出，遏制煤矿超能力生产，制止未核准先生产、未取证就生产，营造公平的市场竞争环境，保障煤矿安全生产，促进煤炭行业平稳运行。因此，建议河北省调控煤炭生产总量，保持供需基本平衡，使煤价回归到合理水平，促进煤炭行业健康发展。

二是加快推进清洁供暖。河北省可通过采取，"煤改电""煤改气"，宜电则电、因地制宜、多措并举的方式加快推进清洁取暖工程，同时，大力发展清洁能源供暖方式，如风电、光伏发电、光热能、浅层地热能与地热能等，尽快完成河北省生活和冬季取暖散煤替代。在全省尤其是农村地区，加大劣质煤的管控力度，把控工业、民用燃煤质量，对销售和使用劣质煤的行为严厉打击，抽检覆盖率实现全面覆盖河北省散煤煤质网点。制订措施及标准，加快燃煤锅炉综合整治，尽快淘汰不达标燃煤锅炉；对达标燃煤锅炉进行提标改造，争取达到更低排放标准，大力推广清洁高效的燃煤锅炉。

三是加大税收减免力度，切实减轻企业负担。当前煤炭市场供大于求的态势难以改变，市场下行压力依然较大，受需求不足、产能过剩影响，煤炭销售更加困难，煤炭企业面临较大生存和发展压力，企业税负过重成为突出问题。据悉财政部目前正在研究将煤炭增值税税率由现在的17%调减为13%，若能下调，必将减轻煤炭企业负担。建议尽快将煤炭增值税税率降到合理水平，尽快取消铁路建设基金，坚决遏制各种乱收费，进一步减轻企业负担。

四是利用市场化手段，尽快淘汰落后产能。淘汰煤炭落后产能是优化煤炭产业结构的重要手段，是控制煤炭总量的重要举措。2020年河北省煤炭行业化解过剩产能关闭（产能退出）20处煤矿，计划去产能627万吨，实际去产能783万吨，产能过剩现象将仍然存在。建议加大淘汰落后产能步伐，注重使用经济手段，充分发挥市场调节作用，避免出现依靠行政手段淘汰落后产能而造成"越淘汰越多"的尴尬局面，确保不符合政策要求、规定和安全生产的煤矿尽快退出市场。\

（胡梦锦、李嘉恒）

2020—2021年河北省石油行业发展形势分析与展望

一、河北省石油资源及行业发展总体特征

（一）河北省石油资源及行业发展基本情况

河北省原油近几年生产相对稳定，但加工量逐步提升。从1963年，黄骅的第一口油井，到后来的华北、冀东和大港三大油田，为全省工业发展奠定了基础。从1978—1986年，河北省原油产量都超过1000万吨，最高时在1979年产量1733万吨。后来逐年减产，原油年产量维持在约500万吨。

1949年前，河北省几乎没有石化工业，全省境内只有3家小企业。经过几十年的发展，在省委、省政府政策的相关支持下，企业的数量逐渐从少到多，规模逐渐从小到大。

（二）河北省主要油田简介

1.华北油田

华北油田，主要业务是石油和天然气勘探与生产。石油和天然气资产价值超201.29亿元。业务区域主要在河北省中部地区、内蒙古中部和河北省南部及山西沁水地区。在河北中部、内蒙古石油和天然气生产基地共有53个油气田。

2.冀东油田

冀东油田，主要业务是石油和天然气勘探与开发及销售业务。位于渤海湾北部沿海，东与辽宁省分界，西与天津市分界，北到燕山南麓，南到渤海5米海图水深线。油田勘探开发业务地域为唐山、秦皇岛和唐海等两个市七个县，总共面积6300平方公里。陆续开发了高尚堡、柳赞和杨各庄等7个油田。

3.大港油田

大港油田，主要业务是石油和天然气勘探与开发。油田范围为东至渤海，西临河北中部平原，东南与山东省接壤，北临天津和唐山两地交界处，地跨津、冀、鲁3省市25个区、市、县。勘探开发是从1964年1月开始，业务还包括石油工

程技术服务、石油生产服务；制造加工主要包括两个机厂；社会服务包括物业管理、教育、卫生等开展多种经营，业务实力较强。

二、2020 年河北省石油行业发展情况分析

（一）石油供需缺口有增加趋势

1. 石油产量趋向平稳态势

2020 年河北省石油产量 543.5 万吨，全省石油产量上榜 2020 年全国石油产量 10 强的第 9 位。

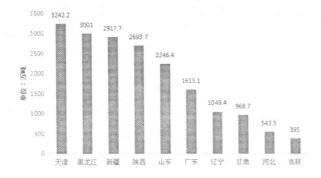

图 1 2020 年全国原油产量 10 强

自 2009 年开始，河北省原油产量基本维持在 500 万—600 万吨之间，石油产量整体趋向平稳态势。2020 年河北省内原油共计生产 543.5 万吨，较 2019 年550 万吨，下降 1.2%。

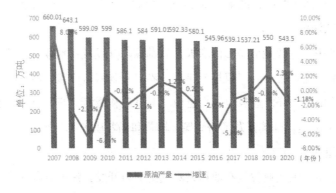

图 2 2007—2020 年全省原油产量及增速

2. 河北省石油消费量呈逐年上升趋势，供需缺口有增加趋势

近几年，河北省石油年消费量增长趋势明显，2019年，河北省石油消费总量达到2177.54万吨，与2007年比较上升1043万吨，上升92.02%。增长的主要因素：一是社会经济和投资快速增长；二是交通运输发展近一步拉动石油消费。但随着经济增速放缓以及河北省能源结构转型，2017年较2016年下降105万吨，下降5.8%。受2019年河北省经济运行稳中向好的总体形势影响，2019年，全省石油消费量较2018年有较大提升，提高27.79%。

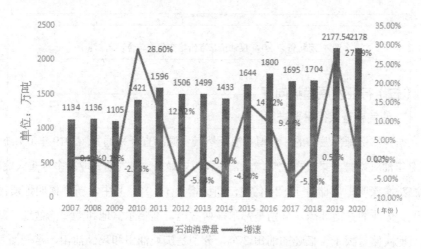

图3 2007—2020年全省石油消费量及增速

3. 成品油价整体波动较剧烈

2020年是历史上比较特殊的一年，这过去的一年里，世界经历了前所未有的新冠肺炎疫情的冲击，同样这一年也是经济艰难复苏的一年，国际原油表现跌宕起伏，我们同样见证了欧佩克谈判破裂、超规模减产、"负油价"。

在疫情和国内外的影响下，河北省油价整体波动较剧烈，2020年上半年一直处于降价，其中3月17日，全省汽、柴油价格（标准品）每吨分别降低1015元、975元，为最大的降价幅度。油价下半年才开启慢速震荡上涨的态势。

从价格变化情况来看，2020年河北省成品油价格呈现先降后升的态势，根据国内成品油定价机制"十个工作日一调"原则，2020年共有13轮的油价调整。2020年河北省进行的成品油价格调整情况为"五次下跌、八次上涨"，89号汽油、0号柴油，年末较年初分别下跌875元/吨（10.6%）、845元/吨（11.62%），

整体价格变化较小。

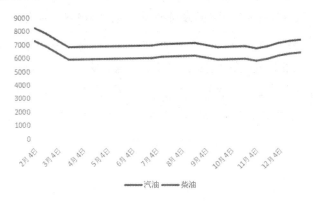

图 4 河北省 2020 年度油价基准价格变化（单位：元／吨）

（二）行业发展趋势向好

1. 油气勘查取得重要进展

据自然资源部发布的《全国石油天然气资源勘查开采通报（2019 年）》统计，2019 年油气勘查开采投资大幅增长，达到历史最高。油气勘查取得多项重大突破，石油新增探明地质储量 11.24 亿吨，同比增长 17.2%。其中，新增探明地质储量大于 1 亿吨的盆地 3 个，分别是鄂尔多斯盆地、准噶尔盆地和渤海湾盆地；新增探明地质储量大于 1 亿吨的油田 2 个，分别是庆城油田和玛湖油田。常规油气勘查不断在新区、新领域和新层系取得突破，开采技术的创新促进了油田高效开发。2020 年河北省石油产量 543.5 万吨，其中华北油田原油产量 416 万吨，超额完成 2 万吨，生产天然气 3.18 亿方，超额完成 0.18 亿方，开发态势稳中向好。冀东油田探区集陆地、海滩于一体，新建产能 108 万吨，油气当量年产量 145 万吨。大储量油田的开发和新技术的突破都为河北省石油供应提供了安全保障。

2. 石油行业与新能源协调发展

我国为应对气候变化提出"双碳"目标。石油作为化石能源，在利用过程中有二氧化碳排放问题。因此，石油公司的传统业务和市场空间交将被压缩。在大部分国外石油公司下调石油产量，加快转型的背景下，国内石油公司在保证石油供应的前提下，逐渐向绿色转型。石油企业传统业务与新能源业务的发展协同规划，在原有的油气规划中同步规划以风电、太阳能、地热、氢能等方向发展，依据自身优势发展多种清洁能源为主的综合能源。2018 年，冀东油田在唐山曹妃甸建成了国内单体最大地热集中供暖项目，曹妃甸新城共计 230 万平方米地热供暖。

2019 年，华北油田完成首个具有自主知识产权的地热供暖项目，形成了一套可推广、可复制的地热开发利用模式。华北油田在偏远井站推广使用"光伏 + 天然气发电"供电模式。油田充分发挥地质勘查人才队伍作用，立足油田并服务周边地区等外部市场，推动公司由单一油气能源供给向"油气 + 新能源"综合开发利用转型升级发展。

3. 石化行业结构性改革成果显著

"十三五"时期，河北省石化行业重点打好行业结构调整、产品质量提升、绿色发展三大攻坚战，取得较好的成效。在石化行业传统产业提质、改造和创新方面，河北省也取得了不少成绩。2020 年，全省石油和化学工业顶着突如其来的新冠疫情，在环境、安全等高压管控态势及市场大幅波动情况下，坚持新的发展理念，在产业转型中求突破，全力推动化工绿色发展，不断提升化工生产的安全管理，尽全力稳定生产。经过一年来的努力，石化行业产业结构得到进一步优化，企业创新能力得到不断增强，大多数企业通过调结构、创新驱动，走上可持续发展的道路。2020 年，河北省石化行业统计企业 1740 家，与 2019 年基本持平。2020 年全行业工业增加值和销售产值都实现了稳步增长。

4. 石化行业产量增长，能耗持续下降

石油化工产业不仅是河北省的主要产业，而且在整个国民经济的发展中发挥着重要作用，也是我国的支柱产业之一。2020 年，河北省统计的 31 种主要石化产品，有 12 种产品产量有所增长。增长量较大的是烧碱增长 8.7%，氮磷钾复合肥增长 10.1%，尿素增长 6.3%，磷肥增长 11.9%，钾肥增长 38.2%，塑料制品增长 12.6%，煤油增长 27.73%，合成橡胶增长 13.2%。

随着经济的发展，能源消费量越来越大，石油的对外依存度越来越高，节能降耗是企业提升利润，进一步提高能源利用效率的重要手段。2020 年，河北省石化行业综合能耗同比下降 10.2%。其中石油和天然气开采量同比下降 1.4%，石油、煤炭及其他燃料加工业下降 7.3%，化学原料制品业下降 12.9%，橡塑制品业下降 11.5%。

（三）行业发展的机遇与挑战

1. 国家加快油气体制改革

2020 年 1 月 9 日，自然资源部《关于推进矿产资源管理改革若干事项的意见（试行）》，在中华人民共和国境内注册，净资产不低于 3 亿元人民币的内外资公司，均有资格按规定取得油气矿业权。根据不同于非油气矿产的勘查开采技术特点，实行油气探采合一制度，油气探矿权人发现可供开采的油气资源的，在报告有登记权限的自然资源主管部门后即可开采，并在5年内签订采矿权出让合同，依法办理采矿权登记。探矿权、采矿权在内的市场准入全面放开，将改变油气勘查开采领域主要由几家国有公司专营的局面。外资企业、民营企业等各类市场主体加入，将进一步激发市场活力，从更多渠道吸引资金，形成以国有石油企业为主体、多种经济成分参与的市场体系，有利于进一步提高国家能源保障能力。

2020年9月30日，国家管网集团举行油气管网资产交割暨运营交接签字仪式。按照约定，国家管网集团与中国石油、中国石化、中国海油、中国诚通、中国国新、社保基金会、中保投基金、中投国际、丝路基金共同签署的资产交易协议和增资扩股协议于今日24时正式生效，国家管网集团全面接管原分属于三大石油公司的相关油气管道基础设施资产（业务）及人员，正式并网运营，这标志着我国油气管网运营机制市场化改革取得重大成果。

2. 低油价下石油行业面临挑战

我国是世界上最大的石油进口国，是低油价最大的受益者。但低油价对国内的石油企业来说是更大的挑战。由于油价下跌，石油企业利润下降甚至部分企业出现亏损，导致能源企业面临巨大挑战。石油企业主要利润来源是上游勘探开发板块，据统计油价最低已跌至石油开采区块边际生产成本以下。低油价使稳定勘探开发压力增加，上游再次进入"寒冬"。油气需求增速明显放缓，油品库存压力加大。疫情暴发以来，我国成品油需求明显下降，库存压力显著增大。油气重大装备生产放缓，油服工程项目交付周期延迟。油价低，全球油气勘探开发投资正面临全面收缩，油气开发工程与技术服务行业将面临无法如期完工、大规模失业等严峻挑战。

3. "双碳"目标下石油行业发展

全球石油行业正面临重大调整，能源转型不仅是环保要求，也将基于成本变革，低油价将催生产业科技变革加快。据中石油"世界与中国能源展望研究"课题数据显示，"双碳"目标下，中国石油需求将在2025年前后达峰，近几年石油消费将逐渐增长，河北省2019年石油消费总量达到2177万吨，与2015年比较上升533.54万吨，上升率为34.45%。石油消费量的增长为能源安全带来较大影响，这就要求我国石油企业在国外积极参与世界石油资源的开发与合作，在开放的格局中维护我国能源安全。在国内采取有力措施，加快调整产业结构、能源结构，加快推进石油消费方式转变，持续提升石油利用效率，组合发展光伏发电、风力发电、地热等可再生能源，推动石油消费尽快达峰。

三、河北省石油行业发展对策和建议

2021年，是我国"十四五"规划开局之年，同时也是河北省全面建设经济强省、美丽河北的关键一年。任务艰巨而繁重，面对当前国际经济动荡，需进一步推动结构调整和科技进步工作，突出行业高质量发展。

（一）积极适应形势强化降本增效

2020年的低油价使行业猝不及防，但价格战再次显示了成本和科技的重要性。科技是成本的关口，成本是科技的反馈。掌握行业的核心技术将以低的成本获得较高的利润，提升市场竞争力，抵御市场风险。低油价倒逼石油企业推进降本增效，减少开支。加强油气产业链精细化管理，在控制生产成本、勘探支出、无效低效投资、人员成本等方面下功夫，强化内部管理，注重安全生产。在油气行业的关键技术领域，尤其在深水勘探开发技术、页岩气与致密油气低成本开发技术等方面存在瓶颈。要注重研发关键创新技术，创造新的效益增长点，增强投资回报率。

（二）促进石油行业绿色低碳发展

在我国碳达峰碳中和目标下，石油行业低碳化发展需要依靠科技创新，推动绿色生产和工艺，节能减排、生态保护和清洁生产，促进从粗放型生产经营向集约高效型转变，统筹温室气体和污染物的协同控制。努力降低油气勘探开发活动中的碳排放，包括尽量缩短勘探开发活动的周期、由原油勘探开发转向天然气勘探开发、将相对分散的勘探开发活动逐步集中于某一特定区域或领域等。实现勘探开发活动与新能源业务协同发展，将光电、光热等新能源业务与二氧化碳驱油、蒸汽驱油等传统油气生产工艺相结合，在提高油气产量的同时降低二氧化碳排放水平。重视发展碳捕集与封存等相关技术，直接减少油气勘探开发活动中的碳排放水平，降低其对环境的不利影响，增强公众对油气资源可持续利用的信心。

（三）推动石化产业向数字化转型

当前，数字经济的发展已经成为经济持续发展的推动力，我国各行业都在大力发展数字经济。而石油化工行业是资产密集型行业，具有生产管理复杂、运行维护烦琐、环境保护压力大的特征，更需要加快数字化转型的步伐，通过大数据、物联网技术的应用，提高设备管理、生产管理、供应链管理的数字化水平。

（四）把握机遇加快发展

河北省经济发展面临较大挑战，技术瓶颈、生产环境的制约，都给能源企业带来较大压力和挑战。要充分利用京津冀和雄安新区大发展以及"一带一路"深入推进的难得机遇，大力开拓思路，加快促进科技创新、技术进步，实现高质量发展。在战略方面，要紧紧围绕国家机关、央企、大学、院所、大集团，进行全面对接和嫁接，快速推动产业合作，转移成果、引进人才。化工行业企业要紧抓"一带一路"建设的机遇，不断谋划自己的出路和园区建设。通过这些举措，把河北变成国家、京津和雄安新区发展的腹地、基地。在战术方面要充分吸收外来技术，不断壮大自身实力，注重吸收、消化、引进和生产一些与北京、天津高新技术和高端领域相配套的产品，实现区域协同发展。

（赵贤龙、冯冲）

2020—2021年河北省天然气行业发展形势分析与展望

一、河北省天然气行业总体特征

近年来，出于对优质能源供应和环境保护等因素考虑，天然气作为新型清洁能源越来越得到重视。随着气源不断拓展，河北省天然气供给紧张的情况得到一定程度的缓解。在未来新的市场环境下，河北省将继续积极拓展资源获取通道，加快与国家主干管网互联互通，快速推动天然气业务发展。

（一）河北省天然气供需情况

1. 天然气供应情况

"十三五"末期，河北省实现全省主干网及区域互联互通，建成了覆盖广、多层次的管网设施，打造了统一、安全的调运设施，形成"区内成网、区域连通、调运灵活、供应稳定"的供气格局，有效支撑天然气供应。

随着河北石油炼制业发展，河北省各地市政府为改善居民燃料结构，减轻环境污染，方便居民生活，相继成立液化石油气公司，向居民供应液化石油气。为应对环境变化，促进节能减排，河北省不断提高天然气在能源结构中的比重，2019年河北省城市天然气供气总量达58.17亿立方米，增速达13.8%，较上年增速提高8.4个百分点。

2. 天然气需求情况

在实施大气污染防治和北方地区清洁采暖行动计划，和大幅削减煤炭总量迫切形势下，天然气在实现清洁能源替代和保障能源供需平衡方面发挥着重要作用。2011—2019年期间，河北省天然气消费在能源消费总量占比总体呈逐年增长状态。"十三五"期间，随着河北省加快调整能源结构并大力推进清洁能源建设，天然气消费需求迅猛增长。2019年全年，全省天然气消费155.48亿立方米。同时，随着河北省"煤改气"工作的深入推进，天然气消费在能源消费总量中占比不断上升。

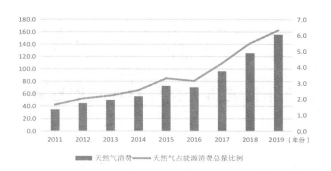

图 1 2011 年—2019 年河北天然气消费量及占比（单位：亿立方米、%）

来源：《中国能源统计年鉴》

2018 年，河北省安排新增"气代煤"145.1 万户，结转 21.6 万户，合计 166.7 万户。在"煤改气"政策的强力推动下，河北省居民采暖及工业燃料用气需求激增，消费规模呈跨越式增长。2019 年，河北省城市天然气用气人口数量增至 1657.74 万人，同比增长 3.7%。

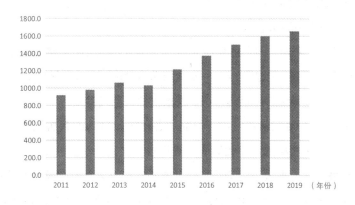

图 2 2011 年—2019 年河北天然气用气人口（单位：万人）

来源：国家能源局官网

（二）天然气基础设施建设情况

河北省积极推进重点天然气基础设施项目建设，逐步构建了"一张网、多气源、互联互通、功能互补"的天然气输送网络，初步建立了包括国家气源干线、省际供气支线、省内集输管线、省际联络线、城镇管网和调峰储气设施的天然气基础设施网络。

1．天然气固定资产投资情况

为鼓励燃煤替代，提高清洁能源消费占比，国家和河北省在加强环保监管的同时，出台了一系列优惠和补贴政策，极大地推动了"煤改气"实施。2018年河北省燃气固定资产投资达14.63亿元。

2．天然气管网情况

河北省是天然气国家气源干线和省内支线较为发达的省份，目前已经形成包括国家气源干线、省际供气支线、省内集输管线、省际联络线和城镇管网的天然气基础设施网络，县（市、区）管道通气率达95%。截至2019年底，河北省天然气的供气管道长度达35355公里，比上年同期增长29%。到2020年，全省主干网及区域管网互联互通，途经河北省的天然气管道包括陕京一、二、三、四线，中俄东线，永唐秦管道、秦沈管道，大唐制煤气管道、冀宁线、冀宁复线，安济线，鄂安沧管道，沧清一、二、三线等，形成"内区成网、区域联通、调运灵活、供应稳定"的供气格局，有效支撑天然气消费比例快速提高。

3．天然气储气设施情况

根据国家要求，县级以上地方政府到2020年形成不低于保障本行政区域3天需求量的储气能力。2018年以来，为提升河北省天然气应急保供能力，保障全省达到日均3天储气调峰需求，中央预算内投资3.07亿元，省财政厅从大气污染防治专项资金中列支2亿元实施以奖代补。按照天然气需求预测，国家安排河北地方政府3天储气能力指标为26.85万水立方（1.61亿方），目前，河北省累计建成储气设施项目90个、28.86万水立方（1.73亿方），能够满足日均3.4天用气需求。根据国家要求，城燃企业到2020年要达到年供气量5%的储气调峰能力，国家下达河北省城燃企业储气能力规划指标为7亿方。河北省考虑到燃气企业数量众多，全部布局建设储气设施会存在规模小、投资大、分布散、多处占地和运行安全等问题。根据《关于加快推进天然气储备能力建设的实施意见》中"调整并停止储气任务层层分解的操作办法，避免储气设施建设小型化、分散化，从源头上消除安全隐患"的最新要求，经省政府同意并呈报国家发展改革委备案，河北省不再要求城燃企业规划建设小型储气设施，而由河北建投新天公司统筹规划建设曹妃甸LNG接收站大型储罐群工程。

（三）河北省燃气市场情况

1. 气源拓展情况

一方面，河北省持续加大省内资源勘探开发，稳定省内常规天然气产量。另一方面，省政府不断深化与三大油战略合作，相关部门多次召开全省天然气供需合同签订调度会，组织三大油天然气销售河北分公司和省内燃气企业调研天然气产供储销体系建设，印发《关于做好天然气供用气合同签订等工作的通知》《关于做好今冬采暖季天然气保供等工作的通知》等文件，督促各市组织燃气企业及早足额签订供气合同，进一步提高全省气源保障能力。

2. 用气价格水平

为支持企业复工复产、共渡难关，坚决执行"压非保民"基本原则，2020年2月，河北省严格落实国家发展改革委通知，阶段性降低非居民用气成本。在现行天然气价格机制框架内，提前实行淡季价格政策，尽可能降低企业用气成本。执行政府指导价的非居民用气，以基准门站价格为基础适当下浮，尽可能降低价格水平。价格已放开的非居民用气，鼓励天然气生产经营企业根据市场形势与下游用气企业充分协商沟通，降低价格水平。

3. 燃气转供代输及投资建设

将城镇转供代输及配气价格纳入《河北省定价目录》，实行政府定价或政府指导价。梳理城镇转供代输及配气价格；按照省有关规定减少转供代输环节，从严审核转供代输价格。规范燃气企业投资建设，由燃气企业投资建设的市政管网、市政管网至建筑区划红线外的管网，企业自用的储气设施以及其他与配气业务相关的设备设施等，纳入配气价格有效资产；建筑区划红线内按法律规定由燃气企业承担运行维护的成本以及燃气表后至燃具前燃气企业服务成本，纳入企业经营成本。

4. 燃气安全管理工作

城镇燃气方面，至2022年底，河北省将为城镇既有管道燃气用户加装具有自动切断功能的安全装置，强化燃气行业安全管理，确保用气安全。农村燃气方面，持续推进农村燃气代煤改造工作，1000万余户村民用上了清洁高效的天然气，为改善大气环境质量、提升村民生活品质发挥了重要作用。出台《关于加强农村管道燃气安全管理工作的指导意见》，全面加强农村管道燃气安全管理，建立燃气企业黑名单制度和燃气市场准入与退出机制，对出现质量安全事故、气源供应不足、运营服务不到位的燃气企业责令整改。

二、2020年河北天然气行业发展面临的问题

2020年9月，国家主席习近平在联合国生物多样性峰会上的讲话中宣布：中国将提高国家自主贡献力度，采取更加有力的政策和措施，二氧化碳排放力争于2030年前达到峰值，努力争取在2060年前实现碳中和。天然气作为一种相对清洁的能源，其战略地位不断提升。但同时也应注意到，河北省天然气产量逐年下降，需不断依靠外省天然气输入以维持供需平衡；天然气行业存在着消费大幅增长、用气人口不断增加与气源不足及储气能力建设受制约的结构性矛盾。

（一）天然气产量远低于外省供应量

河北省天然气自产潜力不大，对外依存度高，受国内外市场影响大。河北省天然气气源主要有三个途径：一是省内生产；二是外省调入；三是小量"制气"。目前，河北省天然气产量较小，2016—2019年河北省天然气产量逐年下降，分别为7.8亿、7.4亿、6.2亿、5.8亿立方米，天然气供应中大部分主要依靠"三大油"从外省调入。

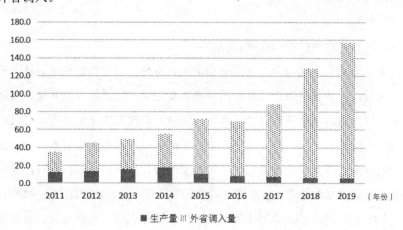

图3 2011年—2019年河北天然气产量和调入量（单位：亿立方米）
来源：《中国能源统计年鉴》

2020年及"十四五"期间，随着"碳达峰、碳中和"目标的提出及逐步落实，天然气作为化石能源向非化石能源过渡阶段的最优选择，其消费需求仍在不断增长，对外依存度将持续升高。

（二）气源及储气建设制约因素较多

1.气源问题是制约天然气产业发展的瓶颈

从河北省近几年供应情况和局势来看，供给不足问题将在一段时间内存在，主要表现为冬季供气供给不足（据调查，北方城市冬季高峰用气为夏季的近3倍）。部分大中城市冬季天然气需求量大，导致部分采暖锅炉无气可用，居民生活受到严重影响。天然气供气不足导致部分出租、公共车辆停运，交通受阻。

2.储气建设不足导致天然气保障能力薄弱

目前河北省供应气源较少，储气建设是摆在行业主管部门面前重要任务之一。一是用气高峰月日调峰能力不足，受北方地区冬季取暖用气大幅攀升等因素影响，河北省冬夏季用气峰谷差较大，且冬季用气量波动幅度大。二是储气设施建设制约因素较多，选址难、土地利用手续办理时间长、安评和环评要求严格是制约储气设施建设的主要问题，除前期手续外，地质勘探、工程设计、土建工程建设长达12—16个月，短期内无法建成投产。三是储气设施投资回收期较长，储气设施项目投资大，淡季闲置时间长，购储销价格倒挂，投资效益低，企业投资建设的积极性不高。

（三）天然气价格问题有待解决

长远来看，河北省天然气发展仍面临成本高昂及波动的挑战。从天然气成本价格来看，其产业链中产生费用的环节主要包括：天然气勘探开采、国际天然气采购、国内运输储藏三大部分。其中，国内上游政策壁垒正在逐渐打破，投资主体逐渐多元化，上游竞争加强将带来技术的进步，勘探开采成本将有效压减。随着政府输配费用监审的不断完善，管输费的制订将更加合理；同时，随着管网公司独立，互联互通加强，未来管道利用效率将得到提升，输配费用下降空间较大。

因此，天然气价格主要不确定因素在于国际天然气采购部分，原因是国际进口资源议价受产业调整、气候变化及政治干预等不可控因素影响较大。2020年以来，受全球新冠肺炎疫情影响上游油气勘探开发投资不足，加之高温极寒等极端气候频发对全球天然气供需格局产生较大影响，日益剧烈的供需矛盾直接导致全球天然气价格波动明显加剧；国际天然气价格大幅波动也传导至国内，国家统计局2021年8月最新发布的液化天然气（LNG）价格环比上涨10.2%。

与此同时，河北省天然气消费需求分布发生较大变化，逐渐转移到生活消费、工业和服务业领域。在宏观经济增长放缓的"十四五"时期，上述用户对天然气价格也将更加敏感。因此，河北省仍需在天然气成本控制、运行优化、定价机制方面进行研究分析，以提高天然气经济性、降低气源成本及中间环节费用为天然气发展目标。

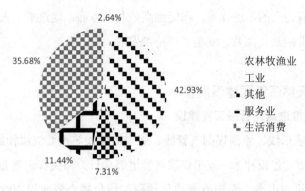

图 4　2019 年河北天然气用气情况分布

来源：《中国能源统计年鉴》

三、2021 年河北天然气行业发展展望

短期来看，根据产业与用能预测，河北省天然气消费仍将有 10—15 年的稳健增长期，为改革创新、优化发展预留了时间窗口；长远来看，国家"碳达峰、碳中和"目标的提出对天然气乃至全部能源行业发展将形成持续而深刻的影响，河北省必须以新目标、高起点、全视野规划天然气行业发展大局，深入推进能源生产和消费革命，加快优化调整能源结构，增强能源安全保障能力，提升能源发展质量效率，减少能源开发利用对生态环境的影响。下面分别就天然气发展近期目标、管网建设、储气建设及利用方向提出了发展展望。

（一）近期目标

"碳达峰、碳中和"目标的提出，对天然气行业发展产生了深刻的影响。天然气碳排放系数为 $1.6tCO_2/tce$，与煤炭、石油相比碳排放压力较小。因此从近期看，天然气仍是化石能源向非化石能源过渡阶段的最优选择之一，"碳达峰"前仍将是我国能源体系"碳减排"的重要抓手。

"十四五"期间，在河北省初步建成清洁低碳、安全高效的能源体系，基本实现能源消费绿色化、传统能源清洁化、低碳能源规模化、能源利用高效化。其中，在能源消费结构方面，天然气消费市场稳健增长，天然气占能源消费总量比重达 11%；在能源供给结构方面，能源生产保持稳定，天然气产量稳定在 10 亿立方米左右；在能源布局结构方面，重点输气管线、省内互联互通天然气管网和储气调峰设施基本建成；在能源市场方面，基本形成"主体多元、竞争有序、公平开放、监管有力"的市场体系。在能源高效利用方面，促进扩大天然气发展利用，保证油气行业清洁、高效、安全、可持续发展。

（二）天然气管网建设展望

1. 持续推进重点管线工程建设

推进中俄东线、蒙西煤制气管线、鄂安沧管线等重要气源管线工程；推进煤层气入冀管道，建设神木—安平煤层气管道等项目。加快曹妃甸 LNG 接收站建设，支持河北建投与中海油在现有曹妃甸预留岸线位置合资建设 1000 万吨级 LNG 接收站，争取 2022 年建成投产，同时支持中石油唐山 LNG 接收站扩建，曹妃甸 LNG 接卸总能力达到 2000 万吨／年。

2. 加快省内天然气集输管网建设

提高燃气应急储备能力，2025 年管道分输能力争取达到 1.5 亿方／日。完善支干线管网和输配管网体系，重点推进涿州—永清、京石邯复线、秦皇岛—丰南沿海管线等天然气管道项目建设，打通曹妃甸 LNG 资源由海上向内陆输送的供气通道；加强省内管线与国家气源干线互联互通，保障天然气输送能力，在人口规模较小、管道接入经济性差等不适宜建设天然气管道的县区，因地制宜建设 LNG 点供设施，全面提升"县县通气"覆盖率。

（三）储气设施建设展望

1. 优化储气设施建设布局

重点推进曹妃甸千万吨级液化天然气（LNG）接收站及外输管道工程建设，2022 年，采暖季前一期工程投产；加快宁晋盐穴储气库项目前期工作；构建由曹妃甸 LNG 接收站及外输管道、宁晋盐穴储气库功能互补、旺淡季协同运作的储气设施项目群；积极推进黄骅港 LNG 接收站项目前期工作，2022 年底前获得国家核准并开工建设；鼓励全省通道城市重点地区集中建设一批较大规模的 LNG 储罐，2025 年底前再建成 20 座 20 万立方 LNG 储罐，新增储气能力 400 万立方，累计达到 434.81 万立方。

2. 发展天然气应急调峰设施

扩建中石油唐山 LNG 现有接收站，新增 4 座 16 万立方 LNG 储罐，新建曹妃甸 20 个 20 万立方 LNG 储罐，力争 2022 年再建成 8 个，到 2025 年全部建成投入运营；在 LNG 接收站、电力负荷中心等区域布局 5 个左右 9F 或 9H 天然气调峰电站，提高系统调峰能力，优化电网调度运行；在公共交通服务区、大中型公共建筑及综合商业区等建设楼宇式天然气分布式能源系统，在有冷热电负荷需求且负荷较为稳定的城市新区、各类园区、旅游服务区等建设区域式天然气分布式能源系统，提高能源利用效率，调节天然气运行峰谷差。

（四）天然气利用方向展望

天然气行业与国计民生息息相关。天然气作为最清洁低碳的化石能源，行业发展要努力保持，高质量稳定发展，助力实现"碳达峰、碳中和"目标。

近中期，重点满足能源消费增长和新能源波动调峰需求；中长期，真正实现天然气与新能源融合发展，并结合碳捕集、利用与封存（CCUS）等碳中和技术进步，积极探索和推动天然气等化石能源"集中利用 +CCUS"的近零排放商业模式。2040 年前，城镇燃气重点满足新型城镇化建设和清洁取暖推进带来的城镇燃气用能缺口；稳步拓展工业"煤改气"，以打造低碳工业园区为着力点，助力重点工业领域碳达峰。有序推动交通用气发展，引导天然气逐步退出公共交通领域，推动 LNG 在重型载货汽车、大型载客汽车、船舶等长途远洋交通领域应用；满足化工产业需要，合理引导化工原料用气发展。

四、2021 年河北省天然气行业发展对策建议

"碳达峰、碳中和"加快了天然气发展步伐，为进一步推进天然气在河北省城镇燃气、工业燃料、交通燃料、燃气发电等领域高效利用，还需精准调节天然气供需关系、加快天然气储气能力建设，同时进一步完善油气体制改革，降低用气成本。

（一）调节天然气供需关系

在落实全年天然气供应基础上，注重科学精准调度，落实采暖季高峰月、高峰日天然气供气，确保全省天然气供需基本平衡。一是结合往年实际用气情况，密切监测天然气供需形势和天气变化，科学预测分析"十四五"期间各年份及采暖季用气需求、用气结构和高峰月（日）用气负荷。二是及早签署天然气供用气

合同，抓紧组织中石油、中石化、中海油"三大油"天然气销售河北分公司和省内重点燃气企业对接协调，互通用气需求和供气能力，力争多供增供。三是加强油气管道保护工作，严格履行燃气企业安全生产主体责任，加大风险隐患排查力度，严防重大安全事故发生，确保天然气安全稳定供应。

（二）加快天然气储备能力建设

落实国家规定"地方政府具备日均 3 天储气能力和城镇燃气企业具备年用气量 5% 的储气能力"储气标准要求，加快完成储气调峰能力建设。一是优化储气设施建设布局，根据市场需求，在重点城市建设一批较大规模的 LNG 储罐、推进现有 LNG 接收站扩大储罐规模，提高区域调峰能力；积极发展峰谷差超过 4:1、6:1、8:1、10:1 地区，梯次提高建设目标，优先建设地下储气库、沿海 LNG 接收站和重点地区规模化 LNG 储罐。二是建立健全投资运营模式，健全投资回报价格机制，加快构建储气调峰辅助服务市场机制；推行储气设施独立运营模式地下储气设施以及储气设施经营企业独立运营、独立核算、专业化管理，实现储气价值显性化；完善终端销售价格疏导渠道，营造储气设施有合理回报的市场环境。三是深化体制机制改革，加快天然气基础设施互联互通和公平开放，推进储气产品交易体系建设，通过市场形成合理季节性价差。

（三）推进油气体制改革

在推进天然气价格市场化改革的同时，部署加强输配价格监管，减少中间环节，降低偏高的输配价格，规范管网企业收费行为。一是完善天然气市场体系，"十四五"期间，初步建立规则明晰、有序竞争、科学透明的石油天然气价格体系，形成公平、规范、高效的油气交易秩序和模式，着力打破行业垄断、理顺价格形成机制，积极响应"全国一张网"运营体系。二是优化天然气价格机制，预判国家在《中央定价目录》中移除天然气价格后将要出台更加具体的改革措施，有先后、有区别地改革省内现有门站价格制度，建立天然气上下游价格联动机制，提升天然气市场化水平。三是加强天然气价格监管，合理制订省内管道运输价格和城镇燃气配气价格，严格开展定价成本监审，加强市场价格监督检查，切实维护市场秩序。将农村燃气管理具体事项一并纳入法治化轨道，严格依照《河北省燃气管理条例》从燃气发展规划、农村燃气工程建设、乡镇政府管理职责和农村"两员"制度等多方面予以规范。

（王云佳、庞凝、张泽亚）

2020—2021年河北省可再生能源发展形势分析与展望

一、"十三五"河北省可再生能源发展情况分析

"十三五"以来，在国家、河北省有关政策的大力扶持下，全省可再生能源发电装机规模快速增长，风电、太阳能累计装机量继续居全国前列。绿色电力占比显著提高，电力结构优化升级。截至2020年底，可再生能源累积装机达到4761万千瓦，可再生能源利用率利用水平不断提升，新能源利用率保持在95%以上。张家口可再生能源示范区建设稳步推进，在多元化应用、体制机制升级、商业模式运用、技术创新等方面均取得明显成效。

（一）可再生能源装机规模快速增长

1.绿色电力占比显著提高

"十三五"期间，河北省可再生能源装机规模持续扩大，2020年底总装机达到4761万千瓦，其中水电、风电、光伏和生物质发电装机分别达到182万千瓦、2774万千瓦、2190万千瓦和115万千瓦，比2015年分别增加0万千瓦、1251万千瓦、1910万千瓦、69万千瓦，可再生能源装机占全部装机比重由26%提高到48%，可再生能源的清洁能源替代作用日益突显。截至2020年底，河北省可再生能源装机占全国总容量比重的5.1%，排名全国第5，新能源装机排名全国第2，仅次于内蒙古。冀北电网的可再生能源装机占比（不含包接入华北500千伏电网装机）达64.68%，位居省级电网之首。

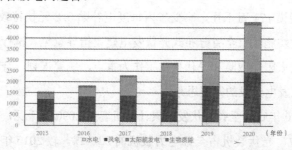

图1 "十三五"河北省可再生能源发电装机

2．风电装机保持快速增长

"十三五"期间，河北省按照"集中与分散开发并重、外送与就地消纳并举"的原则，持续推进风电规模化协调发展，充分利用张家口、承德地区风能资源，全力推进千万千瓦级风电基地建设，风电装机年均增长17.35%。2017年5月，为提高可再生能源就地消纳水平，探索清洁能源供暖模式，编制实施了《张家口2017年度风电供暖实施方案》，加快推动张家口示范区建设，鼓励支持风电满发超发，实现可再生能源高效应用。2018年2月，河北省发改委印发了《关于2018—2020年风电、光伏发电项目建设指导意见》，明确了把落实可再生能源电力送出消纳作为安排风电、光伏发电项目建设的基本前提条件，科学合理布局，有序组织风电、光伏发电项目建设。2018年1月，河北省发改委印发了《河北省2018—2020年分散式接入风电发展规划》，以提升风能资源开发利用效率为主线，以风资源、土地、电网三大要素为核心，对全省13个地市的风电发展进行了有针对性细化布局。随着新能源发电成本快速下降，新能源项目逐步摆脱对政府补贴的依赖，2020年起新增海上项目不再纳入中央财政补贴范围，2021年起陆上风电全面实现平价上网，2020年再次出现新能源项目抢装潮。

截至2020年底，全省风电累计装机容量2274万千瓦，装机容量继续保持全国第三位。风电装机占全部电力装机的22.85%，较2015年提高5.16个百分点。张家口、承德百万千瓦级风电基地，风电装机容量达到1850万千瓦以上。

3．太阳能发电装机实现跨越式发展

"十三五"期间，河北省按照"科学规划、合理布局、有序开发"的原则，积极推进光伏发电建设，有序开展光热发电试点，普及太阳能热利用。推进集中式光伏电站规模化发展，加快分布式光伏发电全面发展，积极开展太阳能光热发电示范工程建设、光伏扶贫工程建设，光伏发电装机年均增长50.89%。2018年1月，河北省发改委印发了《关于下达2017年集中式光伏扶贫项目并网计划的通知》，并网计划总规模171万千瓦，享受省内每度电补贴0.2元扶持政策。6月，河北省发改委印发实施了《全省分布式光伏发电建设指导意见（试行）》，明确了以推进农村地区太阳能取暖和光伏扶贫工作为重点，统筹谋划、合理布局、有序开展分布式光伏发电建设的发展思路。

截至2020年底，全省光伏发电累计装机容量2090万千瓦，装机容量继续保持全国第三位。光伏装机占全部电力装机的22.01%，较2015年提高17.16个百分点，光伏装机占比逐渐接近风电装机占比。

（二）可再生能源消纳形势持续向好

1. 可再生能源发电量和占比稳步提升

"十三五"期间，河北省风电和光伏发电装机持续增长，可再生能源发电量明显提速，发电量年均增长24%左右。随着可再生能源发电量的增加，可再生能源在发电总量和全社会用电总量中的占比也迅速增加，分别由2015年的9.47%、6.86%提升到2019年的21.94%和16.39%，可再生能源在河北省能源转型和低碳发展中发挥着越来越重要的作用。

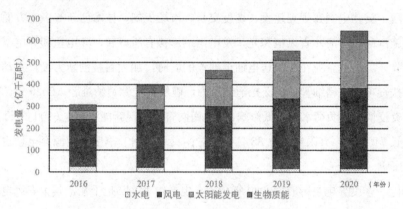

图2 "十三五"河北省风电、光伏发电量

图3 "十三五"河北省可再生能源发电量占比

2020年，全省可再生能源发电量为645亿千瓦时，同比增长约91亿千瓦时，增速约为19.48%；可再生能源发电量约占全部发电量的21.94%，同比上升约2.77个百分点。其中，水电发电量为15亿千瓦时，同比减少1.34%；风电发电量为368亿千瓦时，同比增长15.73%；光伏发电量为211亿千瓦时，同比增长

19.42%；生物质发电量为 51 亿千瓦时，同比增长 19.21%。发电量结构中，水电发电量占全部发电量的 0.52%，风电占 12.51%，光伏发电占 7.17%，生物质发电占 1.74%，风电、光伏发电量占比高于全国平均水平。可再生能源发电量占全社会用电量的比重为 16.39%。

2. 新能源利用率保持较高水平

新能源集中式大规模开发在推动河北省能源生产和能源消费革命的同时，也对地区电网消纳新能源带来了较大的压力。为提升地区新能源消纳能力，2016 年河北电网、冀北电网在规划建设、调度交易、市场机制、技术创新等多个方面采取了措施，此后，河北省风电和光伏发电消纳形势有所好转，弃电量和弃电率实现"双降"。电网企业在加快送电通道建设的同时，加大科技创新力度，主动服务光伏扶贫项目，精细管控，深挖消纳潜力，破解新能源消纳难题。2020 年，受新冠肺炎疫情期间负荷水平降低影响，河北南网首次出现新能源弃电（1 月 30 日），弃电时长 71 小时，弃限电量 0.88 亿千瓦时；冀北电网一季度新能源弃电量也受到较大影响。

剔除一季度弃电量影响，2020 年全省弃电量约 14.42 亿千瓦，其中弃风电量约 12 亿千瓦时，风电利用率为 96.8%；全省弃光电量约 2.42 亿千瓦时，光伏利用率为 98.9%；水电无弃电。

3. 风电、光伏发电利用小时数有升有降

2020 年，全省水电利用小时数为 780 小时，同比减少 49 小时；风电利用小时数 2145 小时，同比增加 1 小时；光伏发电 1336 小时，同比减少 43 小时；生物质发电利用小时数 5152 小时，同比减少 132 小时。

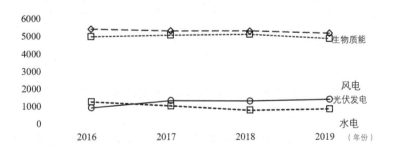

图 4 "十三五"前四年河北省可再生能源利用小时数

（三）张家口可再生能源示范区引领绿色发展

"十三五"期间，张家口市积极推动国家级可再生能源示范区建设，扎实推进"三大创新、四大工程、五大工程区"建设，开展了大量探索性、引领性、示范性工作。示范区建设实现从无到有、从小到大的发展，在国内外取得了13项"第一"，顺利完成示范区第一阶段（2020年）规划目标任务，建设成果列入了国务院新闻办发布的《新时代的中国能源发展》白皮书，为我国可再生能源开发应用进行了有益探索。

1. 规模化开发与应用快速推进

以能源供给革命为抓手，着力打造京津冀绿电基地。一是重点项目加速建设，绿电供给基础不断夯实。全面推动风电三期、京冀可再生能源清洁供热一体化、风电光伏综合利用（制氢）、源网荷储一体化碳中和等风电光伏项目建设。截至2020年底，全市可再生能源累计装机规模达到2003万千瓦，并网1882万千瓦。其中，风电装机1380万千瓦、并网1320万千瓦，光伏装机615万千瓦、并网555.5万千瓦，生物质发电装机并网6.5万千瓦，光热发电装机1.5万千瓦。累计建成光伏扶贫电站135.9万千瓦，规模位居全国第一，带动14.25万户贫困人口稳定脱贫，占全市贫困户45%。二是技术种类不断丰富，储能工程加速实施。尚义抽水蓄能电站、百兆瓦压缩空气储能示范项目进入全面建设阶段。国家风光储输示范工程3.7万千瓦储能电站入选国家首批科技创新（储能）试点示范项目，拟打造"平台型""枢纽型""共享型"的储能电站。三是聚焦通道建设，破除发展瓶颈。2020年张北±500千伏柔性直流示范工程、张北—雄安新区1000千伏特高压工程相继投运，为京津冀清洁能源一体化发展提供有力支撑。

2. 高水平推进清洁能源多元化应用

以绿色办奥理念为引领，以低碳奥运专区建设、电供暖、大数据应用为抓手，以国家北方清洁供暖试点城市建设为契机，全面推动能源消费革命。全市清洁供暖工程加速建设。"十三五"以来，张家口可再生能源示范区积极探索用能方式改革，推进可再生能源"以电代煤""以电代油"工程，打造多元化就地消纳样板工程，并成功入围第二批中央财政支持北方地区冬季清洁取暖试点城市，累计完成电供暖面积1457万平方米。绿色能源应用市场逐步扩大。2020年底，全市累计投运大数据服务器85万台，一带三区多园大数据产业空间布局初步形成，成为首都信息技术产业承接地和国内大数据产业发展的绿色聚集区。绿色交通服务体系逐步完善。在公共交通、旅游景区、公务用车等领域推广使用新能源汽车，建设充电站（桩）和加氢站等配套设施，在高速服务区、公交站台、铁路站房、机场等交通枢纽应用可再生能源供能。累计建设充电站 360 座、充电桩 5696 个，投运新能源汽车 4031 辆（折 359097 标准车），完成电供暖面积 1457 万平方米。

3. 绿电市场交易开创先河

2017 年，张家口市创新性地推出"政府＋电网＋发电企业＋用户侧"四方协作机制，制订实施了《冀北电网（张家口）新能源市场化交易规则》，成功首次将可再生能源电力纳入电力市场直接交易，实现了对居民用电供暖、大数据、高新技术企业以及冬奥项目等领域覆盖，拓宽传统电力单一化交易渠道，破解绿色电力消纳难题。2018 年，华北能监局印发了《京津冀绿色电力市场化交易规则（试行）》（华北监能市场〔2018〕497 号），通过挂牌、双边协商交易，在优先满足张家口市电采暖和冬奥会场馆用电需求、对电能替代和高新技术企业用电量给予一定倾斜的前提下，将可再生能源电力市场化交易推广至京津冀地区。2017 年 10 月份启动可再生能源电力市场化交易以来，已累计交易 37 次，交易电量 19.95 亿千瓦时。

4. 产业集聚发展效应逐步凸显

"十三五"期间，示范区陆续落户金风科技、亿华通等 23 家可再生能源高端装备制造企业（已投产 17 家），主营收入超 75 亿元，涵盖了风机、塔筒、叶片、光伏组件、逆变器等上下游产业。氢能前瞻布局成效明显，亿华通在示范区投运全国第一条氢燃料电池发动机半自动化生产线，氢燃料电池公交车商业化运行数量全国第一。以可再生能源为代表的高新技术产业成为经济增长新支柱，高新技术产业增加值占规上工业比重由 2015 年的 19.2% 提升到 2020 年的 39.2%，示范区已名副其实地成为张家口"金字招牌"。

5. 先进技术应用引领产业发展

"十三五"期间，示范区不断深化科技创新平台，与中科院、清华大学、国际可再生能源署、国家电网公司等知名机构、高校、企业深化合作，开展多能互补、氢燃料电池等一批先进能源技术研究，积极推进先进技术研发和成果转化，列入中科院先导 A 专项的百兆瓦压缩空气储能示范项目容量居全球第一，柔性直流、虚拟同步电站、智能风机、异质结光伏发电、跨季节储热、氢燃料电池汽车等一大批国际领先的技术得到示范应用，国家首批互联网＋智慧能源、多能互补、微电网等新业态项目加速实施。

二、“十四五”河北省可再生能源发展形势展望

（一）面临的机遇

1. 可再生能源再次迎来发展新高潮

2020年9月22日，国家主席习近平在第七十五届联合国大会一般性辩论上宣布，中国将采取更加有力的政策和措施，二氧化碳排放力争于2030年前达到峰值，努力争取2060年前实现碳中和。2020年12月12日，国家主席习近平在气候雄心峰会上进一步宣布，到2030年，中国单位国内生产总值二氧化碳排放将比2005年下降65%以上，非化石能源占一次能源消费比重将达到25%左右，风电、太阳能发电总装机容量将达到12亿千瓦以上。

十三届全国人大四次会议于2021年3月11日表决通过了《中华人民共和国国民经济和社会发展第十四个五年规划和2035年远景目标纲要》（以下简称《纲要》）。《纲要》指出要加快发展非化石能源，坚持集中式和分布式并举，大力提升风电、光伏发电规模，建设一批多能互补的清洁能源基地。根据《纲要》，“十四五”期间我国将建设九大大型清洁能源基地，其中包括冀北清洁能源基地，主要为“风光储一体化”基地。冀北清洁能源基地的提出，标志着继张家口获批设立可再生能源示范区之后，张承地区正式上升为国家级的清洁能源基地。

《河北省国民经济和社会发展第十四个五年规划和2035年远景目标规划》明确，为实现“碳达峰目标”，全省将着力构建绿色清洁能源生产供应体系，加快建设冀北清洁能源基地，以推进张家口市可再生能源示范区建设为契机，重点建设张承百万千瓦风电基地和张家口、承德等光伏发电应用基地，到2025年风电、光伏发电装机容量分别达到4300万千瓦、5400万千瓦。

2. 新能源发展体系逐步完善

2021年以来，国家相继出台了一系列政策，确保“双碳”背景下可再生能源健康可持续发展。发展机制方面，2021年起国家不再下达各省（区、市）的年度建设规模和指标，可再生能源消纳保障机制的政策重心由促消纳向引导发展转变。允许新能源配套送出工程由发电企业建设，鼓励发电企业自建调峰资源或购买调峰资源，同时加快推动新型储能发展，到2025年实现新型储能从商业化初期向规模化发展转变，引导多渠道增加可再生能源并网规模。电价政策方面，2021年起，对新备案集中式光伏电站、工商业光伏项目和新核准陆上风电项目，中央不再补贴，实行平价上网。“十四五”时期，可再生能源产业将全面进入“无补贴时代”，

开启由政策驱动向市场驱动转变的新发展阶段。绿电交易方面，2021年8月国家发改委、国家能源局正式批复了《绿色电力交易试点工作方案》，绿色电力交易作为电力中长期市场机制框架内的独立交易品种，在试点初期绿色电力产品为风电、光伏发电项目的上网电量，后续将逐步扩大到水电等其他可再生能源。

3. 抽水蓄能迎来快速发展新局面

2021年9月，国家能源局发布《抽水蓄能中长期发展规划（2021—2035年）》（以下简称《规划》）。根据《规划》要求，到2025年，抽水蓄能投产总规模较"十三五"翻一番，达到6200万千瓦以上；到2030年，抽水蓄能投产总规模较"十四五"再翻一番，达到1.2亿千瓦左右，抽水蓄能行业将迎来快速发展局面。立足发展目标，《规划》还提出了做好资源站点保护、加强规划站点储备和管理、积极推进在建项目建设、加快新建项目开工建设、因地制宜开展中小型抽水蓄能建设、探索推进水电梯级融合改造、加强科技和装备创新、建立行业监测体系的八项重点任务。此前在5月份，国家发展改革委印发《关于进一步完善抽水蓄能价格形成机制的意见》，明确提出"坚持并优化抽水蓄能两部制电价政策""健全抽水蓄能电站费用分摊疏导方式"等相关内容，对电价形成机制、疏导机制等的问题都进行了明确的规定。

4. 新一轮产业革命为可再生能源高质量发展注入新动力

随着新一轮科技革命和产业革命加速兴起，云计算、大数据、物联网、人工智能、5G通信等高新技术日益融入电力工业，加速传统电力业务数字化转型，新型储能、氢能、柔性直流输电等电力技术亟待取得创新突破，催生电力行业新业态、新模式创新发展，促进电力系统各环节向互联互通、共享互济不断升级，助力电力行业实现高质量发展。2021年7月，河北省能源局印发《氢能产业发展"十四五"规划》，从发展现状、总体要求、发展路径和产业布局、重点任务、保障措施五个方面进行了全面布局。同年8月，国家发改委、国家能源局印发《关于加快推动新型储能发展的指导意见》，明确到2025年，实现新型储能从商业化初期向规范化发展转变，装机规模达3000万千瓦以上；到2030年，实现新型储能全面市场化发展。

（二）存在的问题与挑战

1. 电网资源配置能力仍需持续提升

在河北省可再生能源持续快速发展的情况下，消纳也将面临新的挑战。冀北电网新能源发展与负荷时空分布特性不匹配，张家口、承德等可再生能源富集地区装机容量远超当地消纳能力，绝大部分新能源需升压送出。目前，在运新能源送出通道基本满载，不能适应大规模新能源发展要求。

河北南部电网新能源消纳日趋严峻，与全网硬缺电问题并存。受河北南网区域内资源条件制约，负荷低谷期间新能源存在弃电风险。保定西部、石家庄西北部等局部区域，配电网接入的分布式电源远超过本地区最大负荷，电力反送现象严重，多数上级汇集变电站趋于饱和。

2．高比例可再生能源接入对电力系统安全性和灵活性提出更高要求

新能源逐步替代常规机组，电动汽车、分布式能源、储能等交互式用能设备广泛应用，电力系统呈现高比例可再生能源、高比例电力电子设备的"双高"特征，系统转动惯量持续下降，调频、调压能力不足。电力系统亟须创新发展和技术升级。

目前，河北省电力系统仍然主要依靠传统煤电、气电和抽水蓄能机组进行调节。然而有限的机组调节空间和尚未全面放开的发电计划机制使得发电侧的灵活调节能力明显不足，影响风、光等可再生能源的发展空间和消纳市场。可再生能源资源与负荷的分布不均对于电网外送互济也提出了更高的要求。同时"十四五"全省负荷尖峰化特性或将进一步加剧，调峰难度显著增加。

3．新能源快速发展带来的系统成本将不断提升

为适应"双高""双峰"形势下新能源并网和消纳，电力系统建设和运营成本都要增加。国内外研究表明，随着风光等电源发电量占比的快速提高，为消纳新能源付出的系统成本将会明显上升，新能源发电成本下降不能完全实现对冲。河北省新能源资源与需求逆向分布，冀北地区集中开发、远距离大规模输送，成本更高。另外，用能成本过低，不利于"能源双控"和节能降耗，难以支撑能源行业可持续高质量发展，随着新能源大规模发展，要着力疏导能源供应侧成本上升与需求侧成本较低的矛盾。

三、"十四五"河北省可再生能源高质量发展建议

得益于"十三五"期间取得的长足进步，河北省可再生能源发展的瓶颈已经从技术装备和开发建设能力方面的约束，转变为市场和体制方面的制约。"十四五"期间，河北省全面加快新型电力系统建设，着力加强坚强智能电网建设，大力推进电力行业科技创新，不断深化可再生能源发展机制改革创新，促进河北省可再

生能源实现高质量可持续发展。

依托张家口可再生能源示范区建设，发挥"首都两区"和国家可再生能源示范区先行先试的政策优势，释放新能源资源禀赋，加快构建以新能源为主体的新型电力系统，着力打造适应高比例新能源的送端电网发展示范、适应高渗透率分布式电源友好接入的智能配电网发展示范、适应高内聚需求的源网荷储协同发展示范和适应高质量发展的电网数字化转型发展示范，加强新能源送出主网架优化，以京津冀特高压电网为支撑、交直流电网深度融合发展的新能源送端格局。配电网方面加大智能终端部署、通信网建设和配电自动化实用化，提升分布式能源承载能力，开展交直流配电网和智能微电网示范应用，加强配电网智能升级改造，建设安全可靠、绿色智能、灵活互动、经济高效的智慧配电网，实现源网荷储协同发展。

（二）加快电力系统调节能力建设

大力提升电力系统调节能力。积极推进煤电灵活性改造，全面实施煤电机组调峰能力提升工程，加快推动现役煤电机组灵活性改造，加快推动丰宁、易县、抚宁、尚义等项目建设，确保丰宁抽水蓄能电站"十四五"期间投产；推进徐水、灵寿、邢台、滦平等站点前期工作，合理布局新增抽水蓄能电站。加快新型储能推广应用，积极推广"新能源＋储能"新模式，探索利用淘汰或退役发电厂既有厂址和输变电设施建设储能，推动电网侧合理化布局储能，支持用户侧多元化发展储能。

深挖电力需求侧响应能力。建立以蓄热式电锅炉、大数据中心、电制氢等为主的区域特色可调节负荷资源库，构建分层级、分时段、分梯度的可调节负荷控制集群，遴选以电锅炉、V2G充电桩、分布式储能资源为核心的快速响应负荷集群，紧密跟踪电网运行需求，实现可调节负荷资源的最佳配置。

（三）大力推进电力行业科技创新

提升电力行业数字化水平。全面提升电力系统信息化、数字化、智能化水平，加快"云大物移智链"等新技术与电力系统深度融合，重点推进风电、光伏发电、储能、电网、用户侧数字化、智能化技术应用，加快长时间、高精度的新能源功率预测技术研发，探索传统电力系统向源网荷储互动融合、智能高效转型升级。

提升清洁发输电技术水平。突破大型风电机组、风电数字化设计与运维等风电技术，突破高效低成本晶体硅电池、新型光伏电池等光伏技术。突破先进燃煤发电技术、燃气轮机、现役煤电机组延寿综合改造技术等先进发电技术，探索火电厂碳捕集、利用与封存技术（CCUS）的推广应用。开展交直流混合配电网技术、新型柔性输配电技术、城市能源互联网建设示范、综合智慧能源管控平台等关键技术攻关，支撑大规模可再生能源和分布式电源友好并网。

大力推进新型储能技术创新。打造一批储能技术研发平台，坚持储能技术多元化，推动电化学等相对成熟的新型储能技术成本持续下降和规模化商业应用，实现压缩空气、液流电池等长时储能技术进入商业化发展初期，加快开展飞轮储能、钠离子电池等技术规模化试验示范，探索规模化跨季节储热等其他储能技术。

（四）不断深化可再生能源发展机制改革创新

深化电力价格机制改革。不断深化输配电价改革，加快理顺输配电价结构；持续深化气电、煤电等上网电价市场化改革，完善风电、光伏发电、抽水蓄能价格形成机制；建立新型储能价格机制，研究应急备用电源价格保障机制；逐步放开居民、农业、重要公用事业和公益性服务等行业外的各类别销售电价，建立健全需求侧响应可中断负荷电价机制，完善分时电价、居民阶梯电价制度。

建立健全可再生能源消纳机制。建立可再生能源保障性并网机制，完善市场化交易政策；落实可再生能源消纳责任权重目标任务，全面实施消纳责任权重下绿色交易证书交易机制；健全储能支持政策，支持储能参与电力中长期交易、现货市场和辅助服务市场，积极引导社会资本参与储能建设；加快推动碳交易市场建设。

（单体华、石少伟、李笑蓉、徐田丰、谢婉莹）

2020—2021 年河北省电力行业发展形势分析与展望

2020 年，在省委、省政府正确领导下，河北省国民经济稳中向好、稳中有进，质量效益不断提高，为电力行业提供了良好的发展环境。面对国内外宏观经济形势变化、大气污染治理、新一轮重点行业去产能等复杂的形势，河北电力行业以提高质量发展为核心，持续推进供给侧结构性改革，全力做好火电行业去产能、服务和保障京津冀协同发展、落实新一轮农网、清洁取暖电网改造和脱贫攻坚部署等重点工作，实现了安全生产保持良好局面、新能源快速发展、新技术持续推广应用，电力行业整体发展质量不断提升。

电力行业作为重要基础性产业，是国民经济发展的"晴雨表"与"风向标"。本章通过系统分析 2020 年河北电力行业发展环境、现状与未来趋势，对于社会各界了解河北省电力行业发展现状，研判河北电力乃至地区国民经济的发展形势，具有十分重要的作用。

一、2020 年河北省电力行业发展情况分析

（一）电力行业发展环境优化

2020 年，全省坚持稳中求进工作总基调，践行新发展理念，把握高质量发展要求，深化供给侧结构性改革，全力推动京津冀协同发展、雄安新区规划建设、冬奥会筹办三件大事，实施重点行业去产能、工业转型升级、战略性新兴产业发展战略，经济增长稳中向好，稳中有进，全年全省生产总值增长 3.9%，为电力行业发展提供了良好的环境。

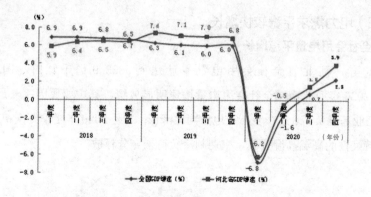

图1　国内和全省 GDP 增速变化情况

（二）电力供应保障能力加强

电网结构不断完善。2020年，河北南网特高压交流电网建成"两站三通道"；500千伏电网在"四横两纵"大格局下，局部形成石家庄双环网、保定"C"形双环网、石保衡沧环网、邯邢环网等结构；220千伏电网分成6个供电区（慈云、保定、石家庄北部、石家庄南部、衡沧、邯郸、邢台）；110千伏和35千伏电网大部分形成双侧电源供电模式。冀北500千伏主网架结构与受电方向维持不变，东部唐承秦负荷中心500千伏电网形成"三横三纵"主网架架构，与北京、天津联系紧密并形成京津冀北500千伏大环网；220千伏电网分成9个供电区（唐山北部、唐山南部、承德、秦皇岛、张家口北部、张家口中部、张家口南部、廊坊北部和廊坊中南部）；110千伏和35千伏电网以单链和双辐射结构为主，能够较好地实现上下级转供负荷。

电网规模稳步增长。2020年，河北南网共有1000千伏变电站2座，变压器4台，总容量1200万千伏安。500千伏变电站23座，变压器60台，总容量5004万千伏安。220千伏变电站222座，变压器490台，总容量8413万千伏安。

冀北境内500千伏变电站27座（不含柔直），变压器53台，主变容量5015.1万千伏安；220千伏变电站148座，变压器315台，主变容量5874万千伏安；110千伏变电站400座，变压器843台，主变容量3986.55万千伏安；35千伏变电站599座，变压器1296台，主变容量1398.76万千伏安，10千伏公用配变7.99万台，配变容量2048.8万千伏安。

（三）电力需求平稳较快增长

1.全社会用电量平稳增长

2020 年，河北省全社会用电量累计达到 3933.9 亿千瓦时，同比增长 2.02%。2020 年河北南网全社会用电量增速明显放缓，其主要原因：一是受疫情影响，工业基础负荷、三产负荷及电量同比降低；二是 2020 年夏季气候相对较好，未出现持续性的高温高湿天气，空调制冷负荷未充分释放。

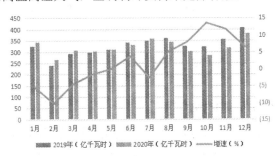

图 2 河北全省 2020 年全社会用电量变化情况

逐月看，与 2019 年调度最大负荷相比，2020 年最大负荷出现在冬季，涨幅为 23.6 万千瓦，未达到预测的 4400 万千瓦。主要原因：一是受到疫情影响，全省工业、投资、消费等主要经济指标受到较大冲击，出现明显回落，随着疫情逐渐受到控制，经济发展水平逐渐回升，受此影响，2020 年负荷总体增长未达预期；二是夏季没有出现持续高温闷热的天气，冬季遭遇寒潮，2020 年河北省天气气候特点为春、秋气温偏高，夏季正常，冬季较为寒冷。夏季阴雨天气与晴天交替出现，没有出现连续 5 天以上的晴天情况，最高气温基本在 33 摄氏度左右，空调负荷未得到完全释放，冬季寒冷，居民采暖负荷增长明显，冬季采暖负荷首次突破 1000 万千瓦，达到 1190 万千瓦，占最大负荷比重 29.51%。

2.各产业用电增长情况

表 1 河北省 2020 年全社会用电量情况

（单位：亿千瓦时）

指标名称	2020 年				
	实际用电量	累计占比 %	上年同期	同比增长 %	贡献率 %
全社会用电量	3933.9	100	3856.1	2.02	100
其中：第一产业	58.7	1.49	55.4	5.96	4.24
第二产业	2648.7	67.33	2603.3	1.74	58.35
第三产业	672.9	17.11	674.3	−0.21	−1.80
城乡居民生活用电	553.7	14.08	523.1	5.85	39.33

第一产业用电量受气候影响波动明显。2020 年，第一产业用电量累计 58.7 亿千瓦时，同比增长 5.96%。第一产业受种植与灌溉政策、气候季节等因素影响较大，2020 年河北夏、秋、冬季持续雨水相对较少，用电增速相对较高。

第二产业用电量保持平稳，占全社会用电量比例逐步下降。2020 年河北省第二产业用电量完成 2648.7 亿千瓦时，同比增长 1.74%，第二产业用电量占全社会用电量比重 67.33%，同比下降 0.18 个百分点。钢铁、化工等传统产业市场回暖，用电量呈恢复性增长，同时随着供给侧结构性改革深入推进，工业结构调整力度进一步加大，装备制造与战略性新兴产业发展良好，也带动了第二产业用电量增长。

第三产业用电量增速居各产业之首。随经济结构的不断调整，第三产业成为河北经济增长的主要动力，第三产业用电量持续攀升。2020 年河北省第三产业用电量完成 672.9 亿千瓦时，占比 17.11%。

城乡居民生活用电量增长较快。随着居民生活水平与城镇化率的不断提升，城乡居民夏季制冷与冬季取暖的季节性用电需求大幅增长，2020 年城乡居民生活用电累计完成 553.7 亿千瓦时，同比增长 5.85%，占比 14.08%，比重同比提高 0.51 个百分点。

3. 各地区用电增长情况

表 2 河北省各地区 2020 年全社会用电量情况

（单位：亿千瓦时）

指标名称	2020 年				
	实际用电量	累计占比（%）	去年同期	同比增长（%）	贡献率（%）
全社会用电量	3933.9	100	3856.1	2.02	100.00
南网	2231.2	56.72	2190.4	1.86	52.44
北网	1702.7	43.28	1665.7	2.22	47.56
石家庄市	511.7	13.01	513.4	−0.33	−2.19
邢台市	188.2	4.78	292.6	−35.68	−134.19
邯郸市	459.0	11.67	427.6	7.34	40.36
衡水市	158.5	4.03	161.7	−1.98	−4.11
沧州市	386.1	9.81	361.4	6.83	31.75
保定市	418.6	10.64	354	18.25	83.03
雄安新区	54.8	1.39	41.1	33.33	17.61
张家口市	189.2	4.81	177.1	6.81	15.50
承德市	200.9	5.11	188.8	6.39	15.51
廊坊市	292.6	7.44	286.7	2.06	7.61
唐山市	868.7	22.08	861.5	0.83	9.23
秦皇岛市	150.3	3.82	150.4	−0.09	−0.18

注：张河湾抽水蓄能抽水电量未计入地市

各地用电量均实现平稳增长。2020 年，河北南网七地市完成用电量 2231.2 亿千瓦时，同比增长 1.86%，增速低于全省平均水平 0.54 个百分点。受第三产业、居民生活的强力拉动与第二产业的恢复性增长，七地市除石家庄、邢台和衡水外，其他地市增速均超过 5%。冀北电网五地市完成用电量 1702.90 亿千瓦时，同比增长 2.22%，增速高于全省平均水平 0.2 个百分点。受基建等用钢需求持续增长及大数据产业快速发展带动，除秦皇岛外，其余四市用电量均正增长，增长率最高的为张家口市，同比增长 6.81%。其次是承德，同比增长 6.37%。再次是廊坊和唐山，增速分别为 2.06% 和 0.83%。秦皇岛增速最低，为—0.13%。

4．负荷需求增长情况

（1）河北南网

"十三五"以来，河北南网全社会用电负荷整体呈稳步增长态势，2020 年一季度负荷受疫情影响较大，4—8 月疫情防控形势持续向好，传统支柱行业逐步恢复，负荷拉动作用明显，度夏期间基础负荷与去年同期持平，10 月以来，各行业赶工赶产，基础负荷持续增长。同时季节性需求对负荷影响较大，一方面冬季高峰更为明显，冬季禁煤导致采暖用电需求进一步增长，11 月下旬以来，各地市陆续迎来大风降温天气，导致采暖负荷迅速释放，12 月 30 日，受极端寒潮天气影响，河北南网地区达到最大负荷 4032.6 万千瓦，较 2019 年的 4013.3 万千瓦增长 0.48%。另一方面，由于夏季气温低于去年同期，且 6 月下旬开始河北南网降水量及降水持续时间均高于往年水平，空调负荷潜力无法集中释放，夏季最大负荷较去年有所回落。

图 3 河北南网 2020 年月负荷曲线图（整点负荷）

分地市看，河北南网各地市均实现正增长。其中雄安新区增速为六地市最快，达到13.83%。

表3 河北南网各地市网供最大负荷增长情况

（单位：亿千瓦时）

地区	2019年	2020年	增速%
河北南网	4013	4032.6	0.48
石家庄	873.9	829.8	—5.04
保定	718.7	703.8	—2.07
邯郸	679.0	697.1	2.67
邢台	505.4	512.3	1.36
沧州	602.0	621.1	3.17
衡水	286.5	295.9	3.27
雄安新区	87.2	99.3	13.83

（2）冀北电网

2020年，冀北电网负荷呈持续回升态势，全年出现夏、冬两个用电高峰，最大负荷发生在迎峰度冬期间。受新冠肺炎疫情的影响，2—5月最大负荷低于去年同期。随着疫情形势有所缓解，复工复产加速推进，6月负荷恢复正增长态势。度夏期间受气温持续较高影响，最大负荷达2400万千瓦。度冬期间，受钢铁需求持续增长、张家口和廊坊地区大数据负荷快速增长以及冬季极端天气等因素影响，冀北电网负荷先后7次创历史新高，最大负荷达2688万千瓦，较2019年最大负荷增长10.25%。

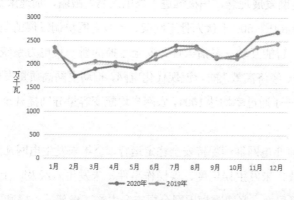

图4 冀北电网2020年月负荷曲线图

分地市看，冀北电网各地市均实现不同程度增长，且均达到历史高点，其中张家口、承德和秦皇岛地区最大负荷增速超过10%。

表 4　冀北电网各地市网供最大负荷增长情况

(单位：万千瓦)

地区	2019 年	2020 年	增速
冀北电网	2438	2688	10.25%
张家口市	252	295	17.06%
承德市	279	320	14.70%
廊坊市	546	550	0.73%
唐山市	1180	1236	4.75%
秦皇岛市	235	266	13.19%

（四）电力供需形势依然偏紧

近年来，河北南网与冀北电网负荷需求持续增长，网内机组无法满足尖峰时刻的电力增长需求，均出现了不同程度的电力供应紧张局面，需通过临时性购电、有序用电等措施保障电网安全。

2020 年，河北南网负荷增长缓慢，电力供应充足，没有出现有序用电，但是河北南网夏季空调与冬季采暖需求增长较快，依靠加大区外购电（2020 年河北南网最大外购电力 1469 万千瓦），方才满足了负荷增长需求。

冀北电网实施京津冀北统一的电力平衡。2020 年，冀北电网电力平衡情况良好，未出现因电力平衡缺口造成的限电情况。

（五）电网发展质量进一步提升

在保障负荷增长需求的前提下，推动各级电网协调发展。坚持安全、优质、绿色、高效的电网发展理念，积极推进"外电入冀"战略，加速解决"两头薄弱"问题，建设以特高压、500 千伏为骨干网架、各级电网协调发展的坚强智能电网，打造广泛互联、智能互动、灵活柔性、安全可控的新一代电力系统，建设"可靠性高、互动友好、经济高效"的一流现代化电网，推动电网高质量发展。河北南网、冀北电网主网N—1通过率均达100%，农网户均配变容量分别提升至 2.57 千伏安、2.29 千伏安。

2020 年，河北电网继续保持安全稳定运行，全年未发生电网瓦解、稳定破坏、大面积停电事故，未发生误调度、误操作事件，未发生六级及以上电网事件。电网安全保持良好局面。坚决贯彻国网公司安全生产工作部署，提升本质安全水平，制订安全生产措施，明确安全目标，压实安全责任。面对电网负荷屡创新高、新能源大规模接入等形势，优化电网运行方式，加强电力调配和设备运维，强化电力需求侧管理，确保了电网安全运行和电力可靠供应。

（六）电力体制改革持续深化

2015 年 3 月 15 日，中共中央、国务院印发《关于进一步深化电力体制改革的若干意见》（中发〔2015〕9 号），提出：按照管住中间，放开两头的体制架构，有序放开竞争性环节电价。2018 年，河北省中发 9 号文指引下，继续深入推进各项电力体制改革，在增量配电改革、电力现货市场建设、交易机构股份制改革等方面取得了新的积极进展。2019 年，国家发展改革委印发《关于进一步推进增量配电业务改革的通知》，提出"三不得、一禁止"，即不得以常规机组"拉专线"的方式向用户直接供电，不得依托常规机组组建局域网、微电网，不得依托自备电厂建设增量配电网，禁止以任何方式将公用电厂转为自备电厂。同时，不建议电网企业或当地政府投资平台控股试点项目；通过招标等市场化方式公开、公平、公正优选确定项目业主，进一步推动电力体制改革。

电力市场化交易规模不断扩大。近年来，高电价一直是影响企业发展活力的重要因素，随着市场化交易规模的逐步扩大，有力降低了企业的电费成本负担。2018 年，国家发改委印发《区域电网输电价格定价办法（试行）》《跨省跨区专项工程输电价格定价办法（试行）》和《关于制订地方电网和增量配电网配电价格的指导意见》，对各地区电力市场化交易作出明确规定。河北省全年市场化电量达到 706 亿千瓦时，降低企业用能成本 16.44 亿元，其中河北南网市场化交易电量 428.3 亿千瓦时，降低企业用能成本 7.1 亿元；冀北电网市场化交易电量 277.67 亿千瓦时，为相关用户减少购电支出约 6.34 亿元，有效释放改革红利。

绿电交易取得突破。贯彻落实"绿色办奥"理念，冀北电力公司协助政府编制冬奥绿电交易准入规定和交易方案，首次组织张家口冬奥场馆绿电交易，实现冬奥场馆用电全部采用可再生能源。按照政府有关文件要求，由冀北电力公司代理冬奥场馆参与交易，组织张家口供电公司稳妥完成交易操作。2020 年张家口可再生能源示范区绿电交易电量达 9.08 亿千瓦时，其中清洁供暖结算电量 3.72 亿千瓦时，高新技术产业结算电量 5.13 亿千瓦时，冬奥绿电交易结算电量 0.23 亿千瓦时。

（七）清洁能源实现快速发展

河北省由于肩负着京津冀大气污染治理的重任，同时自然条件、居民分布适合新能源安装，近年来新能源发展非常迅速。

截至 2020 年底，河北南网新能源装机规模达到 1697.5 万千瓦，全口径装机占比达到 35.3%。其中，风电装机 383.3 万千瓦；集中式光伏装机 747.5 万千瓦；分布式光伏装机 566.7 万千瓦。冀北电网新能源装机规模达到 2874.5 万千瓦，占全网电源总量的 63.6%。其中风电装机 1958.2 万千瓦，集中式光伏 695.7 万千瓦，分布式光伏 180.6 万千瓦，生物质 35.6 万千瓦，储能 4.4 万千瓦。

2020 年，河北南网新能源继续保持快速发展，发电出力、日发电量等多项运行指标刷新历史纪录，连续十二年实现网内新能源电力全额消纳。特别是 2017 年以来，河北南网克服峰谷差大、季节性负荷突出等困难，坚持新能源优先调度，采取科学安排机组运行方式、深挖机组调峰潜力等措施，有效应对了新能源装机规模的爆发式增长，继续保持了网内新能源电力的全额消纳。

2020 年，冀北电网受新能源外送通道输送能力制约，新能源弃电量 13.54 亿千瓦时（弃风电量 12.00 亿千瓦时，弃光电量 1.54 亿千瓦时），新能源利用率 96.9%，较去年提升 1.6 个百分点。达到了国家《清洁能源消纳行动计划（2018—2020 年）》中河北省 2020 年风电弃电率控制在 5% 以内的目标。

二、2021 年河北省电力行业发展形势展望

（一）2021 年河北省电力行业发展形势

1. 面临机遇

（1）经济社会平稳发展。

2021 年，河北省委省政府坚持稳中求进工作总基调，坚持以新发展理念引领高质量发展，全面落实"三六八九"基本思路，牢牢把握"稳、进、好、准、度"工作要求，统筹推进"三去一降一补"五大任务，深入实施战略性新兴产业、科技创新等三年行动计划，扎实开展"双创双服"活动和"万企转型"行动。形成全省新兴战略性产业蓬勃兴起、高端高新技术产业发展后劲十足、传统产业加快转型升级、新动能快速成长的良好局面，越来越多的"河北智造"亮相全国乃至国际舞台。整体来看，2020 年，河北省国民经济运行总体平稳、稳中向好、稳中提质，转型升级扎实推进，结构优化取得成效，新动能加快壮大，发展质量稳步提高。

（2）雄安新区进入密集建设阶段。

规划建设雄安新区是千年大计、国家大事，对集中疏解北京非首都功能、探索人口经济密集地区优化开发新模式、调整优化京津冀城市布局和空间结构、培

育创新驱动发展新引擎具有重大现实意义和深远历史意义。作为关系国家能源安全、经济发展和社会稳定的基础设施，雄安电网将在雄安新区建设发展中发挥重要的支撑保障作用。《河北雄安新区总体规划（2018—2035年）》已经正式获得党中央、国务院批复，《河北雄安新区电力专项规划》已经编制完成，新区即将进入规划的落地实施阶段，做好各区域控制性规划相关编制，确保规划落地是新区面临的新形势、新任务，相关综合能源、分布式电源、电动汽车、直流配电网和储能等技术将在规划中逐步落地。

（3）外电入冀进程加快。

2020年，国网河北电力已建议将首个超高压直流（蒙西—冀南）输电项目两个落点分别选定于保定、雄安、沧州三地交界处以及邯郸、邢台两地交界处，从而解决雄安新区供电以及保定与沧州西部、邯郸地区的缺电问题，实现区外直流电力直送负荷中心与缺电区域，减轻500千伏线路潮流迂回。张家口地区是距离雄安新区最近的国家级千万千瓦可再生能源基地，2020年国家电网有限公司张北—雄安特高压交流工程已建成投运。

（4）新业态新技术加快发展。

充电网络产业加速跨界融合，竞争将进一步加剧。伴随着我国新能源汽车市场规模的逐渐扩大，制造商、整车企业、网约车、科技公司介入新能源汽车领域发展，充电基础设施产业加速跨界融合，竞争激烈。河北地区目前基本形成了以国网电动汽车、特来电、星星充电、车航及车企等为主充分竞争的格局，后期竞争也将进一步加剧。

资源共享、互联互通将成为新的发展趋势。互联网、通信、IT等主体加入充电基础设施运营，为充电基础设施产业带来新鲜血液，"互联网＋"技术在充电设施运营方面持续深化应用，充电服务平台功能不断完善加强。传统运营商也积极探索创新运营模式，研究充电大数据价值开发、拓展充电增值服务、探索充电与多领域业务融合。

2．面临挑战

（1）电力供需偏紧。

2021年度夏期间河北南网区域预计最大用电需求将达到4500万千瓦，最大缺口仍有可能达到110万千瓦，如遇京津冀鲁度夏高峰整体供应紧张，减少对河北南网的增供电力或相关特高压配套电源未达预期，缺口有可能进一步扩大。冀北电网方面，北京、天津、冀北电网统一进行电力平衡。华北分部根据目前的情况预测，京津冀北电网 2021 年度夏、度冬期间无电力平衡缺口。

发电结构将进一步优化。根据《河北省火电结构调整规划（2017—2020 年）》，"十三五"以来，河北省持续推进科学治霾、协同治霾、铁腕治霾，推进大气污染综合治理。优化火电结构、提高装机水平，降煤耗、减排放，是大气污染防治的迫切要求。到 2020 年末，河北省累计关闭煤矿 143 处、压减煤炭产能 5590 万吨，关停淘汰落后火电装机 234 万千瓦，超额完成国家下达任务。其中，"十三五"以来河北南网累计关停火电装机 152.15 万千瓦；冀北电网根据《河北省火电结构优化实施方案》，陡河电厂、下花园电厂和秦皇岛发电厂陆续退役，目前陡河电厂部分机组已退役。另一方面，本地规划电源未按期并网。目前网内在建的沧州运东热电、石家庄热电厂九期燃机等机组均滞后规划投产时间。

（3）新能源消纳难度逐年加大。

风力发电和光伏发电由于其自身的特点，出力会随着风速和光照强度的变化而不断变化，具有随机性和波动性。因此，大量新能源并网改变了电网运行特性，在主网和配网侧都给电网的运行带来了较大的压力。在主网侧，新能源大规模接入给电网的调度、调峰等带来了极大挑战。在配电网侧，大量分布式电源的接入改变了配电网潮流，高密度分布式光伏并网抬升了并网点电压，给配电网的电压控制带来了极大的影响。

根据新能源项目建设情况，2021 年冀北地区新能源装机将保持快速增长势头，预计 2020 年投运的张北柔直工程和张北—雄安特高压工程新能源输送通道也将面临满载，通道送出能力约束仍将制约张、承地区新能源外送。此外，由于京津唐电网调峰手段单一，主要依靠火电机组调峰，抽水蓄能机组仅 107 万千瓦，新能源调峰受限形势不容乐观。

（二）2021 年河北省电力供需展望

1. 电源建设与发电能力

（1）河北南网。

2021 年，河北南网统调口径机组投产 390.4 万千瓦，包括火电 45.4 万千瓦，风电 70.0 万千瓦，光伏 275.0 万千瓦。预计 2021 年退役容量为 0.0 万千瓦。

（2）冀北电网。

2020 年，计划新投产火电机组：华润曹妃甸扩建（100 万）、遵化热电（35 万）、唐山北郊电厂（35万）、秦皇岛开发区热电（35万）；根据《河北省火电结构优化实施方案》，陡河电厂（134万）、下花园电厂（21万）和秦皇岛发电厂（43万）实行置换替代，预计分别于2019年、2020年退役，目前陡河（42万）已于2019年退役。因新能源机组投产具有很大不确定性，2020年投产风电装机约650万千瓦、光伏150万千瓦。

2. 电力需求

2021年，影响电力需求增长的因素主要有以下几个方面。一是复工复产带动负荷水平快速回升。随着复工复产的加快推进，一季度最大负荷达4025.10万千瓦，同比增长16.7%，疫情因素对电力需求影响持续减弱。二是"十四五"时期经济发展、大气污染防治的新要求。2021年是"十四五"开局之年，河北省坚持落实减污降碳的总要求，结合二氧化碳排放达峰行动，推动能源结构的优化调整，优化产业布局，持续推动钢铁等行业超低排放改造，在需求侧实施电能替代，大力推广新能源车，新基建、科技园区、新兴技术企业将成为新的电力增长点。三是气候因素拉动作用明显。2020年高温高湿持续时间较上年明显缩短，在尖峰期间降水较常年频繁，空调负荷未充分释放。预计2021年空调负荷尤其是居民空调负荷仍将快速上涨，达到1800万千瓦左右。但是由于电源装机容量的增长滞后，最大负荷期间外购电力的不确定性，可能无法满足实际负荷需求。

结合上述因素，采用分部门预测等多种适宜的预测方法对全社会用电量进行预测，预计2021年河北省全社会用电量达到4290亿千瓦时，同比增长9.0%，其中河北南网2432亿千瓦时，同比增长9.0%，增速较2020年增加7.13个百分点左右；预计2021年冀北地区全社会用电量达到1858亿千瓦时，同比增长9.1%，增速比2020年上升6.88个百分点。采用最大负荷利用小时数等多种适宜的预测方法对全社会最大负荷进行预测，预计河北南网全社会最大负荷需求将达到4250万千瓦，同比增长5.4%，冀北电网最大负荷2880万千瓦，同比增长7.14%。

三、河北省电力行业发展对策建议

（一）高起点高标准高质量规划雄安新区电力行业发展

高起点规划、高标准建设雄安电网，打造国际一流绿色智能电网，构建高度智能化的城市供电系统，将助力雄安新区建设成为高供电可靠性、高度电气化、高度智能化的绿色智慧新城。但现状雄安新区电网尚不能满足全部用清洁能源供应、不能满足国际一流城市对供电可靠性的要求、不能满足智慧城市发展需要，因此要高起点高标准高质量规划雄安新区，建议重点从四个方面推进雄安新区电网建设，助力雄安新区电网建设成为高供电可靠性、高度电气化、高度智能化的国际一流电网。

（二）全面贯彻落实国家、河北省重大战略决策部署

1. 深入实施乡村振兴战略

持续推进农村电网改造升级，建设高质量农村电网，现有辐射式接线具备条件的逐步形成联络，长线路增加分段；采用典型设计，逐步形成"布局合理、技术适用、供电质量高、电能损耗低"的新型村级电网，全面提升农村供电可靠性，显著减少停电时间，基本解决"低电压""卡脖子"问题，满足农村居民生活用电及农业生产电力供应需求。推动智能互联，打造服务平台。综合应用新技术，大幅提升农村配电网接纳新能源、分布式电源的能力。探索以配电网为支撑平台，构建多种能源优化互补的综合能源供应体系，实现能源、信息双向流动，逐步构建以能源流为核心的"互联网＋"公共服务平台。

2. 打好污染防治攻坚战

认真落实北方地区冬季清洁取暖五年规划，按照"以电定用"的原则，积极配合政府确定"煤改电"实施范围，争取投资补贴、电价疏导等政策支持。不断创新电能替代领域、替代方法和替代内容，进一步扩大电能替代范围和实施规模。建立电能替代项目报装"绿色通道"，健全电能替代内部保障机制，加强向政府沟通汇报，实现全社会共同承担大气污染治理成本。加大"两个替代"（清洁替代和电能替代）宣传力度，推动全社会减排治霾和企业效益的不断提升。

3. 打好精准脱贫攻坚战

以高度的政治责任感做好脱贫攻坚工作，差异化开展扶贫开发重点县电网规划，加快推进贫困村电网建设改造，高质量完成易地扶贫搬迁安置点配套电网建设，全面改善贫困地区用电条件。认真落实光伏产业扶贫政策，优质高效做好光伏扶贫项目接网服务。选优配强驻村帮扶队伍，精准实施扶贫村定点扶贫。

（三）加快"外电入冀"进程，满足电力需求增长

关于电力供应不足问题，一是抓紧建设蒙西—河北南直流通道及落点，新增输电能力 800 万千瓦；新建石北特高压站，扩建雄安、邢台特高压站，新增特高

压变电容量 1800 万千伏安。二是加快盂县二期电厂 500 千伏"点对网"通道至邯邢地区，增加电力 200 万千瓦，满足用电需求；加强山西 500 千伏点对网送电通道，形成"多元供给、多点注入、分区消纳"的外受电格局。

（四）加快坚强智能电网建设，保障电力供应

坚持安全、优质、绿色、高效的电网发展理念，积极推进"外电入冀"战略，加速解决"两头薄弱"问题。建成特高压"两交一直"三落点、"两横两纵"四通道，实现多方向、多通道、多输电方式分散受电；500 千伏初步形成"四横二纵"环网格局；220 千伏以满足负荷需求为主，逐步发展成 7 个分区供电；推进现代配电网建设，满足新型城镇化、农业现代化和美丽乡村建设需求，适应分布式电源及电动汽车等多样性负荷接入。供电能力和供电质量大幅提高，雄安新区、石家庄核心区、城市及发达县城、县城及园区、农村户均停电时间分别小于 5 分钟、30 分钟、1 小时、3 小时、9 小时，2020 年配电自动化覆盖率达 92.33%。全面建成国、分、省新能源发电调度运行大数据支撑平台，保障新能源优先消纳，大幅提高新能源利用率。建成功能完备的一体化智能电网调度控制防御体系，全面建成"地县一体化"智能电网调度控制系统。建成省级大容量骨干传输网"OTN"，初步建成覆盖 C 类及以上供电区域的电力无线专网，全面提升信息通信平台对智能电网的服务支撑能力。

（五）加强新能源消纳研究工作，指导新能源有序发展

从全网调峰能力、局部电网承载力等进行分析，指导境内新能源的健康有序发展。跟踪近两年平价、竞价光伏大规模开发区域内的项目建设进度，合理规划局部区域内新能源开发进度和规模，有序推进新增光伏开发。加快推进省内调峰辅助服务市场建设，充分挖掘河北南网调峰资源，发挥市场在调峰资源配置中的决定性作用，鼓励和引导发电企业通过供热灵活性改造等方式，积极参与系统调峰。

（六）加快电力体制改革进程，释放改革红利

1. 融入全国统一电力市场建设

坚持以电网为中心，服务发展大局，河北省按照全国统一电力市场建设方案，统筹省间交易和省内交易、统筹中长期交易与现货交易、统筹市场交易与电网运

行。提升清洁能源消纳水平、提升市场透明开放程度、提升市场风险控制能力。做好省内交易与省间交易衔接，在积极支持电力市场化改革的同时，确保电网安全可靠运行、确保公司优质优价优先购电、确保清洁能源有效消纳、确保市场稳定运转。

2.推进交易机构规范化建设

充分借鉴其他省份改革经验，完善《交易中心规范化建设实施方案》，合理引入参股股东，完成增资扩股、股东大会等工作，保证股份制改造工作顺利实施。加强交易中心规范化建设，按照公司法，建立现代公司法人治理结构，健全组织机构，严格按照章程和市场规则运作，促进运营模式优化和市场化业务开展，促进电力市场深化建设。

3.稳步推进电力直接交易

夯实月度定期开市机制，年度、月度按规定时间开展双边协商、集中竞价、合同转让全交易品种的电力直接交易。优化偏差考核机制，引导和规范市场主体行为，逐步缩小偏差。发挥市场对资源配置的决定性作用，促进发电侧和售电侧有效竞争，促进发用两侧节能减排。

（徐田丰、谢婉莹、赵凯林、何成明、史智萍、李笑蓉）

叁

预测
展望篇

"十四五"河北省能源资源开发和产业发展展望

一、总体情况

（一）发展现状

"十三五"以来，河北省积极统筹利用各类能源资源和开发条件，坚持技术引领、项目带动，推动各类能源开发与产业发展相互促进：一是能源结构明显优化，清洁发展水平不断提高。大中型煤矿建设和淘汰落后产能取得进展，火电"上大压小"成绩显著，累计退出煤炭产能 3369 万吨，关停煤电机组 207.35 万千瓦。石油、天然气产业规模不断扩大，截至 2019 年底，省内建成天然气主干管网 2200 公里，LNG（液化天然气）接收站 4 座。石油、天然气需求持续上涨，油品质量改造升级加快推进。二是新能源产业规模不断壮大。风能、太阳能实现规模化应用。截至 2019 年底，全省新能源发电装机规模 3257 万千瓦（其中风电装机 1639 万千瓦，光伏装机 1474 万千瓦，生物质发电装机 89 万千瓦），非化石能源消费约占全省能源消费总量的 15.3%；充电站约 2350 座，充电桩约 12 万个，加氢站 34 座，氢燃料电池汽车 199 辆。三是全省能源产业营收不断增长。截至 2019 年底，全省能源产业增加值达到 2254 亿元，能源产业占全省 GDP 占比16.88%。四是产业技术水平加快提升，产业集聚效应逐步显现。风力发电机组、高效太阳能电池、氢燃料电池电堆等研发制造处于全国领先地位，氢能利用位居全国前列。在风能、太阳能、新能源汽车、氢能产业方面产生了金风、晶澳、英利、长城等一批优势特色企业，形成了骨干企业带动、重大项目支撑、上下游企业集聚发展的态势。五是区位和市场优势提供发展机遇。河北省内环京津、外环渤海，能源消费需求大，京津冀一体化全面实施，为新能源产业发展提供了更加有利的政策和市场环境；新能源产业已具备较好的发展基础和较强的竞争能力，风能、光伏资源优势突出，储能、氢能已初步开展使用，商业化开发应用进程有望加速；港口资源丰富，具备海洋油气资源，在海上天然气及其水合物开采和 LNG 接收站建设等方面发展潜力巨大；省内集聚一定制造业基础和电子信息大数据产业基础，为新能源制造业提升、产业融合发展提供稳定支撑。

（二）产业链和重点企业支撑情况

1.煤炭

河北省拥有亿吨级煤炭基地—冀中煤炭基地（包括开滦、峰峰和蔚县矿区）。截至2019年底，全省原煤产量5076万吨，煤炭消费量2.8379亿吨，生产在建煤矿保有可采储量16.9亿吨，煤炭缺口较大。"十三五"期间，河北省全面落实国家淘汰煤炭落后产能、化解过剩产能目标任务，共关闭退出煤矿123处，淘汰生产能力5103万吨。在居民采暖等重点领域大力实施煤改电等电能替代，煤炭转型发展效果显著；省内龙头企业开滦集团和冀中能源集团的主体作用得到强化；全省煤炭工业科技创新能力和行业健康可持续发展能力大幅提升。

（1）煤炭产业链全景分析。

煤炭产业链由煤炭的开采、洗选、分级等生产活动和火电、钢铁、建材与化工等下游行业构成。河北省在全产业链各环节均已经具备相当规模的投入和产出。

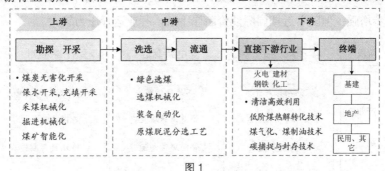

图1

（2）上游产业—煤炭勘探和开采。

产煤区遍布河北全省，省内拥有开滦集团、冀中能源等龙头企业，唐山开滦、邯郸峰峰、石家庄井陉等大型矿区。"十三五"期间，省内煤炭产量呈下降趋势，对外依存度偏高；大型煤矿开展无害化开采技术应用和绿色煤矿建设。智能矿山体系、清洁生产和高效利用技术是薄弱环节。

（3）中游产业—煤炭洗选加工和运输。

"十三五"期间，省内大型煤企已通过技术手段改进煤炭洗选工艺，冀中能源已在多个矿区应用井下矸石筛选技术降低洗选污染。绿色选煤基本达到产业优化升级的目标，新增项目入选率基本达到90%。

重大原煤通道以铁路—水路联合运输为主，包括北通道大秦、中通路石太、邯长以及秦皇岛、京唐两个煤炭下水港口，重大原煤通道建设仍需持续完善。

（4）下游产业—煤电、煤炭工业利用。

"十三五"期间，各下游行业将低阶煤热解转化、煤制油、煤气化作为开发重点，提高煤炭清洁高效利用水平；供给侧结构性改革倒逼传统企业依托煤炭产业积极发展新业态。但煤炭清洁高效利用、传统行业转型升级、二氧化碳捕集利用与封存技术应用方面有待进一步推进。

2. 石油

河北省为石油化工产业大省，产业基础雄厚。"十三五"期间，石化、油气开采、石油加工、化学原料及制品产业规模稳步增长。

（1）产业链全景分析。

上游产业为石油勘探、开发和生产，中游产业为石油运输服务、输油管道与储罐生产和城市管网建设运营，下游产业为石油炼制销售、石化产品加工。"十三五"期间，行业总体发展趋势向较好，整体效益保持平稳增长，抗风险能力进一步增强；但随着近期国际油价断崖下跌，行业运行压力较大。

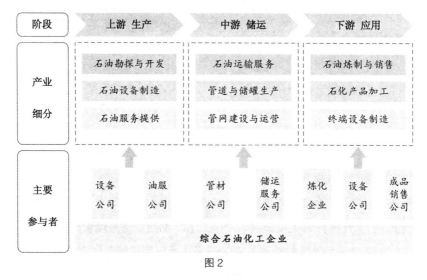

图2

（2）上游产业—石油生产。

截至2019年底，原油产量550万吨，消费量1700万吨，加工量约2164万吨，原油缺口较大。"十三五"期间，省内三大油田积极推进绿色油田建设工作。但上游勘探开发投入总体不足，资源品质差、勘探难度大，制约了石油产量的提升；尚未对非常规油、渤海湾海上原油进行勘探开发；油气探矿权的出让机制不完善，出让基础薄弱，制约油气勘探的进一步突破。

（3）中游产业—石油储运。

"十三五"期间，形成了以华北、冀东和大港油田为勘探开发主体，省内自产和进口原油相结合的石油供给体系。累计建成 5 条原油长输管线，全长约 891 公里，年设计输量 2515 万吨；累计建成 4 条成品油长输管线，全长约 3445 公里，年设计输量 5100 万吨；已建成投运原油、成品油接卸码头 3 座，总接卸能力 3540 万吨／年。

当前，省内城市输油管网建设尚不完善，长距离管道常温输送、冷热原油交替输送、管道智能监控等技术薄弱，储运设备安全隐患整改进展缓慢，成了产业发展的制约因素。

（4）下游产业—炼制销售和化工。

河北省形成了包括石油化工、盐化工、煤化工和精细化工等在内的完整的石化生产体系，依托秦皇岛、唐山、黄骅三大港口，为建设沿海石化基地提供重要支撑。总体规模较大、产业集中度较高、园区集聚效应日益体现。

"十三五"期间，曹妃甸石化基地、沧州渤海新区合成材料基地进入工程实质性建设阶段。但目前仍存在石化产业布局分散、龙头项目、高端项目、重大项目少等问题，核心竞争力不强，难以形成循环经济产业体系；产品结构有待提升，大型石化联合装置研发制造尚未突破，制约下游产业链延伸发展。

3. 天然气

"十三五"期间，天然气利用比重和产业规模不断扩大，来自城镇燃气、天然气发电、工业燃料和交通运输四大领域的天然气需求持续增长；省内"煤改气"工程的重点推进，在加强环境保护的情况下进一步推动了天然气行业的快速发展。

截至 2019 年底，全省资源合计 36.1 亿立方米，天然气产量 6 亿立方米，消费量 162 亿立方米，供需矛盾突出。省内建成 LNG 接收站 1 座，设计接卸能力 650 万吨／年。建成储气设施项目 85 个、26.07 万水立方（1.56 亿方），能够满足 2019 年全年日均 3.6 天用气需求。已建成投运国家气源干线、省际联络线、省际供气支线、省内集输干线，共计 38 条天然气长输管线，省内全长约 5400 公里，基本形成"八横七纵"互联互通输气网络。初步生成了省内国产气田气、省外国产气田气、国外路上进口气、国外进口海上气等多类型多气源多方向的天然气供给格局。

（1）产业链全景分析。

天然气产业链上游为勘探开采和国外气源进口；中游为储备、运输和设备制

「十四五」河北省能源资源开发和产业发展展望

造、运输管线的建设；下游为分销应用。

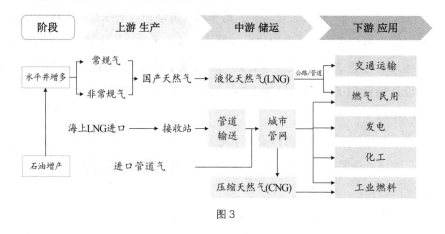

图3

（2）上游产业—天然气生产及进口

"十三五"期间，河北省煤层气、页岩气等非常规气开采较四川盆地、南方海相地区推进缓慢，省内浅海、深海和陆相非常规气的勘探技术有待进一步突破；进口方面，曹妃甸海上 LNG 接收站建成投产，新天海上 LNG 接收站开工建设。

（3）中游产业—天然气储运

"十三五"期间，省内建成"八横七纵"互联互通输气网络，基本满足输配需求。但管网建设存在覆盖不全面、不均匀问题，张承秦地区尚没有形成管道大规模覆盖，其他城市也存在气源、管道数量以及分输能力差距较大的现象，管网互联互通水平有待提高。天然气储备能力建设亟须加快，城燃企业 5% 储气能力尚未满足国家要求。完善天然气管网布局、提升储气调峰能力、能源融合发展可作为中游重点。

（4）下游产业—分销应用

主要包括交通运输（天然气车船）、天然气发电、工业和民用燃料等。"十三五"期间，河北省大力推进"减煤增气纳新"工作，京津冀及周边地区大气污染防治力度不断增强，省内天然气需求量快速增长。天然气高效利用、天然气应用推广、天然气汽车降耗、天然气发电比重提高可作为后续发展方向。

4. 风能

河北省风能资源丰富，主要分布在张家口、承德坝上地区和秦皇岛、唐山、沧州沿海地区以及太行山、燕山山区。陆上风电技术可开发量可达 1 亿千瓦，已开发 3122 万千瓦；海上风电技术可开发量 1000 万千瓦以上，已开发 70 万千瓦。

"十三五"期间,张承坝上地区、唐山和沧州沿海地区均建成百万千瓦级风电基地;省内风电装备制造产业发展成熟,产业链完整。

（1）产业链全景分析。

风电产业上游为风机零部件生产、风塔、整机制造,中游为风场施工建设和运行维护,下游为风电场副产应用。

图4

（2）上游产业一生产制造。

河北省风电整机零部件制造厂商较多,产业链较为成熟先进。"十三五"期间,整机制造方面,国内龙头企业在张家口、承德、邢台三市布局生产线。零部件方面,代表企业有中航惠腾（风轮叶片）、科诺伟业（大型风机控制系统）。

（3）中游产业一风力发电。

"十三五"期间,全省风电装机为1639万千瓦,张承坝上地区、唐山和沧州沿海地区均建成百万千瓦级风电基地;省内各地市分散式风电装机430万千瓦,低风速风电产业有所发展。但智慧风电场建设以及智能运维系统开发仍处于探索阶段。

（4）下游产业一副产应用。

"十三五"期间,张家口地区已开展风电制氢项目示范应用。建设沽源风电制氢、海珀尔清洁产业示范园等一批项目,加快可再生能源电解水制氢厂建设。随着氢能发展规模不断扩大,下游具备一定发展前景。

5．太阳能

河北省太阳能资源丰富,分别为太阳能资源二类和三类地区。其中,北部张家口、承德等部分地区年日照小时数平均为3000—3200小时,中南部地区为2200—3000小时。具备地面电站、农光互补、光电建筑一体化等多种形式的开发条件,有较大的开发利用潜力。全省太阳能光伏发电技术可开发量约2亿千瓦,其中集中式光伏发电约1.2亿千瓦、分布式光伏发电约0.8亿千瓦;已开发3624万千瓦,其中集中式2953万千瓦、分布式671万千瓦。

"十三五"期间，太阳能产业在光伏产品制造、太阳能光伏发电和太阳能热利用方面取得较大发展。河北省已形成了"硅材料—硅片—电池—构件"完整的产业链，是目前国内唯一拥有从多晶硅提纯、铸锭、切片、电池片、电池组件到光伏系统应用完整产业链的省份。

（1）产业链全景分析。

光伏产业链的上游是晶体硅原料的采集和硅棒、硅锭、硅片的加工制作，产业链的中游是光伏电池和光伏电池组件的制作，产业链的下游是光伏应用，包括电站系统的集成和运营。

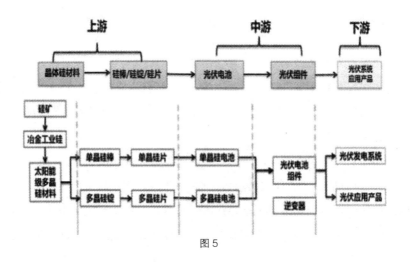

图 5

（2）上游产业—硅原料加工。

受硅矿产地制约，产业链上游企业少，规模较小，不作为发展重点。

（3）中游产业—电池与组件生产。

位于产业链中游的电池组件生产企业较多，具有一定规模和实力，省内龙头企业代表有晶澳科技、英利集团。"十三五"期间，已开展第三代太阳能电池技术升级，推进张家口特变电工能源电力设备产业园、张北禾望电气逆变器生产基地及综合中心等装备制造项目建设。

（4）下游产业—光伏利用。

"十三五"期间，全省光伏发电装机为 1474 万千瓦；全省分布情况。省内加快推进光热发电研发及商业化应用。下游发展前景广阔。

6．新能源汽车

河北省具有丰富的能源资源优势，为发展新能源汽车产业提供了良好的能源基础。省内充裕的风能、太阳能等可再生能源，可对新能源汽车进行直接充电或制氢后作为燃料电池为车辆供能，在保障新能源汽车充电电力的同时缓解省内新能源消纳压力。

（1）产业链全景分析。

新能源汽车产业链上游为从矿产资源开发，中游为关键部件研发、整车研发制造，下游为商业模式与技术应用、汽车后市场。

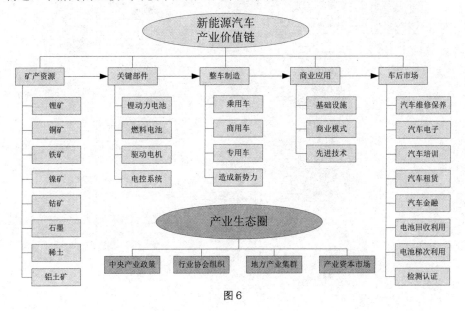

图6

（2）上游产业—矿产资源。

新能源汽车生产所需的上游矿产资源主要是锂矿、稀土、石墨、钴矿等，上述资源主要分布在我国西部地区和华东、西南部分区域。受限于资源的地域分布特征，河北省并不具备大规模发展新能源汽车产业的上游资源条件。

（3）中游产业—关键零部件、整车制造。

关键零部件方面，河北省电池、电机等部分零部件领域达到国内领先水平，代表企业有沧州明珠、正定精功等。其中，新能源汽车电池、电机、电控作为核心动力总成部件，累计成本约占到新能源汽车全部成本的60%。作为新能源汽车的技术密集领域，关键材料与核心部件昂贵，但产品附加值较高，可作为重点发展方向。

整车制造方面，河北省获得新能源汽车整车生产许可企业 7 家，产品涵盖能料保障能力，积极发展中间体、开发新型特种合成材料，大力发展精细化工和绿色化工。

整体依然缺乏新能源汽车零部件、整车生产的龙头企业。

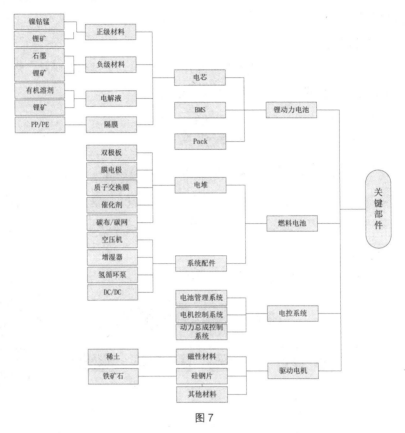

图 7

（4）下游产业—商业应用、车后市场。

新能源汽车的下游产业主要集中在充电服务市场，"十三五"期间，充电桩设备制造商、充电桩品种较多，市场开发潜力巨大。充电网络建设成本与运营成本较高，需要规模化生产能力以保证利润，可作为发展方向。科林电气、石家庄通合电子等企业生产制造的新能源汽车充换电站、充电电源系统及新能源汽车车载电源产品具备一定市场竞争力。

7．储能

河北省可开发利用的水能资源不多，但具备开发抽水蓄能电站的条件，抽水蓄能电站的可开发量约 1600 万千瓦以上。截至 2019 年，水电装机容量达到 55 万千瓦。新型储能产业方面，河北省在电池材料、电池生产、储能项目等领域均有一定产业基础。

（1）产业链全景分析。

储能上游产业链主要包括各种正负极材料、电解液、极耳、隔膜、电芯等原材料生产，中游产业链包括电池、PCS、BMS、热失控预警及消防、温控、线束及连接器、系统集成等方面，下游应用主要在风光储、火储、电网侧储能、用户侧储能及新能源汽车等方面。

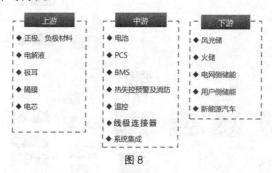

图 8

（2）上游产业—原料生产。

目前，河北唐山地区具备锂电池正负极材料生产基础，邯郸地区拥有涂覆隔膜、极耳、电芯生产企业，产业基础较好。可在原有产业基础上，扶持中小微企业做大做强，抢占市场。

（3）中游产业—零部件生产及组装。

目前，河北省储能电池、系统集成等关键零部件生产及组装方面尚属空白。

（4）下游产业—储能应用。

传统储能方面，目前河北省已建抽水蓄能电站 207 万千瓦，在建丰宁（360万千瓦）、易县（120 万千瓦）、抚宁（120 万千瓦）、尚义（140 万千瓦）。新型储能应用方面，一是张家口风光储示范项目，一期储能 2 万千瓦已建设完工，二期计划新增化学储能装置 5 万千瓦已列入国家能源局首批储能创新试点示范项目。二是建成冀北泛在电力物联网虚拟电厂示范项目，聚合优化"源网荷储售服"6个环节，容量约 16 万千瓦。三是建成保定光储能一体化充电站，将新能源汽车充电、光伏发电、智慧储能等各子系统进行深度融合和高度集成，建立绿色用能体系。

8. 氢能

河北省具有丰富的能源资源优势，为发展氢能产业提供了良好的资源基础。唐山地区工业副产氢资源丰富，且成本较低；张承地区风电、光电资源丰富，可再生能源制氢资源充足。目前，河北省已初步形成制氢、储氢、运氢、加氢、用氢的产业体系。"十三五"期间，张家口地区已开展风电制氢项目示范应用。建设沽源风电制氢、海珀尔清洁产业示范园等一批项目，加快可再生能源电解水制氢厂建设。

（1）产业链全景分析。

结合氢能产业特征，确定产业链上游为氢气制备，中游为氢能的储运加注，下游为氢能应用方面。

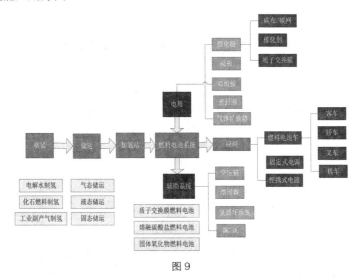

图9

（2）产业链上游—氢气制备。

河北南部和唐山地区主要以工业副产气制氢为主，河北北部主要以可再生能源电解水制氢为主。目前张家口市正在实施风电制氢、清洁产业示范园等一批项目，通过四方机制的拓展，大幅降低制氢成本。可根据不同地区制氢产业基础，合理选择发展路线。

（3）产业链中游—储运加注。

氢能储运环节成本较高，制约氢燃料电池的使用推广。建议联合高校共同攻关70兆帕液体氢能运输关键技术。

氢能加注方面，"十三五"期间，全省已建成34座加氢站。

（4）产业链下游—氢能应用。

燃料电池汽车作为氢能最先实现突破的领域，"十三五"期间，保定市氢能产业发展条件和基本要素完善，上下游产业战略布局基本形成；引进涉氢企业5家以上，氢能产业初具规模。张家口市引入亿华通万台氢燃料电池发动机项目，率先布局199辆氢燃料电池公交车。唐山市结合重工业货运需求和工业副产氢资源先发优势，具备发展氢能重卡基础。

9. 生物质能

河北省生物质能利用主要包括农林生物质发电、垃圾焚烧发电、生物质燃气等。"十三五"期间，农林生物质发电产业受新政策影响，主要是在有取暖缺口地区推广生物质热电联产项目。垃圾焚烧发电产业受环境治理需求驱动，布局向县域下沉。生物质燃气产业可结合县域天然气供应缺口进行布局。

（1）产业链全景分析

生物质能产业链如下图所示，上游包含生物质原料的收集、储存、运输及预处理。中游包括生物质原料的分离与筛选、破碎、干燥、混合、能源转化反应及各种装备。生物质下游为各种气体、液体、固体生物质能源，以及各种生物质能源在发电、供气与燃料等领域的应用。产业链核心为生物质发电、生物质供气、生物质液体燃料和生物质固体燃料。

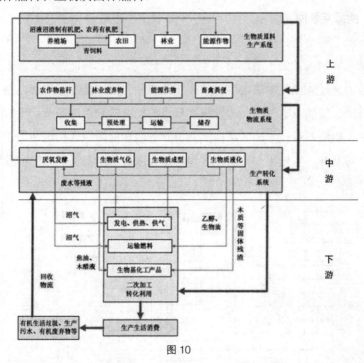

图 10

（2）生物质发电。

"十三五"期间河北省垃圾焚烧发电项目共计 14 项，具备处理垃圾 548.43 万吨能力，合计垃圾发电上网电量为 139603.19 万千瓦时。

（3）生物质天然气。

"十三五"期间，河北省生物质天然气快速发展，在定州、衡水等地区，具备全国领先企业和项目。中广核衡水生物天然气项目，是亚洲单体最大的生物天然气项目，年产车用天然气8910万立方米、有机肥116万吨，年减排二氧化碳170万吨。

（4）生物质液体燃料。

"十三五"期间，河北省积极推动燃料乙醇和生物柴油等生物能源的发展，但粮食生产液体乙醇涉及国家粮食安全问题，拓展液体乙醇产业需进一步研究以非粮食为原料的液体乙醇生产技术。

（5）生物质成型燃料。

"十三五"期间，河北省实施了"农村秸秆成型燃料炊事采暖试点示范项目"，全省生物质固体成型燃料产量约为60万吨。其中奥科瑞丰、沧州于集振华发公司规模较大。

10. 能源互联网

（1）产业链全景分析。

能源互联网产业的上游环节为生产电、燃气、热、冷能源的能源生产环节；中游环节为通过天然气冷热电联供、分布式能源和区域能源互联网，整合可再生能源、氢能、储能、电气化交通设施而形成的能源输配用储环节；下游环节为依托云计算、物联网等技术，区域内多能协同供应和能源综合梯级利用以实现多能互补、供需互补、实施感知、职能管理的综合服务。能源互联网的产业链全景图如下图所示：

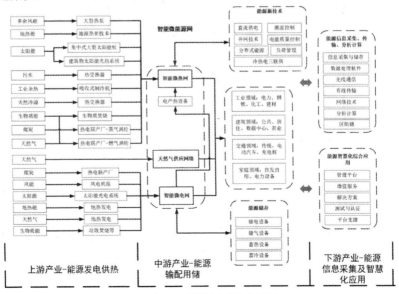

图 11 能源互联网的产业链全景图

河北省内目前已有的大型机场、传统变电站改造、大型公用建筑等综合能源与能源互联典型应用案例。包括朱河城市多功能智慧能源综合体,集变电站、充电站、数据中心站为一站,实现了多站融合及多项社会化服务功能。冀北地区电力物联网虚拟电厂示范工程,实时接入与控制蓄热式电采暖、可调节工商业、智能楼宇、分布式光伏等 11 类 19 家可调资源,容量约 16 万千瓦,涵盖张家口、秦皇岛、廊坊三个地市。雄安新区市民服务中心,集地源热泵系统、冷热双蓄系统、污水源热泵的绿色复合型能源网运行调控平台,设置 1500 立方米的蓄能水池进行储能调节。雄安新区雄冬片区将建综合能源系统,整合电力、供热、燃气等同层级能源设施,构建区域、街区、用户三级综合能源站,配套建设电力、供热、燃气管网。

(三)存在的问题

一是可再生资源利用不够充分。风能、光伏发电可开发利用空间规模较大,天然气开发利用水平还有待提高,地热能、天然气水合物等资源丰富的新能源尚处于示范、试采阶段,开发成本较高。二是能源基础设施建设仍需加快。部分新能源富集地区电网存在并网和消纳困难问题,部分地市及县区天然气管网不完善。三是自主创新能力有待提高。国家级和省级联合创新平台建设推进缓慢,高科技创新人才缺乏,企业研发投入不足,关键核心技术、设备和材料依赖进口。四是整体竞争力不强。缺少带动力和控制力强的龙头企业,产业配套和集聚效应不够明显,高端装备制造水平落后于京津、长三角、珠三角地区,产业标准体系和产品检测认证体系有待完善等。五是与省外龙头企业联系不紧密,合作较少。在引进如宁德时代等实力强、规模大的龙头企业方面,较为欠缺,产业链横纵延伸度有较大发展空间,尚未形成规模效应。

(四)面临的形势和挑战

一是"碳中和"目标的提出,对我国能源结构转型提出重大挑战,推动可再生能源向地域集聚、能源产业链转移以及终端行业部门高度电力化发展;二是在"四个革命、一个合作"能源发展战略的提出和国际贸易壁垒增多、技术封锁加剧的大环境下,能源供应、能源技术进步和能源安全成为各省能源资源开发和产业发展的重点;三是新冠肺炎疫情导致经济复苏缓慢,可能将全球能源需求全面反弹推迟至 2025 年,石油等传统能源价格波动加剧,省内自产气源少、天然气利用成本处于全国高位；四是各省份竞相将新能源产业作为重点发展的战略性新兴产业，竞争越发激烈。受国土资源、环境保护、军事影响等约束趋紧，国家相关补贴政策退坡等，给新能源发展带来新的挑战。

二、指导思想、原则与目标

（一）指导思想

以习近平新时代中国特色社会主义思想为指导，全面贯彻党的十九大和十九届历次全会精神，坚定不移贯彻创新、协调、绿色、开放、共享的新发展理念，遵循能源发展"四个革命、一个合作"战略思想，采取更加有力的政策和措施，二氧化碳排放力争于 2030 年前达到峰值，努力争取 2060 年前实现碳中和。加快构建以国内大循环为主体、国内国际双循环相互促进的新发展格局，拓展"京津冀协同发展"深度广度，发挥"雄安质量"引领效应，以"冬奥会"为契机带动张北高质量发展，深入推进制造强省、质量强省、网络强省和数字河北建设，推动绿色低碳发展，强化资源高效利用，加快能源基础设施建设，大力发展战略性新兴产业，提升产业链供应链现代化水平。

顺应能源发展大势，主动适应、把握和引领新常态，以转变能源开发利用方式和提高能源产业发展质量为中心，展望产业链全景，着力提升传统能源产业高质量发展、推进新兴能源产业高起点建设、开展前瞻能源产业技术试点应用。着力构建清洁低碳、安全高效的现代能源体系，为努力在全面建成小康社会进程中走在前列，开创经济强省、美丽河北建设新局面提供坚强的能源保障。

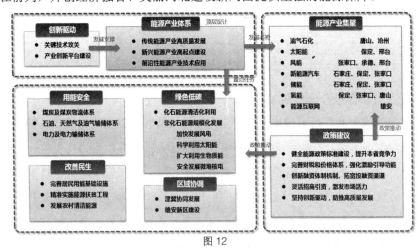

图 12

（二）基本原则

坚持市场导向，开展体制机制改革试验。充分发挥市场配置资源的决定性作用，创新电力市场化发展机制，破解可再生能源发展的深层次矛盾，探索建立针对各类能源特点的管理模式、市场机制、政策环境，形成适应可再生能源综合应用的体制机制改革新经验。

坚持创新引领，推动实现先进技术示范应用。全面实施创新驱动发展战略，完善激励机制，促进人才集聚；健全完善政产学研用紧密结合的能源科技创新体系，建设能源科技强省；深化能源体制改革，推动能源发展方式和商业模式创新，充分发挥市场在能源资源配置中的决定性作用。

坚持绿色低碳，探索新型低碳发展路径。提高非化石能源比重与推动化石能源高效清洁利用并举，优化能源结构和促进产业转型升级并重，加快构建以绿色低碳为特征的能源生产消费方式和现代产业体系。

坚持多元互补，提升能源保障供应能力。统筹煤炭、油气、电力和可再生能源发展，稳定省内能源供应能力，大力实施"外电入冀""西气东输"等能源合作战略，完善能源替代和储备应急体系，构筑"内节外引"的保障格局。

坚持共享发展，统筹城乡能源设施建设。提高城乡能源一体化发展水平，统筹推进生产生活用能发展，强化需求侧管理，完善能源供应网络和服务体系，大力提高能源普惠服务能力。

（三）发展目标

到 2025 年，河北省各类能源资源开发、产业发展要实现以下目标：

能源效率持续提升，产业规模不断优化。大力发展先进风能、太阳能等优势产业，加快培育新能源汽车、氢能、储能、智慧能源等新兴产业，建设沿京津新能源产业带和省内差异布局的产业集聚区，助推能源清洁低碳化转型，形成国内领先、世界一流的新能源产业集群。

科技创新取得突破。在风电、太阳能、氢燃料电池、新能源汽车、天然气及其水合物、智能电网等领域建成一批国家级和省级重点实验室、工程研究中心、产业创新中心、企业技术中心等创新平台，培育一批具有国际先进水平的创新型龙头企业，形成一批国内领先、具有国际竞争力的核心技术和自主品牌，推动河北成为国内新能源示范区、产业技术和商业模式创新区。

基础设施持续完善。到 2025 年，初步建成安全、可靠、绿色、高效的智能电网体系；储能初步实现规模化发展，形成源—网—荷—储全面布局；沿海港口原油（成品油）年接卸能力，天然气主干管网实现互联互通，基本建成适应京津冀需求的充电、加氢设施体系。

产业协同逐步强化。通过整合或调整规划，建成一批在国内外具有影响力的新能源装备和产品研发制造基地，新能源产业规划、设计、运维等应用服务体系不断完善，资源配置和产业协同更加高效。

三、重点任务

（一）健全能源产业体系，加强顶层设计规划

顺应能源发展大势，主动适应、把握和引领新常态，以转变能源开发利用方式和提高能源产业发展质量为中心，展望产业链全景，着力提升传统能源产业高质量发展、推进新兴能源产业高起点建设、开展前瞻性能源产业技术示范应用。着力构建清洁低碳、安全高效的现代能源产业体系。

1. 提升传统能源产业高质量发展

对于煤炭、石油、天然气等传统能源产业，根据产业发展基础，发挥产业集聚优势，解决"卡脖子"问题，增强企业创新能力，实施高质量提升工程：

（1）优化煤炭产业结构，淘汰落后产能，推动煤炭企业转型升级。压减煤炭消费，深化政策限煤、工程减煤、提效节煤、清洁代煤，综合施策、精准发力，逐步降低高耗煤行业用煤总量和强度，加快产业结构向高新高端产业转变，推进钢铁、焦化、水泥等重点行业去产能，对电力供热等行业实施改造提升和节煤挖潜，实施工业窑炉、燃煤锅炉等集中供热替代和清洁能源置换，对新增耗煤项目严格执行煤炭减（等）量替代。"十四五"期间，进一步推进煤矿企业整合，推动生产集约化，压减煤炭产能。

（2）提高煤炭清洁高效利用水平。依托省内煤矿，推进重点煤矿智能化建设；稳定煤电装机规模，加快淘汰落后产能，利用淘汰关停煤电机组容量，等容量减煤量减排放替代建设大型高效机组；构建高端煤化工产业链条，积极发展醇基燃料，科学有序推进煤制油、煤制气。

（3）强化石油产供销能力。石油开发方面，加强油气资源开发，做好华北油田、冀东油田的稳产、增产；完善油气探矿权出让体制机制。原油加工方面，优化原油加工生产布局，整合省内地方炼厂，淘汰落后炼能；依托海上原油进口通道提

升沧州地区炼油能力，推进曹妃甸石化基地建设，推动千万吨级炼油企业油品质量升级改造。石油储运方面，结合石化基地布局，建设原油码头，提高海上原油接卸能力；完善港口至内录炼厂原油配送管线和炼厂至消费集中区成品油输配管线，改善炼厂原油输送条件，提高成品油输配水平。石油化工方面，加快省内乙二醇、苯乙烯、丙烯腈等高进口依存产品的发展，提高有机原料保障能力，积极发展中间体、开发新型特种合成材料，大力发展精细化工和绿色化工。

（4）积极开展油气战略合作。勘探开发乐亭地区渤海湾油气资源，做好页岩油等非常规油资源开发利用工作。进一步完善省内石油码头、石油管道和储油罐的建设，提高储运安全性能；推进管道数字化、智能化建设和完整性管理。加快推进曹妃甸石化基地龙头项目建设。推动沧州渤海新区合成材料基地形成以PVC、以内酰胺、TDI、MDI、聚乙烯、聚酯为主的合成材料产业集群。依托大型沿海石化基地实现炼油、乙烯、芳烃等石化产业一体化、集群化、基地化发展。

（5）积极开拓天然气市场，实施"增气保用"工程。天然气开发部分，依托华北油田、冀东油田的增产和渤海湾海上油田的开发，保障天然气的稳产、增产，做好页岩气、致密气、煤层气、天然气水合物等非常规气的勘探与开发。基础设施建设方面，协调配合陕京四线等气源干线的建设，推动省内LNG接卸站的建设，增强接卸能力；完善省内天然气集输干线网，继续推进"县县通"工程，完善天然气输配支线网，基本实现县（市、区）全覆盖。天然气推广利用上，扩大居民生活用气规模，推进气代煤、燃气入户，形成管道气为主、多渠道补充的燃气配送体系；推进交通燃气，增大天然气公共交通车辆覆盖率、推进货运车船油改气，配套建设加气设施；有序发展燃气热电，大力推进冷热电多联供和燃气分布式能源建设。

2. 推进新兴能源产业高起点建设

（1）聚力做大做强三大重点产业。新能源汽车、智能电网、储能是国民经济重要的支柱性、基础性产业，代表了当前和未来发展重要方向和技术制高点，是很多省份都在重点布局、合力推进的关键新能源产业，也是河北省从新能源产业大省向强省迈进的必经之路。结合河北省产业布局和产业基础，聚焦三大重点产业，积极培育壮大龙头企业，加快产业聚集发展，完善产业链条，提升产业竞争力，努力走在全国前列。

新能源汽车产业。把加快新能源汽车发展作为培育新动能、发展新经济、推动产业迈向中高端的重要内容，以纯电动汽车、插电式混合动力汽车和氢燃料电池汽车为发展的主攻方向，以提高发展质量和档次为核心，瞄准世界新能源汽车产业发展前沿，坚持自主研发与开放合作相结合，结合市场需求统筹规划布局，加快全省新能源汽车产业技术、产品、市场优化升级，增强市场竞争能力，扩大市场规模，推动新能源汽车向绿色化、高端化、智能化发展。到2025年，建成保定、石家庄、张家口等一批新能源汽车产业集聚区。成为国内重要的新能源汽车和关键零部件生产基地，实现由低端新能源汽车生产大省向高端新能源汽车制造强省转变。

智能电网产业。围绕特高压入冀通道建设、省内主网架升级改造、新能源接入消纳、智能微电网建设以及轨道交通电气化等现实需求，加快突破大容量输电、大规模新能源并网、智能电网大数据分析、储能大规模推广应用等关键技术，着力推动智能输变电成套装备、配网自动化设备、微电网系统以及智能化检测装备等相关产业发展，加快推进智能电网产业与新能源技术、信息技术、储能技术深入融合，推动输变电设备和智能电网产业向成套化、高端化、智能化方向发展，建设具有国际先进水平的特色智能电力装备产业基地，提升省内智能电网建设所需设备自主配套能力。到2025年，输变电装备配套能力、成套化水平进一步提升，智能电网核心装备自主化能力进一步增强，储能关键技术具备产业化能力，储能形成较为完整的产业链，成为能源领域经济新增长点。

储能产业。培育龙头企业集群，促进上下游产业协同发展，积极引入宁德时代、蜂巢能源等储能行业领军企业，开展全面战略合作，壮大上中游储能高端装备制造产业，成为能源领域经济新增长点；在发展张家口可再生能源示范区、保定新能源与能源装备产业基地基础上，建立从材料、部件、系统、运营到回收再利用的完整产业链；鼓励锂离子电池、铅酸电池等电化学储能项目电池资源回收利用，发展培育龙头企业集群，打造循环经济发展典范；支持风电、光伏发电项目按比例配套建设储能设施，开展超级电容储能、超导储能、先进电池储能、压缩空气储能等先进储能技术示范应用，着力提升风电、光伏发电并网友好性。因地制宜发展抽水蓄能，开展源网荷储试点应用。加快推进丰宁、易县、抚宁抽水蓄能电站，适时开展尚义、雄安、滦平等站点前期工作；打造"智慧供能、精益配能、绿色用能"的源网荷储协同互动的雄安新区示范区。

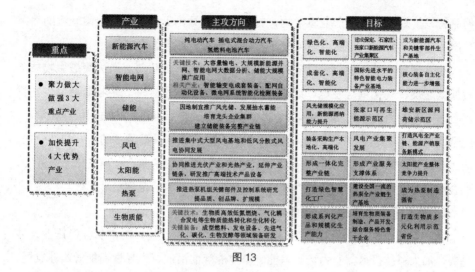

图13

（2）加快提升四大优势产业。太阳能、风电、地热能、生物质能是河北省具有良好优势的新能源产业，也是调整优化能源结构的重要发展方向。依托河北省较好的资源禀赋和产业基础，以科技创新为引领，坚持市场应用导向，加快四大优势产业数字化、网络化、智能化建设，全面提高产品技术、工艺装备、能效标准，推动价值链向高水平跃升，实现四大优势新能源产业提质发展。

风电产业。依托省内丰富风能资源和装备制造优势，推进集中式大型风电基地和低风分散式风电协同发展。大力研发推广高端、高质、高效技术产品和设备。围绕风资源评估、风电机组及关键零部件生产制造、风电场设计建设施工控制运维等重点环节，加强关键核心技术独立创新、联合创新，促进风电装备采购生产本地化、高端化，推动风电产业集聚发展，打造集研发设计、智能制造、工程总承包、运维服务等于一体的风电全产业链，积极发展多元多样、众创分享的能源产销服务新模式。

太阳能产业。立足现有太阳能资源优势和产业基础，坚持光伏产业和光热产业协同推进，大力研发推广高端、高质、高效技术产品和设备。鼓励配套企业、原料供应企业开展战略合作，协同创新，延伸产业链条，力争形成集上中下游于一体、各环节相互配合、契合度较高的完整产业链条，建立和完善相关工程设计、检测认证及质量管理等产业服务支撑体系，鼓励龙头企业与鉴衡认证、中科院电工所研究制订光热发电相关标准，促进太阳能产业整体竞争力提升。

热泵产业。抓住国家推进北方地区清洁供暖重大机遇，发挥河北省既有热泵产业基础，坚持创新驱动、智能转型，加快推进热泵机组关键部件及控制系统研究，不断提升产品全寿命周期内的可靠性、稳定性及季节性能系数（SPF），着力提品质、创品牌、扩规模，提升产业竞争力，打造绿色智慧化工厂，建设全国一流的热泵全产业链生产基地，实现出热泵生产大省向热泵制造强省的转变。

生物质能产业。发挥河北省作为生物质资源大省的优势，着力突破生物质高效低氮燃烧、气化耦合发电、纤维素乙醇、生物质航空煤油、生物质烯烃、生物质石墨烯等生物质能热转化和生化转化关键技术，重点推进生物质锅炉（窑炉）、成型燃料、发电设备、先进气化、碳化、生物发酵等领域关键装备的研发和产业化，形成系列化产品和规模化生产能力，培育一批生物质装备制造、高值化产品开发、综合服务等特色骨干企业，着力打造生物质多元化利用示范省份。

3．开展前瞻性能源产业技术示范应用

加快布局前瞻性产业。突出新能源行业战略引领作用，瞄准新能源产业发展趋势，加大科技投入，着力培育氢能、海洋能等前沿性、先导性新能源产业发展，赢得发展先机，抢占未来发展制高点。

氢能。积极推动氢能与燃料电池核心技术突破作为河北省超前布局先导产业、抢占能源技术制高点的重点任务。一是加强氢能产业顶层设计。鼓励省内外优势企业、高校、院所的产学研协同，集中突破氢能产业核心技术，支持整车生产企业提升燃料电池整车制造能力；二是聚焦氢能核心技术研发和先进设备制造。加快培育从氢气制储、加运、燃料电池电堆、关键零部件和动力系统集成的全产业链；培育一批国内一流氢能装备制造企业、燃料电池和动力系统集成研发制造企业、整车生产企业，形成氢能基础设施建设、氢燃料电池电堆、关键材料、系统集成、整车生产、运营与配套服务等产业集群；三是努力突破储运瓶颈。加快高压储氢瓶技术突破，突破低成本高压储氢瓶用70兆帕碳纤维材料批量化制造技术。积极引入林德、法液空等气体储运龙头企业，针对不同加氢站需求规划20兆帕、30兆帕氢气运输线路，实现气氢运输安全且有保障；四是完善加氢站布局。结合省内炼厂分布，合理规划沿海城市加氢站布局。制订加氢站审批管理办法，优化加氢站建设项目和项目审批流程，鼓励中石化、国家电投、京安清源生物能源等能源公司加入基础设施建设，探索加氢／加油、加氢／加气等合建站发展模式；五是扩大氢能利用规模。整合利用省内大型化工氢源，提升低成本氢源供给规模化水平；推进丙烷脱氢等工业副产氢、谷电制氢及清洁能源制氢等氢源建设，扩大氢能利用规模。

海洋能。一是以提高海洋能开发利用技术水平为着力点，以示范项目建设为抓手，在沧州、唐山建立环渤海海洋能示范基地，重点支持百千瓦级波浪能、兆瓦级潮流能、温差能、海水浓度差发电等海洋能综合利用技术研发。二是建设盐差能、温差能试验场，与北京、天津等地的科研机构展开盐差能、温差能基础理论研究，突破关键技术，结合海洋能装备制造产业园区，完成盐差能、温差能试验型设备制造、调试、试验等，形成工程管理等标准，为全国海洋能企业提供技术服务。三是开展小型化、模块化海洋能的能源供给系统研究，争取突破高效转换、高效储能、高可靠设计等瓶颈，形成若干个具备推广应用价值的海洋能综合利用装备产品。开展有居民海岛（礁）海洋能独立电力系统示范工程建设，为规模化开发海洋能资源奠定基础。

（二）聚焦能源产业集聚，推进区域协同发展

建立基于京津冀协同发展、雄安新区建设发展的现代化能源体系，大力推动产业集聚发展。发挥龙头骨干企业带动作用，重点扶持根植于风能、太阳能、氢能、储能、新能源汽车及燃料电池、智能电网等领域具有优势和潜力的龙头企业，引进上下游供应链企业，促进形成以大企业为核心、相关配套企业聚集发展的新能源产业集群。

油气石化。优化省内天然气基础设施布局方面，推动宁晋盐穴储气库、中石油文23、兴9储气库项目建设，打造地下储气库群。推进曹妃甸新天LNG接收站大型储罐群、中石油京唐公司三期、黄骅港LNG接收站大型储罐群建设，加快提升储气调峰能力。打造唐山曹妃甸油气集聚区。石化布局方面，加快推进曹妃甸石化基地龙头项目建设。沧州渤海新区合成材料基地形成以PVC、以内酰胺、TDI、MDI、聚乙烯、聚酯为主的合成材料产业集群。形成以大型沿海石化基地为依托的炼油、乙烯、芳烃等石化产业一体化、集群化、基地化发展。勘探开发方面，推进乐亭地区渤海湾油气资源勘探开发，做好页岩油等非常规油资源开发利用工作。

图 14

太阳能。依托保定、邢台等市骨干企业的引领作用，重点建设以"硅材料—硅片—电池—构件"完整产业链的光伏生产设备、辅料、逆变器和高效 PERC 电池生产基地；发展涵盖光伏电池、光伏新材料、专用装备、分布式发电、大型地面电站系统集成等光伏及其相关产业，形成以英利集团、晶澳科技为龙头产业的光伏协同产业链集聚。支持沧州、邢台等太阳能光热产业园建设，推进中高温太阳能集热管等光热发电系统关键装备产业化，建设集热场示范区；支持太阳能集热器、光伏设备、逆变器、封装、浆料等省内细分龙头企业，通过并购重组打造品牌、做强做大；引进国内外光热设备龙头企业，构建聚光系统、集热系统、换热系统、储热系统、发电系统等产业链条，进一步发挥产业集聚优势效应。

图 15

风能。依托张家口、承德、邢台三市装备制造优势，以龙头企业带动周边中小微企业协同发展，积极布局从整场、单机设备、核心部件装备制造，到覆盖从发电、并网到售电的全产业链条。持续推进张承坝上地区、唐山和沧州沿海地区百万千瓦级风电基地建设。推进张家口、承德地区智慧风电场试点布局，加快基于物联网、大数据和云计算综合应用的陆上不同类型风电场智能化运维关键技术研发，突破风电机组和风电场综合智能化传感、数据采集及处理、智能运维技术，初步具备产业先发优势。

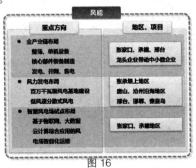

图 16

新能源汽车。一是依托石家庄新能源汽车产业集群、北部氢能和燃料电池汽车产业链集群和雄安新区及周边区域智能汽车关键零部件产业集群，打造新能源和智能网联汽车产业链集群或基地。支持张家口吉利汽车、沃尔沃发动机、比亚迪发展新能源汽车整车、氢燃料电池发动机及关键零部件；支持长城等整车企业与百度等互联网、人工智能企业合作，布局智能网联汽车产业。二是延伸发展汽车后市场服务、充电基础设施、制储运氢、动力电池回收、网约出行等新业态产业链条。支持张家口可再生能源制氢基地建设；延伸推动动力电池回收和梯级利用。三是补充引进高能量密度动力电池和关键材料产业，加快对氢燃料电池汽车、智能网联汽车等前瞻性产品的产业布局、应用示范，推动有条件的地方开展城市级智能汽车大规模、综合性应用试点，支持雄安新区创建国家车联网先导区。

图 17

储能。适时推进抽水蓄能站在雄安新区、邢台、阜平、滦平、灵寿的布点开发工作。结合新能源资源分布和开发利用情况，在丰宁、张北地区开展全钒液流电池风储、压缩空气储能、"奥运风光城"多能互补工程示范。装备制造方面，积极与中科院物理研究所开展100兆瓦先进压缩空气储能系统高端装备制造产业化合作，在张家口经开区建成产业示范基地。产教融合方面，支持龙头企业金风科技在张家口地区布局产教融合项目，推进建设集风光储用于一体的多能协调职能微电网系统等项目落地。在邢台、邯郸、唐山地区探索利用盐穴储气的压缩空气储能站实施可能性。材料生产及零部件组装方面，支持邯郸、石家庄、唐山地区开展锂电池、电池材料、梯级利用等储能锂电池产业发展，形成集聚优势。

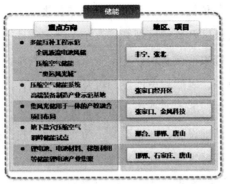

图 18

氢能。推进保定全产业链研发创新中心、燃料电池车辆示范区、张家口可再生能源示范区、邯郸氢能应用产业基地建设，加快高效氢气制备、纯化、储运和加氢站等技术研发与产业化，推进成套生产装置的商业化应用。

在保定地区形成以氢燃料电池堆、发动机、车载储氢系统、整车等为重心，涵盖全产业链的研发创新中心；积极开展氢能创新技术在公交、物流、重卡等应用场景的示范，打造国际国内一流燃料电池车辆示范区。围绕长城汽车气氢液化工艺技术和设备的落地。同步打造液氢与高压气氢供应网络，保障"容易线"重卡项目氢源稳定供给。

在张家口地区氢气制备、储运、燃料电池汽车等应用示范基础上，进一步优化氢能基础设施布局，加速氢能产业化、规模化和商业化进程。推动张家口地区风电制氢产业集聚，推动海珀尔制氢厂二期建设；开展与中智天工合作，推进建设风电光伏发电综合利用（制氢）项目。

结合唐山地区重工业基础和货运需求，形成涵盖"两区两县"的"工业副产氢—氢燃料电池—氢能重卡"产业集群。

图 19

能源互联网。打造雄安新能源高端能源互联网应用专区。围绕建设雄安数字城市，重点发展下一代通信网络、物联网、大数据、云计算、人工智能、工业互联网、网络安全等信息技术产业。依托 5G 率先大规模商用、IPv6 率先布局，培育带动相关产业快速发展。发展物联网产业，推进智能感知芯片、智能传感器和感知终端研发及产业化。搭建国家新一代人工智能开放创新平台，重点实现无人系统智能技术的突破，建设开放式智能网联车示范区，支撑无人系统应用和产业发展。打造国际领先的工业互联网网络基础设施和平台，形成国际先进的技术与产业体系。推动信息安全技术研发应用，发展规模化自主可控的网络空间安全产业。超前布局区块链、太赫兹、认知计算等技术研发及试验。

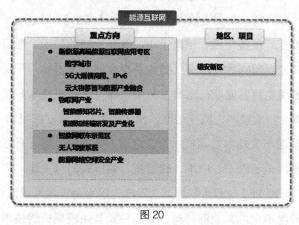

图 20

（三）强化产业创新驱动，着力加强技术攻关

1. 着力加强关键技术攻关

深挖能源产业在"十四五"期间的发展趋势，对重点技术开展针对性突破研究。利用好能源领域河北省实验室建设的契机，以企业为主体，对准系统集成、硬核技术、关键材料、精密工艺等方面的应用短板实施攻关。加快前沿技术产业化进程。重点开展碳捕集封存与利用技术、页岩油、页岩气、煤层气等非常规油气勘探开发、渤海湾浅海、深海原油勘探、规模化压缩空气储能技术联合应用、大碳纤维材料等新型叶片关键技术、整机智能制造、10 兆瓦级及以上风电机组及电控系统研发、70 兆帕等级碳纤维复合材料与储氢罐设备技术在河北省的探索突破。

天然气及其水合物。重点推进高温高压深水领域气田勘探开发技术、高精度勘查及原位探测技术、高效开采的多井型钻完井技术、储层改造增产技术以及运输储存、安全环保开采等关键技术攻关。建立以地下储气库和沿海 LNG 接收站为主的多层次储气系统技术攻关。

风能。加快推广高空风力发电成套技术、大型风电机组及关键部件的设计制造技术，包括大碳纤维材料等新型叶片关键技术、整机智能制造、10兆瓦级及以上风电机组及电控系统研发；重点推进适用于低风速风能资源地区的分散式开发技术研究与模式研究；推进多能互补系统、风电海水淡化、风电制氢、风电供热、风储一体化、微电网下的风光储等多元化应用技术。

太阳能。加快突破PERC技术，推进高效晶体硅电池、新型纳米离子电池和浆料工艺和装备的研发和产业化，加强CdTe等化合物半导体薄膜电池、薄膜电池集成应用技术（BIPV）以及逆变器、智能组件等关键技术的创新与应用；探索基于等离激元效应的光能新利用技术、太阳能光热海水淡化技术。

储能。研发推广液流电池、钠离子电池等化学储能技术，锂离子动力电池梯次利用、飞轮储能、超临界压缩空气储能及混合储能技术等，开展对长寿命锂离子储能电池、超级电容器储能技术研发，推动新型充换电技术和装备的研发。加强储能系统集成、试验检测、监控运维、梯次利用技术研发应用。

氢能。聚焦国产大功率发动机系统、电堆、膜电极及储氢系统等核心零部件的开发。针对燃料电池汽车、电堆、储氢瓶、高压阀门等关键"卡脖子"技术开展国产化突破。开展PEM电解水制氢、太阳能光解水制氢等氢源低成本高效制备、低温和高温燃料电池电堆、关键材料、零部件及其系统集成的技术攻关，加快金属板氢燃料电池电堆、新一代碳板、膜电极、催化剂、碳纸以及加氢站氢气高压和液态氢的存储技术、低压固态储氢等技术研发。

生物质能。加强农林废弃物二代先进生物燃料技术攻关，推动清洁焚烧、二恶英控制、中高温发酵、干式厌氧发酵、生物质天然气提纯、生物质液体燃料等关键技术和相关设备的研发。

地热能。加强中高温地热资源（水热、干热）勘查技术及梯级综合利用技术的攻关，支持地球物理探查技术、地热钻探技术、地热发电、地热制冷、供暖烘干等装备的研发。改进土壤源热泵以及水源热泵技术，尤其是对于水源热泵技术，研究改进热尾水回流。突破深层地热能开采技术、干热岩地热资源开采技术，包括深层钻井技术、深层热交换系统、发电机组等，研究增强型地热系统（EGS）。

智能电网。重点攻关智能电网核心材料及元器件，突破智能电网重大装备，建设电力大数据平台、能源区块链平台系统，加强人工智能与电力融合、能源互联网、电力全域物联网、多能互补综合供能／供电、电力通信、电力网络安全等装备及系统研制。

核能。推进第四代核电技术的研究，加快小堆和微堆关键技术研发，推动海水淡化、制氢、余热再利用等综合利用。

2. 推进建设产业创新平台

充分整合省内外科研院所、高校、企业等创新资源，建设国家级和省级创新平台，鼓励地方科创研发平台申报创建省级新型研发机构。推动建设一批重大科学装置，重点支持光伏材料与技术国家重点实验室、风电设备及控制国家重点实验室建设，积极支持省属产业和科技投资平台对接河北省能源规划研究中心、河北省能源互联网研究中心等央企技术平台；支持国际知名企业在河北省设立研发中心，鼓励国内新能源龙头企业与国外领军企业合作开展技术研究。

调研河北省各类能源产业支撑平台建设情况，例如张家口能源大数据平台。提出"十四五"期间平台建设设想。

光伏技术国际联合研究中心、光伏材料与技术国家重点实验室、国家技术标准创新基地（光伏）。开展硅材料制备及特性研究、高性能太阳电池及组件研究、光伏发电系统的基础及应用研究、大容量储能系统研究等。

风电设备及控制国家重点实验室（国电联合动力技术有限公司）。以风电设备及控制技术研发为中心，重点开展风电机组整机设计及仿真系统技术、传动链抗疲劳设计及先进制造技术、风轮叶片高效翼型及气动结构设计技术、风电机组控制系统及并网技术等研究。

张家口氢能与可再生能源研究院。围绕能源生产和消费革命，开展绿色能源体系规划建设和氢能与可再生能源的前沿、共性和关键技术研究；实现能源供给侧结构性改革，引领可再生能源创新发展，打造可复制、可推广的可再生能源发展的张家口模式。

河北省能源规划研究中心（中国电建集团河北省电力勘测设计研究院）。国家区域性能源研究中心，京津冀地区二次能源工程技术研究中心，河北省能源信息、能源规划和能源服务中心。作为省能源局智库，围绕省能源战略规划开展京津冀协同发展下的新能源、热力、储能、燃气、生物质等多能互补系统集成研究。

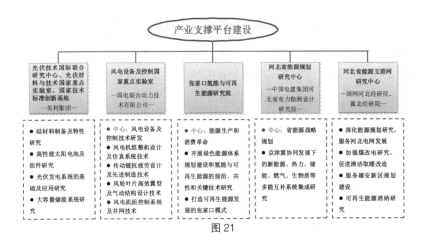

图 21

河北省能源互联网研究中心（国网河北省电力有限公司经济技术研究院、国网冀北电力有限公司经济技术研究院）。深化能源规划研究、服务河北电网发展，加强煤改电研究、促进清洁取暖改造，服务雄安新区规划建设，开展可再生能源消纳研究等方面研究。

（四）增强安全保障能力，构建现代输储网络

坚持内外并举、量质并重，以煤炭、石油、天然气、电力为重点，开展多渠道、多形式、深层次国际国内合作，形成来源广、品质好、物流畅、价格优的能源资源供应体系。坚持输储统筹、供需平衡，协同推进煤电油气多种能源输送方式发展，同步加强能源储备和调峰设施建设，率先构建多能互补、安全高效的现代能源输储网络。

1. 煤炭及煤炭物流体系

推进供给侧结构性改革，加快煤炭行业"去产能"，逐步退出环境脆弱和生态水源涵养地区煤炭开发，加强保留煤矿管理，提高科学产能比重，持续推动冀中能源、开滦煤矿等传统煤炭工业基地绿色转型发展，到2025年省内煤炭稳产4000万吨左右。开展"煤电联营"，深化与山西、内蒙古、陕西等传统煤炭基地的合作，开展煤矿共建，建立长期稳定供煤关系，稳定电煤来源。落实"一带一路"战略，促进优质资源"引进来"。

贯彻落实国家煤炭物流发展规划，根据消费布局和交通区位，兼顾生产基地和应急储备，持续完善以铁路、水路为集疏通道，以港口、园区为储配中枢的立体化煤炭物流网络，建设经济高效、绿色先进的现代煤炭物流体系。按照枢纽辐射、

就近储备的原则，实施煤炭中转储运基地完善工程，在沿海港口区域布局建设覆盖范围广、环境影响小、应急能力强、运输距离短、储备成本低的煤炭应急储备基地，加强燃煤电厂储煤能力建设，提高煤炭应急保障能力。

2.石油、天然气及油气输储体系

做好华北、冀东、大港三大油田的稳产、增产。加快优化沿海地区油气码头和管道布局，全面推进互联互通，持续加大隐患整治力度，实现安全运维水平、管道输送比例、应急储备能力同步提升。统筹海上与陆上两类通道和接卸、运输、储备三个环节，以市场为导向，立足构建全省"一张网，多气源，互联互通，功能互补"的供气格局。科学规划管网布局，加快建设接收基地，不断提升输储能力。

加强 LNG 接收站建设。落实"一带一路"和沿海开发战略，充分利用唐山沿海区位优势和港航条件，适应京津冀地区发展需求，加快实施千万吨级原油码头、LNG 接收站建设工程，形成曹妃甸、黄骅"一线两点"沿海原油码头、沿海 LNG 接收基地。确立海外天然气与陆上管道气互补格局，构建国家进口天然气海上通道重要支点群。

加强主干管网建设。加快推进中俄东线、唐山 LNG 外输管线、蒙西煤制气等气源干线建设，增强河北省管道气源的输入能力。以唐山 LNG 外输管线及复线为依托，加快推动沿途省内主干管网建设，大幅提升省内管网分输能力，以应对用气高峰时段供应保障压力。发挥唐山 LNG 接收站与宁晋盐穴地下储气库的战略协同效应，配合天然气管道加压储气、城市配建应急储备设施等，构建多载体、多形式天然气储备体系。

加强储备体系完善。重点布局大型地下储气库群及沿海 LNG 接收站储罐群，形成区域性储气调峰中心，大力提升全省天然气储备能力，逐步形成以地下储气库和 LNG 接收站储罐为主，LNG 储配站、罐箱为辅，管网互联互通为支撑的多层次储气调峰系统。推动宁晋盐穴储气库、中石油储气库项目建设；推进曹妃甸新天 LNG 接收站大型储罐群、中石油京唐公司三期、黄骅港 LNG 接收站大型储罐群建设；重点在铁路沿线及港口布局 LNG 罐箱堆场，建设 LNG 罐箱多功能调峰储配中心。

3.电力及电力输储体系

（1）电源方面。

积极推进太阳能发电、优化风电布局、合理推进煤电建设、有序发展调峰电源。稳步推进省内电源建设，逐步扩大清洁能源装机占比。

一是有序发展可再生能源。积极发展太阳能发电。因地制宜、有序推进太阳能发电多元化发展。利用荒山荒坡、采煤沉降区、尾矿库等集中连片闲散土地，推进光伏平价上网项目建设；以工商业建筑屋顶为主，支持发展就地消纳、市场化交易的分布式光伏发电；结合光热技术发展，推进光热发电示范项目，逐步扩大应用范围。合理优化风电布局。坚持与生态环境融合发展，北部地区合理利用荒山荒坡土地资源，有序推进张承百万千瓦风电基地建设；南部地区优先利用山区土地资源，适时推进风电建设。

二是积极发展调峰电源，增强调峰和新能源消纳能力。把调峰、储能放到更加重要的位置，坚持抽水蓄能、燃机调峰、气电调峰和非水储能装置相结合，多式并举，增强电网运行协调性、稳定性。加快推进丰宁（360万千瓦）、易县（120万千瓦）、抚宁（120万千瓦）、尚义（140万千瓦）抽水蓄能电站建设，确保丰宁项目2025年前全部建成投产；积极推进徐水（60万千瓦）、滦平（120万千瓦）、灵寿（120万千瓦）、邢台（120万千瓦）抽水蓄能电站前期工作，力争到2025年全部开工建设；继续谋划赤城、迁西、阜平、怀来、隆化、双滦、蔚县、宣化、怀安、崇礼、涉县、武安等抽水蓄能站点选址，做好项目储备工作。结合盐穴空间资源和地区电网调峰需求，在邯郸、邢台、唐山地区开展地下盐穴压缩空气调峰储能试点。统筹兼顾片网调峰和控减煤炭需要，重点在峰谷差大、煤炭消费基数高、气源有保障的石家庄、唐山、保定、沧州、衡水地区有序适度建设天然气调峰电站。完善电价政策，鼓励新能源汽车低谷充电。实施煤电灵活性改造与运行工程，提高30万千瓦级煤电机组深度调峰能力。结合车用电池退役再利用，努力构建以抽水蓄能为主、电池蓄能为辅的多模式电能储备体系。

三是加快优化煤电结构。合理推进煤电项目建设。严格控制煤电投产规模，保障核准项目建设，确保保热九期2×35万千瓦，以及遵化热电、唐山北郊、秦皇岛开发区热电和华润曹妃甸扩建工程等项目第二台机组（合计205万千瓦）按期投产。稳定煤电产能，统筹利用压减煤量指标，实施等容量、减煤量、减排放替代，重点用于煤电建设，保持支撑电源规模稳定，针对特（超）高压交直流落点周边地区以及负荷集中地区，谋划建设大规模百万千瓦级煤电机组支撑电网，保障电力供应安全。淘汰关停落后产能，淘汰关停小型纯凝、违法违规、去产能配套、服役期满以及环保、节能不达标机组。建设先进高效机组，以等容量减煤量减排放为前提，支持新建机组应用先进清洁高效发电技术，鼓励应用超超临界、二次再热等先进技术，探索60万千瓦等级超超临界供热机组、超临界水蒸煤发电等前沿技术应用；在沿海地区以及负荷中心区，利用先进技术建设超超临界大型支撑电源；在热负荷集中稳定的开发区、工业园区，规划建设背压机组。优化热电布局，对城市建成区内的石家庄热电、邯郸热电、唐山热电等燃煤火电机组，在保障供电供热安全前提下，稳妥实施退城搬迁；对城市周边的热电机组，运行期满后可综合考虑建设、交通、环境、供热等因素，采用最先进的环保节能技术，科学选择厂址等容量建设新机组；在建设条件较好的县城连片区域、石家庄、邯郸、唐山等大中城市周边建设大容量、高参数热电联产机组。提升在运煤电机组水平，继续推进现役煤电机组汽轮机通流改造、锅炉烟气余热回收利用、电机变频等综合节能改造，统筹周边热负荷需求加快 30 万千瓦等级及以上纯凝机组供热改造；推进燃煤耦合生物质发电技改试点，加快任丘热电、邯峰电厂等 6 个国家试点项目建设，适时扩大应用范围；探索开展碳捕捉技术试点，降低煤电行业碳排放水平。

（2）电网方面。

坚持"外电入冀"战略，积极与山西、陕西、蒙西等能源富集省份合作，推进重大输电通道建设。加强省内主干网架建设。坚持电网与电源统一规划、协同发展，优化电网布局和电力潮流，强化调峰能力和民生保障，加快建设安全可靠、开放兼容、清洁环保、经济高效的智能电网。

完善主干电网。提升现有通道受电能力，加快北京东一雄安、邢台特高压主变扩建工程，力争全部由 2 台主变扩建为 4 台。调整山西一河北输电通道，争取尽快实施山西、河北间 500 千伏网间联络通道改为点对网送电通道，积极争取增加山西落地河北电力。推动新受电通道建设，积极对接陕西、内蒙古等西部能源基地省份，提前开展送电通道方案论证，争取列入国家"十四五"电力规划，"十四五"期间为承载区外电力受入，省内提前谋划增加特高压交流布点或直流换流站 2—3 个，同时支持山西省盂县二期电厂、鑫磊电厂向河北南网的"点对网"送电项目建设。

优化分区电网。按照合理规划潮流方向、有效控制短路电流、努力实现均衡供电的要求，优化分层分区运行，强化区间互济备用，构建 220 千伏环网结构，提高重要电源及时接入、区间事故即时支援和用电负荷即时转供能力。到 2025 年，全省 220 千伏电网片区实现互联分布、协同运行。

强化配电网。立足供电可靠性、配电智能化、服务均等化，加快实施配电网特别是中心城区和农村电网改造，同步提升标准、技术、装备，加快形成强简有序、标准统一、智能高效的配电网。开展中心城市核心区高可靠性示范建设，提高故障自动检测、隔离和网络重构自愈恢复能力。加快新一轮农网改造，建设美丽乡村配电网示范区，全面解决"低电压""卡脖子"，以及户均供电容量低、安全隐患多等历史问题。

（五）推动绿色低碳发展，实现碳排放峰值目标

坚持把绿色低碳作为调整能源资源开发和产业发展的主攻方向，推进化石能源清洁化利用、非化石能源规模化发展，提高天然气等清洁能源和非化石能源消费比重，降低能源行业环境影响程度和温室气体排放强度，大力实施电能替代，推动清洁高效、低碳优质能源逐步成为增量能源的供应主体，为2030年前碳排放达峰做好支撑。

1. 化石能源清洁化利用

（1）推动煤炭安全绿色开采，有效开发利用煤层气。提高煤炭清洁高效利用水平，重点开发低阶煤热解转化、煤制油、煤气化等技术。进一步化解过剩产能，逐步退出环境脆弱和生态水源涵养地区煤炭开发，产能逐步集中到唐山、邯郸、邢台三市。

（2）加快现有煤矿改造升级，开展绿色矿山和智能煤矿建设。推广充填开采，进一步减少矸石上井量，减少环境生态影响；按照宜农则农、宜林则林、宜建则建的原则，实施塌陷坑充填复垦工程，持续加强采煤沉陷区环境修复，建设生态文明矿山。

（3）大力实施散煤替代，因地制宜采取集中供热、改电、改气和改新能源等方式，加快替代居民生活、工业、服务业、农业等领域分散燃煤，推进传输通道平原农村生活和采暖散煤基本清零、山坝等边远地区推广使用洁净煤；严格执行民用燃煤质量标准，加强劣质煤管控。

（4）坚持石油化工产业绿色发展之路，提高资源能源利用效率和清洁生产水平。发展低碳技术，推动开展碳捕集、封存与利用等二氧化碳综合利用技术示范项目。

（5）拓展天然气消费，结合新型城镇化和乡村振兴战略实施，积极稳妥扩大天然气利用规模，优先保障民生用气，同步拓展公服、商业、交通用气，鼓励发展天然气分布式能源，有序发展天然气调峰电站。

2. 非化石能源规模化发展

坚持集中开发与分散利用并举，调整优化开发布局，着力发展风能、太阳能、生物质能、微核等非化石能源。

加快发展风电。持续推进陆上风电协调化开发。加强测风和场内风机布局优化设计，推动张承地区陆上风电和内陆低风速风电协调发展。推动分散式风能接入低压配电网分散式风电建设。开展风电制氢、风电海水淡化等试点示范。

科学利用太阳能。坚持光伏和光热相并重、分布式与集中式相结合，大力推进太阳能多形式、大范围、高效率转化应用。

——全面推进分布式光伏系统。把分布式作为光伏发电的主要方式，重点利用工业园区、经济开发区、公共设施、居民住宅以及路灯灯杆、广告塔架、高架桥梁等各类资源，广泛发展"自用为主、余电上网"的分布式光伏发电。鼓励各类园区统一规划、布局建设分布式光伏发电系统。结合建筑节能推进光伏建筑一体化建设。把分布式光伏发电作为新能源试点示范的重要考核指标，引导和激励试点地区重点发展分布式光伏。

——有序发展集中式光伏电站。在不影响生态功能、不改变用地性质、不影响生产功效的基础上，因地制宜地综合利用沿海滩涂、鱼塘水面、煤矿塌陷地、风电场等空间资源，建设风光互补、渔光互补、风光储多能互补以及与农业设施相结合的不同方式和形态的光伏电站。

——积极促进光热多形式利用。组织开展光热发电示范工程建设，推进光热发电、储能材料协同发展，培育形成自主化技术体系和产业化发展能力。推动新建住宅、宾馆、医院等公共建筑统一设计、安装太阳能热水系统，新建大型公共建筑普遍采用光热利用技术。鼓励光伏、光热系统集成化设计、模块化装配、嵌入式应用。

扩大利用生物质能。按照因地制宜、综合利用，政府扶持、市场驱动的思路，突出农村秸秆、城乡生活垃圾、工业有机废水和城乡生活污水处理，积极推进生物质能规模化、专业化、产业化、多元化发展，努力形成具有较大规模、较高水平的新型产业。

——推动生物质能多种方式利用。鼓励生物质发电、制气、液化、造粒利用。在农作物主产区和农林生物质资源丰富的地区，有序布局建设装机规模与资源总量相匹配的生物质发电项目。在满足环保条件的前提下，结合城乡生活垃圾集中处置，合理建设垃圾焚烧发电和垃圾填埋气发电。在畜禽规模化养殖地区，全面推进畜禽粪便气化发电。加强技术指导和专业化服务，发挥户用沼气设施作用。支持村级集体经济组织、家庭农场等，结合村庄整治、新农村建设，发展规模适度的集中式秸秆气化工程，支持小规模分散型生物质气化发电及多联产综合利用项目，符合天然气标准的，支持纳入城乡天然气管网。支持发展秸秆成型燃料，推广符合排放标准的生物质成型燃料锅炉，替代燃煤锅炉。

——推动生物质能梯级综合利用。按照技术先进、经济合理、环境友好的思路，推动生物质能循环利用，延长产业链。结合制订、修编区域热电联产规划，支持建设生物质热电联产，加快发展公共热源。在继续发展生物质直燃发电、生物质成型燃料直燃供热的同时，鼓励以秸秆等农林剩余物为原料，采用热化学工艺制备纤维素乙醇等液体燃料。开展生物质梯级综合利用试点，推动生物质能源化利用从单一原料、单一产品向原料多元化、产品多样化方向转变。

安全发展微堆、小堆核电。严格遵循国家核电发展战略，坚持把安全放在首位。加强同中核集团、中广核集团等核电企业及相关科研机构合作，开展小型模块化反应堆（SMR）和微型反应堆（MNR）研究。推进核循环、核医疗等产业协同发展。以承德宽城核电项目为支点，进行内陆核电站的关键技术突破和安全性论证，在全省范围内进行选址等前期工作。

3. 大力实施电能替代

以居民采暖、公共建筑、生产制造、交通运输为重点扩大电力消费，提升电气化水平。推广应用电蓄热、电蓄冷设备和热泵等节能高效新技术、新设备，促进电力负荷移峰填谷；扩大电锅炉、电窑炉技术在工业领域应用，推广靠港船舶使用岸电和电驱动货物装卸，支持空港陆电等新兴项目推广，加快充换电基础设施建设。

（六）保障和改善民生，推进乡村能源振兴

完善居民用能基础设施。加强配电网统筹规划，优化电源与电网布局，促进新能源、分布式能源、电动汽车充换电设施等多元化负荷与配电网协调有序发展。实施城市配电网供电可靠性提升行动和配电网网架优化行动，优化城乡网络，扩大电网覆盖范围，提高供电可靠性和智能化水平，消除城乡用电瓶颈。加快推进农村电网升级改造，全面解决县域电网与主网联系薄弱问题，建成满足全面建成小康社会供电需求的农村输配电系统。加快天然气输配气管网建设，扩大管网覆盖范围，延伸城市输气管道至重点乡（镇）、村，进一步提高用气普及率，推进

城乡天然气利用，逐步实现气化全省目标。加快完善城市燃气管网，加强城镇供气储气调峰及应急设施建设，提高储气规模和应急调峰能力，优先保障民生用气，确保城镇燃气用气需求。科学规划布局加油加气设施，在高速公路服务区、物流（工业）园区、城镇主干道等合理布局加气站，鼓励加油加气站合建，构建天然气汽车加气网络体系。

精准实施能源扶贫工程。以光照条件较好、具备建设和接网条件、外部环境较好的光伏扶贫重点县为重点，以建档立卡无劳动能力贫困户（包括残疾人）为扶贫对象，因地制宜实施光伏发电扶贫工程，建设一批光伏扶贫电站，实现扶贫对象稳定增收和可持续发展。

大力发展农村清洁能源。采取有力措施推进农村地区太阳能、农林废弃物、养殖场废弃物等可再生资源开发利用，促进农村清洁用能。因地制宜发展沼气和生物质天然气工程，鼓励分布式光伏发电和农业设施相结合。鼓励农村能源供应方式多元化。

四、保障措施或政策建议

（一）健全能源政策标准建设，提升竞争力

建立健全能源政策标准体系，发挥政策、标准对能源行业发展改革的保障和促进作用。完善能源投资政策，深化简政放权、放管结合、优化服务改革，根据国家和河北省部署，制订能源投资"负面清单"，制订促进民间资本投资能源领域意见，出台可再生能源开发利用目标引导制度实施细则等，促进投资多元化，加速新能源发展。完善能源标准规范，在引导企业强化标准意识、自觉执行强制标准的同时，支持和鼓励行业领军企业积极参与标准制订。结合省情实际，依托重点企业、科研机构和行业技术专家，积极开展新能源、新装备和管道保护领域地方标准制订工作。注重能源资源开发与产业发展衔接，加强风电、光伏、氢燃料电池、新能源汽车充电设施、能源互联网等重点新兴领域标准建设，形成一批具有国际领先的技术成果，提升河北省在能源新兴领域的竞争力。

（二）完善财税和价格体系，强化激励引导功能

完善能源发展相关财税、金融、价格政策，强化政策引导、扶持和政策协同，促进能源产业可持续发展。健全绿色财税政策，坚持绿色导向，采取税收优惠、

投资奖补、专项建设债券、专项资金等方式，支持可再生能源发展和清洁能源利用，促进新能源汽车充电基础设施建设、农村电网改造升级和能源装备科技创新。进一步加大财政资金在源资源评价、技术研发、平台建设、人才培养、标准制订、检测认证体系建设等基础性领域、前沿性学科以及示范工程的倾斜力度，激励社会资本投资新能源产业。严格落实国家对风电、光伏发电、生物质发电等新能源发电项目以及战略性新兴产业、高新技术企业的增值税、所得税、费用减免等税费政策，减轻企业负担，增强企业活力。实施清洁能源取暖财政扶持引导政策。对符合国家规定的新能源发电项目，及时申报可再生能源电价资金附加补助目录；探索通过招标等竞争性方式配置资源，引进技术和经济实力较强的投资主体参与项目建设，推进技术水平提升和上网电价下降，逐步建立新能源发电价格补贴退出机制。

（三）创新融资体制机制、拓宽投融资渠道

创新适应新能源产业的融资方式和金融服务模式，采用多种投融资模式促进新能源产业发展。探索建立项目推介常态化制度，搭建银企交流平台，积极引导银行等金融机构采取投贷联动等新模式，加大对新能源产业倾斜支持力度。加大对新能源领域技术创新、产业化项目和重大工程的支持和引导。支持新能源资源、设备、服务、应用的资本化、证券化，为基于"互联网+"的B2B、B2C、C2B等多种形态的商业模式创新提供平台。鼓励面向分布式能源的融资租赁、政府与社会资本合作（PPP）等灵活的投融资手段，促进能源的就地采集与高效利用。建立和完善新能源产业链企业信用担保体系，提高中小企业融资能力，扩大融资规模。

（四）灵活招商引资，激发市场活力

着眼战略性新兴产业和前瞻性产业的产业链布局，通过示范运营拉动产业链核心部件企业发展建设，加大针对储能、氢能制储运加、燃料电池关键零部件、新能源整车制造以及产业化运营、能源互联网等方面招商引资力度。吸纳国内外知名企业及科研机构参与重大项目建设，为重点产业链环节、实力企业落户提供土地审批、厂房建设、税收减免、融资服务、人才落户等方面的政策支持。被列入市重点、省重点的新能源发展项目，对固定资产投入给予补贴，在土地、审批等环节给予优先保障。

（五）坚持创新驱动，助推高质量发展

　　通过体制机制创新和文化建设，着力建设具有科技创新的生态环境，推动能源产业高质量发展。一是研究创新创业主体多样共生环境的构建。研究企业、大学、科研院所、金融机构、中介组织、政府等的紧密联系和有效互动，形成集群创新力、竞争力和品牌力，高度重视培育和引进标杆性的领军企业和科技实验室。二是研究建设协同创新的科技研发系统。要促进协同创新，必须促进体制内的大学、科研院所、国有企业进一步面向市场、创新导向。三是研究创新政府支持机制。在充分发挥市场机制的决定性作用基础上，更好发挥政府的引导和推进作用，构建积极的政策支持体系，创新创业资助政策、风险投资政策、人才引进培养政策、公共服务政策等。

　　（王宁、张菁、王颖、张倩茅）

"十四五"河北省能源供需分析与展望

一、河北省能源发展现状及"十四五"发展要求

河北省少煤少油少气，新能源资源较为丰富，全省陆上风电技术可开发量约6300万千瓦，地面集中式光伏发电技术可开发量约12200万千瓦，其中风电资源丰富区主要分布在张家口、承德坝上和沿海秦皇岛、唐山、沧州地区；光伏资源总体呈北部高于南部，中部东西向由边缘向中部递减分布。截至2020年底，风电、光伏装机总规模达4465万千瓦，占全社会装机44.6%，光伏、风电装机规模分别居全国第二位、第三位。

（一）河北省能源消费情况

2020年河北省能源消费总量约3.27亿吨标准煤。其中，煤炭消费24070万吨，石油消费2445万吨，天然气消费2213万吨（均为折标数据）。全省用电量3934亿千瓦时。

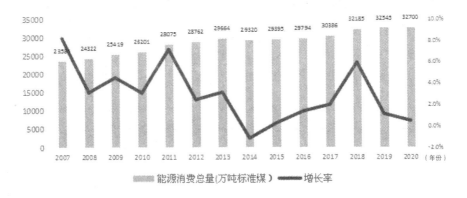

图1 2007—2020年河北省能源消费总量和增长情况

"十三五"以来，能源消费总量和强度"双控"有效实施，能源消费总量保持低速增长，"十三五"以来年均增长2.15%；能源消费结构加快优化，煤炭消

费总量、占比双下降，煤炭消费占比由"十三五"初期的86.6%降至2020年的73.3%；清洁能源利用快速增长，天然气消费增加到2020年的180亿立方米；新能源发电量增加至2020年的504亿千瓦时。

分化石能源品种消费来看，2020年煤炭消费24070万吨标准煤，较2015年减少5.44%，"十三五"年均增速－1.11%；2020年石油消费2445万吨标准煤，较2015年增加3.97%，"十三五"年均增速0.78%；2020年天然气消费2213万吨标准煤，较2015年增加128.14%，"十三五"年均增速17.93%。

图2 "十三五"河北省化石能源消费变化

（二）"十四五"河北省能源发展要求

随着国务院办公厅《能源发展战略与行动计划（2014—2020）》等一系列中央政策文件的发布，我国控制煤炭消费总量，促进能源结构转型已从凝聚共识阶段走向实践。

"十四五"期间，应坚持以习近平新时代中国特色社会主义思想为指导，深入贯彻落实"四个革命、一个合作"能源安全新战略。一是着力保障能源供应安全，着力推进清洁低碳转型；二是着力构建智慧能源系统，着力推动创新开放发展，抓住数字技术革命与能源革命融合历史机遇，推动能源数字化、智慧化转型；三是以供给侧结构改革为主线，建立"能源＋"基本格局，为产业链、创新链、价值链升级提供新动能，赋能经济增长，满足人民群众日益增长的对美好生活的向往。

二、河北省"十四五"能源需求预测

（一）能源消费总量预测

1. 时间序列法预测

时间序列预测法通过对历史数据统计分析，构建时间和能源消费之间的函数关系式，通过研究两者之间相关性推测能源消费增长趋势，遵循了能源发展的延展性。考虑到偶然因素对能源消费的影响，必要时可对数据进行适当调整。下表是通过多项式拟合法进行能源消费预测的结果：

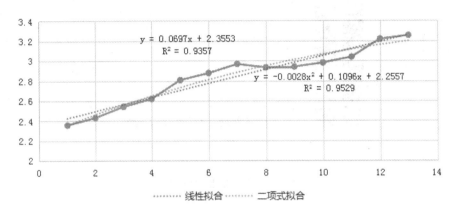

$$y = 0.0697x + 2.3553$$
$$R^2 = 0.9357$$

$$y = -0.0028x^2 + 0.1096x + 2.2557$$
$$R^2 = 0.9529$$

······ 线性拟合　······ 二项式拟合

图 3 时间序列法对历史数据的拟合曲线

表 1 时间序列法预测结果

单位：亿吨

年份	编号	线性拟合	增长率	二项式拟合	增长率	推荐值
2007	1	2.359	8.2%	2.359	8.2%	—
2008	2	2.432	3.1%	2.432	3.1%	—
2009	3	2.542	4.5%	2.542	4.5%	—
2010	4	2.620	3.1%	2.620	3.1%	—
2011	5	2.808	7.2%	2.808	7.2%	—
2012	6	2.876	2.4%	2.876	2.4%	—
2013	7	2.966	3.1%	2.966	3.1%	—
2014	8	2.932	—1.2%	2.932	—1.2%	—
2015	9	2.940	0.3%	2.940	0.3%	—
2016	10	2.979	1.4%	2.979	1.4%	—
2017	11	3.039	2.0%	3.039	2.0%	—
2018	12	3.219	5.9%	3.219	5.9%	—
2019	13	3.255	1.1%	3.255	1.1%	—
2020	14	3.331	2.4%	3.2413	—0.4%	3.27
2025	19	3.680	2.01%	3.3273	0.53%	3.55

时间序列预测法采用的是多项式拟合法，为保证拟合准确度同时避免产生过拟合情况，对比了一次多项式（线性）和二次多项式预测两种情况。拟合后对比

两种方法下 2025 年能源消费结果，预计 2025 年全省能源消费总量约 3.55 亿吨标准煤。

2. 单位 GDP 能耗法预测

根据历史数据，河北省单位国内生产总值能耗呈逐步下降趋势，"十二五"期间，单位 GDP 能耗累计降低 25.2%，"十三五"期间（截至 2019 年底），单位 GDP 能耗较 2015 年降低 19%。目前河北省的单位 GDP 能耗水平与国内其他省份相比差距较大，原因在于河北省地区产业结构目前仍是以高耗能重工业为主导，未来随着产业结构持续优化以及节能减排技术和设备的深化应用，单位 GDP 能耗将进一步降低。

表 2 2019 年国内单位国内生产总值能耗

单位：亿元、亿吨、千克／元

年份	经济增长率	GDP	能耗总量	能耗增长率	单位 GDP能耗
河北	6.80%	35105	3.255	1.1%	0.088
山东	5.50%	71068	3.993	2.0%	0.056
河南	7.00%	54259	2.307	—1.6%	0.043
江苏	6.10%	99632	3.234	2.8%	0.032
浙江	6.80%	62352	2.239	3.3%	0.036
福建	7.60%	42395	1.372	4.5%	0.032
全国平均	6.10%	990865	48.6	3.3%	0.049

表 3 单位国内生产总值能耗法预测结果

单位：亿元、亿吨、千克／元

年份	经济增长率	GDP	能耗总量	能耗增长率	单位 GDP 能耗
2007	12.80%	13607	2.359	8.2%	0.173
2008	10.10%	16012	2.432	3.1%	0.152
2009	10.00%	17235	2.542	4.5%	0.147
2010	12.20%	20394	2.620	3.1%	0.128
2011	11.30%	24516	2.808	7.2%	0.115
2012	9.60%	26575	2.876	2.4%	0.108
2013	8.20%	28443	2.966	3.1%	0.104
2014	6.50%	29421	2.932	—1.2%	0.100
2015	6.80%	29806	2.940	0.3%	0.099
2016	6.80%	32070	2.979	1.4%	0.093
2017	6.70%	35964	3.039	2.0%	0.084
2018	6.60%	36010	3.219	5.9%	0.085
2019	6.80%	35105	3.255	1.1%	0.088
2020	1.50%	35631	3.270	0.5%	0.092
2025	5.60%	46790	3.392	1.6%	0.073

注：地区生产总值按照 2019 年价格计算

"十四五"期间河北省 GDP 增长预测。在转型升级的阵痛期、爬坡过坎的关键期，河北省面临多重目标、多重任务、多难选择，加快新旧动能转换、推动高质量发展十分紧迫。随着京津冀协同发展纵深推进、雄安新区大规模建设、冬奥效应持续显现、自贸试验区获批，重大历史机遇正在加速转化为发展的强大势能，河北经济发展前景充满希望。"十四五"期间，河北省将坚持以制造业供给侧结构性改革为主线，深入推进工业转型升级，加快发展数字经济，培育壮大战略性新兴产业，大力发展民营经济，加强企业技术改造和技术创新，提升产业基础能力和产业链现代化水平。一是大力支持现代化工业体系建设，聚焦聚力优势产业转型，打造高质量发展新格局。深化"万企转型"，实现规模以上企业技改全覆盖、产业链现代化水平全面提升。二是培育新兴产业，形成高质量发展新优势。加快被动式超低能耗建筑产业发展，实施先进制造业集群发展专项行动。三是发展数字经济，拓展高质量发展新空间。加快京津冀国家大数据综合试验区建设，培育工业互联网平台，创建"制造业＋互联网"模式应用试点示范项目。四是加快绿色数据中心建设，创建一批绿色园区、绿色设计产品和绿色供应链管理示范企业。培育节能诊断服务机构，支持节能减排降耗增效项目。预计"十四五"期间河北省 GDP 年均增长 5%~6% 之间。

考虑"十四五"期间河北省单位 GDP 能耗水平继续下降约 15%~20%，据此测算，至 2025 年全省能源消费总量约 3.4 亿吨标准煤。

3. 人均能源消费强度预测

从世界范围来看，美国、德国、英国及日本的人均能源消费量都是在经历工业化初期、中期及后期发展的较快增长后步入后工业化阶段的缓慢增长并逐步稳定。自"十二五"开始，中国的工业化水平已达到工业化后期，随着 2020 年以后开启全面建设社会主义现代化强国的新征程，中国的工业化进程也将进一步深化，从基本实现工业化向全面实现工业化推进。对标世界发达国家工业化发展历程，中国能源消费总量仍将保持一定规模的增长，且人均能源消费强度距离德国、英国、日本、美国等发达国家尚有较大差距。据此判断，"十四五"期间全国人均能源消费强度仍将保持增长。

图 4 我国工业化发展进程

从河北省来看，从人均 GDP、三次产业结构、制造业增加值占 GDP 比重、人口城镇化率、第一产业就业人员占比等工业化进程的普遍评价指标看，河北省处于工业化后期的后半阶段，"十四五"期间，一方面工业化进程仍将快速推进；另一方面新型工业化的发展理念不断深入，即坚持以信息化带动工业化，以工业化促进信息化，从而达到科技含量高、经济效益好、资源消耗低、环境污染少、人力资源优势充分发挥。据此判断，"十四五"期间河北省人均能源消费仍将保持一定强度，但其增速将低于"十三五"期间。

表 4 2019 年河北省工业化进程主要指标统计

	河北省	全国
人均 GDP（万元 / 人）（经济发展水平）	4.6	7.1
三次产业结构（%）（产业结构）	10.0:38.7:51.3	7.1:39.0:53.9
制造业增加值占 GDP 比重（%）（工业结构）	34.5	27.2
制造业质量竞争力指数（经济发展质量）	84.18	—
人口城镇化率（%）（空间结构）	57.62	60.60
第一产业就业人员占比（%）（就业结构）	32.4	26.1

注：1. 制造业占比、第一产业就业人员占比数据均为 2018 年底数据。

2. 2019 年，河北省制造业质量竞争力指数进入全国中等竞争力发展阶段，接近《中国制造 2025》（国发〔2015〕28 号）提出的至 2020 年全国达到 84.5 的目标。

表 5 人均能源消费强度预测结果

单位：亿吨、万人、吨 / 人

年份	能耗总量	能耗增长率	总人口	人均能源水平
2007	2.359	8.2%	6943	3.397
2008	2.432	3.1%	6989	3.480
2009	2.542	4.5%	7034	3.614
2010	2.620	3.1%	7194	3.642
2011	2.808	7.2%	7241	3.877
2012	2.876	2.4%	7288	3.947
2013	2.966	3.1%	7333	4.045
2014	2.932	—1.2%	7384	3.971
2015	2.940	0.3%	7425	3.959
2016	2.979	1.4%	7470	3.989
2017	3.039	2.0%	7520	4.041
2018	3.219	5.9%	7556	4.260
2019	3.255	1.1%	7592	4.287
2020	3.270	0.5%	7650	4.374
2025	3.693	2.45%	7800	4.735

"十三五"至今，河北省人均能源消费年均增长率 2.01%（2015—2019 年人均能源消费累计增加 8%）。"十四五"期间，考虑节能技术的推广和应用，河北

省人均能源消费年均增长率按照 1.6% 测算，至 2025 年全省能源消费总量约 3.69 亿吨标准煤。

4. 结果校验

表 6 能源消费总量预测值

单位：亿吨

方法	方案	2020 年	"十三五"增速	预测值	
				2025 年	"十四五"增速
人均能耗法	高方案			3.69	2.45%
时间序列法	中方案	3.27	2.15%	3.55	1.66%
单位 GDP 能耗法	低方案			3.40	0.78%
推荐方案				3.68	2.40%

综合人均能耗法、时间序列法、单位 GDP 能耗法等预测方法，分别提出"十四五"期间，河北省能源消费的高、中、低方案，预计至 2025 年河北省能源消费总量约在 3.4 亿—3.7 亿吨标准煤之间。推荐方案为至 2025 年河北省能源消费总量 3.68 亿吨标准煤，"十四五"期间年均增速约为 2.40%。

（二）各类能源消费量预测

1. 煤炭资源需求预测

"十三五"期间，从全国来看，基础设施建设和电力消费推高了煤炭使用量（2015—2019 年间全国煤炭消费累计增长 0.88%），尽管全国煤炭消费整体增长，但河北省通过推进农村居民采暖"双代"工程、压减工业部门煤炭使用量等方式，确保"十三五"期间煤炭消费总量的稳定并有序下降。

"十四五"期间，河北省将持续优化煤炭消费结构，压减高耗能行业煤炭消费，继续推进钢铁、焦化、水泥等去产能，加快高耗能行业转型升级，实施工业窑炉、燃煤锅炉等集中供热替代和清洁能源置换，逐步降低用煤强度。

时间序列法拟合：综合线性拟合和幂拟合结果，预计至 2025 年，河北省煤炭消费总量约 2.72 亿吨煤。

表 7 时间序列法预测结果

单位：万吨

年份	编号	线性拟合	增长率	幂拟合	增长率	推荐值
2008	1	24419	—0.53%	24419	—0.53%	—
2009	2	26516	8.59%	26516	8.59%	—
2010	3	27465	3.58%	27465	3.58%	—
2011	4	30792	12.11%	30792	12.11%	—
2012	5	31359	1.84%	31359	1.84%	—
2013	6	31663	0.97%	31663	0.97%	—
2014	7	29636	—6.40%	29636	—6.40%	—
2015	8	28943	—2.34%	28943	—2.34%	—
2016	9	28106	—2.89%	28106	—2.89%	—
2017	10	27417	—2.45%	27417	—2.45%	—
2018	11	29200	6.50%	29200	6.50%	—
2019	12	28739	—1.58%	28739	—1.58%	—
2020	13	28216	—1.82%	28188	—1.92%	28200
2025	18	26807	—1.02%	27600	—0.42%	27200

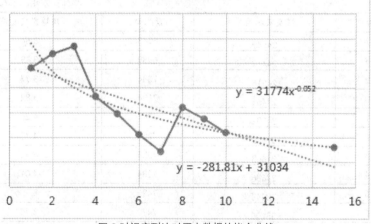

时间序列法拟合

$y = 31774x^{-0.052}$

$y = -281.81x + 31034$

图 6 时间序列法对历史数据的拟合曲线

人均煤耗法：2007 年以来，河北省人均煤炭消费量逐年增长并在 2013 年达到高位，随着高耗能产业煤炭消费压减、煤炭高效利用等技术的推广应用，人均煤炭消费水平逐年下降，但目前仍高于全国平均水平（2019 年河北省人均煤炭消费量高于全国平均水平 32.5%）。按照"十四五"期间人均煤炭消费量下降 5% 测算（2015—2019 年期间，人均煤炭消费量下降约 2.9%），河北省煤炭消费总量约 2.78 亿吨。

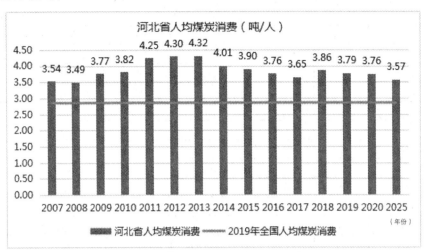

图 7 人均煤耗法预测

表 8 河北省人均煤耗预测

单位：万吨、万人、吨／人

年份	煤炭实物消费	总人口	人均煤炭实物消费
2007	24549	6943	3.54
2008	24419	6989	3.49
2009	26516	7034	3.77
2010	27465	7194	3.82
2011	30792	7241	4.25
2012	31359	7288	4.30
2013	31663	7333	4.32
2014	29636	7384	4.01
2015	28943	7425	3.90
2016	28106	7470	3.76
2017	27417	7520	3.65
2018	29200	7556	3.86
2019	28739	7592	3.79
2020	28764	7650	3.76
2025	27846	7800	3.57

综合不同预测方法，预计到 2025 年，河北省煤炭消费总量约为 2.76 亿吨煤，"十四五"期间年均增速—0.43%。

表 9 煤炭消费预测结果

单位：亿吨

	2025 年	"十三五"年均增速	"十四五"年均增速
煤炭消费	2.76	—0.52%	—0.43%

2．原油资源需求预测

"十四五"期间，一是考虑新常态下中国经济增速放缓以及河北省能源结构转型；二是考虑交通运输领域电动汽车对燃油汽车替代的加速。在满足社会经济发展必要的原油消费基础上，预计全省原油消费量保持稳定。

时间序列法拟合：综合线性拟合和对数拟合结果，预计至 2025 年，河北省原油消费总量约 1830 万吨。

表 10 时间序列法预测结果

单位：万吨

年份	编号	线性拟合	增长率	对数拟合	增长率	推荐值
2008	1	1136	0.18%	1136	0.18%	—
2009	2	1105	—2.73%	1105	—2.73%	—
2010	3	1421	28.60%	1421	28.60%	—
2011	4	1596	12.32%	1596	12.32%	—
2012	5	1506	—5.64%	1506	—5.64%	—
2013	6	1499	—0.46%	1499	—0.46%	—
2014	7	1433	—4.40%	1433	—4.40%	—
2015	8	1644	14.72%	1644	14.72%	—
2016	9	1800	9.49%	1800	9.49%	—
2017	10	1695	—5.83%	1695	—5.83%	—
2018	11	1690	—0.29%	1690	—0.29%	—
2019	12	1700	0.59%	1700	0.59%	—
2020	13	1862	9.51%	1738	2.22%	1740
2025	18	2128	2.71%	1822	0.95%	1830

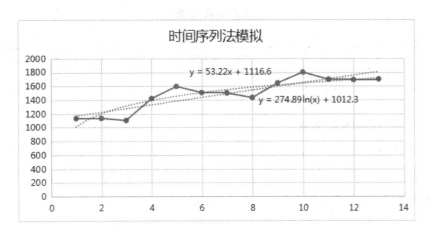

图 8 时间序列法对历史数据的拟合曲线

人均原油消耗法：考虑到天然气在工业领域对原油消费的替代以及交通运输领域电动汽车对燃油汽车替代的加速。预计"十四五"期间，全省人均原油消费水平基本维持当前水平，据此预测，至 2025 年河北省原油消费总量约 1755 万吨。

表 11 河北省人均原油消费预测

单位：万吨、万人、吨／人

年份	原油实物消费	总人口	人均原油消费
2007	1134	6943	0.163
2008	1136	6989	0.163
2009	1105	7034	0.157
2010	1421	7194	0.198
2011	1596	7241	0.220
2012	1506	7288	0.207
2013	1499	7333	0.204
2014	1433	7384	0.194
2015	1644	7425	0.221
2016	1800	7470	0.241
2017	1695	7520	0.225
2018	1690	7556	0.224
2019	1700	7592	0.224
2020	1721	7650	0.225
2025	1755	7800	0.225

综合不同预测方法，预计到 2025 年，河北省原油消费总量约为 1770 万吨，"十四五"期间年均增速 0.69%，较"十三五"末年均增速略微降低。

表 12 石油消费预测结果

	2025	"十三五"年均增速	"十四五"年均增速
石油消费	1770	0.79%	0.69%

3. 天然气需求预测

天然气需求主要来自工业、生活和交通运输三个领域。

工业方面，为了提升河北省工业燃料质量升级，调整工业领域的能源结构，"煤改气"是切实有效的措施之一。河北省天然气在工业领域的发展方向主要包括两方面：一是优化钢铁、冶金、建材、石化等能耗行业的燃料构成。二是改善城市中不同工业锅炉、窑炉的燃料结构。

生活方面，未来发展方向包括三方面：一是稳步提升扩大居民用气，提升居民气化水平，同步拓展公共服务、商业用气；二是有序发展天然气采暖，发展城市集中式采暖、燃气空调分户式采暖；三是推进重点地区气化，重点推进保定、廊坊市"禁煤区"气代煤工程，加快燃煤锅炉天然气替代以及城市、乡镇生活燃料以气代煤。

交通运输方面，交通运输行业是节能减排和应对气候变化的重点领域之一，发展天然气车船是加快推进绿色低碳交通运输较为现实的选择，"十四五"期间河北省天然气车船发展方向主要包括：一是推广使用 LNG 载货汽车，布局建设 LNG 加气站，支持重载汽车油改气，发展 LNG 重卡；在港口、物流园区、矿区、厂区等区域优先使用天然气汽车；鼓励城市物流车辆发展 LNG 轻卡。二是推进城市部分区域公共交通行业"油改气"，在不适宜发展电动汽车的公共交通领域发展天然气公交车和城际天然气客车。三是推进水运行业"油改气"，发展内河、港口区域作业 LNG 动力船；鼓励干散货船、滚装船等以旧换新、新购单燃料 LNG 动力船。

从我国和河北省天然气消费增长的整体历程看，经过"十二五"的快速发展，至 2015 年、2016 年，天然气需求增速明显放缓，至"十三五"中前期，在环境治理压力，特别是京津冀周边地区大气污染治理驱动下，以天然气为代表的清洁能源消费大幅增长。但随着全国宏观经济稳中趋缓，环保政策下的"煤改气"工程减少，天然气消费增长再次放缓。从全国来看，2019 年全国天然气消费增速 9.4%，增速回落至个位数，明显低于 2018 年、2017 年增速 18%、15.3%。从河北省来看，2019 年全省天然气消费增速 16.55%，较 2018 年增速下降 22.45 个百分点。天然气已从发展初期的高速增长逐步过渡至中高速增长阶段。

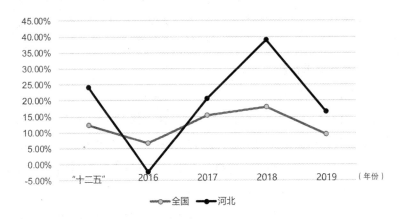

图 9 天然气需求增速

天然气消费构成预测法，"十三五"期间，河北省天然气消费主要集中在农村分散采暖和工商业领域，特别是国家发布《北方地区冬季清洁取暖规划（2017—2021 年）》后，2017—2019 年河北省累计推进"煤改气"用户 550.5 万户，农村分散采暖用气年均增长达到 160.45%。"十四五"期间，随着 2021 年"煤改气"工程的完成，农村分散采暖用气将结束快速增长期，工商业用气将成为河北省天然气消费的主要增长点。

表 14 2016—2019 年天然气消费构成

单位：亿立方米

	2016 年	2017 年	2018 年	2019 年	2016—2019 年均增长率
城镇居民生活	19	20	21	22	5.01%
农村分散采暖	3	30	42.9	53	160.45%
集中供热锅炉	9	9	9.5	10	3.57%
公服车用	13	14	14.6	14	2.50%
工商业	39	27	51	63	17.33%
合计	83	100	139	162	24.97%

表 15 天然气消费预测结果

单位：亿立方米

	2025 年	"十四五"年均增速
天然气消费合计	273	8.7%
城镇居民生活	28	4.01%
农村分散采暖	95	6.30%
集中供热锅炉	12	2.71%
公服车用	16	1.99%
工商业	122	14.50%

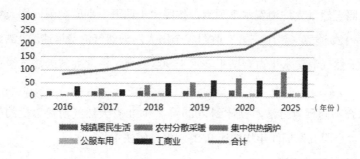

图 10 天然气消费结构分析

按照天然气消费结构预测，到 2025 年，河北省天然气消费总量约为 273 亿立方米。

天然气人均消费预测法，"十二五"以前河北省人均天然气消费距离全国人均水平存在一定差距，约为全国人均天然气消费的 75—80% 左右（见表 17）。2016 年以后，随着京津冀及周边地区大气污染防治趋严，河北省"双代"工程加速推进，河北省人均天然气消费快速提升，至 2019 年底，河北省人均天然气消费已达到全国平均水平的 96% 左右。考虑到一是河北省天然气消费快速增长点消失，"十三五"期间依靠"煤改气"拉动，河北省天然气消费快速增长，随着"十四五"初期"煤改气"工程的结束，农村分散采暖用气增长将回归正常水平；二是河北省天然气消费驱动不足，从全国天然气消费结构来看，城市燃气（37.2%）、工业用气（35%）、构成天然气消费的主要驱动，其次为发电用气（超过 15%），当前河北省城镇化率、工业化发展水平均略低于全国平均水平，省内尚无并网运行的燃气机组，仅预计"十四五"期间投产石热九期、廊坊燃气、北戴河燃气机组。据此判断，"十四五"期间河北省人均天然气消费水平占全国平均水平比例将逐步降低。

表 16 河北省人均天然气消费与全国平均水平对比

单位：亿立方米、万人、立方米/人

年份	河北省天然气消费	河北省人口	河北省人均天然气消费	全国人均天然气消费	河北省人均天然气消费占全国平均水平比例
2010	28.8	7194	40	84	47.8%
2011	37.6	7241	52	101	51.3%
2012	49.2	7288	68	113	59.9%
2013	65.2	7333	89	127	69.8%
2014	74.3	7384	101	138	72.7%
2015	85.0	7425	114	142	80.4%
2016	83.0	7470	111	153	72.6%
2017	100.0	7520	133	175	76.2%
2018	139.0	7556	184	205	89.7%
2019	162.0	7592	213	222	96.2%
2020	179.8	7650	235	248	94.8%
2025	288.6	7800	370	409	90.6%

按照天然气人均消费水平预测，按照"十四五"期间全国人均天然气消费增速 10%—12% 测算（"十三五"前四年全国人均天然气消费增速约 12%）以及河北省人均天然气消费水平占全国平均水平 90% 测算，河北北省天然气消费总量约为 289 亿立方米。

综合不同预测方法，预计到 2025 年，河北省天然气消费总量约为 280 亿立方米，"十四五"期间年均增速 9.2%，保持较快增长。

4. 电力需求预测

"十四五"期间，经济结构的变化导致用电结构发生变化。第一产业用电新增需求将逐步降低。农业用电受气候影响较为明显，近几年一产负荷与电量随气温降雨呈现波动性变化。受水利部门水资源开发管理趋严影响，农业排灌接电容量不断降低，第一产业用电负荷比例逐步下降，用电新增需求将逐步降低。第二产业呈现两极分化趋势。受产业结构调整和经济下行压力的影响，传统落后产能与重污染企业发展受限，用电量占比明显下降；装备制造、高新科技、生物医药等一大批新兴产业发展机遇，正逐步成为拉动工业发展的主要力量。第三产业成为拉动电量增长的动力。近年来，河北省大力发展交通旅游、现代服务与工商业为支柱的第三产业，推动零售企业转型、建设铁路公路、打造精品旅游景区、繁荣城市夜经济等一系列政策的持续，加之服务业季节性用电需求的增长，使第三产业用电量持续攀升，在全社会用电量中的比重也不断提高，逐步成为拉动电量增长的动力。

从负荷构成看，一是工业基础负荷将保持低速增长，钢铁、化工与建材等传统高耗能行业发展将进一步减速，装备制造、生物医药、高新技术等能耗较低的新兴战略产业将受优惠政策影响快速发展；新基建成为电力需求新的增长极，"十四五"期间新基建投资带来的电力需求增长效益将逐步显现，5G 基站、大数据中心、电动汽车充电基础设施、城际高速铁路和城际轨道交通牵引站等将成为电力需求新的增长极；冬夏供热、供冷，服务业季节性用电需求等，将使负荷尖峰特性更加突出，峰谷差逐步加大。特别是河北南网地区，受天气影响季节性负荷带动全网负荷增长明显，尖峰负荷特性较为突出。

河北南网方面，2020 年全社会用电量、最大负荷分别达到 2231 亿千瓦时、4033 万千瓦，"十三五"年均增长 4.96%、4.77%。

大方案下，预计 2025 年河北南网全社会用电量、最大负荷分别达到 2850 亿千瓦时、6000 万千瓦，"十四五"年均增长 5.22%、8.27%。

考虑需求侧管理对夏冬季制冷、制热负荷，电动汽车充电，工商业及居民用电等进行用电管理，小方案下，预计 2025 年河北南网全社会用电量、最大负荷分别达到 2800 亿千瓦时、5200 万千瓦，"十四五"年均增长 4.65%、5.22%。

表 17 负荷预测结果

单位：万千瓦、亿千瓦时

		2020	"十三五"年均增速	2025	"十四五"年均增速
用电量	大方案	2231	4.96%	2850	5.02%
	小方案			2800	4.65%
最大负荷	大方案	4033	4.77%	6000	8.27%
	小方案			5200	5.22%

冀北电网方面，2020 年全社会用电量、最大负荷分别达到 1709 亿千瓦时、2688 万千瓦，"十三五"年均增长 3.59%、4.13%。

大方案下，预计 2025 年冀北电网全社会用电量、最大负荷分别达到 2110 亿千瓦时、3500 万千瓦，"十四五"年均增长 4.31%、5.41%。

小方案下，预计 2025 年冀北电网全社会用电量、最大负荷分别达到 2030 亿千瓦时、3300 万千瓦，"十四五"年均增长 3.50%、4.19%。

表 18 负荷预测结果

单位：万千瓦、亿千瓦时

		2020	"十三五"年均增速	2025	"十四五"年均增速
用电量	大方案	1709	3.59%	2110	4.31%
	小方案			2030	3.50%
最大负荷	大方案	2688	4.13%	3500	5.41%
	小方案			3300	4.19%

（3）能源结构分析。

控制总量。根据预测，到 2025 年，全省能源消费总量控制在 3.68 亿吨标准煤，"十四五"年均增长 2.40%。

优化供给。省内煤炭产能压减至 4000 万吨／年，原油、天然气产能稳定在 460 万吨和 6 亿立方米左右。电力装机容量 1.3 亿千瓦，其中煤电约 5000 万千瓦。

调整结构。煤炭实物消费控制在 2.76 亿吨以内，原油、天然气消费约 1770 万吨和 280 亿立方米，煤炭消费比重下降到 65% 以下，天然气消费比重提高到 9.5%。

提高效率。"十四五"期间单位 GDP 能耗累计下降 15%，煤电单位供电煤耗降至 300 克标煤以内。

表 19 "十四五"能源主要发展目标

目标	指标	单位	2025 年	年均增长
能源低碳转型	非化石能源占消费比重	%	11	[4]
	非化石能源电力装机比重	%	60 以上	[12.4]
	煤炭消费比重	%	65	[8]
	能源消费碳排放系数	吨二氧化碳／吨标准煤	2.22	[—0.16]
能源供应保障	能源综合生产能力	万吨标准煤	6000 以上	
	电力装机总量	万千瓦	16000	9.8%
	原油产量	万吨	460	—3.3%
	天然气产量	亿立方米	6	基本持平
	储气能力占天然气消费比重	%	达到国家要求	
	煤炭储备能力占年消费量比重	%	5	
能源效率提升	单位 GDP 能耗降低	%	—	[15]
	煤电机组供电耗煤	克标准煤／千瓦时	305	基本持平
	电力需求侧响应能力	%	3	
	灵活调节电源占比	%	30	
	新型储能装机规模	万千瓦	300	

三、河北省"十四五"能源供需形势分析

（一）煤炭供需形势研判

"十三五"期间，在大气环境治理政策影响下河北省逐年压减煤炭过剩产能；"十四五"期间，考虑河北省将进一步推进煤矿企业整合，推动生产集约化，压减煤炭产能，预计省内煤炭产能保持在 4000 万吨／年。

在压减煤炭产能的同时，考虑到煤炭实物消费降低影响，预计全省煤炭缺口约为 2.36 亿吨／年，与"十三五"末基本持平，需通过省外调入解决。由于我国煤炭资源丰富，自给率在 90% 以上，国家能源安全煤炭供给方面压力较小，可保障各省的煤炭协调供应。河北紧邻晋陕蒙地区（全国主要煤炭生产基地及煤炭

调出省区），地处三省煤炭调出通道，已形成较为完善的综合交通网络，"十三五"期间省内铁路运输能力已达 10 亿吨以上，加上公路运输的有效补充，煤源和运力能够满足煤炭调入需求。

（二）石油供需形势研判

"十三五"期间，河北省原油产量小幅下降，年产能基本维持在 500 万吨以上；考虑到近些年河北省华北和冀东等油田产量递减影响，以及"十四五"期间省内无新的原油生产项目，预计省内原油产能保持在 460 万吨 / 年左右。

石油缺口约为 1310 万吨 / 年，较"十三五"末小幅增长。省内石油供给仍然需要石油进口和国家的石油调配来满足。不同于煤炭全国供给基本自足，我国石油自给率仅为 30% 左右，需配合国家战略石油储备建设、健全石油储备管理体系，以防范我国和河北省石油供给风险。

（三）天然气供需形势研判

"十三五"期间，河北省天然气产量呈现逐年下降趋势，近两年基本保持在 6 亿立方米左右，"十四五"期间，预计省内天然气产能保持在 6 亿立方米 / 年。

天然气缺口约为 274 亿立方米 / 年，供需缺口较"十三五"末大幅增长，供需矛盾较为突出。与石油全国供给形势类似，我国天然气对外依存度持续攀升，2019 年供给率仅为 57%，需加强"一带一路"沿线国家能源战略合作，增强陆地长输管道运输能力、扩大 LNG 进口等增强我国和河北省天然气供需保障能力。

（四）电力供需形势研判

河北南网方面，根据测算，在考虑网内在建、已核准的电源按期投产和规划明确的区外受电基础上，电力需求大方案下，2025 年河北南网电力市场空间为 1732 万千瓦；电力需求小方案下，2025 年河北南网电力市场空间为 932 万千瓦。

整体而言，"十四五"期间河北南网电力供需矛盾较为突出，电力市场空间逐年扩大。

冀北电网方面，根据测算，在考虑网内在建、已核准的电源按期投产和规划明确的区外受电基础上，电力需求大方案下，2025 年冀北电网电力市场空间为 181 万千瓦；电力需求小方案下，2025 年冀北电网电源略有盈余。

整体而言，"十四五"期间冀北电网供需矛盾并不突出，电力保障能力较强。

全省电力供需缺口较"十三五"末大幅增长，供需矛盾较为突出。在省内电源建设受限的情况下，需结合我国能源资源空间分布（西部地区具有丰富的煤炭资源以及风、光可再生能源资源），发挥特（超）高压交直流输电的技术优势，推进"外电入冀"战略。

四、河北省"十四五"能源保障方案分析

（一）能源消费方面

1．全面实施能源节约和梯次利用

强化能源消费约束。扎实开展能源消费总量和强度"双控"行动，落实节能目标责任制，严控高耗能产业发展，实施高耗能企业能耗天花板制度，协同推进产业结构和用能结构优化调整，严格节能审查制度，强化节能标准约束，坚决限制不合理用能，有效调控新增用能。加强重点领域节能，以工业、建筑和交通领域为重点，深入推进技术节能和管理节能，实施重点用能单位"百千万"行动，加强工业领域先进节能工艺和技术推广，开展既有建筑节能改造，新建建筑严格执行75%节能标准，推进大宗货物运输"公转铁"，建设绿色交通运输体系，鼓励开展合同能源管理等节能服务业，加强电力需求侧管理，全面提高能效水平。完善节能措施引导，完善峰谷电价、阶梯气价等价格政策，扩大差别电价实施范围，加大惩罚性电价实施力度，实施非居民用气季节性差价、可中断气价；探索用能权初始分配制度，创新用能权有偿使用，培育发展交易市场，促进能源资源优化配置高效流动。

2．优化煤炭消费结构

继续压减煤炭消费，深化政策限煤、工程减煤、提效节煤、清洁代煤，综合施策、精准发力，逐步降低高耗煤行业用煤总量和强度，加快产业结构向高新高端产业转变，推进钢铁、焦化、水泥等重点行业去产能，对电力供热等行业实施改造提升和节煤挖潜，实施工业窑炉、燃煤锅炉等集中供热替代和清洁能源置换，对新增耗煤项目严格执行煤炭减（等）量替代。大力实施散煤替代，因地制宜采取集中供热、改电、改气和改新能源等方式，加快替代居民生活、工业、服务业、农业等领域分散燃煤，推进传输通道平原农村生活和采暖散煤基本清零、山坝等边远地区推广使用洁净煤；严格执行民用燃煤质量标准，加强劣质煤管控。深入推进煤炭清洁高效利用，稳定煤电装机规模，加快淘汰落后产能，利用淘汰关停

煤电机组容量，等容量减煤量减排放替代建设大型高效机组，保障电煤比例；构建高端煤化工产业链条，科学有序推进煤制油、煤制气。

3. 扩大清洁能源利用

推动新能源规模化利用，发展以清洁能源为主的多能互补分布式能源系统，积极推进太阳能供暖、制冷技术在建筑领域应用，提高太阳能、风能、生物质能就地消纳水平，有效控制弃风弃光率，结合受电通道建设，增加省外水电等清洁能源电力在河北省消纳利用，持续提高非化石能源消费占比。大力实施电能替代，以居民采暖、公共建筑、生产制造、交通运输为重点扩大电力消费，提升电气化水平。推广应用电蓄热、电蓄冷设备和热泵等节能高效新技术、新设备，促进电力负荷移峰填谷；扩大电锅炉、电窑炉技术在工业领域应用，推广靠港船舶使用岸电和电驱动货物装卸，支持空港陆电等新兴项目推广，加快充换电基础设施建设，到2025年形成百万级电动汽车充电服务能力。拓展天然气消费，结合新型城镇化和乡村振兴战略实施，积极稳妥扩大天然气利用规模，优先保障民生用气，同步拓展公服、商业、交通用气，鼓励发展天然气分布式能源，有序发展天然气调峰电站。

（二）能源供给方面

压实传统能源支撑，持续推进煤炭增优减劣，巩固煤炭去产能成果，统筹考虑区域煤炭供应、优化布局，进一步提升煤炭供给体系质量，严格生产加工企业煤炭质量管理，确保供应符合使用、销售标准的合格煤炭。积极推进油气增储上产，优化布局炼油产业。多渠道拓展天然气气源，稳定产能。加快整合地方炼油厂，结合淘汰落后产能，加快推进曹妃甸炼化一体化基地建设，发展清洁油品、烯烃等炼化一体化项目，延伸炼油加工产业链，推动产业集聚发展。结合油品质量升级工程，依托现有炼油能力，打造石家庄、沧州现代化油品加工基地。

大力发展可再生能源。积极发展太阳能发电。因地制宜、有序推进太阳能发电多元化发展。利用荒山荒坡、采煤沉降区、尾矿库等集中连片闲散土地，推进光伏平价上网项目建设；以工商业建筑屋顶为主，支持发展就地消纳、市场化交易的分布式光伏发电；结合光热技术发展，推进光热发电示范项目，逐步扩大应用范围。合理优化风电布局。坚持与生态环境融合发展，北部地区合理利用荒山荒坡土地资源，有序推进张承百万千瓦风电基地建设；南部地区优先利用山区土地资源，适时推进风电建设。科学有序利用地热能。依法利用地热资源供暖，在采灌平衡、取热不取水原则下，重点在县城、乡镇、美丽乡村以及城市郊区开展地热能替代燃煤供暖示范项目建设。推进地热资源多元化利用，充分利用区位优势，结合区域经济特点开展地热种养殖应用和工业利用，建设温泉洗浴、休闲疗养、温室采摘等地热特色服务项目。

积极研发利用氢能。加快氢能关键技术突破，利用张承地区可再生能源富余电量发展电解水制氢，利用唐山、邯郸等地焦化行业和部分地区氯碱行业的副产气纯化制氢，扩大氢气供给能力。加快氢能储运基础设施建设，鼓励加氢站与加油站、加气站和充电站多站合一布局，允许现有加油（气、电）站扩建成加氢、加油（气、电）合建站，研究长距离、大规模储运技术。扩大氢能利用，以氢燃料电池商用车为突破口，以氢燃料电池乘用车为增长点，逐步扩展氢能在大型应急电源、通信基站、分布式发电、户用热电联供等领域的应用。

积极发展调峰电源。合理布局抽水蓄能电站建设，加快丰宁360万千瓦、易县120万千瓦、抚宁120万千瓦和尚义140万千瓦电站建设；积极推进徐水（雄安）、滦平、灵寿、邢台等电站前期工作。有序发展天然气发电，在唐山、沧州、石家庄等LNG接收站、电力负荷中心等区域布局1—2个天然气调峰电站，提高系统调峰能力，优化电网调度运行；在公共交通服务区、大中型公共建筑及综合商业区等建设楼宇式天然气分布式能源系统，在有冷热电负荷需求且负荷较为稳定的城市新区、各类园区、旅游服务区等建设区域式天然气分布式能源系统，提高能源利用效率，调节天然气运行峰谷差。开展煤电灵活性改造，推动现有大型机组低负荷运行、热电解耦等灵活性改造，大幅提高机组调峰能力。推进新能源电站配置储能，优先支持配置储能的新能源发电项目，明确新能源电站配置储能原则，鼓励在新能源汇集区域集中建设储能电站以实现系统级调峰，区域内各个新能源场站均可共享，提高储能设施利用率。

加快优化煤电结构。合理推进煤电项目建设。严格控制煤电投产规模，按照等容量替代原则建设，保障核准项目建设，确保保热九期2×35万千瓦、邯郸热电退城进郊替代项目35+15.4万千瓦按期投运；加快项目前期，推进秦皇岛电厂原址改建、上安电厂原址改建、沧州百万千瓦级支撑电源等项目前期工作。稳定煤电产能，统筹利用压减煤量指标，实施等容量、减煤量、减排放替代，重点用于煤电建设，保持支撑电源规模稳定，针对特（超）高压交直流落点周边地区以及负荷集中地区，谋划建设大规模百万千瓦级煤电机组支撑电网，保障电力供应安全。淘汰关停落后产能，淘汰关停小型纯凝、违法违规、去产能配套、服役期满以及环保、节能不达标机组，"十三五"期间累计淘汰关停234.15万千瓦，2020年之后有序关停服役期满20万千瓦及以上机组。建设先进高效机组，以等容量减煤量减排放为前提，支持新建机组应用先进清洁高效发电技术，鼓励应用超超临界、二次再热等先进技术，探索60万千瓦等级超超临界供热机组、超临界水蒸煤发电等前沿技术应用；在沿海地区以及负荷中心区，利用先进技术建设超超临界大型支撑电源；在热负荷集中稳定的开发区、工业园区，规划建设背压机组。优化热电布局，对城市建成区内的石家庄热电、邯郸热电、唐山热电等燃煤火电机组，在保障供电供热安全前提下，稳妥实施退城搬迁；对城市周边的热电机组，运行期满后可综合考虑建设、交通、环境、供热等因素，采用最先进的环保节能技术，科学选择厂址等容量建设新机组；在建设条件较好的县城连片区域、石家庄、邯郸、唐山等大中城市周边建设大容量、高参数热电联产机组。提升在运煤电机组水平，继续推进现役煤电机组汽轮机通流改造、锅炉烟气余热回收利用、电机变频等综合节能改造，统筹周边热负荷需求加快30万千瓦等级及以上纯凝机组供热改造，到2025年，全省在役煤电机组平均供电煤耗降至300克标准煤／千瓦时以内；推进燃煤耦合生物质发电技改试点，加快任丘热电、邯峰电厂等6个国家试点项目建设，适时扩大应用范围；探索开展碳捕捉技术试点，降低煤电行业碳排放水平。

积极开发利用各类清洁能源。安全发展核电。加快海兴核电项目前期工作，争取尽早核准和开工建设。安全稳妥推进核小堆建设，建设多用途、智能化核小堆示范项目。加快发展农林生物质能发电，在粮食主产区、林业发达地区等农林作物富集区域，推进县域农林生物质热电联产。合理规划布局垃圾焚烧发电，结合城镇化发展和垃圾无害化处理要求，因地制宜发展城镇生活垃圾焚烧发电，解决"垃圾围城""垃圾上山下乡"等突出环境问题。因地制宜发展生物天然气。结合生物质资源特点、能源和有机肥市场等因素，在综合平衡农林生物质和生活垃圾焚烧发电等利用方式资源消耗前提下，因地制宜利用秸秆、禽畜粪便、有机废弃物等发展生物制气，促进城镇用气多元化，改善村镇终端用能水平。推进其他生物质燃料开发利用，合理布局燃料乙醇、生物柴油产业，积极发展生物成型燃料，促进农村地区资源循环利用。

（三）能源设施方面

1. 加快电网建设

加强省内电网建设，完善省内 500 千伏主网架，2025 年河北南网建成"四横两纵"双环网，构建石家庄、邯邢、保定、沧州 500 千伏环网结构，实现与特高压电网、周边 500 千伏电网的有效衔接，构建结构合理、安全可靠、运行高效的坚强电网。推进 220 千伏电网项目建设，增强供电能力，消除一般电网事故风险；开展配电网建设改造，加快农网改造升级，提高电力普遍服务水平，高标准建设智能、高效、可靠的城市配电网，提高对新能源、电动汽车、储能和电代煤的接入适应能力。推进重大输电通道建设，提升现有通道受电能力，加快北京东、雄安、邢台特高压主变扩建工程，力争全部由 2 台主变扩建为 4 台。调整山西—河北输电通道，争取尽快实施山西、河北间 500 千伏网间联络通道改为点对网送电通道，同时将晋北、晋中特高压站接入山西 500 千伏电网，增加山西电网电力外送河北能力。推动新受电通道建设，积极对接内蒙等西部能源基地省份，提前开展送电通道方案论证，争取列入国家"十四五"电力规划，"十四五"期间为承载区外电力受入，省内提前谋划增加特高压交流布点或直流换流站 2 座至 3 座。

2. 加快天然气管网建设

推进重点管线工程建设，推进中俄天然气东线、蒙西煤制气管线、鄂安沧管线等重要气源管线工程，到 2020 年，省内主气源管线输送能力 1800 亿立方米，保障省内落地能力 300 亿立方米以上；积极推进煤层气入冀管道项目，建设神木—安平煤层气管道。加快曹妃甸 LNG 接收站建设，支持河北建投与中海油在现有曹妃甸预留岸线位置合资建设 2000 万吨级 LNG 接收站，争取"十四五"初期建成投产，支持中石油唐山 LNG 接收站扩建，曹妃甸 LNG 接卸总能力达到 3000 万吨／年，同步加快曹妃甸 LNG 外输管道建设。推进省内集输管网建设，完善支干线管网和输配管网体系，重点推进涿州—永清、涿州—清苑、秦皇岛—丰南沿海管线等天然气管道项目建设，打通曹妃甸 LNG 资源由海上向内陆输送的供气通道；加强省内管线与国家气源干线互联互通，保障天然气输送能力，在人口规模较小、管道接入经济性差等不适宜建设天然气管道的县区，因地制宜建设 LNG 点供设施，全面提升"县县通气"覆盖率。

3. 加强应急储气、储油设施建设

积极发展天然气调峰设施，提升天然气应急调峰能力，扩建中石油唐山 LNG 现有接收站 4 座 16 万水立方 LNG 储罐，新建曹妃甸 20 座 20 万水立方 LNG 储罐，

争取"十四五"全部建成投运。推进大型储气设施建设，积极谋划宁晋岩盐地下储气库建设，支持重点通道城市加快发展储气设施，增强全省天然气应急调峰能力。配合国家战略石油储备建设，在曹妃甸等地区积极谋划石油储备基地，健全石油储备管理体系，以防范石油供给风险。探索建设天然气地下储库设施，在保证洞库稳定性和密封可靠的前提下，探索利用废弃矿井、衰竭气田储气库储存天然气。

4. 加快城市热网建设

加快热源项目配套热网建设，结合城市周边煤电机组供热改造，加快推进配套大温差长输供热管线及既有热源置换热网工程建设，实现热源与热网衔接配套，充分发挥热源供热能力，探索将上安、西柏坡电厂等既有大型煤电的大量余热引入市区，解决了城市新增供暖需求，扩大热网供热能力和集中供热覆盖范围。推进城市主力热源互联互通、互为备用管线建设，尽早实现各类热源联网运行，强化热源保障能力，提升城市供热安全可靠性。加强老旧管网和换热站改造，重点改造运行年限15年以上或材质落后、管道老化腐蚀严重、存在安全隐患及跑冒滴漏现象的老旧管网，加强换热站自动控制，提高热网输配效率和供热装备技术水平，消除市政供热管网安全隐患。

5. 探索开展天然气掺氢应用

推动形成天然气掺氢相关标准规范，支持通过天然气配送网络掺氢为家庭和企业供热可行性、测试天然气网络掺氢比例对天然气输配关键设备、材料、终端设备和电器的影响、掺氢天然气地下储存的技术和监测要求等领域的相关研究。

五、意见与建议

加强有关政策配套。落实既定政策，全面贯彻落实国家和省有关节能减排、能源资源价格改革、清洁能源利用、新能源推广等各项政策措施，积极争取国家和省各类财政补助资金和税收优惠政策，稳定发展预期。协调产业政策，围绕推进产业结构与能源结构良性互动，大力支持发展高新技术产业和现代服务业，更大力度加快培育战略性新兴产业，为能源结构调整创造有利条件。完善相关政策，创新财税、价格、人员安置、土地、水利、环保等支持政策，研究制订关停机组容量指标、电量补偿办法和关闭矿井人员的合理贴补、债权债务处置等配套政策，妥善协调解决关停企业的资产处置和人员安置问题。

加强统筹衔接与指导。坚持多规合一、协调推进，做好与经济社会发展、城乡建设、土地利用、环境保护、城镇化等相关规划和方案的横向协调对接，形成能源主管部门统筹、多部门参与的有效机制，协调推进方案实施。做好与国家、省市能源总体规划以及风能、太阳能、生物质能、地热能等专项规划的纵向衔接，提高方案科学性和现实可操作性。

推进能源体制改革。建立统一开放、竞争有序的现代能源市场体系。实行统一的市场准入制度，在制订负面清单基础上，鼓励和引导各类市场主体依法平等进入负面清单以外的领域，推动能源投资主体多元化。推进石油、天然气、电力等领域价格改革，有序放开竞争性环节价格，建立优先发电和优先购电制度，完善抽水蓄能、储能等调峰设施的辅助服务机制。推动建设能源大数据中心，开展国内外能源领域大数据的采集、整理、分析和应用，面向政府和社会提供能源行业宏观调控、产业发展、公共服务等领域的数据支撑。

健全监督考核管理体系。创新监管方式，建立省级主管部门与各市、县政府部门之间上下联动、横向协同、相互配合的能源监管工作机制。建立方案实施、监督检查、评估考核机制，完善能源结构转型任务落实督促检查和第三方评价机制，探索可再生能源电力配额目标考核机制。加强项目节能评估审查，对不符合能源政策和节能标准的高耗能项目，不得办理相关许可手续。

营造良好舆论氛围。动员社会各方力量，开展形式多样的"节能理念、生态理念"宣传，加强新闻报道、政策解读和教育普及，准确阐述习近平生态文明思想，把"清洁低碳、安全高效"的理念融入社会主义核心价值观宣传教育加以推广、弘扬。注重引导舆论，回应社会关切，传递有利于加快能源结构转型的好声音和正能量，积极营造浓厚、持久的社会氛围，推动形成社会共识和自觉节能意识，引导公众参与能源结构转型任务贯彻落实的全过程。

（田家辉、张倩茅、董家盛）

"十四五"河北省能源关键技术与应用场景

一、概述

当前全球能源体系正在经历一场历史性的转型，这场能源转型重点关注能源安全、能源供给、空气质量、气候变化和经济可竞争性，致力于推动可再生能源、电气化、能效等能源技术发展和规模利用，表现出了以下三个重要特征和趋势：一是构建清洁低碳、安全高效的能源体系；二是高比例可再生能源、电气化和能效成为全球能源转型核心；三是能源新技术、新模式、新业态加速兴起。

河北省作为京津冀一体化发展的重要一极，在能源资源禀赋和能源相关产业均具有自身发展特点。河北省煤炭、石油等传统能源较为丰富，2018年原煤产量位居全国第11位，开发有华北、冀东等油田；风能、太阳能等新能源具有相对优势，已建设有张承坝上地区和唐山、沧州沿海地区为百万千瓦级风电基地；氢能等未来能源形式已在全国领先布局，张家口和保定燃料电池、氢能汽车等全产业链初具雏形。

"十四五"是碳达峰碳减排目标实现的战略攻坚阶段，在把握当前能源革命技术的重大创新方向下推动河北省能源高质量发展是河北省"十四五"能源规划的重点任务。河北省需要从现有能源资源和能源产业基础出发，从城市、乡村、产业链等多维度规划典型的能源转型场景，并结合国内外能源发展趋势，研究提出"十四五"及今后一段时期内对河北省推动能源革命具有重要影响的关键技术方向。课题研究结合能源领域重大技术创新和模式创新需要，提出了河北省完善配套政策制度和体制机制的建议。

二、河北省能源转型发展的典型场景设计

（一）京津冀协同城市园区能源转型

建设"以清洁为方向、以电为核心、以电网为平台、以电能替代为重点"的

京津冀协同城市园区能源示范，构建"清洁低碳、安全高效"的新型能源体系。

第一阶段：节能减排，提高能效，降低用能成本。积极推进岸电改革，引导来港船舶使用岸电供电；推动产业园区综合能源系统试点和示范工程。

第二阶段：完成园区数字化、信息化、智能化转变。建设一批具有国际先进水平的工业园区，以新型工业化示范基地为基础，结合"互联网＋"，工业园区向智能化转型。

第三阶段：绿色低碳，和谐共享。推动重点工业园区实现绿色低碳发展，对区域工业绿色转型具有较大的带动作用。

表 1 河北省城市能源革命发展目标

	2020—2022 年	2023—2025 年	2026—2030 年
能源供应清洁低碳	RES 不低于 40% 碳排放下降 70%	RES 不低于 50% 碳排放下降 80%	RES 不低于 60% 碳排放下降 95%
能源配置安全高效	综合能源利用效率达到 50%	综合能源利用效率达到 60%	综合能源利用效率达到 70%
能源消费绿色智慧	电能占终端能源消费比例 30%	电能占终端能源消费比例 40%	电能占终端能源消费比例 50%
能源服务互动共享	多表合一采集覆盖率 80%	多表合一采集覆盖率 90%	多表合一采集覆盖率 100%

（二）城乡协同的乡村能源革命

响应国家乡村振兴战略，构建农村现代能源体系。结合京津冀发展规划，河北农村能源变革应分为三个阶段：

第一阶段：能源供给清洁化。作为北方煤改政策落地大省的河北省，继续在气网、电网条件好的地区推进气代煤、电代煤等的清洁供暖工作。

第二阶段：降低用能成本。农村房屋将向低能耗建筑应用方向发展，房屋的节能改造技术需求量大。分布式能源将会大规模发展，可以实现区域电力 100%来自于可再生能源。

第三阶段：能源利用智能化。以构建智慧社区能源系统为方向，融合物联网、低能耗建筑、新能源交通、分布式储能等创新技术，打造一批农村能源多能互补示范村，建设零碳村镇。

表 2 河北省乡村能源革命发展目标

	2020—2022 年	2023—2025 年	2026—2030 年
农村清洁供暖	平原区域农村散煤基本实现"清零"	全省农村清洁供暖普及率不低于 40%	全省农村清洁供暖 100%普及
可再生能源占比	可再生能源占一次能源消费30%	可再生能源占一次能源消费比重不低于 50%，部分地区100%	部分地区实现 100%可再生能源电力供应
建筑能耗	建筑耗能损失减少 30%	建筑耗能损失减少 50%	建筑耗能损失减少 70%
智慧用能	建设智慧小镇 5 个以上	建成社区能源管理系统，建筑能效提高 50%	普及家庭能源管理系统，实现需求响应

（三）氢能产业链协同发展

通过对能源产业发展的现状分析，提出河北省能源产业链协同发展的三个阶段愿景。

第一阶段：促进产业集群的优化升级，实现关键技术的突破与示范。引进全球先进的液氢生产企业，鼓励企业开展制氢技术和装备的研发创新

第二阶段：构建布局合理、分工合作的产业链。构建多元化绿制氢体系，加速高压、液体有机物及液态储氢、输氢和加氢等先进技术规模化应用；推动氢气与天然气混合燃料大规模应用。

第三阶段：实现应用场景的拓展，实现产业链的全面协同发展。制氢、储运加及配套设施齐备、网络完善，氢能产业生态体系比肩世界先进水平，建成一批高水平的国际联合实验室、技术转移中心。

表 3 河北省氢能产业链发展目标

	2020—2022 年	2023—2025 年	2026—2035 年
产业规模	产值 300 亿元	产值 1200 亿元	产值 7500 亿元
燃料电池汽车	4000 辆	10000 辆	80000 辆
加氢站	30 个	60 个	160 个
制氢产业	电解水制氢；风光电解水制氢	多元化、大规模及分布式制氢体系	太阳能光解和热分解制氢
存储和运输产业	高压气态储氢；液态有机物；液氢储氢	高压气态储氢；液氢储氢；长管拖车和管道输氢示范	高压气态储氢；液态有机物、固态储氢；长管拖车和管道输氢
氢燃料电池车应用场景	公交、物流等交通领域及备电领域示范推广	储能、热电联共示范推广；氢气与天然气混合燃料示范；交通领域规模推广	氢气与天然气混合燃料大规模应用；备电、热电联供、便携式设备开始普及

三、支撑河北能源高质量发展的关键技术方向

（一）能源转型的关键技术方向

1. 高比例可再生能源技术

可再生能源正逐步成为新增电力重要来源，电网结构和运行模式都将发生重大变化。太阳能电池组件效率不断提高，风电技术发展将深海、高空风能开发提上日程，生物质能利用技术多元化发展，电网技术与信息技术融合不断深化，电气设备新材料技术得到广泛应用。

2. 储能与氢能技术

积极探索研究高储能密度低成本储能技术、基于超导磁和电化学的多功能全新混合储能技术，建立比较完善的储能技术产业链，实现绝大部分储能技术在其适用领域的全面推广，整体技术赶超国际先进水平。建立健全氢能及燃料电池规模化应用的设计、工艺、检测平台。基本掌握高效氢气制备、纯化、储运和加氢站等关键技术，实现氢能及燃料电池技术在动力电源、增程电源、移动电源、分布式电站、加氢站等领域的示范运行或规模化推广应用。

3. 交通能源和建筑供热清洁化技术

开展建筑工业化、装配式住宅，以及高效智能家电、制冷、照明、办公终端用能等新型建筑节能技术创新。推动高效节能运输工具、船舶推进系统、数字化岸电系统，以及基于先进信息技术的交通运输系统等先进节能技术创新，开展散煤替代等能源综合利用技术研究及示范，对我国实现节能减排目标形成有力支撑。

4. 煤炭清洁化能源开发利用技术

以控制煤炭消费总量，实施煤炭消费减量替代，降低煤炭消费比重，全面实施节能战略为目标，进一步解决和突破制约我国煤炭清洁高效利用与新型节能技术发展的瓶颈问题，全面提升煤炭清洁高效利用和新型节能领域的工艺、系统、装备、材料、平台的自主研发能力，取得基础理论研究的重大原创性成果，突破重大关键共性技术瓶颈，并实现工业示范应用。

5. 系统能效提升技术

我国能源利用效率总体处于较低水平，这要求通过能源技术创新，提高用能设备设施的效率，增强储能调峰的灵活性和经济性，推进能源技术与信息技术的深度融合，加强整个能源系统的优化集成，实现各种能源资源的最优配置，构建一体化、智能化的能源技术体系。要重点发展分布式能源、电力储能、工业节能、

建筑节能、交通节能、智能电网、能源互联网等技术。

（二）关键技术成熟度评价

1.高比例可再生能源技术

目前，晶体硅太阳能电池、5兆瓦及以下的供电机组及部件已经实现产业化，但是更高效率的光伏电池及高能效的光伏系统、10兆瓦及以上的风电机组及关键部件尚处于技术攻关阶段。

表4 高比例可再生能源技术成熟度

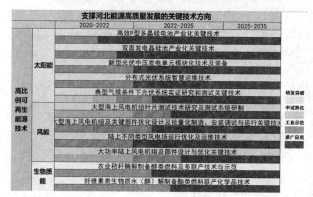

2.储能与氢能技术

铅系电池和锂电池已经完全实现商业化，但是循环次数更多、能量密度更高、成本更低的化学储能技术仍处于研发和示范阶段，个别产业环节（制氢碱性电解槽、35兆帕的高压储氢瓶、氢燃料电池）已有国产化产品，但固/液态/70兆帕的储氢、PEM制氢等技术及系统关键设备、部件仍在研发。

表5 储能与氢能技术成熟度

3. 交通能源和建筑供热清洁化技术

绿色友好、智能安全的船舶建造及航行还处于示范阶段，纯电动车辆和混合动力车辆已产业化，氢燃料电池车辆及其关键部件尚处于研发和示范阶段。高效能热泵、相变储热材料等主动型建筑节能技术还处于示范阶段，第四代供热技术刚刚起步。

表6 交通能源和建筑供暖清洁化技术成熟度

4. 煤炭清洁化能源开发利用技术

煤炭清洁高效燃烧技术尚需突破，低值煤炭燃烧及余热梯级利用尚处于示范阶段，高效混燃及灵活联产处于应用阶段。大型煤炭热解燃烧多联产及煤间接液化产品高值转化技术还需要研发突破。重金属联合脱除、机污染物高效吸附技术还处于技术攻关阶段。

表7 煤炭清洁化能源开发利用技术

5. 系统能效提升技术

100% 清洁电力高可靠供应、集中式和分布式可再生能源电／热／冷联供、大规模风／光互补制氢、可再生与化石能源互补等多能融合技术需要工程示范，±500 千伏以上柔性直流输配电、高性能碳化硅电力电子器件等共性关键技术亟须自主可控。

表 8 系统能效提升技术成熟度

（三）适合河北省高质量发展的技术方向遴选

面向河北能源转型和高质量发展重大需求，遴选出十个重点技术方向，未来将形成一批国际领先技术成果，支撑河北城乡能源转型和能源产业生态建设。

（1）高效光伏发电：光伏与建筑一体化技术（BIPV）关键技术。

（2）风电机组及部件：大型海上风电机组叶片测试技术研究及测试系统研制。

（3）长寿命低成本储能：高安全高比能锂离子电池技术。

（4）氢能与氢燃料电池：质子交换膜燃料电池长寿命电堆工程化制备技术。

（5）新能源汽车：新能源汽车运行安全性能检验技术与装备研究。

（6）建筑清洁供暖：高效相变储热与太阳能建筑集成应用技术。

（7）煤炭高效发电：低热值煤清洁高效燃烧资源利用与灵活发电关键技术。

（8）园区集成供能：清洁电力高可靠供应关键技术。

（9）多能融合：特色小镇可再生能源多能互补热电联产关键技术。

（10）智能电网：能源互联网关键技术及应用。

四、河北能源转型发展重点任务

（一）京津冀协同城市园区能源转型

1. 高耗能工业园区能源转型示范

推进园区高能耗行业低碳化改造，构建低碳产业链，进一步加强园区内资源综合利用水平；建设园区智能微网，提高太阳能等绿色电力的应用比例；加强余热余压利用和热电联产，完善能量梯级利用。建设集能耗在线监测、碳排放监测报告核查、节能减排指标预警预测、节能减排问题诊断、污染源监控管理和节能减排技术交流服务于一身的能源和碳排放管控云平台。

2. 大数据中心综合能源系统示范

构筑变电站、储能站、数据中心站"三站合一"（变电站、储能站、数据中心站）电力体系，提高绿色能源供给能力。深入践行绿色发展理念，坚持大数据与新能源联动发展，持续提升数据中心新能源消纳比例，借助大数据技术大力推进智慧能源体系建设，规模化推进绿色数据中心建设，实现大数据与新能源产业发展双提升，打造基于多能互补的数据中心能源供应的多元融合模式。形成可复制、可推广的"大数据＋新能源"应用示范工程。

3. 城市社区清洁供热及能源转型示范

社区级一体化供能系统总体技术方案城市社区可再生能源替代模式及规划方法研究；因地制宜采用工业余热、"煤改气""煤改电"、可再生能源、并入城市集中供暖管网等其他清洁热源进行替代；因地制宜推进天然气和电供暖；可再生能源互补的分布式供能系统关键技术研究；大力发展可再生能源供暖，建立可再生能源与传统能源协同的多源互补和梯级利用的综合能源利用体系；

4. 多能耦合综合能源利用系统示范

基于电、热（冷）、气等不同能源形式的多时间尺度、可替代存储、需求时移等特性，利用地源、空气源、水源热泵和蓄热式电锅炉等电—热（冷）耦合技术，以及天然气三联供、蓄热蓄冷等电—气—热（冷）耦合技术，建设不同组合形式的综合能源站，实现多种能源的相互转换、联合控制、互补应用，提升能源系统综合利用效率，降低用户用能成本。

（二）新型农村现代能源体系示范

1. 冬奥绿色智慧城镇的能源互联网示范

严寒山地环境下零能建筑总体技术方案，包括山地和复杂建筑环境下太阳能风能系统、发电／供热性能评估技术，与建筑集成的太阳能风能系统技术等；严寒山地建筑节能优化技术、复杂建筑可再生能源系统设计技术，以及针对零能耗建筑的节能和高比例可再生能源热电联供系统总体集成设计技术；多层级微电网可靠供能技术，包括多层级交直流混合微电网系统设计技术、网络重构平滑切换技术、可接入建筑微网的移动储能装置；零能耗建筑和建筑群能源系统性能实时评估及智能展示技术，零能耗建筑可再生能源热电联供系统能量管理技术。

2. 农村低碳生态社区冷热电联供系统示范

针对我国农村社区能源变革发展的需求，形成以可再生能源为主的农村社区冷热电气联产系统解决方案。具体包括：乡镇发电、供热、交通方面的可再生能源替代模式及规划方法；基于可再生能源的城镇冷／热／电／氢联产能源站系统设计集成技术；与绿色低能耗建筑结合的可再生能源热电联产系统设计集成及控制技术，推进城镇和农村建筑能效提升改造，降低用户侧能耗，在城郊村、普通村推广分散式空气源热泵风机，在偏远山区、小型、生物质能较丰富的村推进生物质炉取暖。

3. 绿色生态智慧能源技术在农业生产中集成示范

建设农业温室大棚的光伏建筑一体化工程，通过可再生能源发电与相变材料储热实现温室大棚的供暖，通过智能控制系统实现温室设备的自动化管理；拓宽风／光／空气能等可再生能源在农产品加工及仓储物流的应用程度；农村生物质、废弃物的制气制肥与热电联产技术，包括利用固化成型燃料加工技术生产用于锅炉燃烧的环保清洁新型燃料，采用"预处理＋一体化厌氧发酵＋沼气净化提纯＋沼渣沼液综合利用"的处理工艺制备生物天然气，有条件的地区可建设秸秆发电项目等。

（三）能源产业链协同发展示范

1. 制氢、储运、加注一体化产业示范工程

兆瓦级电解水制氢的规模化生产；先进储氢装备的规模化制造；氢能储运、加注一体化能源展的建设与运营。

2. 智慧能源产业在交通领域的示范工程

氢燃料电池乘用车设计、制造、测试；氢燃料电池客车公共交通运营；氢燃料电池载重卡车特殊应用场景扩展；氢燃料电池物流车在典型应用场景的运营；电气化码头氢能源汽车无人驾驶示范运营。

3. 储能产业链系统示范

新型储能设备与产业链，主要包括钒液流电池、锌溴液流电池和新型锂电池、压缩空气储能的研发与生产；大规模储能电站的系统设计与控制，开发储能电站监控系统和能量管理系统，探索储能电站运营的多种商业模式，验证大规模储能对可再生能源消纳的作用。

4. 光伏产业链系统示范

沿太行山光伏规模化应用示范带、在商业建筑、公共建筑中推行光伏建筑一体化集成技术、弱电网地区的光伏友好并网示范、太阳能汽车、光伏声屏障、光伏围墙等光伏＋应用场景规模示范。

五、配套政策制度和体制机制建议

（一）加强标准体系的规范和建设

实现能源重大创新技术的转化与产业化的衔接，保障重大创新成果，加强能源互联网、智慧城镇、分布式能源体系、电动汽车充电设施、氢燃料电池等重点新兴领域标准建设，提升河北省在能源新兴领域的竞争力，形成一批具有国际领先的技术成果。在能源规划中，发挥标准体系的规划布局作用，定期发布先进制造与管理的标准体系建设指南，指导标准制订工作有计划、有步骤推进，促进标准与信息化应用标准同步规划、同步制订。

（二）强化财税政策引导

充分利用国家支持能源发展的各项政策措施，研究制订在新能源开发利用、集成互补、"互联网＋"智慧能源、新能源汽车等领域，积极争取国家建设规模、示范项目和财政税收支持的措施和方案。制订新兴能源产业科技型中小企业支持计划，对认定为国家级的氢能、光伏、储能的科技型中小企业，优先列入省级科技型中小企业支持计划，给予专项资金支持。落实国家新能源汽车推广应用财政补贴政策，对符合条件的氢燃料电池汽车购置和加氢站建设给予适当补贴。在新能源和电能替代清洁高效利用等重点发展领域，协同相关部门落实财税、价格等方面支持政策。

（三）创新融资体制机制、构建多元化融资模式

加快科技债券、融资租赁、PPP 等融资模式在能源转型发展中的应用，为推动河北省能源相关产业基础设施建设提供资金支持。拓宽融资渠道，保障能源重大创新技术与应用场景的实现。鼓励企业通过发行债券、上市、融资租赁等形式获得运营资金，扩大市场化资金规模。推进能源资产证券化，有效盘活存量资产，为存量结构优化提供资金保障。加强金融机构合作，鼓励金融机构加大对重点能源项目和企业的信贷支持力度。创新财政投资，推广政府与社会资本合作（PPP）模式，增强对社会资本的引导、带动作用。

（四）建设示范项目、形成科技引领

强化统筹安排与顶层设计，从科技创新支撑先进能源产业发展角度，提出具体的行动方案和实施细则。河北省能源转型的重大创新，必须着力布局和建设一批处于全球前沿的科技创新大项目。支持龙头企业建设研发创新平台，依托创新平台，面向全球推动产业链联合技术攻关，集中攻关一批亟待突破的产业共性关键技术，实施一批产业化项目。设立能源转型发展工程技术研发与示范专项，围绕遇到的产业共性重大工程技术难题，组织省内外高层次团队进行攻关，建设示范工程项目，推动研发与工程科技一体化发展，建立在氢能、风能、太阳能等能源领域的国内引领地位。

（五）建设创新环境

通过体制机制创新和文化建设，着力建设具有科技创新的生态环境。一是研究创新创业主体多样共生环境的构建。研究企业、大学、科研院所、金融机构、中介组织、政府有关部门等的紧密联系和有效互动，形成集群创新力、竞争力和品牌力，高度重视培育和引进标杆性的领军企业与科技实验室。二是研究建设协同创新的科技研发系统。要促进协同创新，必须促进体制内的大学、科研院所、国有企业进一步面向市场、创新导向。三是研究创新政府支持机制。在充分发挥市场机制的决定性作用基础上，更好地发挥政府的引导和推进作用，构建积极的政策支持体系，创新创业资助政策、风险投资政策、人才引进培养政策、公共服

务政策等。

（六）推动电力体制改革

服务河北省能源转型的发展大局，按照统一电力市场建设方案，统筹省间交易和省内交易、统筹中长期交易与现货交易、统筹市场交易与电网运行。提升清洁能源消纳水平、提升市场透明开放程度、提升市场风险控制能力。做好省内交易与省间交易衔接，在积极支持电力市场化改革的同时，确保电网安全可靠运行、确保公司优质优价优先购电、确保清洁能源有效消纳，确保市场稳定运转。构建公平的市场环境中，发挥资源配置的决定性作用，促进发电侧和售电侧有效竞争，促进发用两侧节能减排。

（七）加快建设能源大数据中心

建成河北省能源大数据中心，即"智慧绿能云"平台。制订能源数据资源共享管理机制，以电为核心，逐步实现煤、电、油、气多种能源数据汇聚融合、共享交换和挖掘分析，形成产业集聚效应。面向政府决策、社会治理、智慧用能等方面的需求，探索构建典型应用场景，创新运营模式，扩大能源大数据中心辐射范围，提升能源数据的开发与利用水平，更好地服务经济社会发展和人民生活改善。

（岳云力、方勇、杨子龙）

河北省终端用能电气化水平预测分析

一、河北省终端用能电气化水平现状

电能是清洁高效的二次能源，是可再生能源的主要利用形式。终端用能电气化水平是指一个国家或地区终端能源消费结构中电能所占的比重，是反映能源消费革命进程的重要指标，也是衡量地区产业高端化、智能化进程的重要指标。为此，依据能源统计数据，对河北省终端用能电气化水平现状和发展趋势进行测算分析。

终端电气化水平（电能占终端能源消费比重[1]）主要受经济发展水平、能源政策和技术进步等因素影响。对包括河北在内全国各省最新公布数据进行了梳理和计算，结果显示，河北省 2019 年电能占终端能源消费比重为 16.7%，在全国排名第 26 位，低于全国平均水平（24.3%）7.6 个百分点，具体情况如下。

（一）河北省电气化水平发展特点

总体特点。2005—2019 年河北电气化率总体水平一直呈稳定增长趋势，由原来 2005 年的 12% 上涨至 2019 年 16.66%，涨幅 4.66%，电力的标准量 1723 万吨上涨至 4717 万吨，增长 2994 万吨，涨幅 173.77%。

河北省2005-2019年总体电气化水平

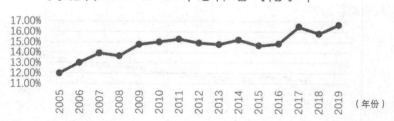

图 1 2005—2019 年河北省电能消费占终端能源比例情况

---

[1] 国网公布的统一计算公式：电能占终端能源消费比重 = 电力终端消费量 / 终端能源消费量，均折算为标准煤。

第一产业特点。2005—2019 年河北第一产业电气化率总体水平为凹型趋势，2006 年为最高历史节点 74.19%，2013 年为最低历史节点 22.02%。自"十二五"以来，第一产业电气化水平稳步回升至 49.42%。

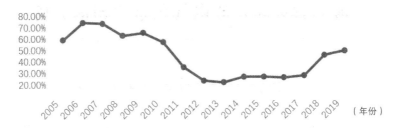

图 2 2005—2019 年河北省第一产业电能消费占终端能源比例情况

第二产业特点。图 3 显示：2005—2019 年河北第二产业电气化率总体水平与整体水平趋势一致，2017 年达到最高历史节点 14.89%，终端能源消费量稳步减少，主要体现在工业消费量的减少，显示河北电气化水平以第二产业占主导地位。

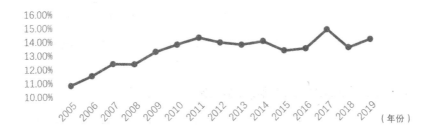

图 3 2005—2019 年河北省第二产业电能消费占终端能源比例情况

第三产业特点。图 4 显示：2005—2019 年河北第三产业电气化率总体水平呈持续较快增长趋势。

图 4 2005—2019 年河北省第三产业电能消费占终端能源比例情况

居民领域特点。图 5 显示：2005—2019 年河北居民电气化率总体水平呈增长趋势。在"十三五"初进入短暂低谷期，当前回升至峰值。

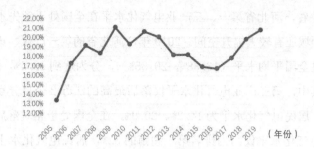

图 5   2005—2019 年河北省居民生活电能消费占终端能源比例情况

（二）与其他省的比较情况

河北省电能占终端能源比重为 16.7%，在全国排名第 27 名，电气化水平仅高于东北三省。从增幅情况看，图 6 显示：2016—2019 年，重庆、广西、浙江等 20 个省份增幅高于全国平均水平（1.8%），云南、山东、上海等 5 个省份与全国水平持平，天津、北京等 5 个省份增幅低于全国平均水平，宁夏负增长。河北省增幅为 1.8%，与全国涨幅持平。

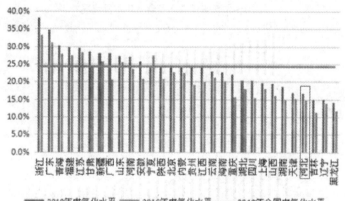

图 6 2016 年、2019 年各省电能消费占终端能源比例情况

图 7   2010—2019 年河北省及全国电能消费占终端能源比例

分产业看，河北省第一、三产业电气化水平在全国处于领先水平，但第二产业和居民领域还有较大提升空间。2019年，河北省的第一产业、第三产业电气化水平均超过全国平均水平（13.38%，20.35%），分为达到49.4%、29.9%，居全国第三名。其中，第三产业电气化水平仅落后最高的江苏2个百分点；相比之下，第二产业、居民电气化水平为14.2%、20.9%，在全国处于相对落后位置。其中，第二产业电气化水平仅约为排名第一湖南的32%，居民电气化水平落后排名第一的广西51.4个百分点，主要受制于河北"偏重"的产业结构以及"偏煤"的能源禀赋。

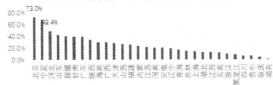

2019年各省第一产业电气化水平情况

2019年各省第二产业电气化水平情况

2019年各省第三产业电气化水平情况

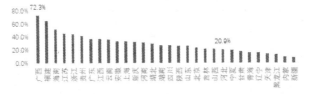

2019年各省居民生活电气化水平情况

图8 河北省各产业电气化水平在全国的排名情况

二、河北省终端用能电气化水平预测

（一）预测方法

终端能源消费量和终端电力消费量是终端用能电气化水平的两个直接影响因素，可通过对这两个直接影响因素进行预测获取河北省终端用能电气化水平。常用的数据预测方法包括时间序列法、回归分析法、灰色理论法、专家预测法、增长率法等，这些预测方法或过分依赖于历史数据，或受人为影响因素较大，难以直接适用于能源预测之中。借鉴在电力负荷预测常用的产值单耗法、分产业预测法、弹性系数法等，并考虑到能源消费／电力消费与国民经济发展息息相关，本次预测将产值单耗法、分产业预测法、增长率法、专家预测法相结合，采取"分产值单耗法"的基本预测方法，并通过增长率法和专家预测法相结合对"分产值单耗法"的边界条件进行预测。本次预测的预测方法示意图如下：

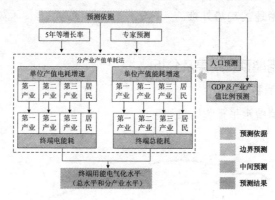

图 9 终端能源电气化水平预测方法示意图

（二）预测依据与边界条件预测

预测依据包括：《河北省国民经济和社会发展第十四个五年规划和二〇三五年远景目标纲要》、河北省全社会用电量预测结果、世界发达国家和国内发达城市的产业能耗／电耗增速。

边界条件预测包括两个方面：一是宏观宏观经济社会指标预测，包括人口、总 GDP 和各产业产值比例；二是能源效率指标，包括分产业的单位产值能耗增速和分产业的单位产值电耗增速。

宏观经济社会指标预测思路：（1）总人口和总 GDP 均按照 5 年等增长率思路进行预测，并结合时间序列的趋势外推，近期（2021—2030）参考依据为河北省国民经济和社会发展规划（GPD 年均增速 6%），远景（2031—2060）参考为美国和欧洲的经济人口增速（GPD 年增速 2%—3%）。（2）三大产业占比预测中，近期参考 2016—2020 年的实际占比进行趋势外推，远景则参考欧洲发达国家和我国上海、北京的目前第三产业比例（北京和上海第三产业比例均超过 70%，发达国家第三产业比例则达到 60%—80%）。

能耗电耗指标预测思路：均采用 5 年等增长率思路进行预测。（1）三大产业的单位产值能耗增速和居民的单位人口能耗增速预测中，近期参考依据为河北省国民经济和社会发展规划中明确的单位产值能耗降低目标，并利用趋势外推法（单位 GDP 能耗年均降低 3.2%）；远景则参考欧洲发达国家和我国上海、北京在"十三五"期间和"十四五"期间的单位产值和单位人口的能耗增速指标。（2）三大产业的单位产值电耗增速和居民的单位人口电耗增速预测中，参考依据为河北省全社会用电量、重点行业和用电大户的用电量需求等，并结合"十三五"电耗增速的趋势外推。

（三）终端用能预测结果及分析

1. 终端能源消费水平

河北省能源消费水平预测结果如下。

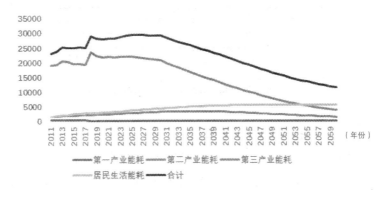

图 10 河北省能源消费水平预测结果

从时间上看，河北能源消费受碳达峰影响，总能源消费量预计 2030 年前后达到峰值，而后出现较快回落。从产业结构看，各大产业表现出不同特点；第一产业能源消费量未来保持稳定；居民能源消费量未来持续低速增长；作为能源消费重点的第二产业，虽然在 2021 年—2030 年单位产值能耗降低，但由于产值基数大，其用能总量仍然保持缓慢上涨；第三产业则在 2040 年前后出现能源消费总量的回落。

2．终端电力消费水平

河北省电力能源消费水平预测结果如下。

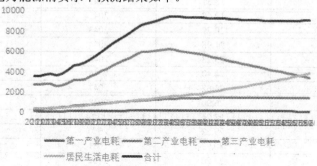

第一产业电耗 ─ 第二产业电耗 ─ 第三产业电耗
居民生活电耗 ─ 合计

图 11 河北省电力消费水平预测结果

从时间上看，河北省电力消费总量维持持续增长态势：（1）2021—2030 年电力消费量增速较快，潜力在 2030 年前基本释放完成；（2）2030—2035 则为电力消费的过渡期，保持低速增长；（3）2035 年后，电力消费总量则基本维持稳定。从产业结构看，各大产业的电力消费总量也呈现出不同特点：（1）第一产业电力消费量未来保持稳定；（2）居民电力消费量未来持续高速增长；（3）作为"用电大户"的第二产业的电力消费发展趋势与能源消费的发展趋势相同，即在 2021 年—2030 年继续释放产能，并在 2030—2035 在总量上继续缓慢增加，2035 年后出现较大回落；（4）第三产业则在 2021—2035 年持续释放用电潜力，2035 年后出现维持电力消费总量的稳定。

（四）终端用能电气化水平预测结果及分析

河北省的终端电气化水平如下所示：

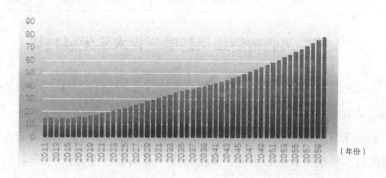

（年份）

图 12 河北省终端用能电气化水平（全省）趋势结果

表 1 河北省终端用能电气化水平（全省）预测结果

单位：%

年份	电气化水平	年份	电气化水平
2021	18.57	2041	42.54
2022	19.68	2042	43.85
2023	20.79	2043	45.20
2024	21.98	2044	46.60
2025	23.23	2045	48.04
2026	24.40	2046	49.72
2027	25.62	2047	51.44
2028	26.90	2048	53.21
2029	28.24	2049	55.04
2030	29.63	2050	56.93
2031	30.93	2051	58.86
2032	32.26	2052	60.85
2033	33.62	2053	62.90
2034	35.03	2054	65.00
2035	36.47	2055	67.17
2036	37.41	2056	69.40
2037	38.36	2057	71.68
2038	39.32	2058	74.03
2039	40.29	2059	76.45
2040	41.28	2060	78.94

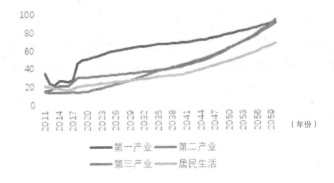

图 13 河北省终端用能电气化水平（分产业）预测结果

三、河北省终端用能电气化水平发展趋势

未来河北省终端电气化水平维持逐年平滑上升趋势，中长期趋势呈现三个特点。

一是未来全省终端电气化水平将较快增长。随着传统能耗行业去产能和设备升级改造，受钢铁企业、水泥等重点用电产业的电能潜力释放影响，到 2025 年和 2030 年的电气化水平将分别达到 23.2% 和 29.6%。2030 年以后，受能源消费总量持续下降及交通、建筑用电量提升影响，河北省电气化水平将明显提速。预计到 2050 年，河北终端电气化水平将达到 55%—60% 左右，2060 年接近 80%，达到发达国家的电气化水平。

二是不同产业的电气化水平差距较大。近年来，农业电气化水平较高，未来第一产业电气化将继续维持在较高水平；第二产业和第三产业受"碳达峰、碳中和"影响，其终端电气化水平将在 2030 年后出现较快增长，预计 2030 年三大产业的电气化水平分别达到 63.1%、28.7%、35.2%，2050 年则分别达到 77.6%、61.8%、61.0%。

三是与全国对比仍整体略低于平均水平。到 2025 年、2035 年河北省终端电气化水平将比全国平均水平低 4 个百分点和 3.3 个百分点。有两个方面原因，一是气候条件以及"贫油少气"的禀赋决定了煤炭仍占将长期占据能源消费的主体地位；二是在全国发展格局中地位决定河北工业的产业支柱地位将持续保持，其以煤炭为主的用能特点决定了河北省电气化水平的主流。

四、提升终端用能电气化水平的建议

终端电气化率与用能效率、质量密切关联。研究显示 [1]，终端电气化率每提高 1 个百分点，全社会能效可提高 4 个百分点、能源强度可下降 3.7 个百分点。目前，河北省终端用能电气化水平低于全国平均，未来应持续加大能源消费电能替代力度，扩大终端电气化率提升空间，服务地区产业升级和绿色发展。建议：

强化顶层设计，健全完善能源消费电气化政策体系。一是将终端电气化率作为推动"碳达峰、碳中和"的关键指标，谋划制订河北省电能替代战略规划，将电气化纳入相关行业规划和城市发展规划，在金融财税政策等方面予以倾斜。二是完善河北省能源消费总量和强度"双控"机制，研究制订更加严格的限制分散燃煤、燃油消费的政策和标准，建立电气化相关的生态、环保监督考核制度，加快出清落后产能。三是完善能源价格体系，建立合理能源比价关系，使能源价格充分反映生态环保成本。

聚焦重点行业，推进可再生能源和电能替代。一是在能源供应侧实施清洁替代，大力提升"外电入冀"绿电占比，积极发展本地清洁能源，提升能源供应质量。二是在能源消费侧结合数字化转型和产业升级，深入推进工业生产、建筑供冷供

---

[1]　国家能源局网站：www.nea.gov.cn/2020—12/23/c_139612030.htm

热、交通运输、农业农村等领域电能替代，构建以电为中心的终端能源消费格局。三是发挥电网面向千家万户的平台优势和带动作用，大力推进电气化关键技术和装备攻关，积极开展试点和推广工作。

加强市场建设，提升电能经济性和适用性。一是完善电力市场交易机制，引导电气化项目灵活参与挂牌交易、需求响应、辅助服务、现货交易等。二是加快推进河北省电力绿色交易和碳市场建设，推动电力市场与碳交易市场融合发展，实现碳减排与电气化提升的相互协同。三是鼓励引导终端智慧用电技术、业态和运营，培育冷热电氢多能互补的综合能源产业，强化技术服务市场建设，拓宽投融资渠道，培育河北省清洁低碳的电气化产业。

附录：

附表：边界条件的预测结果

（单位：%）

		2021	2022	2023	2024	2025	2026~ 2030	2031~ 2035	2036~ 2040	2041~ 2045	2046~ 2050	2051~ 2055	2056~ 2060
宏观经济社会指标	人口增速	0.37	0.37	0.37	0.37	0.37	0.06	—0.10	—0.17	—0.23	—0.38	—0.38	—0.38
	GDP增速	5.0	6.5	6.5	6.0	6.0	5.0	4.3	4.1	3.3	2.9	2.6	2.4
	第一产业占比	10.5	10.2	9.8	9.5	9.2	8.4	7.9	7.5	7.3	7.3	7.1	6.9
	第二产业占比	37.7	36.5	36.1	35.6	35.1	33.4	31.4	30.3	29.0	28.0	27.2	26.4
	第三产业占比	52.5	53.3	54.1	54.9	55.7	58.2	60.7	62.2	63.7	64.7	65.7	66.7
能耗电耗指标	一产单位能耗增速	—3.5	—3.5	—3.5	—3.5	—3.5	—2.5	—3.0	—3.5	—4.0	—4.5	—4.5	—4.5
	二产单位能耗增速	—4.2	—4.2	—4.2	—4.2	—4.2	—5.0	—7.0	—7.5	—7.5	—8.0	—8.0	—8.0
	三产单位能耗增速	—3.0	—3.0	—3.0	—3.0	—3.0	—3.5	—4.0	—5.0	—6.0	—7.0	—7.0	—7.0
	居民人均能耗增速	4.0	4.0	4.0	4.0	4.0	3.0	2.5	1.5	1.0	0.5	0.5	0.5
	一产单位电耗增速	—0.5	—0.5	—0.5	—0.5	—0.5	—1.0	—2.0	—3.0	—3.0	—3.0	—3.0	—3.0
	二产单位电耗增速	2.5	2.5	2.5	2.5	2.5	1.0	—2.0	—4.5	—4.5	—4.5	—4.5	—4.5
	三产单位电耗增速	—1.5	—1.5	—1.5	—1.5	—1.5	—2.0	—2.5	—3.0	—3.0	—3.0	—3.0	—3.0
	居民人均电耗增速	7.0	7.0	7.0	7.0	7.0	5.0	5.0	3.0	5.0	4.0	4.0	4.0

（袁博、杨洋、胡梦锦）

肆

服务
双碳篇

河北省落实"碳达峰、碳中和"规划目标的建议

一、当前河北省碳排放主要特点分析

（一）高碳化的能源结构导致河北省碳排放总量高

长期以来，河北省能源消费总量大，且结构仍以化石能源主导。2019年，全省能源消费总量达到3.25亿吨标煤，其中煤炭消费占比为75.2%，较高的能源消费总量和偏煤的能源结构导致河北省碳排总量居高不下。根据环保部的碳排放核算办法[1]，全省二氧化碳排放量为7.97亿吨，占全国总排放量（97.4亿吨）的8.12%，居全国第2位，仅低于山东省。

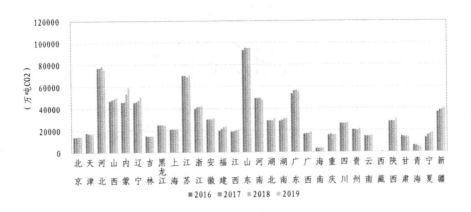

图1 2016—2019年各地区能源活动碳排放情况

数据来源：国家应对气候变化战略研究和国际合作中心、《河北省经济年鉴》

（二）高耗能的产业结构导致河北省碳排放强度大

近年来，河北省不断加大产业结构调整力度，但第二产业仍主要以高耗能、高排放的重工业为主，2019年河北省单位GDP能耗0.93吨标煤／万元，单位

---

[1] 本省（区、市）二氧化碳排放总量由能源活动的直接二氧化碳排放量与电力调入蕴含的间接二氧化碳排放量加总得到

GDP 二氧化碳排放强度为 2.34 吨 / 万元，居全国第五位，是全国平均水平（1.09 吨 / 万元）的 2.15 倍，仅低于宁夏、山西、新疆和内蒙古。

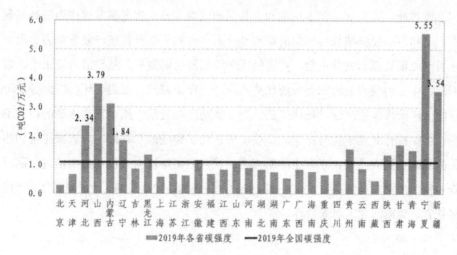

图 2 2019 年各地区碳排放强度情况

数据来源：国家应对气候变化战略研究和国际合作中心、《河北省经济年鉴》

（三）碳排放总量进入平台期，有望在"十四五"后期提前达峰

河北省二氧化碳排放量自 2014 年始终保持在 8 亿吨以内，其中化石能源消费产生的二氧化碳直接排放，在 2013 年达到峰值；电力净调入持续增加且以煤电为主，已成为全省二氧化碳排放的主要增长点。总体来看，河北省持续强化低碳发展模式，在平台期的基础上平稳下降，有望在"十四五"后期形成由增转降的历史拐点，提前实现达峰。

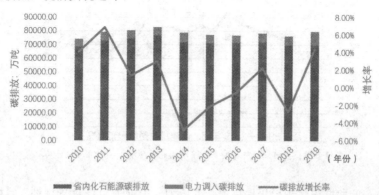

图 3 2010—2019 年河北省碳排放变化情况

数据来源：《河北省经济年鉴》、《中国能源年鉴》、河北省统计局

（四）以"碳达峰碳中和"为引擎，将提升河北省经济质量效益和核心竞争力

碳达峰、碳中和平衡了短期和中长期的效益关系，将低碳发展作为提高要素生产率和驱动经济增长与转型的重要推动力，有利于提升传统产业竞争力、培育新兴产业增长点和就业机会，实现经济环境资源协同发展。从发展阶段来看，以钢铁、化工为代表的河北省传统优势产业，正在由减产、重组、环保三期叠加阶段向低碳阶段演进，通过优化工艺流程、推动产业协同、构建更高水平的供需平衡，可保持行业竞争优势；氢能、被动房、光伏和能源互联网等与碳减排密切相关的战略性新兴产业，正在由战略部署、试点应用阶段向规模化推广演进。面对新一轮的产业和科技革命，只有把减碳压力转变为新发展机遇，才能早日实现"经济强省、美丽河北"愿景目标。

二、河北省实现碳达峰、碳中和面临的主要挑战

（一）碳减排需要与经济增长、社会发展相协同

通过 LMDI 模型测算，河北省碳排放贡献度排序为经济规模、能源强度、能源消费结构、人口规模。当前河北省经济正处在爬坡过坎迈向高质量发展的关键时期，新型城镇化建设和城乡融合进程加快，产业链由中低端向中高端攀升，能源消费总量尚未达到峰值，如何处理好经济增长、能源安全、社会发展与碳减排的关系，是河北省实现碳达峰碳中和最大的宏观挑战。

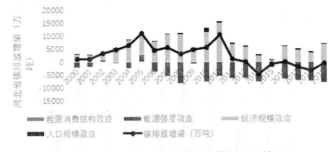

图 4 2010—2019 年河北省碳排放影响因素情况

数据来源：《河北经济年鉴》、《中国能源年鉴》、河北省统计局

——GDP 和城镇化规模仍保持增长的压力。根据"2035 远景规划"目标，未来十年是国家基本实现现代化的关键阶段，预计河北省未来十年年均 GDP 增长率不低于 5%，年均城镇化率不低于 0.5%，对经济增长和城镇化起支撑作用的原材

料生产和能源供给存在刚性需求，减排降碳压力大。

　　——能源需求总量尚未达峰。从产业能耗来看，全省三次产业比例不断优化，2019 年达到 10.0:38.7:51.3，但 GDP 总量的增长，导致产业能源消费总量仍增长3150 万吨标煤；从居民能耗来看，在 2019 年，发达国家能源消费占比中居民消费达到 31%，远高于河北省的 12.56%（全国的 12.81%），随着新型城镇化和乡村振兴的推进，河北省居民生活水平逐步向发达国家看齐，居民能源消费仍有强劲的提升空间；从单位 GDP 能耗来看，能源强度提升空间缩窄，要实现河北省"十四五"规划的单位 GDP 能耗下降 15% 的目标，工业、能源、交通、建筑等重点领域需要从技术到产业链进行更为深层次的变革。

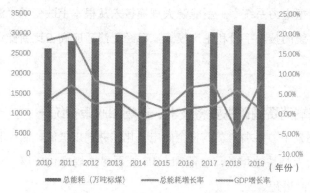

图5 2010—2019 年河北省 GDP 与能耗总量变化情况
数据来源：《中国能源年鉴》、河北省统计局

　　——钢铁产业仍是河北省经济基本盘。钢铁冶炼是河北省最主要的碳排放产业，2019 年碳排放贡献度达到 44.21%，若全省在 2030 年碳达峰，则钢铁行业需要在 2030 年前实现碳减排，为其他新兴部门提供碳排放空间。同时钢铁作为河北省的核心支柱产业，在市场需求稳定增长，企业效益持续好转的背景下，需要探索符合河北省发展需求的工艺升级路线，处理好供需平衡关系，巩固在全国的优势地位，保障河北省经济、社会平稳有序运行。

（二）能源供给脱碳需要将清洁、安全和稳定相融合

　　碳中和愿景下，河北省能源供给侧将以光伏 + 风电为主，辅以其他清洁能源、碳捕获和储能。在能源结构和系统形态的巨大变革下，如何保障能源体系清洁和低碳的同时兼顾安全和高效，将面临全新的挑战。

　　能源供给保障难度更高。长期以来，河北省能源结构以化石能源为主，2019

年煤炭占比 75.2%，在碳中和目标下，河北省非化石能源比例将超高 90%，煤炭占比降至 5% 以下，当前，风电、光伏大规模开发土地"卡脖子"问题突出，正当壮年的火电机组的主导位置短期内难以改变。河北省能源供给结构向低碳转型乃至最终实现净零排放所面临的任务艰巨。

能源系统顶峰能力不足。现阶段河北省日负荷呈现午、晚高峰的双峰特点，季度负荷呈现度夏度冬"硬缺电"问题，受新能源自身出力随机性、波动性特征影响，河北省目前新能源"大装机、小电量"特点突出，长期短时局部缺电压力凸显。

电力系统稳定性问题日益突出。2021 年 3 月 15 日，中央提出"构建以新能源为主体的新型电力系统"。新能源大规模接入从根本上改变了"源随荷动"的运行模式，传统的技术手段和生产模式，已经无法适应高占比新能源电网的运行需求。

（三）终端消费脱碳需要将技术、市场和政策相统一

碳中和愿景下，终端消费侧将全面电气化，并辅以氢能、储能和 CCUS[1]。电气化水平能否保持快速增长，氢能和 CCUS 能否尽快规模化应用，将直接影响实现碳中和的时间进程。

电气化水平亟须提升。据测算，电气化水平每上升 1 个百分点，能源强度可下降 3.2%，终端电气化有利于构建高附加值产业链和市场业态，推动经济优化升级和高质量发展。按照 2030 碳达峰、2060 碳中和目标测算，河北省电气化水平应分别达到 35%、70%。但受政策支撑力度、技术创新和配套机制等影响，目前河北省终端用能电气化水平仅为 18.35%，低于全国平均水平（24.1%）5.75 个百分点。

氢能规模亟须扩大。河北省具有丰富的风光电、工业副产氢等资源优势，在碳约束下发展氢能对破解河北省经济发展与生态环境之间的矛盾具有重大意义。河北省高度重视氢能产业发展，从组织领导、发展环境、应急能力、财税支持、融资渠道、人才培养给出较为全面的保障措施，但河北省氢能产业仍处于产业化初级阶段，当下面临上游电解水制氢效率低成本高、中游储运环节缺乏政策支持、下游应用环节受制于关键技术以及配套补贴力度影响，与广东、上海、山东等省还有一定差距。

---

[1] CCUS（Carbon Capture，Utilization and Storage）碳捕获、利用与封存是应对全球气候变化的关键技术之一，受到世界各国的高度重视

表 1 京津冀、长三角、珠三角地区氢能发展情况

	珠三角	长三角	京津冀
政策	9	12	4
产业园	6	14	3
代表企业	32	68	11
加氢站	15	14	2
氢燃料电池车	1690	1156	384

数据来源：各地政府报告和工作方案

——CCUS 示范应用亟须加速。短、中期内化石燃料仍在河北省能源消费中继续发挥重要作用，因此 CCUS 将是保障河北省能源体系和工业体系可持续发展的重要手段。但整体来看，河北省 CCUS 技术及产业发展还处于研发和小规模示范阶段，截至 2020 年底，全国已建成 35 个 CCUS 示范项目，但在当前的市场环境和技术经济性约束下，河北省企业或投资者的积极性不高，在国家级示范应用中仍是空白。

（四）巨大的投资规模需要金融创新和政策扶持做支撑

存量的高碳资产面临搁置风险。河北省大量基础设施和工业生产设备的服役期普遍还比较短，比如煤电厂平均服役期仅有 15 年左右，而一般设计寿命在 40 年左右，未来在深度脱碳中可能面临提前淘汰，较大规模的高碳资产陷入搁浅风险，甚至成为导致经济和金融体系结构性变化的重大因素。

增量的低碳投资面临较大的资金缺口。据中金公司预测，2060 年实现碳中和总资金需求约 138 万亿元，用来产业转型、发展新能源等，按 2020 年河北 GDP 全国占比 3.57% 进行分解，河北省年均资金需求将达到 1240 亿元。面临巨大的资金需求，除了政策增加投入，未来需要形成一套和碳减排相适应的绿色投融资体系，来吸纳更多的市场资金进行弥补。截至目前，我国已发行 48 只碳中和债券，发行规模达 692.2 亿元，从债券发行人主体来看，34 只债券发行人主体为央企，5 只为地方国企，9 只为政府投融资平台，河北省尚未涉及。

低碳价格机制尚不完善。为打好污染防治攻坚战，河北省出台支持燃煤机组超低排放改造、清洁供暖价格补贴，差别化电价等政策，在环境治理中起到了积极作用。但与碳达峰碳中和的迫切需要相比，河北省的低碳绿色价格机制仍不够完善，低碳资源的稀缺程度、生态价值和环境损害成本没有充分体现，电力价格的杠杆作用未充分发挥。

三、国内外碳治理有效经验借鉴

（一）欧盟作为碳中和的引领者，形成了较为完整的治理举措

碳排放管理体系：①控制体系，将配额总量和每年减少量固定，促进企业减排；②MRV体系[1]，支撑碳交易机制建设运营，作为企业低碳转型、区域低碳宏观决策的重要依据。③强制履约，企业履约超配额将收到100欧元/吨的罚款；④减排项目抵消，企业上缴的配额和减排量大于核证的实际排放量视为履约。

碳交易：以实现欧盟2030年减排目标，2018年初修订了交易框架，修订的重点包括：①推进碳排放限额上限以更快的速度递减。②继续免费分配配额，以保障有碳泄漏风险部门的国际竞争力，同时确保配额免费分配规则反映技术进步。③通过多种低碳融资机制，帮助工业和电力部门应对低碳转型的创新和投资挑战。

终端脱碳：①电力：到2030年，欧洲可再生能源发电占比预计将提升至65%，海上风电装机容量至少达到60千兆瓦，并实现15%的电力和储能互联互通；②工业：缩减排放限额及提升排放成本来倒逼欧洲工业加速脱碳，并设定了2030年能源效率至少达到0.325的目标；③交通：除资金支持外，"补贴＋税收＋积分"成为交运脱碳的政策核心；④建筑：能效提升为建筑脱碳政策核心，旧建筑的翻新速率需达到3%，新建筑物在出售、出租、建造时需配能源性能证书；⑤农业碳汇：将土地利用变化和林业所产生的温室气体排放量和吸收量纳入核算框架。

（二）国内各省市碳排放现状差异较大，政策重心也各有不同

在时间规划上，经济较发达的省份对碳达峰的实现时间提出了更高要求。北京的"十四五"目标已提前定位为"碳排放稳中有降"；上海、海南、江苏、广东等地宣布，在全国计划表前率先实现碳达峰；天津提出推动钢铁等重点行业率先达峰和煤炭消费尽早达峰；福建提出厦门、福州等城市率先达峰。

在政策支持上，受资源禀赋以及产业结构等因素差异的影响，各省政策重心有所不同。能源输出省份，侧重于能源供给侧结构性改革，例如山西加快煤炭分质分级梯级利用，青海推进国家清洁能源示范省建设，辽宁出台2025年风电和光伏发电项目的工作方案；工业制造省份，侧重于对高能耗行业划定加严"标准线"。例如内蒙古不再审批钢铁、焦炭等15类新增产能项目（确有必要需产能

---

[1] MRV体系指碳排放的量化与数据质量保证的过程，包括监测（Monitoring）、报告（Reporting）、核查（Verfication）。

和能耗减量置换），黑龙江将降碳与"三线一单"生态环境分区管控相结合，山东对高能耗行业划定加严"标准线"；经济发达省份，侧重于严控新上高能耗项目和科技创新，例如浙江提出打造"开展低碳工业园区建设和零碳体系试点"，广东建立用能预算管理制度，深圳市出台首部绿色金融法规《深圳经济特区绿色金融条例》。

（三）相关经验对河北省的启示

产业转型需要扬长避短，充分发挥区位优势和基础优势。产业发展有其内在规律，对于不同地区而言，考虑区域产业协同和差别化错位发展，省市级层面"锻长板"、县级层面"挖特色"，发挥比较优势，避免产业同质化发展造成新一轮产能过剩。

建设能源互联网，是构建低碳能源体系的必由之路。能源互联网具有互联互通、主动可靠和高效便捷等特征，可以协调电源、电网、负荷、储能等各类资源，解决风电、光伏等可再生能源的随机性、波动性等问题，有效保障电网运行安全，实现可再生能源高效安全开发与利用，提升能源自给能力，助力形成完善的能源保障体系。河北省具有发展能源互联网产业的产业基础、能源禀赋和区位特点，并在雄安城市级"源网荷储"友好互动、正定县域级"智慧能源＋乡村振兴"融合示范、张北地区清洁能源大规模开发并网等领域率先创新工程实践，具备了推动能源互联网向纵深推进的基础。

技术突破决定碳中和成败，需要政策和市场共同引导。未来低碳技术将面临井喷需求，但能源和产业技术升级存在路线惯性较大、投资回报周期长等特点，政府在技术发展早期的引领作用尤为重要，需要设计循序渐进、环环相扣的政策行动，通过科研支持和示范项目鼓励、产业政策引导、行业标准建立等措施指引产业整体的发展；市场力量在产业发展的中后期是主要推动力，需要长期协同部署技术突破、产品优化、应用场景拓展和辅助服务设施，助力河北省低碳转型的各项重点技术和产品形成竞争优势。

碳达峰有其自身规律，政策驱动可提前达峰。发达国家和地区碳排放和能源消费"双达峰""双下降"往往出现在工业化、城镇化发展阶段后期，人均 GDP在 1 万—2 万美元的水平，河北省在上述方面与发达国家和地区存在较大差异，同时承担着碳减排、经济发展、城镇化加速等多重任务。在此过程中，相关政策规制在客观上对碳达峰起到协同促进作用，碳达峰阶段对能源、经济转型提出较高要求，但能规避高碳锁定、路径依赖以及产能过剩等问题，河北省通过把碳达峰、碳中和纳入河北高质量发展整体布局，加强与国土空间规划、环境保护、节能降耗等目标的衔接，推动全社会高质量发展。

四、对河北省实现碳达峰、碳中和目标着力点的建议

（一）抓住新的市场机遇期，构建符合河北特征的低碳产业体系

1. 将提高传统支柱产业的发展质量放在首位

一是加快布局零碳产业链。依托河北省钢铁、制药、水泥等优势产业，完善相关产能置换政策，构建全生命周期绿色评价和诊断体系，实现产品绿色化发展；二是优化用能结构和能效，加大适用的节能低碳技术推广力度，利用数字化手段实现智能化管控，通过多能互补提高可再生能源的利用；三是构建循环经济产业链。把握河北省高能耗产业区域集中、用能集中的特征，与周边相关蒸汽、氢气、可再生能源产销互供，以减量化、资源化和再利用为主要原则，降低固废生产量，鼓励实施钢铁、焦化间联产提升产品附加值。

2. 聚焦低碳发展蓝海，做大做强优势新兴产业

一是加快氢能产业布局。支持邯郸、张家口和保定等地区发挥氢能产业基础和特色优势，引进培育一批氢能制取、储运、加注、应用企业和研发机构，加快氢能产业集聚发展；借鉴长三角地区氢能走廊发展理念，在省内规划氢能走廊，扩大氢能汽车的运营半径，支持唐山地区建设大功率氢燃料电池车辆示范区，为氢能物流车推广创造条件；二是促进光伏产业可持续发展。推动互联网、大数据、人工智能等与光伏产业深度融合，推进"光伏＋、智能＋"的场景应用，推进与绿色建筑、智慧城市、乡村振兴等融合发展；三是推动超低能耗建筑规模化应用。推动上下游协同发展，建立良好的产业生态，实现全方位发展；加强示范引领，在雄安新区建设等国家重大战略项目中进一步深入应用；在城镇化改造和新农村建设中，考虑采用"专项补贴"形式鼓励多形式推广；四是畅通新能源汽车充电瓶颈。利用充电信息服务平台与智能电网和智慧交通互联互通，推广智能有序充电降低电网过载风险，政策支持从建设补贴逐步向运营补贴过渡。

3. 与国土空间规划相融合，促进经济社会发展全面绿色转型

一是与京津冀协同发展相融合。充分利用京津冀绿色低碳大市场优势，在产业对接中有的放矢，精准对接京津电力、交通、建筑等绿色低碳产业，引进科技含量高、成长性好、带动力强的绿色产业项目，将其作为调整结构、提升质量的

突破点；二是提升产业与创新空间相融合。打造雄安新区近零碳示范区、邯郸和唐山减碳示范区、曹妃甸和大兴机场零碳交运示范区、张家口可再生能源示范区等低碳创新样板；三是与生态安全屏障相融合。通过三北防护林、太行山绿化、沿海防护林、湿地保护，增强河北省生态碳汇，并在重点区域打造碳中和示范区，彰显河北省碳排放治理成效。

（二）加快河北省能源转型、建设全国能源互联网示范省

1. 发挥互联互通属性，保障能源稳定供给

一是加大可再生能源开发力度。通过单列可再生能源建设用地专项指标，提高土地复合利用水平，从源网荷三侧发力扩大风电光伏等可再生能源开发利用规模；二是积极引入网外大型清洁能源。推动西南部大型水电基地、西北部大型风光水火一体化能源远距离入冀，新增张北新能源外送通道；三是打通传统能源行业"竖井"。统筹煤、油、气、电等不同能源品种规划，推动供电、供气、供热、供冷等能源基础服务一体化；四是引导煤电从电量供应主体逐步转向容量供应主体。推进火电机组灵活调节能力改造，加强调峰调频、辅助服务等功能的同时，避免高碳资产搁置。

2. 发挥主动可调属性，提升电网配置能力

一是提升源网协同能力。支持新型电力系统规划建设，适应新能源、分布式能源、储能和交互式用电设施大规模并网接入的需要，增强抗扰动能力和自愈能力，提高清洁能源并网与消纳；二是提升网荷协同能力。针对河北省"冬夏双高峰"特征，支持构建基于能源负荷聚合的数字化主动电网，推动电网与负荷友好互动，通过技术和市场机制，结合储能规模提升，大力推进电力平衡向电量平衡转型，充分挖掘需求相应资源，大规模提升网荷一体化能力；三是统筹规划储能布局。支持易县、雄安等抽水蓄能电站建设，充分发挥抽水蓄能容量电价纳入输配电价的引导作用，鼓励社会各方面积极参与，加大抽水蓄能规模，并将保系统安全和保输配电供能等特殊场景的电网侧储能纳入电力规划，支持引导用户侧储能参与需求响应、电量平衡和负荷特性改善。

3. 发挥高效便捷属性，推动能源消费清洁高效利用

一是构建以电为中心的终端能源消费格局。将电气化完成情况纳入生态环保考核指标体系，健全完善终端电气化技术标准和行业准入制度，提高新产品质量和可靠性；二是拓展综合能源服务领域。推动电、热、冷、气多能协同和梯级利用，

围绕钢铁、化工、水泥等重点行业，深化能效诊断、节能改造、运行托管等能源增值服务，将清洁替代和能效提升纳入地方发展总体规划、能源规划，并加大重点项目排放监测、核查力度，确保法规和强制性标准有效落实；三是推动能源体制市场化。建立公平合理的调峰辅助服务市场，统筹中长期电力市场、电力现货市场、辅助服务市场的平台配置能力，研究碳交易、排放权交易、用能权交易等与电力交易联动机制，促进各种低碳用户侧资源在交易中实现市场经济价值。

（三）加快河北省低碳技术创新体系发展

明确河北省低碳技术攻关重点。加大对风电光伏、新型电力系统、高密度储能、工业电加热、工业用氢、氢燃料电池、热泵、废弃物综合利用、超低能耗建筑、CCUS 等关键技术和装备的研发攻关力度。

制订与发展阶段相匹配的驱动机制。综合考虑重点技术紧迫性、成熟度和市场前景等因素，制订相匹配的科研示范、产业推广、行业标准制订的政府驱动和成本降低、产品优化、辅助服务的市场驱动机制。

加强碳减排科研人才与管理人才培养。优化创业环境，对具有先进水平、引领河北产业发展、带来重大碳减排技术突破的创新创业团队成员，加大激励力度；在职业教育体系中增加碳排放管理专业，建立一套贴合工作需求、科学系统、各方认可的碳排放管理员职业培育与评价体系。

（四）加快构建河北省低碳政策保障体系

1. 分阶段加强宏观统筹

一是碳达峰阶段（2021—2025），提前达峰符合河北省碳排现状和京津冀生态环境支撑区的要求，本阶段依托大型央企的引领和带动作用，着重提升钢铁、电力、化工等重点产业能源效率和用能结构，前瞻性地完善城镇化、基础设施、交通建筑等领域的低碳规划目标，避免锁定效应；二是碳下降阶段（2026—2035），随着基本实现社会主义现代化，逐步构建突出低碳产业的经济体系，提升能源结构低碳化程度，提升低碳技术领域创新能力，实现经济发展与碳排放脱钩，在雄安新区、张家口等地建成近零碳智能城市，在正定县、阜平县等地建成近零碳美丽乡村；三是碳趋零阶段（2036—2050），以市场化主导，推动工业、能源等重点领域趋于零排放；四是碳中和阶段（2051—2060），实现碳中和目标，建成零碳产业、零碳经济和零碳河北。

2．理顺碳排放管理链条

一是构建碳减排指标体系，将碳排放量、碳排放强度、碳汇总量、非化石能源比重等纳入"十四五"规划指标体系，并根据功能区发展阶段进行差异化赋值，准确把控进度、及时调整减排策略；二是构建碳足迹核算体系，搭建以电为中心的碳监测平台，增强产业链协同，加速带动重点行业减碳脱碳；三是健全碳监管体系，完善碳资产管理、碳减排成效评估碳交易等闭环管理、探索将绩效考核与碳减排成效挂钩。

3．强化政策和市场的协同作用

一是强化企业的市场主体地位，充分发挥企业的自主决策能力，为企业提供优质高效的公共服务，使市场在资源配置中起决定性作用；二是适度的政府管控，避免产业过度依赖政府补贴引起周期性波动，加强区域协同和产业协同的系统谋划，必要时限制投机和跟风潮流。三是完善能源价格体系。建立合理能源比价关系，加快完善有利于低碳发展的价格、财税等经济政策，使能源价格充分反映生态环保成本。

4．构建绿色财政金融体系

一是建立健全绿色金融治理框架，包括加强组织体系建设、完善全流程管理、健全激励约束机制，加强风险前瞻管控；二是全力满足重点领域绿色金融需求，包括支持能源生产消费变革传统产业转型升级、生态环境质量改善、绿色农业发展、绿色消费发展等；三是主动激发绿色产品服务创新潜力，建立"绿色清单"制度、创新绿色信贷产品、优化绿色保险服务、拓宽绿色融资渠道；四是推动完善外部发展环境，构建绿色数据共享机制、风险补偿和外部激励机制、绿色金融同业互促机制和信息披露与监督机制等，形成融资合力，为河北省碳减排提供充足的资金保障。

（魏孟举、刘钊、王雨薇、赵贤龙、胡梦锦）

河北省能源领域碳排放趋势分析

一、河北省分能源品种碳排放情况

（一）测算方法

1. 核算边界

二氧化碳排放包含本省（区、市）行政区域内化石能源消费产生的二氧化碳直接排放（即能源活动的二氧化碳排放），以及电力调入蕴含的间接排放。

2. 基本方法

本省（区、市）二氧化碳排放总量（以下简称名义排放总量）由能源活动的直接二氧化碳排放量与电力调入蕴含的间接二氧化碳排放量加总得到，即：

$$CO_2 = CO_{2,直接} + CO_{2,间接}$$

其中，（1）能源活动的直接二氧化碳排放量可以根据不同种类能源的消费量和二氧化碳排放因子计算得到，即：

$$CO_{2,直接} = \sum A_e \times EF_e$$

其中，A_i 表示不同种类化石能源（包括煤炭、石油、天然气）的消费量（标准量），可由能源平衡表计算得到。各种能源折标准煤参考系数以各年度《中国能源统计年鉴》附录为准。EF_i 表示不同种类化石能源的二氧化碳排放因子，采用最新国家温室气体清单排放因子数据，其中煤炭为 2.66 吨 CO_2/ 吨标准煤，油品为 1.73 吨 CO_2/ 吨标准煤，天然气为 1.56 吨 CO_2/ 吨标准煤.

（2）电力调入蕴含的间接二氧化碳排放量可利用本省（区、市）境内电力调入电量和国家推荐的煤电、气电二氧化碳排放因子计算得到，即：

$$CO_{2,直接} = \sum A_i \times EF_i$$

其中，A_e 表示由电网公司提供的煤电、气电和非化石能源电力调入量 EF_e 表示国家推荐的煤电、气电等电力二氧化碳排放因子。其中，煤电排放因子为 0.853 吨 CO_2/ 兆瓦时，气电排放因子为 0.405 吨 CO_2/ 兆瓦时。调入非化石能源电力的，其相应的调入电力二氧化碳排放计为 0。

（二）分能源品种二氧化碳排放

省内化石能源消费产生的二氧化碳直接排放看，2010 年以来，河北省化石能源（煤炭、石油、天然气）二氧化碳排放持续震荡。天然气消费的快速增长已成为河北省化石能源二氧化碳排放的主要影响因素。

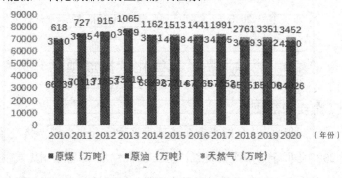

图 1 2010—2020 年河北省化石能源二氧化碳排放

从电力调入蕴含的二氧化碳间接排放看，由于电力需求的快速增长，河北省电力净调入持续增加且以煤电为主，已成为全省二氧化碳排放的主要增长点。

图 2 2010—2020 年河北省电力调入蕴含二氧化碳间接排放

通过对河北省历史二氧化碳排放结构分析可知，天然气消费、电力调入已成为影响全省二氧化碳排放的主要因素。

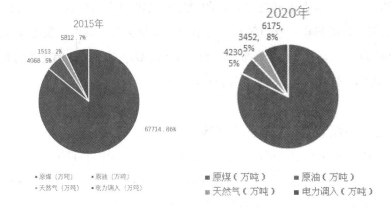

图 3 2015 年、2020 年河北省二氧化碳排放结构变化

二、能源消费及二氧化碳排放预测分析

（一）煤炭消费预测

"十三五"期间，从全国来看，基础设施建设和电力消费推高了煤炭使用量（2015—2020 年间全国煤炭消费累计增长 2.13%），尽管全国煤炭消费整体增长，但河北省通过推进农村居民采暖"双代"工程、压减工业部门煤炭使用量等方式，确保"十三五"期间煤炭消费总量的稳定并有序下降。

"十四五"及以后，河北省将持续优化煤炭消费结构，保持煤电装机总量的同时，压减高耗能行业煤炭消费，继续推进钢铁、焦化、水泥等去产能，加快高耗能行业转型升级，实施工业窑炉、燃煤锅炉等集中供热替代和清洁能源置换，逐步降低用煤强度。

经人均煤耗法、时间序列法等预测，预计到 2025 年，河北省煤炭消费总量约为 2.3 亿吨标准煤，"十四五"期间年均增速—0.91%。到 2030 年，河北省煤炭消费总量约为 2.2 亿吨标准煤，"十五五"期间年均增速—0.73%。

表 1 煤炭消费预测结果

单位：亿吨标准煤

	2025 年	2030 年	"十三五"年均增速	"十四五"年均增速	"十五五"年均增速
煤炭消费	2.3	2.2	—1.11%	—0.91%	—0.73%

（二）石油消费预测

"十四五"及以后，一是考虑新常态下中国经济增速放缓以及河北省能源结构转型；二是考虑交通运输领域电动汽车对燃油汽车替代的加速。在满足社会经济发展必要的原油消费基础上，预计2030年前全省原油消费量保持稳定，2030年及以后原油消费将逐步降低。

综合不同预测方法，预计到2025年，河北省石油消费总量约为2529万吨标准煤，"十四五"期间年均增速0.69%。到2030年，河北省石油消费总量约为2557万吨标准煤，"十五五"期间年均增速0.22%。

表2 石油消费预测结果

单位：万吨标准煤

	2025年	2030年	"十三五" 年均增速	"十四五" 年均增速	"十五五" 年均增速
石油消费	2529	2557	0.78%	0.69%	0.22%

（三）天然气消费预测

天然气需求主要来自工业、生活和交通运输三个领域。从我国和河北省天然气消费增长的整体历程看，经过"十二五"的快速发展，至2015年、2016年，天然气需求增速明显放缓，至"十三五"中前期，在环境治理压力，特别是京津冀周边地区大气污染治理驱动下，以天然气为代表的清洁能源消费大幅增长。但随着全国宏观经济稳中趋缓，环保政策下的"煤改气"工程减少，天然气消费增长再次放缓。从全国来看，2019年全国天然气消费增速9.4%，增速回落至个位数，明显低于2018年、2017年增速18%、15.3%。从河北省来看，2019年全省天然气消费增速16.55%，较2018年增速下降22.45个百分点。天然气已从发展初期的高速增长逐步过渡至中高速增长阶段。

综合消费组成、人均消费和时间序列拟合等方法后，预计到2025年，河北省天然气消费总量约为3060万吨标准煤，"十四五"期间年均增速6.70%，保持较快增长；到2030年，河北省天然气消费总量约为3700万吨标准煤，"十五五"期间年均增速3.87%，保持平稳增长。

表3 天然气消费预测结果

单位：万吨标准煤

	2025年	2030年	"十三五" 年均增速	"十四五" 年均增速	"十五五" 年均增速
天然气消费	3060	3700	17.93%	6.70%	3.87%

（四）电力消费预测

"十四五"期间，经济结构的变化导致用电结构发生变化。第一产业用电新增需求将逐步降低。农业用电受气候影响较为明显，近几年一产负荷与电量随气温降雨呈现波动性变化。受水利部门水资源开发管理趋严影响，农业排灌接电容量不断降低，第一产业用电负荷比例逐步下降，用电新增需求将逐步降低。第二产业呈现两极分化趋势。受产业结构调整和经济下行压力的影响，传统落后产能与重污染企业发展受限，用电量占比明显下降；装备制造、高新科技、生物医药等一大批新兴产业发展机遇，正逐步成为拉动工业发展的主要力量。第三产业成为拉动电量增长的动力。近年来，河北省大力发展交通旅游、现代服务与工商业为支柱的第三产业，推动零售企业转型、建设铁路公路、打造精品旅游景区、繁荣城市夜经济等一系列政策的持续，加之服务业季节性用电需求的增长，使第三产业用电量持续攀升，在全社会用电量中的比重也不断提高，逐步成为拉动电量增长的动力。

从负荷构成看，一是工业基础负荷将保持低速增长，钢铁、化工与建材等传统高耗能行业发展将进一步减速，装备制造、生物医药、高新技术等能耗较低的新兴战略产业将受优惠政策影响快速发展；新基建成为电力需求新的增长极，"十四五"期间新基建投资带来的电力需求增长效益将逐步显现，5G基站、大数据中心、电动汽车充电基础设施、城际高速铁路和城际轨道交通牵引站等将成为电力需求新的增长极；冬夏供热、供冷，服务业季节性用电需求等，将使负荷尖峰特性更加突出，峰谷差逐步加大。特别是河北南网地区，受天气影响季节性负荷带动全网负荷增长明显，尖峰负荷特性较为突出。

河北南网方面，预计2025年河北南网全社会用电量、最大负荷分别达到2850亿千瓦时、6000万千瓦，"十四五"年均增长5.36%、8.45%。2030年河北南网全社会用电量、最大负荷分别达到3440亿千瓦时、7410万千瓦，"十五五"年均增长3.83%、4.31%。远景年河北南网全社会用电量、最大负荷分别达到4700亿千瓦时、9500万千瓦。

表4 电力需求预测结果

单位：万千瓦、亿千瓦时

	2025年	"十四五"年均增速	2030年	"十五五"年均增速	远景年
用电量	2850	5.36%	3440	3.83%	4700
最大负荷	6000	8.45%	7410	4.31%	9500

冀北电网方面，预计 2025 年冀北电网全社会用电量、最大负荷分别达到 2110 亿千瓦时、3500 万千瓦，"十四五"年均增长 4.38%、3.96%。2030 年冀北电网全社会用电量、最大负荷分别达到 2446 亿千瓦时、4200 万千瓦，"十五五"年均增长 3.00%、3.71%。

表 5 电力需求预测结果

单位：万千瓦、亿千瓦时

	2025	"十四五"年均增速	2030	"十五五"年均增速
用电量	2110	4.38%	2446	3.00%
最大负荷	3500	3.96%	4200	3.71%

根据河北省能源消费总量及分品类能源消费预测结果，2030 年前煤炭消费将持续下降，原油消费保持缓慢增长，天然气、电力消费经"十四五"进一步增长后增速逐步放缓，化石能源消费有望在 2025 年前后接近饱和并逐步稳中有降，2030 年前后河北省能源消费总量接近饱和，后续全省能源消费总量将保持低速增长，能源消费总量的增长主要由非化石能源提供。

表 6 河北省能源消费预测

单位：万吨标准煤

	2020 年	2025 年	2030 年	十三五年均增速	十四五年均增速	十五五年均增速
煤炭	24070	23000	22200	—1.11%	—0.91%	—0.73%
石油	2445	2529	2557	0.78%	0.69%	0.22%
天然气	2213	3060	3700	17.93%	6.70%	3.87%
用电量	3934	4960	5733	4.37%	4.74%	2.94%
化石能源消费	28728	28589	28457	—0.03%	—0.10%	—0.09%
能源消费总量	32783	36800	38500	2.15%	2.39%	0.91%

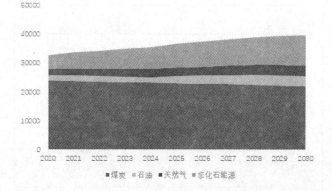

图 4 2020—2030 年能源消费结构变化

（五）二氧化碳排放预测

2025 年前后河北省化石能源二氧化碳排放基本达峰，后期将开始稳中有降；"十五五"中后期随着蒙西、山西等能源基地至河北省的含煤送电通道建成投运，河北省能源领域（含电力调入）实现碳达峰。

表 7 河北省二氧化碳排放预测

单位：万吨

	2020 年	2025 年	2030 年	"十三五"年均增速	"十四五"年均增速	"十五五"年均增速
原煤排放	63760	61160	59464	—1.20%	—0.83%	—0.56%
原油排放	4226	4375	4424	0.76%	0.69%	0.22%
天然气排放	3370	5242	5803	17.36%	9.24%	2.06%
电力调入蕴含间接二氧化碳排放	10560	12450	14521	12.69%	3.35%	3.13%
合计—不含电力调入	71356	70776	69691	—0.53%	—0.16%	—0.31%
合计—含电力调入	81916	83227	84213	0.70%	0.32%	0.24%

（陈宇、齐晓光、习鹏）

"双碳"目标下河北北部新能源发展能力评估及建议

一、"双碳"目标下冀北电网面临的新形势

（一）能源发展趋势

在 2030 碳达峰、2060 碳中和目标下，冀北地区能源发展将会经历从高碳到低碳再到净零碳的过渡过程，呈现能源供应低碳化、能源消费电气化、能源利用高效化和能源系统智能化的特征。能源供应方面，非化石能源装机比重在电源结构中不断提升，可再生能源发电将进入规模化增长阶段，逐步实现对化石能源的增量和存量替代。能源消费方面，清洁供暖、绿色数据中心、氢能制备及绿色交通等产业发展将进入快车道，电能将部分替代终端对煤油气等化石能源的直接使用。能源利用方面，"高能效、低能耗"将成为能源系统各环节的广泛共识，与双碳目标相匹配的能源效率标准将陆续出台。能源技术方面，"双碳"目标下以清洁低碳高效灵活为特征的能源科学技术将持续发展，能源新技术、新模式、新业态加速兴起，新一代数字技术将为能源系统的智能化发展赋能。

（二）电力发展趋势

未来一段时期，冀北地区电力需求仍有较大增长空间，电力负荷"双峰"特征愈发明显，电力供应呈现新能源占主体的趋势。电力需求方面，第一产业用电新增需求将逐步降低；第二产业呈现两极分化趋势；第三产业成为拉动电量增长的动力。电能替代作为加速电气化进程、提高电能占终端能源消费比重的重要手段，将持续发挥促进能源电力清洁消费转型的重要作用。可以预见，电力需求达峰将滞后于电力碳排放达峰。预计 2025 年、2030 年冀北电网全社会用电量分别达到 2110 亿千瓦时、2446 亿千瓦时，"十四五""十五五"年均分别增长 4.38%、3.00%。负荷特性方面，冬夏"双峰"、午晚"双峰"特性更为明显，年负荷利用小时数呈现下降趋势，日内调峰压力更为显现。预计 2025 年、2030 年冀北电网最大负荷分别为 3500 万千瓦、4200 万千瓦，"十四五""十五五"年

均分别增长 3.96%、3.71%。电力供应方面，本地电源建设将以新能源增量为主，煤电通过等量替代等方式控制装机规模，煤电角色从基础电源向"调峰电源、兜底电源"转变。预计河北省 2025 年、2030 年新能源累计装机分别为 9560 万千瓦、16000 万千瓦，其中冀北分别为 6160 万千瓦、9000 万千瓦。由于外受电碳排放水平对冀北电力碳达峰影响较大，要求新增区外通道清洁电量占比应达到一半以上，碳达峰年后新增的通道，清洁电量占比应进一步加大。

二、冀北地区电力碳达峰、碳中和实施路径

能源行业是我国主要的二氧化碳排放源，占全部二氧化碳排放的 88% 左右，电力行业排放约占能源行业排放的 42.5% 左右，碳达峰、碳中和目标能否实现，电力行业是关键领域和主攻方向。对于冀北地区来说，电力碳达峰是指本地火电产生的直接二氧化碳排放量与区外电力调入蕴含的间接二氧化碳排放之和达到历史最高值，然后经历平台期进入持续下降的过程，是二氧化碳排放量由增转降的历史拐点，标志着碳排放与经济发展实现脱钩。电力碳中和是指电力直接和间接二氧化碳排放量，与通过植树造林等吸收的二氧化碳相互抵消，实现二氧化碳"净零排放"。

冀北地区实现电力碳达峰、碳中和，应坚持清洁低碳可持续发展方向，促进电能生产清洁主导，加快实现电力发展与碳排放脱钩，积极发展可再生能源电力，控制化石能源电力增长，提升电网灵活性和安全稳定性，构建以新能源为主体的新型电力系统。综合考虑地区资源条件、电源建设安排以及系统成本影响，预计将在 2028—2029 年前实现冀北地区电力碳排放达峰。

（一）2021—2030 年碳达峰阶段

稳定火电装机，保障区外受电需求，形成区域内"火电＋区外电力"的基本电力保障模式，以国家可再生能源消纳责任权重和新能源利用率（不低于 95%）为约束条件，不断增加新能源装机。2030 年，冀北地区可再生能源发电量将达到 1420 亿千瓦时，占全社会用电量的 57.8%。河北省可再生能源、非水可再生能源消纳责任权重分别达到 31.9%、30.7%，仅可完成非水可再生能源消纳责任权重指标。

从电源结构上来看，到 2025 年，冀北电力装机总量为 9020 万千瓦，其中，

风电装机 3860 万千瓦, 光伏装机 2300 万千瓦, 可再生能源装机占比为 75.7%。
到 2030 年, 冀北电力装机总量将达到 11980 万千瓦, 其中, 风电装机 5000 万千瓦,
光伏装机 4000 万千瓦, 可再生能源装机占比逐年上升, 2030 年达到 81.7%。

从外受电需求上来看, "十四五" 期间冀北电网外受电需求在 936—1047
万千瓦之间, 其中 2025 年外受电需求约 995 万千瓦, 若保持 "十三五" 期间外受
电水平, 冀北 "十四五" 期间无电力缺口。"十五五" 期间, 冀北地区除新能源外,
本地新增电源只有抚宁抽蓄 120 万千瓦, 考虑尚义、抚宁抽水蓄能电站 260 万千
瓦机组在 2030 年建成投产情况下, 冀北 "十五五" 期间外受电需求将达到 1600
万千瓦。

（二）2030—2060 年碳中和阶段

2030—2060 年, 加快构建以新能源为主体的新型电力系统, 提高清洁能源发
电占比, 逐步降低煤电电量占比, 区外调入电力不再新增间接二氧化碳排放。新
增电力需通过抽水蓄能、生物质发电、区外电力、储能以及需求侧管理解决：一
是推进滦平抽水蓄能电站建设, 新增装机 120 万千瓦；二是推进新能源厂站、用
户侧等配置储能设施, 加快氢储设施建设；三是积极争取水电等区外清洁能源来
电；四是因地制宜发展水电、地热能、海洋能、氢能、生物质能等可再生能源；
五是争取不低于 5% 的需求侧管理。

三、2030 年前冀北电网新能源消纳能力评估

2020 年, 冀北电网新能源装机约 2831 万千瓦, 与全网最高负荷水平相当,
占全国新能源总装机容量的 6.2%；装机占比 62.7%, 居全国省级电网首位；2020
年冀北地区新能源利用率 96.9%, 其中风电 96.3%, 光伏 98.6%；从 2020 年各通
道新能源利用率情况来看, 沽源通道、康保和尚义通道、御道口通道新能源利用
率低于 95%, 其他通道均高于 95%。

随着新能源的大规模发展, 调峰压力逐渐凸显, 将冀北电网负荷曲线叠加新
能源出力后, 峰谷差出现大幅增长, 最大峰谷差出现时段也因新能源出力的不确
定而具有较大随机性, 2020 年最大峰谷差增至 1000 万千瓦, 较曲线叠加前增长
近一倍, 当天调峰缺口在 300 万千瓦左右。随着冀北地区用电结构持续调整以及
新能源将再次迎来爆发式增长, 最大峰谷差将保持增长趋势, 调峰需求进一步扩

大，新能源消纳难度日益加剧。2025 年冀北电网最大调峰需求约 3000 万千瓦，2030 年冀北电网最大调峰需求约 4500 万千瓦。

2025 年：在火电机组不实施灵活性改造、新能源项目不配置储能情况下，2025 年京津唐新能源利用率约 87% 左右，若所有火电机组实施灵活性改造，最小技术出力降至 40%，释放约 1300 万千瓦调节能力，2025 年京津唐新能源利用率提升至 93% 左右，弃电量减少 43%。在最小技术出力降至 40% 基础上，考虑新增新能源机组配置 20% 储能（约 690 万千瓦），2025 年京津唐新能源利用率在 94%—94.5% 之间；考虑全部新能源机组配置 20% 储能（约 1464 万千瓦），2025 年京津唐新能源利用率在 96%—97% 之间。

2030 年：在输电通道不存在约束的情况下，考虑最小技术出力降至 40%、新增新能源机组配置 20% 储能（约 1425 万千瓦），2030 年京津唐新能源利用率在 93%—94% 之间；考虑最小技术出力降至 40%、全部新能源机组配置 20% 储能（约 2200 万千瓦），2030 年京津唐新能源利用率在 93.5%—94.5% 之间。从各月弃电情况来看，采暖季与春节假期重叠期弃电问题日益突出，通过加强该时段需求侧响应管理，将能够进一步提升新能源消纳水平。

四、结论与建议

为实现冀北地区电力碳达峰，加快构建以新能源为主体的新型电力系统，在满足电力电量平衡、可再生能源消纳责任权重等约束条件下，经测算，2025 年、2030 年冀北新能源装机容量需达到 6160 万千瓦、9000 万千瓦。考虑到河北省内水能资源可开发量相对匮乏，2030 年完成（含水）可再生能源消纳责任权重存在较大困难。建议：一是推动政府合理安排新能源开发规模和时序，优先在电网接入和消纳条件较好的区域发展新能源项目，推进电源和电网、常规电源和清洁能源协调发展。推动政府进一步加强规划，结合碳达峰碳中和等新要求，进一步明确清洁能源开发规模、布局和时序；二是统筹调配全国水电资源，从全国范围内统筹协调水电电量分配，保障河北省可再生能源消纳责任权重完成。因地制宜发展地热能、海洋能、氢能、生物质能等可再生能源。

当前，张家口、承德等新能源富集区域的接入和送出条件、系统消纳能力接近饱和，现有通道汇集新能源均已超过送出能力。结合资源禀赋和相关规划，初步考虑 2025 年、2030 年张家口地区清洁能源装机分别为 3500 万千瓦、5000 万千瓦，承德地区能源装机容量分别为 1800 万千瓦、2500 万千瓦。建议加快新能源外送通道规划建设，尽快实施张北特高压扩建、承德特高压新建及 500 千伏配套等新能源汇集工程，适时开展隆化串补站扩建、北京北特高压新建及 500 千伏配套等新能源汇集工程。密切跟踪张北—雄安特高压外送能力提升措施研究，进一步提升现有输电通道利用率，满足清洁能源送出需求。

影响新能源消纳的主要约束条件将由通道受限逐渐转变为调峰受限。经测算，通过火电灵活性改造降低最小技术出力至 40%，全部新能源机组配置 20% 储能（储能时长不低于 2 小时），同时加强长时间负荷低谷时段需求侧响应管理，可保证 2025 年、2030 年新能源利用率在 95% 以上。建议全面提升系统调峰能力，加快本地电源和点对网电源全部实施灵活性改造，机组最小技术出力降至 40% 及以下，遵循"谁受益、谁承担"的原则，建立健全煤电机组容量补偿机制和辅助服务分担机制。推进丰宁、尚义、抚宁、滦平抽水蓄能电站建设，新增装机 740 万千瓦，完善抽水蓄能电价形成和容量电费分摊机制。深入研究"新能源 + 储能"技术经济分析及体制机制优化，推进省内存量及新增新能源装机全部配置 20% 储能，建立储能产业发展成本疏导和投资回报机制，允许储能作为独立主体参与辅助服务交易。争取不低于 5% 的需求侧管理，研究工业企业参与调峰辅助服务市场运行的可行性，提升客户在低谷时段的用电积极性，针对性解决采暖季、春节、国庆期间新能源集中弃电风险。

经测算，2025 年冀北地区大数据产业、电动汽车充换电、制氢产业、冬奥旅游产业的负荷增长潜力分别为 1460 万千瓦、49 万千瓦、24 万千瓦、20 万千瓦，可有效促进新能源的就地消纳。建议进一步提高就地消纳潜力，结合京津冀协同发展重大战略落地，落实"三区一基地"功能定位，服务临空经济区、曹妃甸区等承接平台建设。以张家口可再生能源示范区为载体，打造氢能等重点产业链，引导大数据等新兴产业接入张承地区等清洁能源富集区域，开展"绿色数据中心"试点示范。加快新能源汽车产业及配套充换电设施建设，大力推进港口岸电和电气化铁路建设。落实乡村振兴战略，提升乡村电气化水平，推动农业生产、乡村产业、农村生活各领域电气化技术设备广泛、高效应用。

（丁健民、杨敏、赵国梁）

河北省构建新型电力系统的思路与建议

一、构建新型电力系统的重大意义

构建新型电力系统是服务构建新发展格局的重要力量。电力工业是国民经济发展的重要基础产业，"电力先行"是经济社会发展中久经检验的基本规律。在我国立足新发展阶段、构建新发展格局的新形势下，电力系统的地位更加凸显，作用更加显著。新发展格局正加速带动电力消费升级转型，将催生出一系列新业态、新需求。同时国内产业链重塑和区域产业格局调整对电力供应、电能质量提出了多层次的更高要求。构建新型电力系统，充分发挥电力的基础保障、拉动内需、创新引领、产业带动作用，将为经济发展积蓄基本力量，保障产业链与供应链稳定，支撑内需潜力持续释放，提振发展信心、汇聚发展优势、创造发展机遇。

构建新型电力系统是实现"碳达峰、碳中和"新愿景的重要手段。目前，能源行业碳排放占全部碳排放的88%左右，电力行业排放约占能源行业排放的41%。实现"碳达峰、碳中和"，能源是主战场，电力是主力军。我国95%左右的非化石能源主要通过转化为电能加以利用，随着能源供给低碳化、能源消费电气化，电力需求仍将持续增长，电力行业不仅要承接交通、建筑、工业等领域转移的能源消耗和排放，还要对存量化石能源电源进行清洁替代，是我国碳减排的核心枢纽。构建新型电力系统，推动源网荷协调发展，更好地适应新能源大规模、高比例并网需求，支撑分布式能源、各类用能设备友好接入，满足用户多样化、个性化用电需要，推动电力系统碳排放率先达峰，是实现我国"碳达峰、碳中和"目标的重要途径。

构建新型电力系统是贯彻能源安全新战略的重大实践。在习近平总书记提出的"四个革命、一个合作"能源安全新战略指引下，我国能源安全保障能力和风险管控应对能力不断增强。当前，在百年未有之大变局的背景下，面对不稳定性、不确定性显著增强的国际复杂局势，我国当前所面临的能源形势日趋复杂，能源安全愈加成为攸关国家经济发展的重大战略。随着我国的电气化水平以及新能源接入电力系统的比例不断提高，能源安全内涵逐步从传统的油气安全向电力安全拓展。电力将在提升能源自给水平中发挥更大的作用，以多元化有力提升能源供给体系的韧性。构建新型电力系统，统筹电力安全、生态安全、经济安全、社会公共安全，实现电力供需高水平的动态平衡，是践行能源安全新战略，实现能源自立自强的必然选择。

二、新型电力系统的内涵特征

（一）内涵特征

以新能源为主体的新型电力系统是以坚强智能电网为资源配置平台，以太阳能、风能等新能源发电为主体，以常规能源发电为重要组成，源网荷储协调和多能互补为重要手段，深度融合低碳能源技术、先进信息通信技术与智能控制技术，实现高比例新能源广泛接入、资源安全高效灵活配置、多元用能需求全面满足，具备清洁低碳、安全可控、灵活高效、开放互动、智能友好特征的电力系统。

清洁低碳：形成清洁主导、电为中心的能源供应和消费体系，电网具备高比例新能源承载能力，生产侧实现多元化、清洁化、低碳化，消费侧实现高效化、减量化、电气化。

安全可控：新能源具备主动支撑系统运行能力，电力系统应对事故的事前预警、事中防御、事后恢复能力显著提升，"双高""双峰"特征下，电力供应安全、系统运行安全得到充分保障。

灵活高效：各类型储能及柔性负荷等灵活性资源规模化并网，发电侧、负荷侧调节能力强，电网侧资源配置能力强，系统综合承载能力强，实现各类能源互通互济和高效利用。

开放互动：适应新能源多种开发利用模式，适应各类组网和并网方式的接入，适应各类用户、微电网、电动汽车等新型负荷大规模接入，虚拟电厂、需求侧响应等技术广泛应用，支撑各类能源交互转化、新型负荷双向互动。

智能友好：先进信息通信技术与电力技术深度融合，系统高度数字化、智慧化、网络化，实现对海量分散发供用对象的智能协调控制，实现源网荷储友好协同，实现各类新技术、新设备的"即插即用"，用户多元化需求得到充分满足。

（二）构建原则

统筹好发展与安全。安全是发展的前提，发展是安全的保障。电力安全关系国计民生，是国家安全的重要保障。坚定不移贯彻新发展理念，以改革创新为根本动力，以满足经济社会发展用电需求为根本目的，不断推动新型电力系统实现更高水平发展，为保障能源安全提供牢固的基础和条件。坚持总体国家安全观，落实能源安全新战略，把保障能源电力安全作为底线，统筹传统安全和非传统安全，防范和化解各种风险，不断增强发展的安全性。遵循电力系统技术规律，构建科学合理的电源电网结构和布局，着力以技术创新为电力系统安全稳定提供可靠保障。

统筹好短期与长期。既要在战略上坚持持久战，又要在战术上打好歼灭战。碳达峰和碳中和是相互关联的两个阶段，"碳达峰"是基础前提，"碳中和"是最终目标，此快彼快、此低彼易、此缓彼难，"十四五"时期是碳达峰的关键期和窗口期。从化解当前突出矛盾入手，注重补短板锻长板，加快技术创新，确保"十四五"时期构建新型电力系统开好局、起好步，为电力系统提前实现"碳中和、碳达峰"创造条件、奠定基础。构建新型电力系统是一项着力根本、放眼长远的深层次变革，具有长期性、艰巨性、系统性。要坚持稳中求进，充分考虑我国的资源禀赋和发展阶段，准确研判各类电源构成的演化规律和定位调整，把握好节奏和力度，既不能"急刹车"，也不能"急转弯"，保持政策连续稳定和可持续，用好存量、做优增量、循序渐进、分步实施，确保实现构建新型电力系统的目标任务。

统筹好全局与重点。构建新型电力系统是一个复杂的系统工程，涉及发输配变各个环节、源网荷储各个领域、技术体制各个层面，既要在战略上布好局，也要在关键处落好子。要以全局观和系统思维谋划，加强顶层设计，注重稳定电源与非稳定电源的协同、电源与电网的协同，源网荷储共同发力、技术机制同步创新，做到"十个指头弹钢琴"，使各个环节相互配合、相互促进。发挥电网衔接电力系统供给侧和需求侧的关键环节作用，当好"引领者""推动者""先行者"，带动产业链、供应链上下游，共同推动能源电力从高碳向低碳，从以化石能源为主向以新能源为主转变，以重要领域和关键环节的突破带动全局，实现"落一子而全盘活"。

统筹好效率与公平。我国仍处于工业化城镇化进程中，在构建新型电力系统的过程中，要注重经济效益与社会效益协同，既要算好"经济账"，也要算好"民生账"。建设适应我国国情的电力市场，还原电力的商品属性，发挥市场对价格的调节功能，体现市场价格正常波动，提高电力资源配置效率。时刻牢记"人民电业为人民"的办电宗旨，在促进竞争、提高效率的同时，要兼顾公平、满足兜底，充分考虑企业和社会承受能力，保障基本公共服务的供给，把满足人民日益增长的多元化的用电需求、增强群众福祉成为构建新型电力系统的根本目的，让电力发展成果更多、更好、更公正地惠及民生，不断增强人民群众获得感、幸福感、安全感。

（三）演进路径

充分考虑能源结构转变和技术发展的客观规律，以新能源为主体的新型电力系统发展过程分为转型期、建设期、成熟期三个阶段。

电力系统转型期（2021—2030 年）。新能源逐步成为装机主体，到 2030 年，风电、太阳能发电总装机容量达到 12 亿千瓦以上，有力支撑我国非化石能源占一次能源消费比重达到 25% 左右和实现"碳达峰"目标。电网呈现交直流远距离输电、区域电网互联、主网与微电网互动的形态，大电网资源优化配置作用更加凸显，配电网对分布式电源、新型负荷的承载能力明显增强。终端用能电气化水平显著提升，需求侧响应能力充分挖掘。源网荷储互动水平和市场化水平显著提升。

新型电力系统全面建设期（2031—2045 年）。电力需求基本饱和。新能源发电成为电量主体，与常规电源共同支撑电力系统安全稳定运行。区域电网互联进入平稳发展期，与有源配电网、微网互动能力进一步提升。电化学储能全面推广，源网荷储深度互动，各类资源实现高效利用。

新型电力系统成熟期（2046—2060 年）。新能源成为电量和责任的双主体，新能源发电全面具备主动支撑能力，大电网、直流电网与微电网等多种电网形态并存。储能及可控负荷成为调峰主要手段。有力支撑我国实现"碳中和"目标。

三、推进河北省新型电力系统建设举措建议

要把握好"十四五"窗口期、关键期的历史机遇，加快电网向能源互联网升级，着力提升电力系统安全风险防控能力、清洁能源接纳能力、优质可靠供电能力、系统调节平衡能力、技术自主创新能力，做好地区经济"保障者"、能源革命"践

行者"、美好生活"服务者"、改革创新"引领者"。

（一）推动构建坚强智能电网，提升安全风险防控能力

加快构建坚强智能电网。以"融大网、强主网、提外送、优配网"为重点，以京津冀北1000千伏特高压大环网为支撑，500千伏骨干网架进一步拓展延伸，西部形成多层级、多通道、多落点交直流电网深度融合的清洁能源外送格局，东部唐承秦地区形成"三横四纵"500千伏坚强受端电网。提升电网安全风险防控能力。强化电网运行安全，筑牢电网三道防线，加快构建立体防御体系。强化设备管理安全，打造现代设备管理体系，推动电网设备向中高端迈进，常态化开展隐患排查，确保设备安全可靠运行。加快电网向能源互联网升级。加强"大云物移智链"等技术在能源电力领域的融合创新和应用，促进各类能源互通互济，源网荷储协调互动，支撑新能源发电、多元化储能、新型负荷大规模友好接入。

（二）推动能源资源优化配置，提升清洁能源接纳能力

提升清洁能源外送能力。强化新能源外送，密切跟踪汇集站送出工程、新能源场站建设进度，加快建设一批大容量新能源外送通道，满足新能源大规模并网需求。补强受阻断面，积极促进新建特高压工程落点张家口地区，新增承德地区清洁能源大容量外送通道，解决新能源外送问题。保障清洁能源及时同步并网。提升新能源并网服务水平，优化并网流程，提高办理效率，确保新能源项目能并尽并。依托国网新能源云平台加快"一站式"接网业务线上办理，为发电企业提供报装、方案、设计、建设、并网、运行等"一站式"优质服务。支持分布式电源和微电网发展。为分布式电源提供一站式全流程免费服务。分布式电源网格化、层次化，构建分布式清洁能源、分散储能、多元用能网络，挖掘适配于多网格、多层次的智能控制策略。

（三）推动配电网改造升级，提升优质可靠供电能力

建设现代城乡配电网。加快配电网改造和智能化升级，适应分布式电源广泛接入和电动汽车、数据中心等新型负荷发展需求，提高配电网的承载力和灵活性。以用户供电可靠性作为基本出发点和落脚点，加强输配电网规划统筹，做到各电压等级电网强简有序，提升电网利用效率。拓展电能替代广度深度。坚持"以电为主、多能耦合、绿色高效"发展目标，服务综合能效、多能供应、清洁能源、新兴用能、智慧用能、能源交易等重点领域。培育张家口数据中心、中海油钻井

平台岸电接引等多能互济、清洁高效的能源消费示范项目。提升城乡供电服务质量。增强客户服务体验，提升满意度、获得感。推进全面脱贫与乡村振兴有序衔接，持续改善农村电网基础设施，提升乡村电气化和普遍服务水平。提升办电效率，降低用能成本，打造全国领先的电力营商环境标杆，"获得电力"指标排名进入国家电网公司前列。

（四）推动源网荷储协同发展，提升系统调节平衡能力

推动灵活性电源建设。加强"源网荷储"统筹规划，推动电网和常规能源、新能源、负荷资源及储能协调发展。推动火电机组灵活性改造工作，提升系统调峰能力。按照最大负荷 5% 开展需求侧响应，减轻尖峰负荷时段供电压力。积极推动加快丰宁、抚宁、尚义抽水蓄能电站建设，推动对新增新能源项目提出储能配置要求。优化电网调度运行。优化新能源项目并网时序，在保障安全运行的前提下减少弃电量，提高利用率。综合考虑多嵌套断面、多调峰约束、多类型交易，优化新能源有功控制策略。加快推进新能源机组涉网性能改造和场站参数实测建模，提高新能源主动支撑能力。挖掘电力需求侧响应潜力。按照最大负荷 5% 开展需求侧响应，减轻尖峰负荷时段供电压力，提升系统整体利用率。引导储能参与系统辅助服务，深化可调节负荷应用，激发高载能负荷、电动汽车、中央空调、电锅炉等需求响应潜力。

（五）推动改革创新开放合作，提升技术自主创新能力

开展重大科技攻关。围绕"碳达峰、碳中和"目标，加快实施"新跨越行动计划"。推进"双高"电力系统基础理论、新能源调度与电力气象等重大项目研究，加快新能源主动支撑、虚拟电厂、柔性直流输电、大容量储能等技术进步和应用。加强科技创新开放合作。以风光储输、张北柔直、虚拟电厂等国际领先技术为支撑，推进先进技术落地应用。联合上下游企业、高校、科研院所，建立联盟、研究机构等多种形式的能源电力创新共同体，合作开展重大项目研发。协调推进电力体制改革。协助政府主管部门、能源监管机构优化电力中长期交易机制，积极推进电力现货市场建设，推动构建适应新型电力系统的市场机制。积极开展发电权交易、新能源外购、优先替代等多种交易方式，推动数据中心集群算力调度与新能源就地联合优化，挖掘新基建关联产业调节潜力，多措并举提升新能源消纳规模。

·（武冰清、杨金刚、梁大鹏）

"碳达峰、碳中和"背景下河北省光伏持续规模化发展的对策建议

一、我国太阳能发电现状

（一）我国太阳能装机及发电情况

2020 年，全国太阳能发电新增装机容量 4871 万千瓦，同比增加 60.4%，太阳能发电累计装机容量 2.53 亿千瓦[1]，同比增长 23.8%，占全国总装机容量的 11.5%，太阳能新增装机规模持续保持世界第一。

随着太阳能装机量的逐渐提升，发电量不断增长。2020 年，全国太阳能发电量 2611 亿千瓦时，同比增长 16.6%，占全国总发电量的比重比上年提高 0.4 个百分点。

	2010年	2011年	2012年	2013年	2014年	2015年	2016年	2017年	2018年	2019年	2020年
累计装机容量	26	222	341	1589	2486	4218	7631	13042	17436	20472	25343
新增装机容量	26	196	119	1248	897	1732	3413	5411	4394	3036	4871
装机占比	0.0%	0.2%	0.3%	1.3%	1.8%	2.8%	4.6%	7.3%	9.2%	10.2%	11.5%

图 1 我国太阳能发电新增装机容量、累计装机容量和装机占比

---

[1] 数据来源：2020 年全国电力工业统计快报。

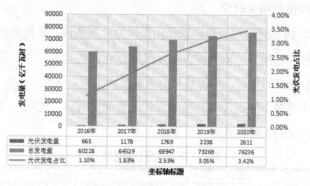

图 2 我国近五年光伏及总发电量

（二）我国促进光伏发展政策

截至 2020 年底，我国风电、光伏并网装机分别达到 2.8 亿千瓦、2.5 亿千瓦。在国家"30·60"碳减排的宏观背景下，国家承诺到 2030 年光伏、风电累计装机量达到 12 亿千瓦以上，制订了"十四五""十五五"光伏、风电产业的发展蓝图。

1. 分布式光伏补贴政策

近日，国家发改委就 2021 年新能源上网电价政策征求了相关部门意见，根据征求意见稿，户用光伏电站 2021 年仍有每度电 3 分的补贴，并且按照全发电量进行补贴。除了国家补贴之外，北京、上海、西安等地出台地方补贴政策，为户用光伏注入新的成长动能。

表 1 户用光伏补贴政策的分类情况

序号	补贴城市	补贴标准	补贴期限
1	上海	2019 年光伏电站奖励标准为 0.3 元 / 千瓦时，分布式光伏奖励标准为 0.15 元 / 千瓦时（学校光伏为 0.36 元 / 千瓦时）。2020 年、2021 年投产奖励标准以 2019 年标准为基准分别减少 1/3、2/3。	三年
2	北京	一般工商业电价、大工业电价或农业生产电价的项目补贴标准 0.3 元 / 千瓦时（含税）。个人自有产权住宅建设的户用光伏补贴标准 0.3 元 / 千瓦时（含税）。	每个项目补贴五年
3	广州	补贴标准为 0.15 元 / 千瓦时 [应用方（屋顶方）为非公共机构的]、0.3 元 / 千瓦时 [应用方（屋顶方）为公共机构的]。	2020—2025 年，每个项目最高补贴六年
4	西安	分布式光伏项目给予 0.1 元 / 千瓦时补贴。	对 2021 年 1 月 1 日至 2023 年 12 月 31 日期间建成，连续补贴 5 年
5	黄石	按发电量每千瓦时 0.1 元的标准享受补贴。	2016 年 1 月 1 日起执行，有效期 10 年

2. 新能源配储能相关政策

2020年，由于储能成为新能源优先接网的前置条件，在抢电价的背景下，发电侧储能获得大幅增长，成为过去一年储能行业新的亮点。"十四五"期间，随着新能源装机规模的增加，储能装机的需求更为迫切。年初，山西、宁夏、青海、内蒙古、贵州等多个省份发布新能源强制配置储能方案，光伏＋储能也将成为未来光伏电站开发的主流模式。

表2 新能源配储能的情况

省市	时间	文件	文件简介
大同	2021年1月13日	《大同市关于支持和推动储能产业高质量发展的实施意见》	"十四五"期间，大同市增量新能源项目全部配置储能设施，配置比例不低于5%；存量新能源项目鼓励企业分期适量配置，优先对微电网、增量配电、独立园区等具备条件的用户配置。同时文件还指定储能产品的起点标准要达到单体电芯容量280Ah及以上，循环寿命≥8000次。
宁夏	2021年1月11日	《关于加快促进自治区储能健康有序发展的指导意见（征求意见稿）》	"十四五"期间，新能源项目储能配置比例不低于10%、连续储能时长2小时以上。原则上新增项目储能设施与新能源项目同步投运，存量项目在2021年底前完成储能设施投运。
青海	2021年1月29日	《关于印发支持储能产业发展若干措施（试行）的通知》	新建新能源项目原则上不低于新能源项目装机量的10%、储能时长2小时以上。并对储能配比高、时间长的一体化项目给予优先支持。实行"水电＋新能源＋储能"协同发展模式，新建、新投运水电站同步配置新能源和储能系统，使新增水电与新能源、储能容量配比达到1:2:0.2，实现就地平衡。
内蒙古	2021年1月25日	《内蒙古自治区可再生能源电力消纳保障实施方案》	自治区能源局会同自治区工信厅督促各市场主体，通过配套储能设施、可调节负荷、自备机组参与调峰、火电灵活性改造等措施，提升可再生能源电力消纳能力。
贵州	2020年11月25日	《贵州省能源局发文要求各市（州）上报2021年光伏发电项目计划》	对2020年光伏竞价项目在2020年12月30日不具备并网条件的项目单位的申报项目不纳入计划；对光伏项目建设不够支持、企业办理手续难、土地成本严重高于贵州省平均水平等地区项目不纳入计划。在送出消纳受限区域，计划项目需配备10%的储能设施。
山东	2021年2月19日	2021年全省能源工作指导意见	建立独立储能共享和储能优先参与调峰调度机制，新能源场站原则上配置不低于10%储能设施。全省新型储能设施规模达到20万千瓦左右。

从2020年开始，河北、江西、安徽、河南等18省份对于光伏等新能源项目配置储能的政策支持力度已逐渐加强。2020年9月25日，河北省发改委发布了《关于推进风电、光伏发电科学有序发展的实施方案（征求意见稿）》，明确了支持风电、

光伏发电项目按10%左右比例配套建设储能设施、开展超级电容器储能、超导储能、先进电池储能、压缩空气储能等先进储能技术示范应用,着力提升风电、光伏发电并网友好性。

3. 新能源配储能补贴政策

新能源配储能,其中储能成本分摊短时间难以落地。从近期看,需要加快示范建设和财税政策支持;中期看,应该靠合理的价格机制;长期看,应该通过电力市场实现。近期,部分省市开展了相应的补贴政策,促进新能源产业持续健康发展。

表 3 新能源配储能补贴情况

序号	补贴省市	补贴标准	补贴期限
1	新疆	2020 年 5 月 26 日,新疆发改委印发了《新疆电网发电侧储能管理暂行规定》,对根据电力调度机构指令进入充电状态的电储能设施所充电的电量进行补偿,补偿标准为 0.55 元 / 千瓦时。	从 2020 年 5 月 25 日起执行
2	西安	2020 年 12 月 25 日,西安工信局发布《关于进一步促进光伏产业持续健康发展的意见(征求意见稿)》修改意见的通告,其中指出,支持光伏储能系统应用:项目中组件、储能电池、逆变器采用工信部相关行业规范条件公告企业产品,自项目投运次月起对储能系统按实际充电量给予投资人 1 元 / 千瓦时补贴,同一项目年度补贴最高不超过 50 万元。	2021 年 1 月 1 日至 2023 年 12 月 31 日期间建成运行
3	青海	2021 年 1 月 18 日,青海省发改委下发《支持储能产业发展的若干措施(试行)》,两年内给予自发自储设施发售电量 0.10 元 / 千瓦时的运营补贴,使用青海省产储能电池 60% 以上的项目可额外享受 0.05 元 / 千瓦时的补贴。	2021 年 1 月 1 日至 2022 年 12 月 31 日

"十四五"期间储能将成新能源发电项目标配,市场化是长期方向。我们预计短期内"新能源+储能"项目将主要由强制配套、储能补贴等外部因素推动,随着电力市场化的推进,储能成本将由电力系统各环节共同承担,储能项目自身的经济性将逐渐显现。

4. 新能源配储能补贴政策

在"双碳"目标以及以新能源为主体的新型电力系统背景下,各省大力发展新能源,尤其是加快光伏安装。截至 6 月,已经有 5 个省发布开展分布式光伏整县推进工作文件。

表4 分布式光伏整县推进政策

省市	时间	文件	文件简介
福建省	2021.05.20	关于开展户用光伏整县集中推进试点工作的通知	各有关设区市发改委根据本地光照资源条件和户用光伏建设条件，组织所辖县开展户用光伏整县集中推进试点申报工作，优先支持光照资源好的地区开展试点，原则上年总辐射量应达到1250千瓦时／米。
山东省	2021.06.02	召开整县推进分布式光伏规模化开发试点工作	国家发改委副主任连维良来山东省座谈调研，听取有关方面对整县推进分布式光伏规模化开发试点工作的意见建议。连维良强调，推动整县分布式光伏规模化开发试点，是落实"碳达峰 碳中和"战略目标任务的重要举措。
广东省	2021.06.03	关于报送整县推进户用和屋顶分布式光伏开发试点方案的通知	为加快推进分布式光伏发电发展，国家能源局结合实施"千家万户沐光行动"，将组织开展整县（市）推进户用和屋顶分布式光伏开发试点工作。请具备较大规模开发利用屋顶资源、且电网接入和消纳条件良好的地市，积极组织申报试点方案。
陕西省	2021.06.04	关于开展分布式光伏整县推进试点工作的通知	省发改委要求各市按照要求，分类梳理各县（区）已建成并网的自然人分布式（户用）和非自然人分布式光伏项目户数、规模；组织对屋顶（厂房、工商业、农户）类型、荷载、周边遮挡情况、电网接入等建设条件的调查摸底。选择2—3个县提出市级分布式光伏整县推进试点工作方案。
江西省	2021.06.11	关于开展户用光伏整体推进试点工作的通知	为加快推进分布式光伏发电发展，将组织开展整县、整乡推进户用光伏开发试点工作。请具备较大规模开发利用屋顶资源且电网接入和消纳条件良好的地市，积极组织申报试点方案。鼓励县企合作，按照自愿的原则，开展户用光伏整县、整乡推进的工作。

二、河北省太阳能发电现状

（一）太阳能源资源丰富

河北省太阳能资源在全国处于较丰富地带，仅次于青藏高原及西北地区，年辐射量约为4848—5891兆焦／平方米，北部张家口和承德地区年日照小时数平均为3000—3200小时，中东部地区为2200—3000小时，分别为太阳能资源二类和三类地区，可开发资源丰富。

（二）太阳能光伏装机增量第一，总量第二

2020 年，面对新冠肺炎疫情巨大冲击和复杂严峻的国内外环境，河北新增光伏装机 716 万千瓦，成为全国年光伏新增装机第一大省，占当年全国新增装机总量的 15%。光伏累计装机容量 2193 万千瓦，处于全国第二位，占全省装机总量的 22%。

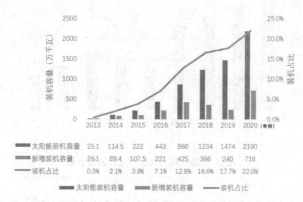

图 3 河北省太阳能发电新增装机容量、累计装机容量和装机占比 [1]

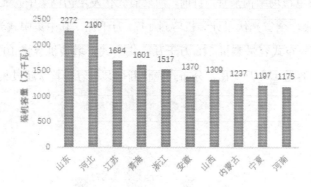

图 4 全国各省太阳能发电累计装机容量

（三）光伏扶贫电站装机规模居全国第一

河北省光伏扶贫电站分布在全省 43 个国家级贫困县，从 2015 年后开始试点，到 2019 年底，建成光伏扶贫电站 392.3 万千瓦 [2]，投资约 268 亿元，光伏扶贫电站装机规模居全国首位。共建成集中式扶贫电站 101 个，266 万千瓦，帮扶贫困人口 9 万户；村级光伏扶贫电站 3148 个，126.3 万千瓦，帮扶贫困人口 20.1 万户，实现了具备建设条件的建档立卡贫困村全覆盖，光伏扶贫电站可连续 25 年发挥

[1] 数据来源：2020 年全国电力工业统计快报
[2] 数据来源：河北省扶贫办网站关于光伏扶贫项目的公示

扶贫作用，年收益约 8.7 亿元。助贫困户脱贫增收，具有收益稳定、持续时间长的作用。

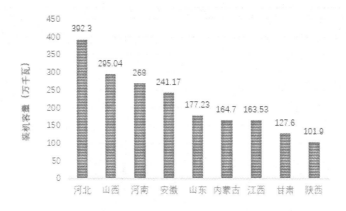

图 5 全国各省光伏扶贫累计装机容量

（四）分布式光伏新增装机容量首次超过集中式光伏

从光伏发电市场结构来看，目前，河北省光伏发电仍以集中式光伏电站为主。截至 2019 年底，全省光伏累计装机容量 1474 万千瓦，其中集中式光伏装机容量 962 万千瓦，分布式容量装机 512 万千瓦，集中式新增装机容量 106 万千瓦，分布式新增装机容量 134 万千瓦，分布式光伏新增装机容量首次超过集中式光伏。

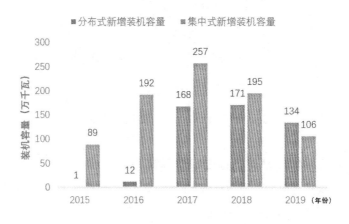

图 6 河北省分布式及集中式光伏新增装机容量

图7 河北省分布式及集中式光伏累计装机容量

三、河北省光伏规模化发展面临的挑战

截至 2020 年底，河北省光伏装机容量 2190 万千瓦，占全省总装机容量的 22.02%；光伏发电量 211 亿千瓦时，占全省总发电量的 7.18%。仅 2020 年四季度新增光伏装机容量 491 万千瓦，弃光率为 1.8%，弃光率有所上升，同比增长 0.8 个百分点。随着光伏大规模装机后除了面临电力系统消纳问题，还存在政策、土地资源等制约因素。

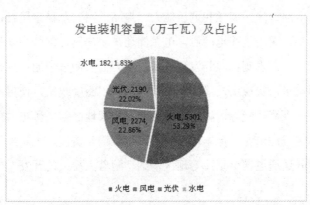

图8 河北省 2020 年各种发电装机容量及占比

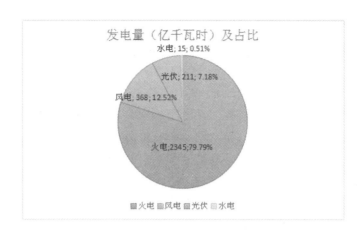

图9 河北省2020年各种能源发电量及占比

（一）光伏规模化发展加大电力系统消纳难度

光伏大规模开发在推动河北省能源生产和能源消费革命的同时，也对电力系统消纳带来了较大的压力。

一是电源结构以火电为主，灵活性不足。截至2020年河北省发电装机总量为9951万千瓦，其中火电占总装机容量的53.29%。灵活性资源中抽水蓄能和调峰气电130万千瓦，仅占总装机容量的1.31%，远低于发达国家水平。高比例光伏接入加大了电力系统平衡难度，光伏随机波动性强，高比例接入将导致发电波动性大幅增加。二是储能发展滞后，抑制了光伏大规模发展。储能可实现负荷削峰填谷，增加电网调峰、调频和调压能力，提高电网安全稳定运行，但目前缺乏政策及市场机制，无论是在电网侧，电源侧还是用户侧，储能尚未形成合理的分摊机制。三是电力需求侧资源开发程度低。电力需求侧管理通过综合能效服务，可有效降低用电量，实现用户成本节约，同时采用激励政策，使用户参与峰谷时段负荷响应，促进清洁能源消纳。四是河北省北部地区新能源电力外送受限，张家口和承德地区资源丰富，但本地区负荷不足且增长缓慢，大量电量难以本地消纳，主要依靠外送通道送至京津等地区消纳。随着大规模的开发，外送通道将受到限制。

（二）促进光伏规模化发展的市场机制尚不健全

随着新能源大规模接入，电力系统将加快向清洁化、低碳化方向发展，这将深刻改变现有电力市场机制，加快创新市场机制。一是仅依靠现行机制和手段，已难以实现保障性消纳，要逐步将保障性消纳与市场化消纳手段结合，吸引需求侧更多主体共同参与新能源消纳。二是火电机组将逐步"增容减量""多调少发"，抽蓄电站、储能等灵活调节资源将更多参与系统运行，迫切需要建立新的市场机制保证灵活调节资源的合理收益。三是能源结构转型的过程必然会对现有火电机组的运营模式和利益格局产生较大影响，需要通过市场机制公平合理调整收益分配，有效平衡各方利益。

（三）光伏开发的土地资源有限

河北省处于我国中东部地区，土地资源的稀缺。由于存在耕地保护红线、永久基本农田红线、生态保护红线，以及重要湿地、林草用地保护相关规定，光伏大规模发展受到影响。

图 10 河北省各市光伏发电资源分布情况[1]

2020年6月，河北省发展改革委员会发布了《河北省风电光伏发电资源规划》，2020—2030年间，通过分析各市可用于光伏发电的未利用地面积，可看出，张家口和承德两市的未利用面积较大，相对比较容易获得项目的开发机会，因此，张家口、承德为2020—2030年间河北省最适合开发光伏发电项目的2个区域；其他地区可开发集中式光伏的土地有限。

---

[1] 数据来源：河北省风电光伏发电资源规划

四、促进河北省光伏规模化发展的建议

（一）从源网荷三侧发力促进光伏规模化发展

电源侧：优化调整电源结构，为光电发展提供充足空间，加强光伏与灵活调节电源统筹发展。一是加强新能源开发与灵活调节电源的协调规划。优化电化学储能、抽水蓄能、燃气电站、常规火电厂灵活性改造等灵活性规划。加紧规划建设一批抽水蓄能电站和燃气调峰电站，提高灵活性电源比例。二是开展光伏资源的评估，确保资源的精准、高效利用。充分利用风、光资源自身互补性，在全省范围优化布局，制订各市年度新增建设规模、装机布局和开发的时序。三是要进一步明确煤电在电源结构中起兜底保障作用，作为基础性、调节性电源，着眼于调整布局和优化结构，严控煤电规模，加大对煤电灵活性改造，为电力系统安全稳定运行提供坚强支撑。四是随着光伏在整个电力系统中渗透率不断提高，强制光伏配建不低于装机容量10%的储能设施，储能时长2小时以上，并对储能配比高、时间长的一体化项目给予优先支持。新能源配储能，其中储能成本分摊短时间难以落地。近期需要加快储能示范工程建设和财税政策支持。

电网侧：加快电网结构改造，为光电消纳提供有力保障。一是加快构建坚强智能电网，优化改造各地电网主网架，构建坚强的送受端电网网架，满足分布式清洁能源并网和多元负荷用电需要；二是要加强配电网基础建设和智能化升级改造，发展以消纳新能源为主的智能配电网建设，提高配电网的承载力和灵活性；三是要加强省际电网网架连接功能，通过加强跨省输电通道能力建设，优化电力生产和输送通道布局，提升跨省输电通道利用效率，提高跨省输送光电等新能源的能力；四是要充分发挥电网消纳平台作用，建立消纳光电等新能源空间协调互动管理机制，切实做好规划统筹，优化电源电网布局。

负荷侧：一是建立需求响应政策引导和激励机制。重点加快完善电价机制，引导用户优化用电模式，释放居民、商业和一般工业负荷的用电弹性。二是加强电能替代政策引导。完善相关激励政策，对符合条件的电能替代技术研发、电能替代项目实施予以支持。推广合同能源管理，推进电能替代模式的多元化发展。三是鼓励虚拟电厂、微型电网、综合能源等能源系统示范工程建设，不断创新能源利用模式、能源管理方式、能源发展形势，提高清洁能源就地生产和消纳水平，使清洁能源的消纳障碍最大限度地得到化解。

（二）构建适应光伏规模化发展的市场机制

一是构建包括中长期市场、现货市场等在内的电力市场体系，通过多时间尺度衔接，最大程度促进新能源消纳。通过现货市场调整日前、日内平衡偏差，尽早在电力市场中设计灵活性资源的调节机制，应对新能源出力的波动性和间歇性。二是完善电力辅助服务市场机制，对各类市场主体按照权责对等原则疏导系统平衡成本和收益，扩大辅助服务提供主体的范围，促进具有更强调节能力、更大成本优势的市场主体参与辅助服务。三是完善省间市场与省内市场，建立统一的电力市场交易机制。建议有序推进跨省跨区交易，完善省内市场与省间市场的衔接机制，明确衔接时序及交互信息，逐步实现各省区电力交易的开放与融合，在交易品种、交易时序、电网约束、价格出清等方面建立统一规则，逐步统一电力市场交易机制，促进新能源发电在更大范围内消纳。四是适时建立容量市场机制，保障高比例新能源接入的系统运行安全。随着新能源发电装机比重持续提升，煤电机组将逐步转为提供调峰、备用服务，我国现行的电价制度的局限性日益凸显。探索建立多部制电价机制或其他形式的容量机制，保障提供电力调节电源的收益，进而确保电网安全稳定。

（三）加快发展储能促进光伏规模化发展

以光伏为主的可再生能源大规模发展，为解决不稳定性问题，合理发展储能。一是科学统筹规划储能布局。"十四五"期间储能以抽水蓄能为主；支持引导用户侧储能参与需求响应、电量平衡和负荷特性改善；争取将保系统安全和保输配电供能等特殊场景的电网侧储能纳入电力规划。二是完善抽水蓄能电价机制，及时合理核定并落实抽水蓄能电站容量电价。发挥价格政策引领作用，吸引社会资本参与抽水蓄能电站建设。三是加快建立电化学储能合理成本回收机制。推动健全输配电价机制，按照"谁受益，谁承担"的原则构建储能成本疏导机制。明确储能市场成员地位，完善储能相关市场价格机制，为储能发展提供公平公正的市场生存环境。四是加强储能安全、并网运行管理。进一步规范化和精细化储能安全责任主体划分，完善储能系统及消防安全技术标准。

（四）打破土地资源壁垒促进光伏规模化发展

一是合理论证国土空间规划，给光伏预留足够的发展空间。在土地空间利用规划中，统筹考虑新能源用地空间，科学合理论证生态保护红线、永久基本农田、城镇开发边界等空间管控三条边界，有序布局，为新能源项目可持续发展预留空间，支持新能源项目建设。二是针对光伏建设用地部分，建议单列光伏建设用地专项指标，不纳入建设用地总规模管理，为光伏大规模发展提供用地保障的绿色通道。三是突破土地限制，全面推动"光伏+"，出台专项政策，支持光伏发展。充分利用废弃土地、荒山荒坡、农业大棚、滩涂、鱼塘、湖泊、水库等资源，将光电与农业、渔业、工业、交通、乡村、生态环境等产业整合，提高土地复合利用水平。四是鼓励发展分布式光伏。鼓励在园区、商业中心、学校等区域，利用建筑屋顶建设分布式发电系统。同时探索与其他分布式能源相结合的发展方式，促进河北省各地分布式光伏的就近利用。

（魏孟举、赵贤龙、张书旺）

加快河北省"光伏＋储能"产业市场化可持续发展的建议

一、河北省光伏发电产业发展的基本现状：光伏发电发展快、产业链相对齐全、储能设施趋于不足

（一）光伏发电实现跨越式发展

河北省北部特别是张承地区具备丰富的光伏资源，集中式光伏发展较快，南部分布式光伏发展较多。2020年，全省光伏累计装机容量2190万千瓦，其中集中式光伏装机容量1519万千瓦，分布式容量装机671万千瓦。全省光伏发电量211亿千瓦时，较2015年40亿千瓦时增长427.5%，光伏发电量在全社会用电量中的占比从1.23%增长到5.36%。河北省光伏扶贫装机容量居全国首位。2020年全省新增光伏装机716万千瓦，成为全国年新增装机第一大省，且分布式光伏增量首次超过集中式光伏增量。光伏的规模化发展为电力系统的消纳带来较大压力。近年来电网公司加快推进跨区输电通道以及500千伏保西等工程建设，同步推进特高压和500千伏主网架建设，发展以消纳新能源为主的智能配电网建设，保障了近两年来全省弃光率较低，超额完成消纳任务。

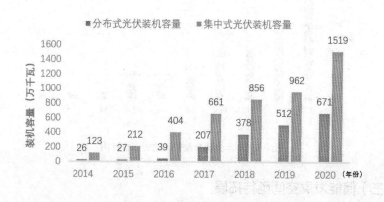

图1 河北省分布式及集中式光伏累计装机容量

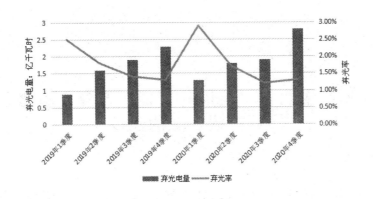

图 2 河北省近两年弃光电量及弃电率

（二）形成较完善的光伏产业链

河北省光伏产业链除缺少最上游的硅材料提纯外（污染大），形成了上游硅棒（片）制造，中游太阳能电池、太阳能电池组件，下游设计安装、光伏发电等完整产业链，其中以太阳能电池产业发展最快。目前河北省共有光伏企业 120 多家，其中太阳能电池及组件企业 26 家，形成了以保定英利等为代表的多晶硅产业集群，以晶龙集团、涿鹿京仪电子等为代表的单晶硅产业集群，以新奥集团、天威集团等为代表的硅基薄膜电池产业集群，以京仪电子为代表的光伏设备生产产业集群。但从光伏产量看，河北省 2020 年列全国第 7 位，总量为 683.9 万千瓦，与江苏、浙江、安徽、四川等第一梯队还有较大差距。

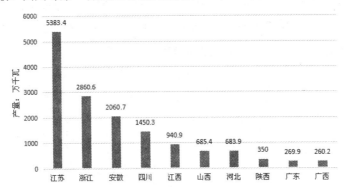

图 3 2020 年光伏产量较大的省份统计图

（三）储能发展空间亟待拓展

储能是光伏产业发展的基础设施和电力调峰的重要手段，新型储能是能源领域碳达峰碳中和的关键支撑之一。光伏储能主要有抽水蓄能、电化学储能（锂、钠离子电池等）、空气能储能等方式。河北省抽水蓄能装机 127 万千瓦（全国抽水蓄能 3149 万千瓦），规划在建抽水蓄能项目 740 万千瓦，其中丰宁抽水蓄能 360 万千瓦，规模居世界第一。储能不足是国内光伏产业发展的普遍性问题。2020 年底，全国光伏累计装机容量 2.53 亿千瓦，已投运与集中光伏配套的储能规模为 66.9 万千瓦。河北省在政策上没有强制要求光伏发电企业配建储能，电化学、空气能等新型储能发展较慢，目前新型储能仅有 3 个项目，装机容量都不大。2020 年河北省已投运集中式光伏配套储能 2.21 万千瓦，仅占全国的 3.3%。河北省光伏在国内累计装机容量处于第 2 位，与光伏配套的储能仅列全国第 8 位。

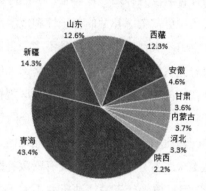

图 4　2020 年各省集中式光伏配储能装机容量占全国比重

二、河北省"光伏 + 储能"产业发展面临的主要问题：配储成本高、政策空间小、产业生态有待优化

（一）储能成本高，市场主体缺乏配建积极性

目前市场上技术比较成熟，应用较多的储能方式是抽水蓄能、电化学储能。抽水蓄能是将光伏能量通过水面升降实现存储和释放，这种传统储能方式兼顾了调峰与储能需求，但须有特定的地形条件，大多在山区水库，投资周期长，多在 5—8 年，且成本较大，一般在 1 元 / 瓦，如石家庄市井陉县张河湾抽水蓄能项目投资约 50 亿元。电化学储能是应用范围最为广泛、发展潜力最大的储能技术，铅酸电池因储放次数少、污染大已基本不用于光伏储能。目前锂电池使用较多，但因锂资源趋于紧张，而钠资源丰富，随着技术的突破，未来钠离子电池将成为电化学储能的主要方式。目前，电化学储能成本较高，综合成本约在 1500 元 / 千瓦时。如 100 兆瓦光伏发电项目，按照 10% 配建储能，成本约需 1500 万元。

光伏仍属靠规模经济的微利行业，配建储能设施对企业生产经营压力较大。目前，河北省光伏发电基本能消纳，弃光率低，企业自主配建储能的积极性不强。但随着未来光伏发电量急剧扩大，电网消纳压力增大，对储能的需求将变迫切。

（二）政策空间小，制订政策面临较多约束

光伏和储能产业发展，主要涉及财政、电价、土地、金融、税收等方面的配套支持政策。总体看，制订政策面临较大的刚性约束。财政方面，近年来，国家对光伏应用补贴政策逐步退坡，今年补贴延续一年，但每度电只补 0.03 元，总资金为 5 亿元。河北省省级没有补贴。目前看，补贴并不完全符合国家导向，河北省财政压力也比较大，更需考虑补贴的公平性和效率。电价和税收政策主要在国家层面，省级操作空间不大，可用政策工具不多。土地方面，除生态红线、基本农田外，近几年随着光伏普及和光伏扶贫，中南部地区可用资源日趋减少，不少项目面临缺乏土地指标问题。金融方面，张承地区规模化光伏发电、抽水蓄能等项目投资高，融资压力大，目前通过 PPA、能源合同管理方式融资少，金融产品创新有待改进。在配建比例上，目前，我国西北地区、山东等对储能明确提出了配比要求，一般在 10% 左右。多地区对储能有财政补贴，如青海省每度电补贴 0.1—0.15 元。河北省因目前光伏资源消纳压力不大，考虑鼓励光伏产业发展、市场公平竞争、不设置准入门槛、不增加企业不合理投资负担等因素，河北省没有强制按一定比例要求配建储能设施。但着眼于未来光伏发电快速扩张的形势，近期，省能源局制订光伏发电项目评优办法，配建储能占 10% 的评分权重，结果作为项目评审的重要参考。

（三）生态圈不健全，市场化的产业生态有待优化

光伏产业生态圈需要围绕具有核心技术和市场竞争力的主导产业可持续发展构建多维网络体系。目前，在光伏和储能产业布局上，国家尚未制订有关政策，河北省也尚未明确提出光伏和储能产业布局。在产业链上，河北省光伏产业形成了原材料、光伏电池板及光伏组件、光伏应用领域相对齐全的产业链，但光伏装备制造龙头企业面临转型压力，储能领域企业少、实力弱。在技术上，光伏电池效率、储能利用率、生态环保、安全、成本等方面技术还有待突破，在财政、金融、土地、电价等方面政策配套协同和扶持力度不够，相关人才质量和基础设施方面还有待改善，政府审批和服务的效率需要进一步提高，市场化、法治化、便利化的营商环境亟待构建。

三、加快河北省"光伏＋储能"产业市场化可持续发展的建议：趋势发展壮大市场、完善配套支持政策、构建良性循环生态圈

（一）紧抓光伏爆发式发展窗口期，政企联动培育壮大河北省光伏市场

1. 根据资源禀赋明确光伏和储能产业布局

产业发展大多有特定的时代背景和政策机遇。政企联动，抓住了发展机遇，产业就能发展起来，就能占领市场，赢得主动和发展先机。随着"双碳"战略的实施和整县推进光伏试点的开展，光伏和储能产业面临爆发式发展的窗口期。建议河北省抢抓历史契机，深入研究分析光伏与储能产业发展前景和趋势，摸清河北省可用于发展光伏和储能产业的资源家底，对接国家有关政策导向，统筹规划各地光伏和储能产业发展规模及项目布局，并做好与相关规划的衔接。从资源禀赋看，河北省张承地区、沿海地区、沿太行山区适合以基地形式大规模规划建设集中式光伏发电基地，中南部地区适合发展分布式光伏。建议河北省对接国家相关政策要求，研究制订系统配套的扶持政策，引导支持企业抢抓市场先机。

2. 抓住整县推进试点机遇发展壮大光伏＋储能产业

近日，国家发改委发文开展整县（市、区）屋顶分布式光伏开发试点，作为推进"双碳"战略的重要措施。文件明确提出"党政机关建筑屋顶总面积可安装光伏发电比例不低于50%，学校、医院、村委会等公共建筑不低于40%，工商业厂房不低于30%，农村居民屋顶不低于20%"。河北省建筑屋顶资源丰富、分布广泛，开发建设屋顶分布式光伏潜力巨大。建议有关部门积极组织申报试点，组织试点地区开展屋顶资源调查，明确建设模式、运行模式、接网消纳、收益分配。明确投资主体条件，确保投资主体有实力推进试点项目建设。会同财政部门研究财政补贴的可行性，会同乡村振兴部门研究整合乡村振兴各类项目资金给予支持。

3. 因地制宜引导支持光伏发电配置储能设备

目前，山东、青海、宁夏、内蒙古等省市区对配置储能设备比例作了明确要求，配比基本在5%—10%之间，储能时长2小时以上。根据河北省光伏发展实际情况，考虑未来发展需求，河北省可提出鼓励光伏配置储能设备的政策。考虑河北省光伏装机容量基数大，发展快，为了保障稳定的能源供应，光伏储能按不低于15%配建。储能时长一般按照2小时以上配置。健全储能项目激励机制。对于配套建设新型储能的光伏发电项目，动态评估其系统价值和技术水平，在竞争性配置、项目核准（备案）、并网时序、系统调度运行安排、保障利用小时数、电力辅助服务补偿考核等方面给予适当倾斜。

表1 新能源配储能的政策

省市	时间	文件	文件简介
大同	2021年1月13日	《大同市关于支持和推动储能产业高质量发展的实施意见》	"十四五"期间，大同市增量新能源项目全部配置储能设施，配置比例不低于5%；存量新能源项目鼓励企业分期适量配置，优先对微电网、增量配电、独立园区等具备条件的用户配置。同时文件还指定储能产品的起点标准要达到单体电芯容量280Ah及以上，循环寿命≥8000次。
宁夏	2021年1月11日	关于加快促进自治区储能健康有序发展的指导意见	"十四五"期间，新能源项目储能配置比例不低于10%、连续储能时长2小时以上。原则上新增项目储能设施与新能源项目同步投运，存量项目在2021年底前完成储能设施投运。
青海	2021年1月18日	关于印发支持储能产业发展若干措施（试行）的通知	新建新能源项目配置储能容量原则上不低于新能源项目装机量的10%、储能时长2小时以上。并对储能配比高、时间长的一体化项目给予优先支持。实行"水电＋新能源＋储能"协同发展模式，新建、新投运水电站同步配置新能源和储能系统，使新增水电与新能源、储能容量配比达到1:2:0.2，实现就地平衡。
内蒙古	2021年1月25日	内蒙古自治区可再生能源电力消纳保障实施方案	自治区能源局会同自治区工信厅督促各市场主体，通过配套储能设施、可调节负荷、自备机组参与调峰、火电灵活性改造等措施，提升可再生能源电力消纳能力。
山东	2021年2月19日	2021年全省能源工作指导意见	建立独立储能共享和储能优先参与调峰调度机制，新能源场站原则上配置不低于10%储能设施。全省新型储能设施规模达到20万千瓦左右。

4．鼓励结合源网荷不同需求探索储能多元化发展模式

大力推进电源侧储能项目建设，为电力系统提供容量支撑及一定调峰能力。探索利用退役火电机组的既有厂址和输变电设施建设光储设施。积极推动电网侧储能合理化布局。通过关键节点布局电网侧储能，提升大规模高比例新能源及大容量直流接入后系统灵活调节能力和安全稳定水平。围绕重要负荷用户需求，建设一批移动式或固定式储能，提升应急供电保障能力。积极支持用户侧储能多元化发展。推动光伏储能与微电网、大数据中心、5G基站、充电设施、工业园区等其他终端用户融合发展。为降低配建储能成本，提高使用效率，可借鉴建设大数据中心的思路和模式，鼓励支持有条件的地方集中建设光伏共享储能基地。

（二）紧盯国家即将出台的系列政策，完善支持河北省"光伏＋储能"产业链发展的政策体系

据了解，国家能源局正在研究制订新型储能发展的规划、指导意见和管理办法等文件，建议河北省待国家相关政策明确后，研究制订相应落实政策。

1. 通过支持骨干企业发展带动提升光伏和储能产业竞争力

依托具有自主知识产权和核心竞争力的骨干企业，通过重大项目建设，带动光伏＋储能上下游产业发展。根据各地资源禀赋、技术优势、产业基础、人力资源等条件，推动建设一批光伏储能产业化基地。支持光伏产业链技术改造升级。设立光伏和储能领域技术升级改造项目，优先支持光伏产业链制造企业技术升级，对于集群化、配套完善的集团企业给予一定倾斜。支持企业开拓"一带一路"沿线国际市场。引导光伏企业在沿线国家建设光伏产业园、投资光伏电站、储能设施，加大对沿线国家的光伏和储能产品出口。

2. 对接国家导向完善有利于降低光伏储能成本的电价政策

落实国家电价改革政策，加快增量配电业务改革和电力现货市场建设，完善电力市场化交易机制，支撑构建多样化的光伏储能商业模式。完善峰谷电价执行机制，扩大高峰、低谷电价价差和浮动幅度。提升光伏储能盈利空间。建立完善"按效果付费"的电力辅助服务补偿机制，深化电力辅助服务市场机制，鼓励储能作为独立市场主体参与辅助服务市场，探索将电网替代性储能设施成本收益纳入输配电价回收，探索建立储能容量电费机制，推动储能参与电力市场交易获得合理补偿。

3. 研发与转化双轮驱动光伏储能技术进步和成本下降

加强对先进储能技术研发任务的部署，设立储能技术研发专项，开展前瞻性、系统性、战略性储能关键技术研发，集中攻克制约储能应用与发展的规模、效率、成本、寿命、安全性等方面的瓶颈技术问题。推动锂、钠离子电池等新型储能技术成本持续下降和商业化规模应用。实现压缩空气、液流电池等长时储能技术进入商业化发展初期，加快飞轮储能、钠离子电池等技术开展规模化试验示范。以需求为导向，探索开展氢储能及其他创新储能技术的研究和示范应用。鼓励开展储能产业化示范、首台（套）重大技术装备示范、科技创新（储能）试点示范，支持符合条件的储能装备申请享受首台（套）重大技术装备保险补偿政策，推动储能产业智能升级和储能装备应用推广。

（三）紧贴各类市场主体需求，构建市场化可持续发展的"光伏＋储能"产业生态圈

1．打造有利于光伏储能产业发展的营商环境

建议借鉴江苏省的做法，简化储能项目审批手续、加强规划统筹发展和分级分类协调管理，优化项目备案（审批）流程，明确消防、土地、环保等相关部门职责和程序，增强服务意识，提高审批效率、备案速度和服务效能，加快储能项目落地，降低制度性交易成本，为推动光伏储能产业发展，营造市场化、法治化、便利化的营商环境。

2．积极为企业提供多元化要素协调保障

在土地、金融、人才、税收等方面给予光伏储能发展更多支持，鼓励地方政府、企业、金融机构、技术机构等联合成立储能产业投资基金，促进产融互通和优势资源整合。鼓励支持金融机构创新金融产品，以PPA、合同能源管理等形式为企业提供信贷支持。在人才培养、平台搭建、产业联动、园区建设、产业规模等方面加大投入力度，稳步布局储能产业链，协调电网加大消纳容量，构筑产业生态圈。

3．以"光伏＋制氢"为重点扩大光伏储能应用场景

光伏储能产业发展将有力推动河北省氢能产业发展。把光伏发电难以消纳的部分用于制氢，将光伏发电与氢能两种清洁能源结合利用，打破电网平衡对光伏发电承载能力的局限。在屋顶光伏、节能建筑、围墙、公路、汽车、农业、渔业、移动穿戴、广告牌等方面进一步探索扩大光伏及储能应用，推动"光伏＋储能"与超低能耗建筑融合发展，拓展应用场景，丰富商业模式。

4．强化储能安全发展环境

关于储能的标准与安全规范，目前无论是国家、河北省还是行业协会都缺少完善的标准质量体系。建议对储能安全责任主体进行规范化和精细化划分，完善优化储能建设、并网和运行相关管理程序，健全标准、检测和认证体系。严格储能项目全生命周期风险管控，在系统设计之初就考虑环境和误操作等因素带来的风险。认证检测从企业研发阶段便开始介入，从源头为整个项目注入安全基因。同时，评估集成、安装、运输、运行维护和退役回收等周期内的风险，提升储能行业建设运行安全水平。加强生产经营安全维护和监管，防止和减少安全事故发生，为光伏储能产业发展创造一个可持续发展的环境。

（魏孟举、赵贤龙、刘钊）

河北省新型储能发展的技术经济分析及政策建议

一、新型储能发展形势

新型储能是实现碳达峰、碳中和目标和构建新型电力系统的关键支撑。我国提出碳达峰碳中和目标，并承诺了 2030 年我国新能源达到 12 亿千瓦以上的目标。构建新能源为主体的新型电力系统必将催生对大规模容量储能的需求。4 月发布的《关于加快推动新型储能发展的指导意见（征求意见稿）》提出，2025 年装机规模达 3000 万千瓦以上。河北省风电、光伏等新能源的大规模发展将对电力系统产生巨大冲击，新型储能能够有效提升新能源利用水平和电力系统灵活性，将在推动能源领域碳达峰、碳中和的进程中发挥重要作用。

新型储能经济性是推动储能产业发展的关键因素。现有储能技术路线多元，除抽水蓄能外的新型储能技术处于应用示范阶段或大规模应用起步阶段。尽管近 10 年来电化学储能成本下降达 80% 以上，但依然不具备市场化的竞争能力。面对越来越大的市场需求以及不断涌现的新场景新挑战，需要基于不同技术路线持续开发大容量、低成本、长寿命、高效率、高可靠性与高安全性的先进适用技术。其中，储能经济性成为当前推动储能产业市场化发展的关键因素。

政策支持和产业布局是河北省储能发展的重要优势。河北张家口作为国家级可再生能源示范区，具有先行先试的政策支持和丰富的光伏、风电等可再生能源基础。在政策层面，示范区可建立适应可再生能源大规模融入电力系统的新型规划管理体制、电力市场体制、区域一体化发展机制、利益补偿机制，具有先行先试的政策优势。在储能产业布局层面，张家口地区已开展风光储等示范工程为示范区可再生能源大规模开发应用提供支撑，也为地区储能产业发展打下了坚实的基础。

二、发展模式和经济性分析

我国电化学储能成本已经实现了大幅下降，10 年间，锂离子电池成本下降幅度达到了 80%，但是对于大规模应用，储能成本依然较高。目前，受政策波动大、机制不健全、商业模式不成熟等因素影响，各类储能电站投资回报并不乐观。

（一）成本分析

电化学储能平准化发电成本远高于各地的风电与光伏指导价，也高于部分地区的调峰电价。通过调研分析，常用电池储能的建设成本如下：铅酸电池系统建设成本为 700—1000 元 / 千瓦时；磷酸铁锂电池为 1400—1900 元 / 千瓦时；全钒液流电池为 3000—3550 元 / 千瓦时。近期，随着原材料价格的上涨，锂电池储能成本略有上涨。根据各类型储能技术的建设成本和物理特性，其平准化发电成本如下：磷酸铁锂电池为 0.62—0.82 元 / 千瓦时，铅炭电池为 0.61—0.82 元 / 千瓦时，全钒液流电池为 0.71—0.95 元 / 千瓦时。

（二）经济性测算

假定储能（磷酸铁锂）容量为 10 兆瓦 /20 兆瓦时，投资成本为 3000 万元（单位建设成本 1500 元 / 千瓦时），对河北省储能应用的主要场景进行经济性测算，结论如下：

一是调峰电价无法保障储能收益。《关于继续开展第三方独立主体参与华北电力调峰辅助服务市场试点工作的通知》是华北地区储能参与调峰的主要政策性文件。按照文件规定，第三方独立主体申报价格上限为 0.6 元 / 千瓦时，但实际运行阶段价格约为 0.2 元 / 千瓦时。经计算，储能参与深度调峰的内部收益率为—36%。

二是用户侧应用储能不具有经济效益。较大的峰谷电价差是保障储能收益的关键影响因素，但是大部分地区并不具备上述条件。以河北北部地区工业 1—10 千伏的目录电价为计算参数，并考虑尖峰电价，储能内部收益率为—9.03%，难以商业化运作。

三是参与调频具有一定的收益。根据华北能监局"两个细则"中的 AGC 补偿规则，其中调频价格为固定价格 5 元 / 兆瓦，经计算，若储能收益率为 8%，寿命需要超过 5 年。但由于调频过程中储能动作频繁，成本回收年限已超过储能循环次数。

四是储能将降低新能源收益率。在不提供配套政策情况下，新能源强制配储能，从经济方面看，若仅利用储能缓解新能源限电，储能收益率较差。以河北北部（光伏Ⅱ类地区）为例，光伏电价为 0.4 元／千瓦时，储能的内部收益率为—8.23%。一个 10 万千瓦的光伏项目配套 20% 的储能，将带来约 1.5 元／瓦时的配储能成本，共计额外花费约 6000 万元，约占光伏项目总投资的 13%，光伏电站的内部收益率下降 1.4 个百分点。

五是可延缓配电网投资但成本无法疏导。为解决配网"卡脖子"问题，通常做法是增加配电馈线及变电站容量。但在实际工程中，例如偏远地区馈线长、特殊地区施工难度高的都将导致配网改造时间紧、成本高，同时考虑到负荷已经进入缓慢增长期，如每年 2%—4% 增长速度，高成本投入解决慢速增长的负荷导致电网经济效益较低。在一定场景下建设储能，能够延缓配网建设，节约电网企业的资金成本，但由于缺乏政策支持等多种因素，企业投资成本仍在 进一步降低的空间。

三、河北省新型储能发展建议

（一）构建多元商业模式

一是充分调动储能多种功能。储能不应仅限于缓解限电，应充分发挥储能在调频、调峰、备用等方面的功能，实现功能多元化、收益多元化。在成熟的欧美电力市场，储能往往能够在电力辅助服务市场获得 2—9 种叠加收益。建议允许新能源场站内储能作为独立主体提供调峰和调频功能，获得补偿。优化调度方式，在灵活性电源调用过程中优先考虑储能，增加调用频次，提升储能收益。经计算，若年调用次数从 300 次提高到 365 次，储能内部收益率将提高近 6 个百分点。

二是推进共享模式发展。不同类型的新能源电站、不同地点的新能源电站等，发电出力存在时间上的差异和互补特性，例如风电峰值功率在夜间，光伏在中午。建议在新能源汇集点处建设储能，充分发挥储能对不同发电场站的经济价值。借助大电网互联优势，推动储能在更大范围内参与调节。计算结果表明，在共享储能模式下，在投产后的 6.76 年后即可收回投资。

三是对储能给予一定的补贴。储能收益主要与新能源电价有关，为确保 8% 的收益率，储能度电收益需要达到 0.796 元／千瓦时；若以光伏电站为补贴对象，需要对光伏电价补贴约 3.3 分／千瓦时。除此之外，可将配备储能的新能源企业上网小时数提升 200 小时，或将非技术成本降低 5 个百分点等，进一步降低储能对内部收益率的影响幅度。

（二）建立健全市场机制

一是建立电力现货市场。欧洲储能电站运行经验显示，储能 40% 以上的收益来源于现货市场，即现货市场的电价差是盈利的重要途径。建议建立现货市场，允许储能参与套利。在现货市场的电价限值方面，应充分拉大最低价与最高价的差距。现货市场是将储能补贴、辅助服务补偿等消纳成本疏导到用户侧的基础条件，未来巨额消纳成本持续在发电侧消化的方式难以为继。

二是完善辅助服务市场。储能的辅助服务收入主要来源辅助服务分摊。目前辅助服务分摊主要由发电企业承担，未能有效疏导，导致费用总额受限。建议按照"谁受益、谁付费"的原则，将储能的成本疏导至用户端。另外，辅助服务政策应保持稳定与连续，为行业发展提供稳定的预期。

三是建立容量补偿机制。对标抽水蓄能，建立电网侧独立储能电站容量电价机制，满足电能量标准的储能系统，按照额定功率给以容量补偿。获得容量补偿的储能系统应具备由电网直接调控的技术手段。研究将电网替代性储能设施成本纳入输配电价回收。

（三）优化储能发展规模

一是合理选择储能规模。根据计算，若完全满足 5% 弃电率要求，需要求增量以及存量新能源场站配置 20% 新能源功率和 3 小时的储能。但这将大幅增加企业成本。建议结合火电灵活改造、抽水蓄能建设、用户侧响应互动等多种方式，科学合理选择储能规模。

二是充分发挥规模对技术进步作用。储能发展应注重新型技术的研发与应用，逐步促进储能在效能、安全等方面的提升，充分发挥规模与技术进步之间的相互促进作用。为确保 8% 内部收益率，储能单位投资成本需要从 1500 元／千瓦时降至 754 元／千瓦时，降幅需要达到 50%。

（岳昊、李顺昕、江璐）

河北省氢能产业发展态势及对策建议

在"双碳"目标背景下，氢能作为一种绿色环保能源遇到了前所未有的发展机遇。预计到 2030 年和 2050 年，全国氢气需求量分别将达到 3500 万吨和 6000 万吨，终端能源占比分别达 5% 和 10% 以上。为将河北省打造成为全国氢能产业创新发展的高地，本报告梳理当前国内外氢能产业发展情况，全面分析河北省氢能发展优势、发展潜力及需要关注的问题，进而为河北省氢能发展提出相关建议。

一、氢能产业发展概况

从全球格局看，据不完全统计，截至目前占世界 GDP70% 的 20 余个国家制订了氢能发展战略，全球直接支持氢能源部署的政策总计 50 余项。其中响应最积极的是日本、欧盟、美国和韩国等。2015 年—2020 年，全球加氢站保有量增加了 3 倍。2020 年全球加氢站新增 121 座，总数达到 553 座；亚洲和欧洲成为氢能产业发展最快速的地区。2020 年全球新增加强站排名前四的国家分别为德国（14座）、中国（18 座）、韩国（26 座）、日本（28 座）。

图 1 2014—2020 年全球加氢站数量变化情况 [1]

---

[1] 数据来源：H_2 stations 前瞻产业研究院。

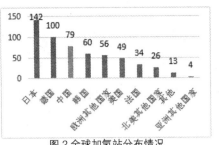

图 2 全球加氢站分布情况

从我国环境看，为实现 2060 年碳中和目标，我国氢气的年需求量将从目前的 3342 万吨增至 1.3 亿吨左右，在终端能源消费体系中占比达到 20%。目前，我国氢能产业发展呈现四大态势：

一是国家政策持续加码，地方措施接连出台。2020 年我国已有 20 余个省（自治区、直辖市）、市县出台氢能产业专项政策约 42 个。省级、市级、县级政策占比分别为 28.6%、54.7%、16.7%。从区域上看，江苏、山东、浙江、广东等沿海经济较发达地区相关政策出台数量多、密度大，其中江浙地区县域城市发展氢能产业热度最高。从产业链看，政策聚集产业链中下游，涵盖加氢站技术、核心技术研发和氢燃料电池汽车等三个方面。

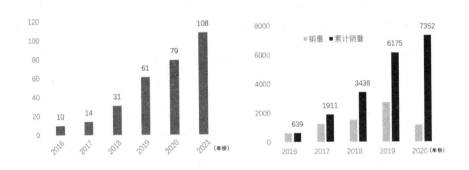

图 3 我国运营加氢站数量（座）　　　图 4 我国燃料电池汽车保有量（辆）

二是产业规模不断扩大，企业数量持续增加。从产业规模看，当前我国氢气产能约 4100 万吨／年，产量约 3342 万吨，位列世界第一，氢能应用行业工业产值将近 4000 亿元[1]。截至 2021 年 3 月，我国加氢站共建成 131 座，其中 108 座在运营，65 座正在建设，122 座在规划建设中。从企业数量看，央企入局并持续

[1] 数据来源：2020 年氢应用发展白皮书。

发力,中石油、中石化、国家能源集团等二十余家大型央企纷纷跨界发展氢能产业。涉及储运加氢燃料电池等多个高技术含量的环节。截至2020年底,中国氢产业链相关企业数量达到2196家,其中氢产业相关数量排名前三的省份为广东381家、江苏229家、山东159家。

三是产业结构逐步完善、技术路线日渐明确。我国在2020年加快布局产业链关键环节,初步形成了较为完整的产业链条。上游制氢方面,我国拥有相对成熟的规模化生产技术(化石原料制氢、工业副产氢)和较明确的长期发展方向(可再生能源电解水制氢)。中游储运方面,大规模安全储运是现阶段氢能商业化应用亟待的"瓶颈",高压气态储氢为主要技术方向。氢应用方面,氢作为能源消费市场规模依然很小,未来,氢能在工业、交通、建筑与发电领域逐步渗透,并将提供80%的氢能需求。

图 5 我国氢气生产结构与产能分布 [1]

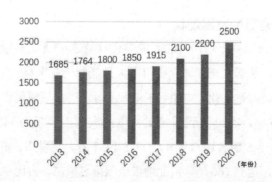

图 6 我国氢能产量增长情况（万吨）

[1] 数据来源:中国氢能联盟在"十四五"氢能发展论坛公布数据。

四是产业布局初步形成，集聚效益初显成效。区域的协同分工明显、专业化的集群有望涌现。目前形成了长三角、珠三角、环渤海、川渝鄂氢能产业发展四大集群。长三角地区作为示范领先区域全国领跑，是燃料电池车的研发和示范领先的地区，代表城市上海、苏州、宁波、嘉兴、南通、六安。珠三角地区作为先发地区超前发展，是加氢网络建设最成熟、氢能和燃料电池示范较好的地区，代表城市佛山、广州、深圳。环渤海地区以冬奥会为契机，重点做绿氢制备，关键零部件及技术研发，代表城市北京、张家口、济南、潍坊、大连。川渝鄂地区是资源支撑型，是可再生能源至今还有电池电堆研发的重要地区，代表城市武汉、成都、重庆。

二、河北省氢能产业发展潜力及需要关注的问题

河北省氢能产业处于国内领先地位，产业发展具有"四大发展优势"：一是氢气资源优势，河北省是钢铁、煤炭和化工大省，具有丰富的工业副产氢（唐山、邯郸）和富余的可再生能源制氢（张家口、承德）等资源优势。二是产业规模优势，培育北京亿华通、中船重工（718所）、长城汽车等一批氢能领域知名企业，技术研发力量雄厚。三是应用示范优势，借助冬奥会，在张家口应用氢燃料电池公交车304辆，起到了良好示范作用。四是区域优势，京津冀一体化给河北氢能发展提供了巨大的市场，尤其是北京、天津两座城市的强大的能源消费能力，将直接拉动河北省氢能产业的发展。

（一）河北省氢能发展现状

据各省已发布数据来看，河北氢能项目数量达85个，位全国第一；项目投资总额达405亿，位居全国第二；吸引了大批氢能企业聚集，如中氢科技、张家口海珀尔新能源、河钢工业、中船重工718所等。产业规模现状如下：

一是车辆方面。2020年我国氢燃料电池汽车上险量为1499辆。其中客车1353辆，专用车146辆。1499辆车分布在14个省、直辖市，其中广东省占全国总量的一半以上，达到760辆，河北增量全国排名第三，占比9%。

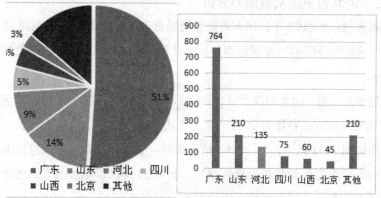

图 7 2020 年新增氢燃料电池车上险量[1]

二是加氢站方面。我国 26 个省份有加氢站建设计划，其中 19 个省份已有建成加氢站。目前我国加氢站主要集中在东部沿海较为领先的省市，如广东、上海等。其中，河北已运营、已建成、在建及拟建的加氢站共 36 座，全国排名第三，已建成加氢站数量 6 座，全国排名第七。

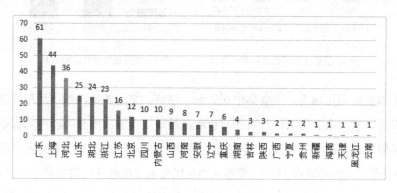

图 8 全国加氢站分布（已运营、已建成、在建及拟建）

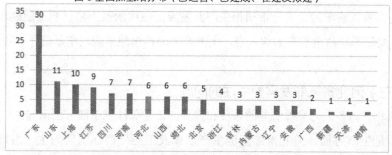

图 9 全国加氢站分布（已建成）

---

[1]　表格及数据来源：氢能和燃料电池产业平台。

（二）河北省氢能发展潜力分析

根据预测，到 2025 年，河北省能源消费总量控制在 3.55 亿吨标准煤[1]，氢能达到终端能源消费 4%（全国近期目标）计算，河北省氢气的年需求量预计达到 355 万吨。

从氢源方面看，河北钢铁产量曾连续 17 年位居全国第一，工业副产氢丰富；2019 年风力发电装机容量 1624 万千瓦，光伏发电装机容量 1474 万千瓦。累计发电量分别达到 1392 亿千瓦时、1263 亿千瓦时。碳中和背景下，绿氢需求的激增将有力瑞东可再生能源装机容量的增长。到 2030 年，以电解水方式生产 100 万吨氢气将消耗月 55 太瓦时的可再生能源。

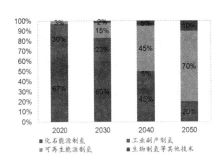

图 10 氢能在我国能源体系同占比　　　图 11 我国氢气供给结构预测

从氢能应用市场看，主要集中在工业、建筑、交通领域，预计汽车氢能应用将获突破。氢工业中化工、石油炼制和冶金是最主要的应用领域，河北省钢铁行业用煤如果完全被氢气替代，将产生大量氢能需求；氢建筑领域利用氢气通过发电、直接燃烧、热电联产（CHP）等形式为居民住宅或商业区提供电热水冷多联供，预计氢气价格低至 10—20 元／千克时，在分布式供暖方面氢气可以和天然气竞争。氢交通领域以整车为龙头，带动相关产业发展，应用示范上将以职工通勤车、公交车、物流车和载重货车为切入点，大力推进燃料电池重载汽车示范。

（三）河北省氢能发展要关注的问题

河北省具备大力发展潜能的条件和优势，仍需关注以下四方面问题：

一是生产方面，河北南部氢能生产以煤及工业副产品制氢为主，电制氢较少；河北北部张家口代表主要以可再生能源制氢为主。需要关注制氢成本问题。

---

　[1]　数据来源：国网能源研究院测算。

实现零碳绿色供能须依靠新能源电力制取"绿氢",但目前成本较高。随着新能源装机规模增加和发电成本进一步下降,利用低谷电量、弃风弃光电量制备绿氢将具备经济可行性。按目前我国电解水制氢能效水平,若弃风弃光电价降低至 0.2 元 / 千瓦时,绿氢制取成本可降至 10.68 元 / 千克,基本与煤或天然气制氢成本相当;若弃风弃光电价降低至 0.1 元 / 千瓦时,绿氢制取成本可降至 5.34 元 / 千克,远低于化石能源制氢成本。

表 1 不同制氢工艺技术路线对比 [1]

制氢方式	煤气化制氢(元 / 千克)
化石原料制氢	煤制氢 9.7 元 / 千克、天然气制氢 12.77 元 / 千克
工业尾气制氢	12.98~16.8 元 / 千克
电解水制氢	常规 48 元 / 千克、风电 9.8~20.3 元 / 千克(预计 2030 年) 5.6~7 元 / 千克(预计 2050 年)

二是储运方面,从储运技术、装备研发方向看,河北省氢能示范主要围绕工业副产氢和可再生能源制氢地附近(小于 200 公里),氢能储运采用"高压气态储氢 + 长管拖车"储运方案,技术成熟但成本随运输半径大幅上涨。从河北省制氢项目分布看,河北南部气源地以邯郸、定州、邢台、石家庄为主,而用气中心以氢能利用示范城市石家庄、定州为主。河北北部以张家口、唐山、承德为主,用气中心以氢能利用示范城市张家口、唐山为主。目前国内尚未形成规模化加注网络,可探索利用现有的天然气基础设施输配氢气。另外,"远氢近电"模式氢气运输成本随距离增加上升,"远电近氢"模式受距离影响不大,当绿氢运输距离大于 140 公里时,"远电近氢"模式将更具经济性。

表 2 氢能"远氢近电""远电近氢"储运方式比较

运输距离	100 公里	140 公里	180 公里
远氢近电	8.99 元 / 千克	12.45 元 / 千克	15.92 元 / 千克
远电近氢	12.39 元 / 千克	12.39 元 / 千克	12.39 元千克

三是氢气价格方面,氢气的大规模、低成本、高效的制备和运输是降低氢气价格的首要解决难题。当前氢气交货成本远大于同等能量水平下的汽柴油成本。汽车行驶每 100 公里,需要消耗 1kg 氢气或 6—7 升汽油,每升汽油价格为6.5—7 元左右,因此每百公里的汽油成本为 39—49 元,即只要氢气的成本降至 40 元 / 千克以下,氢气能源较之传统汽油就有成本优势。但现阶段国内氢站氢气零售价格普遍为 60—70 元 / 千克,明显高于传统汽柴油的交货成本,如果

[1] 数据来源:国联证券研究所。

氢燃料电池公交车运行成本要达到和柴油车同等水平，氢气售价需要大幅降低。

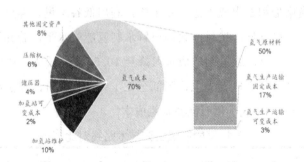

图 12 加氢站氢气售价价格组成

四是关键技术方面，一是 P2X（Power to X， P2X）电转其他能源技术。正逐步具备商业价值，据国网能源院预测，到 2025 年、2035 年、2050 年，我国 P2X 用电市场规模将达 1.1 万亿、2.1 万亿、4.0 万亿千瓦时。二是小型燃料电池热电联供技术。综合能源效率高达 95%，已在日本实现了家庭领域商业应用（商用名 ENE—FARM）。目前在河北尚不具备商业开发条件，但随着设备成本继续降低和清洁取暖需求增加，有望在家用热电联供领域实现应用。三是氢储能发电技术。氢储能发电是一种利用氢气作为能源储存介质，可应用在终端用能价格高、用能需求多元、电网扩容困难的区域，解决电网削峰填谷、新能源稳定并网问题。

三、加快河北省氢能产业发展的建议

为更好推动河北省氢能产业发展，提出以下四方面建议：

第一，展开区域战略合作，构建氢能发展共享平台。

随着布局氢能城市的增加，单个城市发展无法与区域发展竞争，氢能产业已经具备单点城市向区域发展的条件。氢能发展第一梯队的珠三角、长三角地区积极展开战略合作，成立氢能产业联盟，构建氢能发展共享平台。建议河北省联合京津冀地区优势资源与独特优势，发挥各自特长，精诚协作，共同培育氢能新业态，共享氢能新机遇。

第二，加强国企与民企合作，共同打通氢能供应链。

由于氢能产业尚处于发展初期，存在技术不确定性、基础设施建设滞后等问题，需要国企和民企各尽所长，共同打通氢能供应链。建议中石油、中石化等国企侧重氢能供应链中上游，即氢能资源开发、基础设施建设等环节，为氢能"降成本"、提供基础性公共服务等；民企侧重氢能供应链下游，即技术研发、关键材料设备制造等，特别是及时响应国内外市场变化，与时俱进调整产品结构和技术路线。

第三，因地制宜、分型分策推进氢能综合示范区建设。

近几年，尽管我国多数省市都开展了积极探索，但尚未形成"放之四海而皆准"的发展模式。建议河北省立足于各地区、行业氢能产业格局和当地实际情况，综合考虑资源禀赋、产业基础、现实诉求等因素，选择有代表性的地区、有所侧重进行示范。在雄安"近零碳示范区"框架下开展电氢供能示范。另外，随着河北省启动整县推进光伏分布式建设，光伏制氢为光伏发电创造了一个新的应用场景，为解决光伏发电消纳问题，建议河北省开展"整县光伏＋制氢"应用项目示范。

第四，积极开展合作交流，树立氢能发展"河北模式"。

目前河北省已成为全国最活跃的氢能市场，已开始吸引全国头部企业和高端人才团队集聚。建议河北省以可再生能源资源优势、巨大的终端应用市场空间为依托，更加积极地开展先进技术及产业合作，带动河北省氢能技术快速提升，提高河北省在氢能产业圈的影响力，冲进全国氢能产业的"第一梯队"。

（胡梦锦、李嘉恒、刘钊）

伍

服务
智慧
城市篇

雄安新区智能城市电网形态研究

一、智能城市相关研究与建设实践情况

（一）智能城市内涵及特征分析

1. 智能城市内涵与目标

智能城市（智慧城市）概念起源于 2008 年 IBM 公司提出的"智慧地球"，随着技术的发展与理念的创新，智能城市的内涵与外延都在不断丰富和完善。

目前，主流研究机构、企业与学者按照建设目标，主要从城市运行、城市发展与系统论等不同角度切入，对智能城市概念进行论述，相关研究与建设实践仍处于起步阶段。综合国内外主流观点（表 1），智能城市是指利用各种信息技术或创新概念，将城市的系统和服务打通、集成，以提升资源运用的效率，优化城市管理和服务，以及改善市民生活质量。智能城市建设投入具有长期性，在技术基础、城市功能与发展空间等方面将持续创新，不断进步。

表 1 关于智能城市内涵的主流观点

观点	来源
全面物联、充分整合、激励创新、协同运作	IBM
物联网、面向应用和服务、与物理城市融为一体、能实现自主组网和自维护	武汉大学 李德仁
数字化、智能化、网络化、互动化、协同化、融合化	上海浦东智慧城市发展研究院
全面透彻的感知、宽带泛在的互联、智能融合的应用、以人为本的可持续创新	北京大学遥感与地理信息系统研究所 宋刚、邬伦
深层的感知、广泛的互联、高度的共享、智慧的应用	中国电子技术标准化研究院
信息（Information）、智能（Intelligent）、创新（Innovation）、市民与城市互动（I with City）	中兴通讯
智慧技术高度集成、智慧产业高端发展、智慧服务高效便民	1. 天津社会科学院城市经济研究所 陈柳钦；2. 浙大—国脉智慧城市研究中心研究员 姜德峰；3. 上海交通大学 李海俊、北京邮电大学 芦效峰、同济大学 程大章

2. 智能城市的三大特征

综合国内外主要研究成果及案例分析，区别于传统城市，智能城市发展建设一般具备三大特征。

一是技术领先，在城市的规划、建设、运营及管理中，充分应用互联网、物联网、大数据、云计算、人工智能及 5G 通信等全新的数字技术（信息通信技术），打造基于传感网络、数据信息以及服务应用的"数字城市"，是智能城市的基础架构。

二是元素重构，区别于传统城市，智能城市将各要素在统一平台下进行重新的排列组合与优化，降低政府、企业、市民、设施等要素的信息差，实现相互促进与共同发展；同时，智能城市将公共资源和公共产品进行精细化管理，实现产业、交通、建筑、医疗、教育等资源的科学调配。

三是理念先进。智能城市是城市发展的高级形态，成功的智能城市建设是以实现城市的人文化、精细化和动态化管理，提升城市的综合保障和服务配套能力、培育更优美的生态环境，更有效率、有针对性的改善市民生活质量为目标，进行顶层设计与长期规划。

（二）国内外智能城市建设发展情况

1. 发达国家起步早、发展慢

从理论研究看，自 20 世纪 90 年代以来，发达国家出现了智能城市相关研究，2008 年 IBM 的"智慧地球"理念对全世界的城市发展、基础设施建设与公共服务领域产生了深远的影响。2011 年起，随着信息技术发展，智能城市相关成果大量涌现，研究重点主要集中在计算机科学与电子技术应用、绿色能源节能减排领域、公共行政与公共服务领域。

从建设实践看，发达国家基于主要城市，逐步探索建立了多种智能城市发展模式，无论美国的技术引领还是日本的渐进发展模式，普遍通过技术研发与应用实现智能城市建设目标。受人文基础、建设环境等因素影响，主要基于"点状"政策或理念驱动的智能城市在国外发展缓慢，成功的案例较少，多数城市处于理论研究与设想阶段。

2. 国内智能城市起步晚、发展快

从理论研究看，自 2010 年 IBM 将其智能城市概念在中国的持续有效推广，国内研究开始不断深入，研究重点主要集中在物联网技术应用、智慧建筑交通旅

游以及社区等领域、顶层规划设计理念三个方面。

从建设实践看，2013年国家住建部启动第一批试点，深圳、宁波、佛山、扬州、南京、上海、北京等市纷纷加入到智慧城市建设行列，发展模式主要是政府主导的运营商投资建网模式。我国已公布的三批智慧城市试点共计290个，"十三五"规划明确提出或正在建设的已超500个。此外，中国智慧城市建设在纵向上不断拓展和延伸，向上拓展至智慧城市群，向下延伸至智慧城镇。在住建部前后三次公布的290个国家智慧城市试点名单中，县级城市有100个左右，区和新区有100个左右。伴随新型城镇化的持续推进，国内智能城市建设将成为"新常态"。

从存在问题看，我国智能城市建设问题大多集中反映在：信息的整合与共享不充分加剧了"数字鸿沟"，参与主体的单一化抑制了智慧城市建设流程的完善，缺乏市场导向的单一化管理机制使政府定位不够准确等方面，受制于技术、市场以及发展初期等因素，智能城市建设问题主要集中在数据信息层面。

3. 河北省智能城市建设以新技术融合应用为重点

2019年，河北省印发《关于加快推进新型智慧城市建设的指导意见》，规划建设试点工作，通过智能基础设施建设、提供优质便捷公共服务、细化城市管理以及优化产业体系和发展机制等措施，探索符合河北省情的市、县级智慧城市发展路径。依托5G、物联网、云计算等先进技术，优化试点地区的公共服务、城市治理水平，实现改善民生的目标，成为河北省智能城市建设重点。综合政策信息，目前河北省智慧城市仍处于初步建设阶段，但随着数字经济、新兴产业以及雄安新区的快速发展，河北省智能城市将形成以点带面、多点开花、快速发展的格局。

二、雄安新区智能城市规划建设情况

（一）雄安新区智能城市规划情况

1. 数字化是新区智能城市规划建设的核心

"数字城市"成为雄安智能城市发展主线。《河北雄安新区规划纲要》提出，要"坚持数字城市与现实城市同步规划、同步建设，适度超前布局智能基础设施，推动全域智能化应用服务实时可控，建立健全大数据资产管理体系，打造具有深度学习能力、全球领先的数字城市"，以"数字城市"为核心的建设理念，成为雄安新区智能城市发展的主线。

启动区智能城市建设以数字化基础设施为规划重点。《河北雄安新区启动区控制性详细规划》中针对智能城市，提出以下五个规划重点：一是先行布置智能基础设施；二是重点建设高速、移动、安全、泛在的新一代通信设施；三是构建城市传感网络和统一接入、统筹利用的数据融合共享体系；四是增强关键基础设施和数据资源安全防护能力；五是形成虚拟空间和显示空间相互映射、虚实融合的数字镜像城市，实现现实城市与数字城市、智能城市并进发展。同时，提出利用物联网技术支撑智能城市运营建设，包括加快建设 NB—IoT 与 eMTC 等技术的物联网，预铺预留低功耗局域物联网，支持传感设施接入等。

起步区以智能架构与应用为规划重点。《河北雄安新区起步区控制性规划》提出感知体系建设、智能中枢建设、安全环境建设、智能应用建设等四个方面的建设规划（表2），形成安全高效的全域感知、智能管理、便捷普惠服务体系。

表2 起步区智能城市建设规划

标准名称	主要内容
感知体系建设	统筹集约部署满足多部门、跨行业数据应用需求的共用和专用传感设施，实现城市运行状态的实时感知、智能管理和运行维护
智能中枢建设	推动建立新区全数字化标识管理机制和标准，实现城市空间要素的全数字化标识记录，支撑城市全域智能感知体系建设，实现生活服务便捷化和公共服务普惠化。
安全环境建设	加强智能终端、通信基础设施和信息网络基础架构的安全保障，有效应对全域感知体系的安全风险。
智能应用建设	构建精准共治的智能治理体系，打造体化智能政务体系，提供优质共享的智能公共服务。

特色小镇以智能城市技术相关产业为规划重点。特色小镇基于智能城市科技发展需求，规划了大量数字信息、金融科技、生物科技、节能环保相关产业（表3），集合人才、技术优势，建立智慧城市产业链条，支撑新区乃至更大范围的智能城市建设。

表3 特色小镇智能城市相关产业

小镇	规划重点
信息技术组团北部的小镇	数字技术小镇、人工智能小镇、光电信息小镇
军民融合组团附近的小镇	智能物流小镇、空间技术小镇、卫星应用小镇
围绕白洋淀的南部小镇	生物小镇、科技金融小镇、康养小镇、节能环保小镇
其他	文化创意游戏动漫小镇、园艺花卉小镇、数字文化小镇、绿色金融小镇、生物科技小镇

2. 物联网与数据基础是当前新区智能城市建设的重点领域

2020 年 7 月，雄安新区规划管理委员会发布了雄安新区智能城市标准体系框架（1.0版本），包括《雄安新区物联网终端建设导则（楼宇）》等8项标准成果（表4）。对照雄安新区智能城市标准课题指南，目前《智能接入设备（XA—Hub）规划建设导则》《数据管理总体规范》《数据开放共享管理规范》《数字身份建设导则》等四项标准成果尚未发布。标准成果作为新区规划落地实施的规范，主要考虑智能城市项目建设需求，将智能城市主要因素进行规范，避免不同领域场景出现"标准鸿沟""质量鸿沟"或"数字鸿沟"形成的孤岛。

表4 雄安新区智能城市标准及主要内容

标准名称	主要内容
物联网终端建设导则（道路）	对符合道路业务智能要求的各类智能感知终端部署数量、方式、位置及空间预留等作出详细规定；明确道路各类智能感知终端的建设和管理标准；依据道路不同建设主体、建设模式、信息敏感程度等因素综合确定各类智能感知终端原始数据、事件、状态等的上传、管控标准。
物联网终端建设导则（楼宇）	对符合建筑功能需求的各类智能感知终端部署数量、方式、位置及空间预留等作出详细规定；明确不同投资类型的智能感知终端建设和管理标准；根据楼宇类型、投资方式、信息敏感程度等因素综合确定各类智能感知终端信息的上传、管控标准。
物联网网络建设导则	根据城市功能场景明确各类物联感知设施的功能需求，提出物联传输网络的设计要求；根据雄安新区"城市—组团—社区—邻里—街坊"的公共服务设施分级体系，提出数据处理设施与城市公共服务设施共址建设的通用要求，提出城市建筑、空间环境、交通、管廊等典型场景下的物联网络组网和部署方案、终端和网关接入方案；分析物联网络演进趋势和演进路径，提出超前的技术和资源规划建议。
5G通信建设导则	包括5G基站的部署形式、位置、数量、高度、空间预留；物理基站与城市建筑景观风貌融合要求；天面、机房、传输、电力等配套要求；基站与城市建筑融合的规划建设流程。
建构筑物通信建设导则	包括道路、楼宇、综合管廊等建构筑物相关通信基础设施的建设目标、原则、方式和技术要求以及其他涉及内容。
数据资源目录设计规范	包括信息资源分类与目录编码、编目标准、信息资源目录技术标准；信息资源开放利用规范及管理制度；雄安新区信息资源目录。
数据安全建设导则	明确数据安全的总体框架、体系架构、技术要求、管理规章；形成新区云、边、超为基础的数据安全基础支撑体系架构及技术要求；基于数据全生命周期各环节，形成不同安全等级要求及应用场景下的技术要求，并形成一套数据安全工程实现方法。
智慧工地建设导则	对雄安新区的智慧工地数字平台建设的一般性规则、通用规定、工作内容和相关要求提出明确要求，主要包括施工工程中采集各类型数据的传感器、视频监控、标识设备等智能硬件设备功能、性能和部署要求，感知设备获得数据存储规范和处理规范，平台的接入管理、数据管理、算法管理、综合应用以及呈现要求等；智慧工地平台应具备的业务处理功能、信息安全保护要求等。

规划建设标准主要集中在物联网与数据基础两个领域。从规范重点看，在物联网方面注重技术方案的标准化管控，标准成果主要强调智能终端的标准化部署，信息的上传与管控，以及不同场景下的技术方案规划等内容。在数据基础方面注重资源的统一协调与安全，通过顶层框架设计，形成开放统一的"数据资源池"，避免数据孤岛；同时，通过技术手段与分级管理，强化信息安全。

智慧能源标准集中在技术应用领域。2020年8月，中国雄安集团对外发布雄安新区首个智慧能源体系企业标准，标准体系包括供热、燃气、深层地热、浅层地热、智慧能源平台5个类别、19个标准，通过把互联网、大数据、人工智能等技术融入能源供应设施，将智慧能源贯穿工程设计、施工、验收、运行管理等能源供应全生命周期。

（二）雄安新区智能城市建设实践情况

1. 雄安新区智能城市建设实践呈现全新发展理念与思路

区别于其他城市，雄安新区智能城市具有同步规划设计、同步建设、超前发展等特征，这些特征决定了需要摒弃以规模数量论城市的固有理念，系统地架构了新的城市发展模式，避免零敲碎打式的补丁方案。雄安新区在理念与实践上的创新在全国处于领先水平，2019—2020年中国新型智慧城市建设与发展综合影响力评估结果通报中，雄安新区获得最具创新力的智慧城市第一名。

2. 雄安新区智能城市建设案例"多点开花"

目前，新区以雄安集团数字城市科技有限公司（以下简称雄安数字城市科技公司）为主体，与阿里巴巴、百度、华为等企业广泛合作，开展智能城市领域相关的技术咨询、平台开发与标准制订等工作，在数据处理、物联网、城市CIM建设等方面取得了一系列成果。目前，雄安新区的无人配送机器人已在雄安新区市民服务中心运营，已完成主要区域5G站点建设改造工作，实现了对雄安市民服务中心、容城重要街道、安新和雄县旅游景点进行室外覆盖，可为基于5G的无人驾驶、车路协同、智能能源、智能医疗等各类场景技术创新、试点示范和商业化应用提供保障。

从实践案例看，互联网企业依托大数据、云计算、人工智能等方面的技术优势，主要开展信息平台（城市大脑、CIM）、金融科技、智慧交通等领域建设，雄安新区也成为众多互联网巨头技术呈现与角逐的平台。ICT企业在通信设施、5G应用等方面具有较大优势，以中国移动为代表的通信运营商推进5G+系列应用，将业务延伸至 B2B 商业服务领域，形成了新的商业模式，华为等设备制造与服务商则通过通信与物联网硬件设备，提供 B2B 服务产品。能源企业主要在智慧能源领域进行深耕，并拓展至政企协同、公共服务等领域。公司在雄安新区推进北斗、5G、物联网及大数据等技术应用，形成了 CIEMS、EIM、智慧灯杆、车路协同等一系列先进的应用案例，在智慧能源、智慧交通等领域支撑雄安新区智能城市建设。

表 5 雄安新区相关企业建设案例

企业	建设案例
阿里巴巴	规划建设 BIM 管理平台，CIM、金融科技、公共服务
百度	无人车、智慧交通、智能家居、智能教育
腾讯	金融科技、AI 医疗
华为	ICT、5G、物联网、云计算
中国移动	5G+（智慧管廊、无人机巡检、远程维修）、NB—IoT 物联网、城市大脑
中国电信	政企通信 VPN 专线、5G 网络
中国建筑	智慧建筑、智慧能源
京能	智慧能源、综合能源管控平台

从实践经验看，一是强调技术创新，在信息、通信、物联网等智能城市的关键领域，雄安新区的建设实践呈现多点开花局面，在市民服务中心、商务中心、高铁站等重点项目中，与国内外头部企业开展广泛合作，综合运用多种技术，确保技术领先。二是数字化全覆盖，数字孪生的理念与实践覆盖了城市的规划、设计、建设、运维的全生命周期，形成的数据资产可提供最完整的城市数字应用场景，也可以有效支撑面向未来之城的创新试验场。三是建设与探索同步，在基础设施建设、标准研制、应用实践与场景探索等智能城市发展的关键环节，雄安新区呈现"多管齐下"的局面，形成了智慧交通、城市 CIM 等系列成果。四是多维度智慧应用，雄安智能城市应用形成了市政、交通、建筑、能源、公共服务等领域多点开花的局面，并坚持智能基础设施在"城市级—组团级—社区级—街坊级—邻里级"等不同日常场景中的智慧应用，以未来智慧城市的生活场景倒推雄安智能基础设施建设，为未来预留足够的弹性和空白空间。

三、雄安新区智能城市规划建设对电网的影响分析

电网是雄安新区重要基础设施，是智能城市的重要元素，电网不仅承载着传统供电任务，也承载着数据融合、信息交互、增值服务等一系列功能。公司提出在雄安新区建设具有中国特色国际领先的能源互联网示范区，并开展数字化主动

配电网建设探索与实践，赋予了电网新的内涵。公司、电网与智慧城市的发展内驱力、发展的基本服务对象、发展的根本目标是一致的，整体发展将相辅相成，电网发展需要满足雄安新区智能城市的多元化需求。

结合雄安新区建设理念与实践经验，智能城市在技术创新、智慧应用等方面对电网提出了多元化的需求。

（一）技术创新

1. 加快物联网技术创新应用

物联网是当前雄安新区智能城市的建设重点，经与雄安数字城市科技公司相关专家的沟通，通过技术手段，实现"万物互联""有效互联"成为当前城市物联网发展的重中之重，城市物联网对于电网提出了"广泛互联、有效交互"的要求。

从技术架构角度看，实现"广泛互联""有效交互"，需要在感知、网络、应用等多个层面加快物联网技术的应用，形成信息的有效交互。一是在感知层面，需要加快智能终端部署与数据协同。通过现场采集部件与智能业务终端，全面获取电力及周边数据（如气象信息、地理环境、建筑状态、能源消费等），并强化边缘物联代理与通信技术，实现能源互联网全息感知及智能城市综合感知。二是在网络层面，需要加快部署一体化云平台和电网运行、企业经营、客户服务、新兴业务等应用系统，构建全场景安全防护体系，提升能源网络的资源配置、安全保障和智能互动能力，为智能城市的价值创造提供有力支撑。三是在应用层面，需要加快数据与信息通信技术的融合应用，在周边数据获取及挖掘、服务经济社会发展、提供增值服务等方面，逆向思维倒推物联网建设需求，促进电力物联网的经济运行，避免终端设备的无效投入。

从电网设备角度看，实现"广泛互联""有效交互"，需要在电网各个环节加快多项物联网技术的应用，形成主动感知互联互通。输电方面，基于卫星遥感、无人机等数字化传感技术采用光纤、4G/5G等通信组网技术搭建数据传输通道，实现电力线路、管廊设备和气象环境的全面感知与全景监视。变电方面，部署智能感知终端、主辅设备监控系统，健全变电站信息感知能力，支撑以"智能感知、智能巡检、智能联动、智能预警、智能分析、智能决策"为特征的雄安特色智慧变电站建设。配电方面，在合区部署新型嵌入式传感器、多表合综合性采集电表、智能融合终端等装置，结合HPLC模块智能漏保应用，实现台区数据信息就地采集，支撑多场景应用，打通物管平台通道，提升台区数据感知能力。计量方面，依托能量路由器、随器计量终端、分布式能源监测终端等智能物联感知设备，深化近场通信、5G 等技术应用，打通能源数据共享接口，实现客户侧数据信息精准感知、高效汇聚，支撑综合能源业务开展。

2. 加快数字孪生电网建设

数字城市是智能城市的基础，数字孪生的理念贯穿雄安新区智能城市规划建设全局。雄安新区在数据基础、数据规范方面做了大量工作，形成了系列标准与 CIM 应用。数字孪生电网是基于数字化标识、自动化感知、网络化连接、普惠化计算、智能化控制、平台化服务的信息技术体系和电网信息模型。作为数字城市的重要组成部分，数字孪生电网也需要与物理电网"同步规划、同步建设"。

从电网建设发展看，实现数字孪生电网的"同步规划、同步建设"，需要从点到网加快构建数字模型，实现数字全覆盖（图1）。一是构建"点"层面的数字模型，布局智能设备及传感器，建立标识体系等基础建设，采集电网设备、行为、事件的实时动态数据，并与历史经验数据汇集分析，建立设备、行为、事件的模型，并形成"点"与"点"间的模型耦合。二是构建"线"层面的数字模型，以某一电压等级、某一类型或某一些关联性强的设备群或某一个配电台区为单位，建立数字模型。三是构建"面"层面的数字模型，由"线"层面的数字模型汇集形成某一环节、某一业务流程或某一地理区域的数字模型，在此过程中不断通过仿真模拟验证数字模型与物理界面的拟合度。四是构建"网"层面的数字模型，建立全域全量、与物理实体电网相似度极高的电网数字映射，该映射与物理电网同步发展，同时具备各种智能化应用及服务功能。

图 1 数字孪生电网建设框架及流程

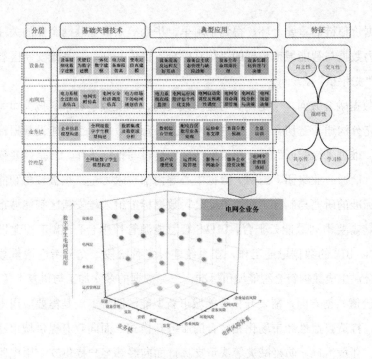

图 2 数字孪生电网典型应用

从应用角度看，实现数字孪生电网的"同步规划、同步建设"，需要从设备层、电网层、业务层及运营管理层等各层级加快典型应用场景搭建（图2），应用。设备层的典型应用场景包括：设备现场及远程友好互动，设备自主状态管理与缺陷诊断，设备全寿命周期管理，设备集群化管理与决策等。电网层的典型应用场景包括：电力系统在线监控，电网运行风险评估个性化支持，电网自动化调度及预测性调度，电网在线分析与决策，电网自主规划与决策等。业务层的典型应用场景包括：数据综合管理，配电台区批量业务处理，运检业务支撑，设备及作业安全监控支撑，全息培训等。运营管理层的典型应用场景包括：资产管理优化，运营风险管理，服务三网融合，服务企业投资决策，电网全价值链协同等。

（二）智慧应用

1．促进数据融合发展

数据规范及其接入共享当前雄安新区智能城市的建设重点，通过建立标准、政企合作等方式，将分散在各处的数据进行统一汇集和整理，形成智能城市的数据资源池，作为智慧应用的基础。电力数据作为城市能源的主要数据，成为当前城市数据价值链的重要一环，得到了阿里、华为等众多互联网企业的关注。实现能源电力数据与智能城市数据的"相互融合、价值共创"，是雄安新区智能城市发展的"先手棋"。

在数据融合方面，一是需要与雄安改发局、雄安数字城市科技公司等智能城市主体充分沟通、密切合作，推进电网数据、营销数据、工程建设数据标准化与规范化，推进"绿能云"平台在雄安新区的建设与推广工作。二是需要依托中国电科院、信通产业集团、国网大数据中心等内部技术力量，积极参与智能城市相关数据标准的研究与制订工作，推动公司数据标准纳入雄安新区智能城市建设标准。三是需要推动绿能云平台、CIEMS智慧能源管控平台、EIM工程建设平台与城市CIM、BIM的数据融通工作，在系统建设完善阶段，充分考虑增量数据的接入与融合，生成数据符合智能城市标准，避免数据的多次加工与重复上传。

在价值共创方面，需要开拓智能城市新型能源服务。一是需要应用电力大数据资源，打造公益性和市场化相结合的服务新模式，面向政府提供城市建设、产业布局、环境治理、防疫减灾等决策支撑，面向终端客户提供安全用电监测、用能行为评估、节能减排优化等分析建议。二是需要基于变电站空间资源与供电能力的双重优势，坚持"多站融合"理念，充分利用塔站缆等可复用资源，开展数据中心站储能站、充（换）电站与变电站的一体化建设，对外提供增值服务，提高资源综合利用水平，创新构建开放共享新生态。三是需要依托 CIEMS 系统和车联网管理平台，实现分布式电源、储能、电动汽车、智能楼宇空调、电采暖等新型能源和负荷设备的"灵活接入"与"智慧可控"。

2. 拓展价值创造渠道

按照中央部署，智能城市需要实现民生服务便捷、社会治理精准、社会经济绿色、城乡发展一体、网络安全可控等建设目标。遵循发展目标，在雄安新区智能城市发展中服务民生、服务社会，也成为电网拓展价值创造渠道的必由之路，是雄安新区智能城市建设的"一盘棋"。

服务民生方面，一是需要保障电网可靠供电，建设特高压骨干网架和高可靠性配电网，打造雄安新区数字化主动配电网，有效保障高峰期间、电力清洁取暖、疫情防控行动等民生用电，达到领先全球的供电可靠性建设目标。二是需要保障用户便捷用电。依托"互联网＋现代服务体系"，积极推进办电全过程信息的自动筛选、智能生成、主动推送、实时互动，实现业务办理"全在线、零跑腿"服务。

应用大数据智能分析技术，实现服务品质闭环管控，开展主动抢单式配抢服务，提升客户满意度。三是打造"城市级—组团级—社区级—街坊级—邻里级"的能源互联网应用，依托王家寨"淀中翡翠"等示范工程，延伸探索不同区域、不同范围的能源互联网应用场景，形成多维发展与多层次服务格局。

服务社会方面，一是需要实现电网经济发展，利用物联网、大数据技术，部署全景智能规划系统、主配一体的调度自动化系统、新一代智能设备管控系统，在规划建设与运行阶段充分考虑电网投资经济性，降低电网损耗，提升运行效率，节约社会成本。二是需要实现电网绿色发展，打造雄安新区绿电示范区，通过打造外部输入绿电示范、区内开发绿电示范以及消费场景绿电示范等工程，推动雄安新区 2035 年电能占终端能源消费比例超过 50%，实现雄安新区全域全时段电力 100% 由清洁能源连续稳定供应。三是需要保障电网数据安全，围绕能源互联网全域全场景安全防护，从终端安全管控、安全身份认证、数据安全、应用安全、全景监测以及智能处置六个方面，落实实时态势感知、动态智能防御、未知威胁检测等安全技防措施，打造可信互联、安全互动和智能防御的信息安全防护体系。

四、雄安新区区智能城市电网建设路径

（一）终端设备物联化，强化电网全信息感知

以计量设备为核心，构建配电网末端传感网络。一是构建组件化的物联感知网络，开展新一代智能电能表和智能断路器应用，实现功能模组应用和无感知迭代升级，2020 年开始试点应用，2023 年实现新一代智能电能表全覆盖。二是用电信息数据高速传输，应用 5G 和 HPLC 通信技术，提升配变远程和本地通信能力，支撑海量数据可靠传输，2020 年完成 HPLC 通信全覆盖，新区客户实现用电信息高频全量采集，2023 年完成 5G 技术广泛应用。三是打造电力能源路由器，依托 SG—LongRange 等通讯技术，实现客户侧感知单元经电能表无线接入主站平台，2020 年完成 SG—LongRange 试点应用，2021 年完成 SG—LongRange 功能模组产品化，2023 年实现 SG—LongRange 推广应用。

延展感知触角，实现营业场所客户行为全感知。一是实现业务办理设备便捷化，接入营业网点全业务办理设备，实现业务办理智能、一键求助和远程求助等功能，提高业务办理便捷性。二是实现智能互动设备行为捕捉，接入营业网点人流监测、人脸识别、新零售体验和新能源体验等设备，实现客户精准画像、行为

轨迹捕捉等功能，支撑服务大脑开展客户需求挖掘，整合内外部优势资源，为客户提供超预期解决方案，提升客户满意度。三是实现营业环境智慧调控，接入营业网点视频监控、温湿度、pm2.5、灯光等传感设备，实现营业网点灯光智慧控制、温度智慧调节、异常事件实时监测等功能，支撑服务大脑开展区域内多厅智慧管控和调控，有效降低运营成本。

优化服务触角，实现现场作业双向互动。一是实现现场移动作业全覆盖。依托移动作业终端，实现现场业扩、现场装拆表、现场检查和现场稽查等功能，大幅提升现场服务效率和工作质效。二是实现服务大脑与移动作业终端双向互动。全面支撑服务资源调度、电网资源可视化、供用电合同在线签订、供电方案和工程造价在线比选、服务全过程信息公开等业务的开展，将作业终端演变为服务大脑的触角，与用户友好互动、在线评价，提升业务协同运营质效和客户获得感，进一步拉近电网与客户距离。

深化负荷多元感知，实现源网荷储协调互动。一是提高信息交互效率。利用能源互联网技术，实现用户侧电动汽车、分布式储能、可调节负荷等多元资源与能源供应侧的信息融通，实现用能侧与供能侧的信息实时互动。二是加大深度感知和边缘控制水平。基于负荷感知终端和云端数据共享，智能感知用户侧用能、环境、气候等多元化数据，实现用户侧负荷设备的即插即连、动态感知和边缘智能控制。三是提高交易和调节的灵活性。基于云端供需大数据分析、电力实时市场技术，实现能源供需的智能匹配与灵活交易，推动用户侧可调节负荷的深化应用。

（二）系统平台智慧化，助推服务能力提升

深化"网上国网"平台应用，助推业务智慧化发展。持续加强"网上国网"线上服务的推广运营，强化机制建设和运营评价，依托运营平台，推进多形态、多层级的传播矩阵建设，常态开展运营推广和特色运营活动，围绕客户交费、办电、报修、查询等高频业务，前移业务受理入口，加强线上渠道引流、线下人员引导，实现客户全线上化、业务全线上化。完善智能客服机器人，提升智慧服务交互能力；打造"i数享"专区，快速应用大数据成果，转化为线上智能服务产品；强化信息智能推送，实现服务需求自动画像，服务信息自动生成、精准触达。

打造"绿能云"平台，助推数据智慧化变现。整合电网数据资源，打通数据壁垒，构建"绿能云"平台，打造数据智慧运营平台和应用众创平台，以需求自动判别

组合和产品阈值自适应调整为特征，持续丰富服务组件，拓展数据应用，为政府提供规划和市场监督等决策支撑、为企业提供能效优化和行业对标等服务产品、为公众提供安全用电和绿能指数等服务产品，为生态伙伴提供设备健康评价和区域承载力等服务产品，为公司内部提供营销和设备专业数据分析等产品，助推公司开展数据商业化运营。

深化"服务大脑"平台应用，助推服务智慧化升级。定位于服务前端感知、服务资源匹配和服务体验提升。打造"市场探针"，通过多渠道数据获取，利用客户群体画像技术，及时、准确地获取市场信息，智能感知客户需求和业务痛点。充分发挥公司优势，搭建合作平台，聚合各方优质资源，打造"能力魔方"，为客户提供多领域、跨专业的整体解决方案。服务大脑作为系统级平台将线上线下客户需求与电网服务资源、生态伙伴服务资源精准匹配，为用户提供"一揽子"解决方案，进而跟踪实现设计、建设和验收等全环节管理。

完善全业务监测平台，构建智能用电中心。整合营销各大系统数据资源，持续完善营销全业务监测平台功能，深度贴合雄安实际，建成智能用电中心组织架构，推行"常态、精准、闭环"工作机制，实现经营关键指标实时在线管控、服务资源实时在线调控、工作质量实时在线评价。平台建立服务业务全景视图，监测数据分层钻取，风险预警自动识别，异常工单主动触发，个人工作台延伸至末级管理人员，形成立体式的服务指标和行为监测分析模式，持续提升服务质量管控和风险防控能力。

（三）主营业务集约化，打造高效协同服务模式

推行"阳光业扩"，办电过程高效、透明、守约。一是业务全流程线上办理，手续更简时间更短。线上依托"网上国网"，线下以移动作业为载体，实现业务受理、证照采录、确认方案、电子签名全部线上流转。深化政企协同，强化"一网通办"，实施省、新区、县多级政务数据比对，实现"零证报装"。高、低压平均接电时间分别在 25 个、7 个工作日以内。二是实施电网资源可视化，方案公开透明立等即出。推进电网资源业务中台"营销应用"场景建设，实施站、变、线电网资源信息动态更新，深化电网 GIS 和移动作业终端应用，实现低压客户免勘查，10 千伏高压客户供电方案自动生成、可视化展示、现场比选和当场答复。三是实施接电服务契约制，承诺更守时守信。实行配套电网工程建设契约制，根据客户重要程度、接电紧急程度及是否存在配套电网工程等特点分类标签化管理，在项目实

施、物资采购等方面开通"绿色通道"，实施差异化服务，严格按照契约时间高质量完成配套电网建设、验收。

拓展用电检查服务能力，持续延伸服务链条。一是服务客户全过程，推动用电检查专业转型，推行客户经理全过程服务机制，定期对用户反事故措施、电气设备运行安全、节约和计划用电执行进行安全检查，实现事前方案定制化、事中服务贴心化、事后维护管家化，增强客户"黏性"。二是服务范围全覆盖，依托客户经理团队，开展客户电价执行、合同档案核查等基础业务的同时，承接服务大脑智能调度派单，延展用电检查服务，开展综合能效服务、用能设备维护等多元化、链条式服务。三是全环节安全保障，在业扩报装环节承担供电方案制订、设计审核、合同签订、现场验收，严格落实国家技术标准，确保客户用电安全。加大拆旧、建新现场安全管控，合理布局供电服务资源，高质量完成电力保障。

推动抄核收"三化"升级，结算支付智能高效。一是实现抄核收业务集中化，强化计量运维和采集运维能力，实现计量采集一体化运行，确保采集成功率达100%，抄表数据100%通过采集系统获取，支撑抄核收业务省集中。二是建立抄核收业务管控体系，组建抄核收业务规则管控小组，承担核算规则优化提升、抄表核算异常处置、自动对账异常处置等基础支撑工作。三是实现结算实时化，针对长租公寓、商住混用小区实施电度一键锁定、在线结算一键发起等功能，实现电费实时结算服务，降低电费资金风险。四是实现用电信用化，将客户用能、电费等数据进行区块链部署，引入金融机构提供授信服务产品，与客户电费账户绑定，电费发行后自动扣费，实现优质客户专属智慧授信无感交费。

计量基础业务转型，实现中心集约管理。一是建立中心"黑灯"计量库房，辐射管理全区计量周转柜。应用AGV、射频识别、智能仓储等技术，计量资产出入库、盘点高度自动化，自动化调配全区智能周转柜库存，实现无人配送。二是推广基于IR46标准计量芯片独立的新一代智能表，实现电能表长寿命运行，功能模组可替换升级。三是电能表运行状态集中监测，依托电能表失准更换算法，开展电能表状态评价和远程校验，提升设备运行可靠性。

开展业务集约监控，强化业务质量管控。一是前移风险管控关口，将客户服务监测和业务风险关口前移，及时发现业务开展过程中的异常并预警，通过预警策略开展业务督办催办，提升事前事中管控能力。二是开展经营指标实时洞察，抓关键、找重点、控环节，实时监测各项关键经营指标，依托营销全业务监测平台，开展量价费损、客户服务、营商环境、拆迁区域、环保应急等五大方面的实时监测，严控风险。三是开展营销全业务集约管控，推行"常态、精准、闭环"工作机制，依托全业务运营监测平台，利用大数据挖掘业务异常点，对"量价费损本"关键环节开展线上稽查、现场督查，对服务资源配置进行实时调控，提升台区精益化管理水平，提高营销运营能力、客户服务能力、质量管控能力和风险防范能力。

（四）客户服务数字化，打造互通互联的客户体验

推进营业服务数据化，实现线上线下一体化运营。一是合理布局分层构建营业厅。结合新区建设时序，在主城区、外围组团、特色小镇、美丽乡村结合区域自然禀赋进行差异化布局，建设一个旗舰厅和若干无人厅，实现资源高效利用、业务快捷办理。旗舰厅在满足大中型客户智慧能源服务的基础上，重点打造国网品牌并带动区域内重点产业互利共赢发展，无人厅在满足小微型客户智慧用能服务的基础上，结合特色小镇和美丽乡村自然条件，打造移步换景的生态格局，进一步拉近电网公司与客户的距离。二是推进营业厅服务数据化，创新应用5G技术、人工智能、物联网、数字孪生、数字画像和"服务大脑"的BI技术，实现智慧场馆控制、服务智能引导、客户精确识别、客户轨迹捕捉、服务资源调度等和客户精准服务功能，强化客户全渠道的一致性体验。统筹管控区域内无人厅业务办理和客户诉求，遇到客户聚集、设备故障等特殊情况，为客户提供精准化和定制化服务，依托服务大脑发出调度指令，指挥服务人员到场处置，有效降低运营成本。

推动营配合一，实现电网与用户互联互通。一是实现设备资源互联互通，统一管理配用电感知设备，依托物联网、图像识别、人工智能等技术，实现设备资源在线实时监控，提升状态评价水平。二是构建营配融合作业模式，整合营配数据，构建高低压整体联动、故障处理一体化现场作业模式，在服务优质高效、业务提质增效、数据互联互通上实现"三个引领"，提升精益管控水平。三是实现智能供电服务指挥，建设快捷高效的供电服务指挥体系，依托数据共享和流程互通，实现客户报修工单自动接派、低压单户故障研判、停电信息自动发布、业务流程异常报警，形成以客户需求为导向的供电服务新模式。

推动现场业务数字化，打造高效先进的服务团队。一是打造业务调度新模式，提升数据分析能力，实现集中式监控分析派单，综合测算现场业务人员承载力，实时调配临近网格人员或备班人员作为业务重载区域的有效补充，实现业务资源

最优化配置。二是新技术支撑现场业务高效开展，依托地理信息数据，结合现场业务内容确定优先级和单项业务估算用时，合理安排网格业务人员最优出勤路线；应用现场作业终端、图像识别、增强现实等技术，提升网格业务人员单兵技术装备水平，实现现场作业效率和安全防护能力同步提升。三是引入专业外委合理配置资源，用电检查、业扩报装、反窃查违、配网运维等技能需求相近业务实现整合配置，低压计量、采集运维、配网抢修等由网格业务人员组织专业外委队伍开展，强化网格业务人员服务能力，打造全能型网格服务团队。

（五）产业生态赋能化，打造互利共赢的服务生态圈

布局能源领域，打造综合能源服务生态圈。一是基于信息化、数字化"能源+技术"解决方案，加快建设一批"理念先进、前景广阔、效益良好"的示范项目，做优商业模式，增强客户"黏性"。二是以 CIEMS 为抓手，积累沉淀能源数据资产，打造具备雄安特色的服务产业链和新业态，提升企业竞争能力和创新策源能力。三是建设"源网荷储"信息交互平台，发布多要素能源信息，利用市场化手段实施电源侧与负荷侧智慧友好调度，服务多能协同的综合能源市场。四是加强雄安综合能源服务公司与雄安政府的深度对接，打造以雄安综合能源服务公司为核心的生态合作平台，聚合国网产业集团、设备供应商等合作伙伴，提升资源、信息和市场的共享共建，共同推动雄安区域综合能源产业与智慧城市融合发展。

强化产品输出，打造能源电商新零售服务生态圈。打造服务新区特色的专业化能源电商服务平台，整合雄安区域优势能源厂商资源，开展分布式能源、综合能源工程项目规划、设计、施工、运维的投融资服务，充分利用国家和区域产业优惠政策，构建产业基金、银行贷款等多元化投融资策略，持续扩大电网能源电商平台生态合作体系。以"产品＋方案"理念，向政企客户提供大宗商品及专业能源 B2B 服务，向中小客户提供零售商品及大众能源 B2C 服务。

（马国真、刘雪飞、庞凝、张泽亚、夏静）

城市"智慧变电站"建设

一、城市"智慧变电站"建设背景及研究意义

"智慧变电站"是指利用变电站及其周边资源，融合建设数据中心站、智慧充电站、光伏电站、5G基站、北斗地基增强站、综合能源及智慧服务等，深挖城市变电站资源利用价值，对内支撑"坚强智能电网"建设、对外培育"能源互联网"建设，打造能源领域新型数字基础设施。随着"创新、协调、绿色、开放、共享"五大发展理念的提出，结合国家国网公司建设新型电力系统行动要求，践行绿色建设和科技引领方针政策，推进新型城市变电站功能转变、设计建设理念转变、电网建设方式转变，打造高标准策划和适应新型电力系统发展方向的城市智慧变电站，支撑建设能源互联网企业。

工业的快速发展大大改善了人们的生活质量，同时，也带来了能源、环境方面的问题，比较明显的是一次能源消耗过量、全球变暖等。因此，可持续发展是必由之路。为了更好地满足可持续发展要求，国家电网公司选择了发展智能电网，提出了建设坚强智能电网的发展方向。智能电网的发展覆盖电力发输变配用各个环节，其中，"智慧变电站"建设技术是五大基础环节中最关键的环节。

本文分析了新型电力系统框架下"智慧变电站"建设的需求及问题，提出了相关发展理念及建议，并以国网河北电力"裕翔110千伏城市变电站"为例，探究其建设工程中"智慧绿色"建设理念的应用成效。

二、城市"智慧变电站"建设思路和内容

随着城镇化进程不断加快，为满足持续增长的城市中心用电要求，保证整个城市的电力供应，城市变电站深入负荷中心，在城市中心区域建设已成为越来越普遍的现象。城市变电站从传统变电站开始，发展产生了数字变电站，之后又衍生了智能变电站。目前，随着城市经济飞速发展，传统变电站建设受到用地和环

境等诸多因素限制，电网建设和城市建设的矛盾日益突出，功能单一的城市变电站已不能满足城市需要。

针对上述问题，以裕翔 110 千伏城市智慧变电站建设为例，逐步探索全省乃至全国新型电力系统下的城市智慧变电站建设的新思路、新理念。

三、城市智慧变电站建设内容

（一）表皮功能化

建筑表皮，指的是建筑和建筑的外部空间直接接触的界面，以及其展现出来的形象和构成的方式，或称建筑内外空间界面处的构件及其组合方式的统称。建筑保温和能量交换都与建筑表皮密切相关，所以表皮的优化设计也是节能的关键所在。为一些非标准建筑以及非线性的表皮设计开展技术攻关，使复杂的遮阳形式与非线性的表皮相结合，出现更多符合人们审美的表皮形式，同时又达到遮阳效果。利用参数化设计找到对外表皮影响的各种因素，通过数据来对表皮进行直接控制，找到各个设计因素与数据之间的联系，通过数据改变设计，形成一个联动的整体，多参量多目标地进行性能优化，实现建筑物节能。

裕翔站创新表皮设计理念，力求功能与美学共体。打破以往城市变电站单纯工业化设计的藩篱，充分考虑与周围环境高度融合，变电站建筑立面设计在兼顾美学的同时最大程度考虑实用性和功能性，在通风、降噪、防电磁辐射等十二方面进行功能设计。通过去围透绿，与西侧绿地一体化设计，将变电站区域打造成开放式公园，为市民休闲娱乐、学习参观等活动提供"零距离"接触电力的场所。

（二）绿色建造

绿色建造相比传统建造优越之处在于其不仅仅是满足对经济成本、建筑质量、物理性能等基本设计要求，而是对建筑所在地的环境属性的注重，从根源达到保护环境，减少污染并节约资源的目标。通过对相关理论与实践的相关研究，结合本文研究的方向，总结归纳一下"绿色建造"的四项设计原则：

1. 与自然环境和谐共生原则

绿色建造的核心是保护环境，所以必须要摒弃"人类中心论"思想，不可以试图控制、藐视甚至征服自然。在过去的社会发展中，人们为更多地依靠掠夺、索取自然发展自身，但我们必须认识到人类属于自然，在建设城市时将尊重自然作为前提，达成与自然环境和谐共生，不仅要强调与外部环境的融合发展，尽最大能力保护自然环境，尽量做到建筑与自然相互补充。核心主要体现保护自然、利用自然、防御自然三个方面，将保护环境作为第一核心是首先要对自然存有敬畏之心，认识自然环境与社会发展之间的矛盾和冲突，更好地达到人与自然的和谐共生。

2. 综合效益最大的原则

绿色建造并不是一栋房屋的建造，更多的是绿色系统的搭建，所以常有耗时长、难度大、学科杂的特点，甚至在建设过程中会触及多种相互冲突的利益关系，如经济利益与生态利益、整体利益与局部利益等之间的利益冲突。所以在多种复杂矛盾的关系中，就要多方协调矛盾，以追求共赢为出发点，争取最大综合效益，在不破坏自然环境的前提下保证经济利益，把握整体利益，适当放弃局部利益，这样才能更好地保证综合效益最大，满足多方的需求。

3. 地域性原则

绿色建造中地域性原则不仅仅是对地域自然环境的适宜，也要尊重、传承和发扬其地域文脉，选用地方材料和适宜被动式节能技术。所以地域性原则不仅要求绿色建造要因地制宜，也要因时制宜，把握"时地"概念追求绿色建筑本土化发展；

4. 降低耗能原则

降低能源消耗算是绿色建筑的基本要求，所以在建造过程中要始终以节约资源、降低损耗为主，以保护环境为核心，谨慎选用建造材料，并可利用可再生能源如太阳能、风能、潮流能等融入建筑设计中，辅助增强建筑的被动式节能，减少冬夏时节使用暖气和空调等主动式措施所消耗的能源。

裕翔站创新建筑设计理念，打造绿色星级认证建筑。建构筑物及地下部分全部采用预制方案，实现工厂化加工，现场安装，减少现场作业；对照《绿色建筑评价标准》，在节地、节能、节水等六大方面对应其中 66 项内容开展针对性设计，充分利用被动式节能设计理念，采用减少窗墙比、自然通风组织、建筑遮阳三种设计手法，得到省内相关专家的一致认可，减少变电站建成后能耗，达到绿色建筑二星认证标准。

（三）新型电力系统

新型电力系统，是清洁低碳、安全高效能源体系的重要组成部分，是以新能源为供给主体、以确保能源电力安全为基本前提、以满足经济社会发展电力需求为首要目标、以坚强智能电网为枢纽平台、以源网荷储互动与多能互补为支撑的电力系统具有清洁低碳、安全可控、灵活高效、智能友好、开放互动基本特征：（1）清洁低碳。形成清洁主导、电为中心的能源供应和消费体系，生产侧实现多元化、清洁化、低碳化，消费侧实现高效化、减量化、电气化。（2）安全可控。新能源具备主动支撑能力，分布式、微电网可观可测可控在控，大电网规模合理、结构坚固，构建安全防御体系，增强系统韧性、弹性和自愈能力。（3）灵活高效。发电侧、负荷侧调节能力强，电网侧资源配置能力强，实现各类能源互通互济、灵活转换，提升整体效率。（4）智能友好。高度数字化、智慧化、网络化，实现对海量分散发供用对象的智能协调控制，实现源网荷储各要素友好协同。（5）开放互动。适应各类新技术、新设备以及多元负荷大规模接入，与电力市场紧密融合，各类市场主体广泛参与、充分竞争、主动响应、双向互动。

构建以新能源为主体的新型电力系统，需要结合电力系统形态演变趋势，统筹近期、中远期研发需求，围绕源、网、荷多环节，以"绿色低碳市场体系构建、系统可观可测可控能力建设"为重大方向开展攻关。因此，城市智慧变电站建设应做到因地制宜地开发利用各类资源，同时具备对新型电力系统下潮流变化实时计量的能力，以及安全快速保护的能力。

开发利用资源方面，可考虑从直流微网、风电、光伏、储能、地源热泵、综合能源管控系统等方面开展设计。

直流微网系统，可用于接入变电站内的清洁能源和储能系统，同时，还可以研究与站内交直流一体化电源系统融合方案。

在风力资源丰富的变电站可考虑风力发电与照明路灯一体化设计；在光照资源丰富、遮挡影响小的变电站，可采用屋顶光伏（BIPV、固定倾角光伏板或追踪式光伏板）或墙面光伏等多种方案进行设置。

储能可平抑清洁能源发电的随机性，储存清洁能源，在变电站中，还可研究与站内交直流一体化电源系统融合方案。此外，还可结合实际情况，建设专门的储能站，配合常规变电站共同支撑区域内的能源消纳需求，为变电站分担能源供应，并充分将周边大规模新能源开发的能量转换成电能储存起来，并以优惠电价政策形势吸引用户优先选择，一方面考虑了用户的生活的经济性；另一方面也迎合了国家提倡的清洁能源利用口号。

在地热资源丰富地区建设地源热泵，可为变电站内房间集中供冷、供热，提高能源利用效率。

配置综合能源管控系统，现对站内风、光、电、冷、热等能源的实时监测与指挥调度，提供平台管理、能源监控、节能诊断、分析预警等功能，建议采用轻量级布置方案，即云端部署方式。

适应新型电力系统方面，考虑设置双向高精度电表，实现电量的实时监测，适应负荷点返送电量的情况；考虑安装新型保护装置，匹配新型电力系统下故障特性需求；构建适用于新型电力系统的变电站自动系统，增加边缘计算、人工智能等方面的功能。

裕翔站创新"变电站+"理念，开拓新型电力系统建设新思维。充分利用站内资源和空间，打造综合能源示范工程。结合屋顶表皮方案设置光伏发电站，实现光能高效利用，降低能耗；站内设置储能系统，实现稳定直流母线电压、储存光伏能量作用；站内设置地源热泵，通过输入少量的高品位能源，运用埋藏于周围的管路系统进行热交换，满足站内冷热负荷需求，实现清洁能源的高效利用；设置电动汽车充电桩，为周边居民提供智能、便捷、丰富的电动汽车充放电服务，助力新型能源战略实施；设置直流微网生态系统和综合能源管控系统，实现能源管控和高效利用。

四、城市智慧变电站成效

裕翔变电站通过开展表皮功能设计，使厂界噪声影响的城市区域达到0类声环境功能区标准，实现电磁0辐射。

建筑物采用被动式设计，通风和隔热效果显著增强，全年能耗可减少约22%，同时满足绿色建筑二星评价标准，获得石家庄首个绿色二星级认证变电站。

裕翔站建构筑物及地下部分全部采用预制方案，实现工厂化加工，现场安装，预制率达94%，达到装配式建筑评价最高标准AAA级。

裕翔变电站以电能为中心，灵活接入风、光、储、热多种能源，构建支持多能互补的"源—网—荷—储"协同控制区块，有效提高区域可再生能源消纳能力和能源利用率。光伏首年发电利用小时数为968h，25年平均利用小时数为896.9h，年平均上网电量约6.1万千瓦时，接入直流微网，为照明、地源热泵、5G基站、智慧体验厅等负荷供电，实现就地消纳；地源热泵100%满足站内冷热负荷需求，实现清洁能源的高效利用。

裕翔站建设过程中较传统变电站可减少现场湿作业量90%以上，缩短施工时间60%，木材消耗减少90%以上，建筑垃圾减少80%，施工水耗减少70%，建设周期减少30%，实现了"场地全覆盖、运土全封闭、车辆全冲洗、垃圾全分类"。通过环境监测装置实时监控环境指标，自动处置环境超限事件，减少90%以上有害粉尘扩散，降低施工噪音20分贝以上。

裕翔变电站建成投运后，不仅减少了人力运维成本，提升了运维工作便利性，还降低了因人为误操作带来的风险，大幅提升作业效率和运维效益。

五、结论

城市智慧变电站是构建坚强智能电网的必然要求，也是新型电力系统背景下变电站建设的发展趋势。目前，城市智慧变电站建设正处于一个持续发展与完善的阶段，相关技术仍具有较大发展潜力且不断改进创新，以更大程度地发挥智能变电站的优势。智能环保变电站建设需从土建、设备及材料等多个方面综合考虑，凸显"低噪声、低污染、低能耗"环境友好型设计理念、提高智能变电站绿色数字化水平。

裕翔城市智慧变电站，贯彻落实了"创新、协调、绿色、开放、共享"发展理念以及"具有中国特色国际领先的能源互联网企业"国网公司战略目标，在多站融合、表皮功能化设计、建筑设计、建造技术、建筑照明、能源互联等六个领域均优化提升了工程设计亮点；同时，裕翔站全面整合了站内资源，涵盖"发—供—储—充—用—管—展"各个环节，兼具光伏发电站、储能站、电动汽车充电站等九大功能，是以新能源为主体的新型电力系统在城市变电站建设领域的突破性创新，有望在更多新建工程中进一步深化应用，带来更优异的经济效益和社会效益。

（吴海亮、张骥、吴鹏、苏佶智）

智慧楼宇能源系统优化与控制

一、研究背景及意义

近年来建筑行业发展迅速，人们居住环境更加优美、舒适，但是对于能源的需求也在日益增长。在此背景下，能源节约和降低碳排放之间的矛盾逐渐变得突出。随着"绿色、生态、可持续发展"的理念逐年深化，对智慧楼宇的发展提出了更高的期望。智慧楼宇发展中，对于技术的要求较高，物联网、云计算、大数据的融入更是为智慧楼宇能源管理带来了新的发展契机。而此次通过对物联网技术在智慧楼宇能源管理中的有效运用进行分析，为物联网技术更好地服务于人类给予了相关建议，在推动智慧楼宇快速发展的同时，达到物联网技术对能源管理效果提升的目的。

智慧楼宇的能源结构具有广阔的多能互补空间。在供给侧，智慧楼宇能源形式多样化，独立运行需要付出较大的安全稳定成本且能源利用和转化效率不高。智慧楼宇综合能源体系能够充分挖掘和释放不同能源形式之间的互补性，在更大的范围内实现能源供给的安全性、稳定性与可控性，同时平抑间歇性能源的波动性与随机性，提升能源的利用效率。在需求侧，电采暖、多能互补的广泛应用，智慧楼宇的负荷存在多元化趋势，单一能源系统的运营效益不佳。智慧楼宇综合能源体系能够实现不同能源形式负荷之间的相互转化，利用蓄冷、蓄热以及电储能等设备平抑用能需求的波动性，显著提升了能源负荷需求的友好性。因此，综合考虑清洁能源自然禀赋及冷、热、电用能需求，研究智慧楼宇综合能源体系的多能源协同运行优化关键技术，实现电、气、冷、热多能互补，源、网、荷、储互动优化，最终形成一套适用于智慧楼宇多能源运行的优化模型，并进行示范应用对提升社会经济效益具有重要的意义。

构建智慧楼宇综合能源体系，在"大云物移智"技术支撑下，能源管理将采用横向多能互补、纵向"源—网—荷—储"互联互济协同运行的方式，能够充分挖掘和释放不同能源形式之间的互补性，在更大的范围内实现能源供给的安全性、稳定性与可控性，同时平抑间歇性能源的波动性与随机性，提升能源的利用效率。

智慧楼宇综合能源体系能够实现不同能源形式负荷之间的相互转化，利用蓄冷、蓄热以及电储能等设备平抑用能需求的波动性，显著提升能源负荷需求的友好性。

充分利用本地光伏、光热等新能源可再生资源禀赋，充分考虑区域内不同负荷类型差异性、互补性，通过终端冷、热、电负荷需求和源侧多能优化匹配，统一调度，在不同时间、空间尺度上实现能源的高效、经济和清洁利用，减少运行、维护成本，提高资产利用率，达到分布式清洁能源就地消纳、能源梯次利用、供能可靠性提升和综合能效提高效果，最终提升用户体验效果。

二、楼宇级用户用能特性

建筑物主要分为生产型建筑以及非生产型建筑，生产型建筑主要为工业建筑以及农业建筑，非生产型建筑主要为民用建筑。各类建筑因功能不同，设计形态不同，建筑物人口密度不同，严重影响着综合能源系统的能源需求预测。因外界环境温度、太阳辐射等因素的联合作用，建筑物外观、朝向、墙窗面积占比、建筑用材，都会影响建筑内部与外部的热量交换，这些因素影响着能源需求的类型以及能源需求的总量。因此，建筑物的形态及用料的不同，对综合能源系统的设计要求是不同的，在运行优化时，需要考虑建筑物的各类热工参数，才能实现精确地能源需求预测以及保障系统运行的合理性。

建筑功能主要分为工业、办公、商业、酒店、医院等。建筑的功能不同决定了能源需求特性不同、能源需求总量不同、能源需求时间不同、能源需求模式不同。

（一）工业型建筑用能特点

电负荷曲线（含空调用电）变化明显，且主要集中在上下班时段和工休日时段，两者交替决定了电负荷曲线的变化趋势，曲线存在明显峰谷差。

冷负荷需求在夏季增大且保持稳定。当进驻企业存在科研用冷库需求时，峰值冷负荷中全年的基本冷负荷的比重较高。

进驻企业的工艺性质决定了热负荷，蒸汽需求与电、冷负荷相比较低，冬季办公时段的供暖需求较明显。

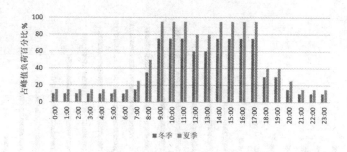

图 1　工业电需求（含空调）典型日负荷曲线

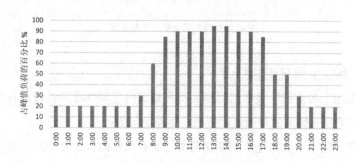

图 2　工业冷需求典型日负荷曲线

（二）办公型建筑用能特点

办公用地／建筑的用能需求主要来源于室内照明、空调制热／制冷、和室内其他电器例如计算机的使用，其负荷特性主要包括：

电负荷曲线（含空调用电）峰谷特性显著，变化主要集中在上下班时段、工休日阶段，由这两者交替决定，同时存在基本负荷低的特点。

夏季办公期间存在冷负荷需求，冷负荷密度大且稳定。

冬季办公期间存在供暖需求。

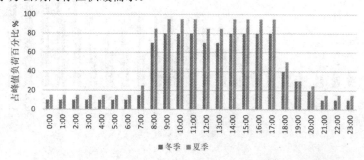

图 3　办公电需求（含空调）典型日负荷曲线

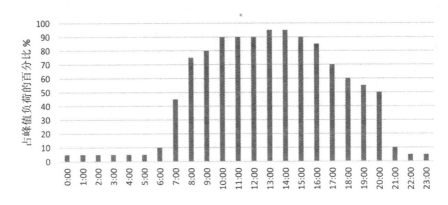

图 4 办公冷需求典型日负荷曲线

（三）商业型建筑用能特点

商业用地上的负荷主要包括照明负荷和建筑内空调制冷／供暖，其负荷变化趋势主要受到商业场所的营业时间影响，主要特征为：

电负荷（包括空调用电）的变化范围与商业场所的营业时间趋势相近。建筑内营业时，电负荷变化趋势稳定，而打烊后基本负荷变低。晚间照明需求增加时日峰值出现，峰谷差明显，同时曲线变化具有阶跃性。

商业场所在夏季的营业时段对冷负荷的需求很大，而且状态稳定，同时场所打烊后对冷负荷需求急剧降低。

冬季营业时段存在供暖需求。

商业负荷的电需求（含空调，分冬季与夏季）与冷需求的典型日负荷曲线分别如图 5、图 6 所示。

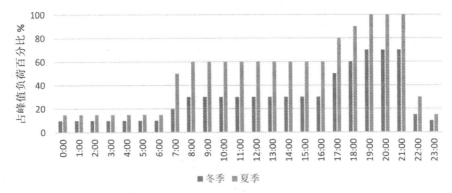

图 5 商业电需求（含空调）典型日负荷曲线

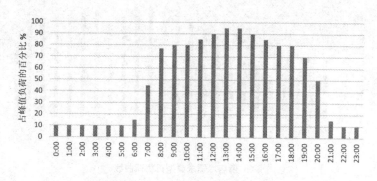

图 6 商业冷需求典型日负荷曲线

（四）酒店型建筑用能特点

酒店类用地／建筑的用能终端主要包括室内照明、空调供热／制冷、洗浴热水和其他电器的使用，其基本特征包括：

酒店型建筑的用电量受入住人数影响，人流量较大的季节通常在暑期，此时为旺季，冬季为淡季。由于旅客活动的随机性活动较高，所以酒店型建筑的日负荷变化呈现较弱的阶跃性。

夏季对冷负荷需求量很大，同时存在变化趋势稳定的特点，而冬季因为处于淡季所以冷负荷则进入谷期，此时基本负荷量低，整个变化存在显著的年峰谷特性。

酒店型建筑存在着少量蒸汽、洗浴热水的需求，其需求量也由入住率和房间数决定，所以整体需求仍与淡旺季相关，并同时呈现峰谷特性。

酒店负荷的电需求（含空调，分冬季与夏季）与冷需求的典型日负荷曲线分别如图7、图8所示。

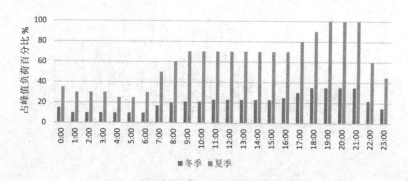

图 7 酒店电需求（含空调）典型日负荷曲线

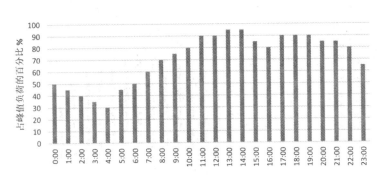

图 8 酒店冷需求典型日负荷曲线

（五）医疗型建筑用能特点

医疗类用地／建筑因为其特殊性，通常拥有全周期较稳定的电、冷、热需求，所以其配置综合能源的潜力较好。医疗负荷的变化曲线主要具有以下特点：

日电负荷变化曲线主要受到医院门诊时段的影响，日电负荷变化曲线的峰值通常处于门诊运营时段，当门诊运营时段结束后负荷会回到基本负荷值，医疗类建筑因为其工作的规律性和稳定性，所以全年的变化规律基本一致，有较强的预测性。

由于住院部和药物及设备存放区域有一定的温度要求，所以冷负荷需求在全年基本处于稳定状态，夏季门诊部的工作时段会有较大的冷负荷需求，这说明总体上在冷负荷需求稳定的情况下存在峰谷特性。

全年病房热水、消毒蒸汽等热需求稳定。冬季有供暖需求，曲线变化的大体情况与夏季的空调制冷需求大致相同。

医疗负荷的电需求（含空调，分冬季与夏季）与冷需求的典型日负荷曲线分别如图 9、图 10 所示。

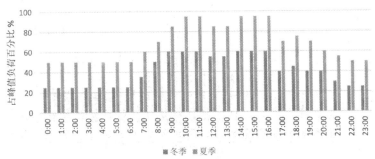

图 9 医院电需求（含空调）典型日负荷曲线

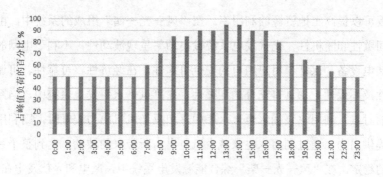

图 10 医院冷需求典型日负荷曲线

三、智慧楼宇源—荷耦合机理研究

能源耦合特性包含两个方面：一是能源转换；二是能源互补性。首先，综合能源系统将多种不同能源形式的能量进行耦合，如电能、天然气能、热能，并且优化调度能量分配比例，实现能源的高效利用。其次，通过系统自身的多能源之间的互补并与储能装置配合，可减少可再生能源带来的能量波动，提升可再生能源接纳水平。

在综合能源系统中，能源转换的核心技术是能量转换技术，即根据能源自身特性，可以将现有能量转换为其他形式能量以满足系统负荷要求，或是由于远距离传输需要将已存在的能量转换为原形式的能量以满足能量传输需求。主要包括同种能量之间的转换和不同种能量之间的转换，可通过能源转换装置以及能源存储装置实现。

能源互补性是指能源系统中某一类型的能源机能受损甚至缺失后，可以通过调整其他能源的出力得到部分或全部补偿，它反映了各种不同类型能源之间的相互关系。即两个或者多种能源综合优化，比单个能源分别利用有更好的效果。在新能源互补运行特性及配置优化方面，联合开发利用不同可再生能源的天然互补性是提高系统供电可靠性的有效手段之一。

例如：在"风—光"发电中，风力发电受气候影响，波动性较大，光伏发电受光照影响，波动性较小，但它们之间存在着时间互补性，光伏发电集中在白天，而风机的出力往往夜晚高于白天，在风光组成的微电网中，光伏发电可以减少风力发电对电网产生的波动，两种能源综合优化出力既增加了系统的稳定性也提高了系统的可调度性。同时，风光系统存在着空间互补性，在风机之间的空隙安装光伏板可以提高土地资源的利用率。在"风—光—储"组成的系统中，由于太阳能的间歇性和随机性，光伏发电系统输出功率呈现波动性，不利于电网的稳定，加入储电设备，保证了用户用电的安全可靠性，在经济性、可靠性、可调度性、稳定性及环保性上都具有充分的互补性。在"风—水"发电系统中，当系统电能富余的时候，利用水泵抽水至上水库中，相反当风机出力较低时，则利用水力发电来提供出力。通过利用水电来减少风电出力所带来的波动，达到整个系统供电负荷的稳定。在"风—光—柴"综合能源发电系统中，风电和光伏发电在稳定性，可调度性和环保性等方面具有互补性，风电和柴油发电在可靠性等方面具有互补性，目前，根据各类能源的特性和互补性，往往采用多能互补的形式来进行能源开发与利用。其中在能源系统中，多能互补形式主要有两类：时间互补和热互补。时间互补就是指根据能源的波动特性和调节能力，从时间角度重新分配能源供应，保证电网的稳定性，具体的实现形式有抽水蓄能—风光、风光—天然气等；热互补是指将不同的热能根据"温度对口、梯级利用"的原则引入热力循环中，提高能源转换效率，具体的实现形式有"太阳能—地热能"等。

（一）经济耦合

综合能源系统经济耦合特性体现在峰谷分时电价、能源价格等方面。

1. 峰谷分时电价

电力市场建设初期，往往实行固定电价，这造成了非高峰时段用电的消费者对高峰时段的电力消费者补贴的情况。公平合理的电价能够提供正确的经济信号，从而提供一种经济上的刺激，引导消费者合理用电的同时，实现了资源的优化配置。峰谷分时电价是一种反映电力系统不同的时段之间供电成本差别的有效电价机制，常见的有季节电价，丰枯电价，峰谷电价等形式。做法是根据电网的负荷分布，将一天、一周、一个季度或者一年等划分成高峰时段、平值时段、低谷时段等，将负荷高峰时段的电力销售价格调高，将负荷低谷时段的电力销售价格降低，从而引导消费者调整用电行为，优化自己的负荷分配，以缓解高峰时期电力资源紧张的状况，减少发电容量的投资成本和运行成本，同时用户也可以降低自己的总体电费并得到了一定的优惠。通过实施时间上的电力零售价格的不同，峰谷分时电价与固定电价相比较之下，峰谷分时电价的市场效率更高，同时能实现削峰填谷使负荷曲线更加平缓，增加社会福利等方面。

目前，采用峰谷分时电价是电力市场竞争中引入需求响应的重要方法之一。

通过价格信号引导并刺激消费者，使消费者调整用电方式、改变用电习惯，将系统高峰时候的一部分负荷转移到系统低谷阶段，实现削峰填谷的目的。在进行峰谷调节的同时，既缓解了楼宇用户用电高峰带来的负担，又使得峰谷峰差间的电能资源合理配置；并且充分利用峰谷电价信息，获取储能系统运行的经济效益。

2. 能源价格

首先，楼宇综合能源系统可以有效改善该楼宇的能源供给结构，降低能源供给成本。一方面，系统接入了可再生能源，减少了部分化石能源的消耗，既带动了清洁能源产业的发展，又满足了电网的能源需求，使得存量紧张的化石能源价格下降。另一方面，系统提高了能源的综合利用效率，综合能源系统布置在能源负荷中心的楼宇内，输电距离近，输配电线损几乎为零，保证了能源使用的高效率。这既节约了楼宇内企业的用能成本，也降低了化石能源资源匮乏但需求量大而造成较高的能源价格。

其次，综合能源系统中的能源转换效率高。常规燃煤火电厂汽轮机的能源转换率仅仅能够达到 15%—45%，而天然气冷热电联供系统供能技术 60%—90% 的能源转换率则具有显著优势，将大幅节省一次能源，从而降低一次能源的价格。

（二）时空耦合

采用风光互补系统、冷热电三联供系统、余热蒸汽回收利用系统、制冷系统、光伏及储能系统等，使能源生产、传输、储存和使用有了系统化和集成化的运行和管理方式。充分利用多种能源的时空耦合特性，来弥补可再生能源的波动性问题，实现能源互动和梯级利用，有效应对气候污染等问题。

1. 储能的应用

电力储能系统是实现可再生能源大规模接入电力系统的必然选择。根据我国《可再生能源发展"十二五"规划》，到 2020 年，风电和太阳能并网装机分别达 2 亿千瓦和 5000 万千瓦，可再生能源将占一次能源消费的 15%。但风能和太阳能等可再生能源固有的间歇性和波动性对电网的冲击很大，导致我国风电和光伏发电未并网比例高，弃风、弃光严重。利用储能可以实现可再生能源平滑波动、跟踪调度输出、调峰调频等，使可再生能源发电稳定可控输出，满足可再生能源电力的大规模接入并网的要求。同时，储能也是分布式能源系统和微网的关键技术。分布式能源系统和微电网具有容量较小，系统负荷波动大等特点，而且由于线路和运行等原因会造成系统故障率偏高，而电力储能系统作为负荷平衡装置和备用电源，能够很好地解决这些问题。储能应用于这一领域的主要作用是平滑出力、跟踪计划出力，增强可再生能源发电系统出力的稳定性。

储能应用技术日渐成熟，经济性价比不断提高，越来越多被应用到电力系统中，对提高电力系统稳定性、安全性、配供电质量以及节能减排等有着重要作用。

（1）稳定控制

在电网中配备一定容量和功率的储能设备，可以有效地调高系统的稳定性，可以避免因电网故障导致的配电不平衡，通过启用电网中配置的储能设备作为备用接入电源，有效保障负荷中心的供电和系统的稳定性，从而有效地进行有功功率调节。

（2）电能质量改善

随着风能发电、光伏发电等新型清洁能源应用越来越广泛，因此而产生的不稳定电源对电网的冲击越来越大，在电网中配入储能设备。可以有效地调节电压波动，保护网中的敏感原件。通过调节有功无功功率，确保电能质量。

（3）峰谷调节

随着工业和生活用电量的需求增长，电网用电高峰值越来越大。按照峰值进行发电配电会造成较高的发电成本。通过储能电站进行峰谷调节，在电力需求低谷时储存电能，在电力需求高峰时释放电能。从而减少电网的峰谷配电差，既能为企业创造经济利益，同时又减少了石化能源的消耗，有利于节能减排，保护环境。

（4）促进可再生能源的规模化利用

新型的清洁能源在电网供电中并不稳定，光伏发电容易受日照影响，在极端天气下会更不稳定，难以控制。风力发电，往往在夜间功率较大，而在白天高峰期的功率较小，很难直接被电网所利用。通过储能设备，进行电能的吸纳调节，作为缓冲设备，可以有效地利用光伏发电、风力发电等新能源，提高风电、光电的入网率。

国内以锂电和铅酸为主，我国锂离子电池、铅酸电池和液流电池的应用最为广泛，产业化的条件日趋成熟。我国也是用于动力电池的锂电池以及用于大容量从储能技术的全钒液流电池的最大产地。国内已经建成了近30个大型示范项目，其中2012年实施的辽宁卧牛石风电场全钒液流5兆瓦／10兆瓦时储能系统，为当时全世界规模最大同类项目。国家电网在风杨家店和黑山龙湾分别投建了锂电池和全钒液流电池储能电站以及全钒液流电池储能电站。大连市政府规划筹建的"200兆瓦／800兆瓦时全钒液流电池储能电站"项目已经被国家发改委批准为国家级工程应用示范项目。中国先进铅炭电池在铅酸电池领域中，其性能、寿命等方面取得了重大突破，又鉴于它性价比高、技术成熟和性能稳定、宜于量产和回收等优势，已经被全面推广，成为储能项目电池选材的新秀。但是锂电储能的大规模应用寄希望于成本大幅下降。按项目分，以可再生能源并网、离网为主，电动车充电设备尚未成为主流。

目前适合于大规模储能的方式主要有以下几类：机械储能（抽水蓄能储能、压缩空气储能、飞轮储能）、化学储能（铅酸电池、磷酸铁锂电池、钠硫电池和全钒液流电池等）和电磁储能（超导电磁储能和超级电容储能），在建的和已示范运行的风光储混合电站储能部分大部分还是由电池储能系统承担。至今为止，我国风电储能示范工程已达几十个，但是真正达到兆瓦级别的还仅仅只有南方电网的储能示范项目和国网张北的风光储示范项目，特别是河北省张北的风光储示范项目，该项目风力发电总容量为 500 兆瓦，光伏发电总容量为 100 兆瓦，储能系统容量为 100 兆瓦，目前该项目一期工程已全面运行，其容量包括风力发电100 兆瓦、光伏发电 50 兆瓦和化学储能装置 20 兆瓦。通过风力、光伏发电系统与储能系统之间的协调，可以有效地提高电力系统的经济性和稳定性，减小可再生能源发电对电力系统的冲击和影响，并且对促进国内光伏发电和风力发电的规模化和产业化发展，最终实现国家可再生能源持续发展的战略目标。

2. 天然气分布式能源的应用

天然气分布式能源系统又称冷热电多联供，即 CCHP（Combined Cooling, Heating and Power），是指以天然气为主要燃料驱动燃机（燃气轮机、燃气内燃机）发电，产生的电力用以满足用户的电力需求，燃机排出的废热被余热回收设备加以回收利用，用以向用户提供供热、供冷、供热水的用能需求。这种能源的梯级利用方式，和常规的发电厂相比，由于充分利用了废热，一次能源利用效率从 40% 以下提高到 80% 以上；与效率达到 90% 的燃气锅炉相比，能够产生电能这种高品位的能量，使天然气达到更高品位的应用。因此，既节省了天然气、燃油等一次能源的消耗，又能够生产出高品位的能量，实现一次能源利用效益的最大化。

天然气分布式能源站根据系统的冷、热、电负荷需求量，可以采用以冷／热定电或者以电定冷／热的原理配置供能系统。以冷／热定电即优先满足冷／热力负荷需求，不足的电负荷由其他分布式电站提供或者从市政电网购进。以电定冷／热即优先满足电力负荷的需求，热能作为附属产品输出，不足的冷／热负荷由燃气锅炉或其他产热设备补充。无论是以冷/热定电还是以电定冷/热，都应预先准确预测或模拟用户最大负荷和全年负荷，结合冷/负荷的变化特点寻找供电容量的平衡点确定发电设备容量，通过余热需求量确定发电设备容量；或者结合电负荷的变化规律寻找供电容量的平衡点确定发电设备容量，通过发电设备容量确定余热设备容量。

我国由于推广发展天然气分布式能源起步较晚，同时受天然气较煤炭价格偏高的影响，2000年以前基本未有实施的项目，到2000年后随着经济水平的提高，以北京、上海为代表的一线城市才开始逐步试点天然气分布式能源项目，目前已有一些典型的天然气分布式能源站应用案例，诸如上海浦东机场、广州番禺区大学城的分布式能源站，仅北京燃气集团调度中心的分布式能源站在经过几年的运行后，与传统分供方式相比，全年一次能源节省了约17%，相当于节约能源成本90万元。成都深兰绿色家园国际酒店的天然气分布式能源站已安全运行12年，每年节约能源成本410万元。天然气分布式能源系统广泛地应用在了西气东输线路的许多项目中，如石油昌平数据中心—中国第一个启动三联供的数据中心项目，四川长虹绵阳工业园区的天然气分布式能源项目等。此外，在全国范围内以新奥能源、华能热电为代表的能源供应公司开发建设的分布式能源项目才有了较为快速的发展，以长沙黄花机场、株洲神农城分布式能源项目、盐城亭湖医院分布式、青岛中德生态园泛能规划项目、广东肇庆新区泛能规划项目、株洲兴隆化工项目为代表的项目均陆续建成投产。这些建设较早的项目目前体现出了较好的节能、环保和经济效益，在国内取得了很好的示范和推广效应。"十三五"期间许多省市都有新的天然气分布式能源站项目，其中包括重庆市德感工业园分布式能源站项目、郑州富士康分布式能源站项目，郑州航空港区将要建设一个装机102兆瓦的分布式能源项目。

（三）稳定性耦合

随着经济的快速发展，楼宇用户对供电的可靠性和调峰的要求也越来越高。目前，可再生能源和分布式能源结合在一起的综合能源系统得到越来越多的应用，可以提高电力设备的使用率，减小线路损耗。鉴于可再生能源出力波动性以及用户负荷实时需求变化，综合能源系统会产生较高的功率波动。为平衡这些波动，保证供电可靠性，也采取了一些策略。

1. 综合能源系统平衡设备出力的波动性

综合能源系统平衡设备出力的波动性主要是通过不同设备的特性进行耦合来

保证电网的稳定运行。

首先，综合能源系统的核心——储能系统，其三大功能之一就是平抑波动。一方面是指利用储能的瞬时性平滑新能源发电波动性、间歇性，提高新能源消纳能力；另一方面是指储能根据负荷变化及时调整出力，有效改善电力系统的日负荷特性，使发电设备的利用率大大提高，从而稳定系统出力，保证系统的安全有效运行。例如系统中的储电设备，考虑系统负荷的实时状态，在负荷低谷时，储能电池存储能量；在负荷高峰期，储能电池释放能量，从而减小负荷峰谷差。当然，储电设备的充放电过程也是一直在波动的，而这可能会导致储能设备工作于过充过放区，影响储能设备的使用寿命。对储电设备的 SOC 工作区域进行划分。荷电状态（SOC）是锂电池或超级电容器等储能设备的一个重要特征量，通过引入储能设备的 SOC 协调控制来对储能设备进行过充过放保护，对储电设备的利用和其使用寿命的延长都会有很大的作用。SOC 定义为储能设备当前存储的电能与充满电时的电量的比值，范围为 $0<SOC<1$。

有学者提出了采用大容量型储能设备和高功率型储能设备组成的混合储能系统，该系统综合了大容量储能设备和高功率储能设备的优点，能很好地满足风电功率波动平抑的要求，混合储能系统目前在风电功率波动平抑方面具有很大的优势。也有学者提出采用锂电池与超级电容器组成的混合储能系统来对风电场输出功率进行平抑，相对于单一类型的储能系统，混合储能系统可以综合两种类型的储能设备的优点，同时也能弥补各自的不足之处，由混合储能系统中的锂电池和超级电容器来分别对风电场输出功率的低频波动信号和高频波动信号进行平抑，这能够很好地满足风电场输出功率波动的特点以及混合储能系统中不同储能设备的性能特点，这将大大提高储能系统的性能，具有很好的优势。

其次，综合能源系统平衡设备出力的波动性也可通过热泵实现。热泵可以通过实时调节压缩机的功率来改善功率波动特性，可确保热力网中的热能质量和能量流优化。其实际出力与额定运行功率的差值用于平抑波动功率中的低频成分，微型燃气轮机通过调节天然气注入功率，功率响应速度介于电储设备与热泵之间，其实际发电功率与额定出力的差值参与平抑联络线功率的中频波动。目前有一种基于系统的电热协同互补耦合控制的热电联供综合能源系统，该系统可在热泵和混合储能之间共同分配可再生能源输出波动，与单能流蓄电系统相比，提高了功率波动的平滑效果。

2. 综合能源系统平衡用户负荷的波动性

首先，综合能源系统可通过设备来平衡用户负荷的波动性。分布式光伏电源在用户侧就近发电、并网，在负荷高峰时可以有效削峰；在电网故障时可部分弥补大电网供电不足，提高供电可靠性。但出力受环境因素影响大、强波动性。因此还要加入储电设备保证风机设备平滑出力。

同时大规模储能系统，将低谷电能转化为高峰电能，是实现发电和用电间解耦及负荷调节的有效途径。综合能源系统通过加入这样一个储能系统进行削峰填谷，来平衡用户负荷的波动性。

其次，综合能源系统在考虑需求响应下通过智能电表收集用户信息并对负荷进行调度来平衡用户负荷的波动性。需求侧响应是指在不同市场化程度下，通过行政、经济、法律、技术等措施引导和鼓励主动改变用电方式、合理用电，促进电力资源的优化配置。需求侧响应可以引导和激励用户改变电力消费模式，减少装机容量，削峰填谷，并能增加电网应急能力，提升电力市场的运行可靠性。需求侧响应按作用机制可分为激励性和价格型两种。激励型需求侧响应采取直接奖励及补充方式引导用户进行负荷削减调整，用户可获得电费折扣或激励支付。价格型需求侧响应使得用户根据电价信号对用点时间及方式进行调整，根据价格的变化改变电能消费的方式。通过内部的分流电阻将电流信号转换为电压信号供信号处理电路采集。

目前也有许多学者对用户侧的需求响应进行研究。提出了单一居民房屋的需求响应模型、对单一居民用户HVAC的需求响应控制模型、对单一居民用户可转移负荷需求响应调度模型、对一栋居民建筑的所有储能设备的需求响应模型等等。也有学者对一栋居民建筑中的通暖空调（HVAC）、电池储能系统（ESS）、电动汽车（EV）以及可转移负荷设备的进行了详细需求响应建模并进行整体优化调度。此外有学者根据响应方式的不同对居民负荷进行分类后建立相应的柔性用电负荷设备详细需求响应模型，再结合分布式电源参与需求响应方式形成完整城区居民柔性负荷日前需求响应随机调度策略。

四、智慧楼宇用户侧需求响应研究

智慧楼宇需求响应是指楼宇通过改变原有的用电行为对电网的响应，智慧楼宇需求响应潜力是指建筑物参与需求响应的负荷调控的能力，包括增加负荷和减少负荷两个方面。由于需求响应是楼宇本身的自愿行为，因此需求响应潜力不等于响应极限。需求响应潜力与智慧楼宇用电量、建筑结构、用户行为等有关。考虑动态需求响应的时间特性构建智慧楼宇需求响应潜力的动态分析模型如下：

$$C_R = f\left(C_{R,cap}, C_{R,vel}, C_{R,pro}\right)$$

式中：C_R 为楼宇的需求响应潜力；$f(\cdot)$ 为量化建筑用电需求响应潜力的广义函数；$C_{R,cap}$、$C_{R,vel}$、$C_{R,pro}$ 分别为需求响应潜力的容量、需求响应潜力的响应速率和需求响应潜力的响应概率。可以形象地将楼宇群类比电池组的需求响应潜力分析等效模型，将单栋楼宇等效视为一个储能电池，将多个建筑视为一个电池组。由于测量电池的充电 / 放电特征需要考虑电池的容量、充 / 放电速率和故障概率，智慧楼宇用电需求响应潜力的动态模型同样需要涵盖 $C_{R,cap}$、$C_{R,vel}$、$C_{R,pro}$ 3 个参数。

从热传递的角度来看，智慧楼宇具有蓄热和放热的特点。类似于储能电池的充电和放电。因此，将智慧楼宇用电需求响应潜力分析模型与储能电池模型进行了比较，并给出了具体的智慧楼宇需求响应潜力参数计算方法。需求响应潜力容量 $C_{R,cap}$ 计算公式如下：

$$C_{R,cap}\left(\tau\right) = I_E\left(\tau\right) - I_{Base}\left(\tau\right)$$

式中：$C_{R,cap}\left(\tau\right)$ 表示楼宇在 τ 时刻的需求响应潜力容量；$I_E\left(\tau\right)$ 为楼宇在 τ 时刻的预期能耗；$I_{Base}\left(\tau\right)$ 是维持楼宇正常运行的最低能耗，又称为基础能耗。二者相减得到楼宇在 τ 时刻的需求响应潜力容量。

同样，楼宇用电的需求响应潜力响应速率定量分析模型如下所示：

$$C_{R,vel}\left(t\right) = \frac{t}{\Delta t}\sum\frac{1}{2}\left[\left|I_E - I_R\left(\tau\right)\right| + \left|I_E - I_R\left(\tau + \Delta t\right)\right|\right]$$

式中：$C_{R,vel}\left(t\right)$ 为建筑物在某一时段 t 的需求响应潜力响应速率，计算方法是在 t 时段内采取极小的步长 Δt，可分别得到楼宇在 τ 时刻和 $\tau + \Delta t$ 时刻的需求响应量；$I_R\left(\tau\right)$ 为楼宇在 τ 时刻参与需求响应的电量。把累加值取平均，最终得到楼宇的需求响应潜力响应速率 $C_{R,vel}\left(t\right)$。$C_{R,vel}\left(t\right)$ 越大，楼宇对电网的响应就越快；$C_{R,vel}\left(t\right)$ 越小，对电网的响应就越慢。

智慧楼宇用电需求响应潜力的实变特征不仅包括响应容量和响应速率，还包括需求响应潜力的响应概率 $C_{R,\text{pro}}$。需要考虑建筑物是否具备在一定时间 t 内响应电网的概率，其中 $C_{R,\text{pro}}(t)$ 为楼宇在一定时间 t 内的响应概率：

$$C_{R,\text{pro}}(t) = \prod_{k=0}^{L} \left[H_{R,area}^{k}(t) \cdot \prod_{i=0}^{n} H_{R,room}^{i}(t) \right]$$

式中：n 为建筑物内的总面积；$H_{R,room}^{i}(t)$ 为楼宇对应面积的响应概率；L 为区域内的建筑总数；$H_{R,area}^{k}(t)$ 表示各智慧楼宇的响应概率；$H_{R,area}^{k}(t)$ 和 $H_{R,room}^{i}(t)$ 两个变量的乘积表示智慧楼宇需求响应潜力的响应概率。$C_{R,\text{pro}}$ 越大，整片地区就越能稳定地对电网进行响应。$C_{R,\text{pro}}$ 越小，整片地区对电网的响应稳定性就越差。

（一）算例分析

算例分析了我国某高新技术园区内楼宇建筑的用电情况和需求响应潜力。首先，通过测量楼宇内的实际耗能和环境数据，验证了楼宇用电需求响应潜力建模方法的准确性。然后结合楼宇应用实景，分析了楼宇用电需求响应潜力的时变特性与最优策略。

整个园区大约有 40 栋建筑。选取典型的办公楼宇为 4 层结构，4 层总面积约16000 平方米。建筑的用能负荷主要由暖通空调系统、照明和其他用电设备组成。人员活动时间从早上 8:00 到晚上 20:00。楼宇用电监测及各种环境、状态量的监测周期为 5—15 分钟不等。需求响应策略对电网需求的响应时间间隔为 5 分钟。本文选取了该楼宇群的一个夏季典型日为例。

1. 楼宇用电需求响应潜力的时变特性分析

案例以本文提出的楼宇用电需求响应潜力分析模型为基础，分析了楼宇需求响应潜力的时变特性。图 11 为楼宇用电需求响应曲线，可以看出在 13:00 和14:00 之间，建筑正常工作时的能耗和参与电网需求响应的能耗差异不大。从14:00 开始，楼宇参与了电网需求响应。绿色曲线表示楼宇在最大需求响应潜力下的用电量。可看出随着响应时间的推移，楼宇的响应电量差，即红绿曲线的差值，变得越来越小。结果表明，随着响应时间的增加，建筑的响应势将发生动态变化，且减小，是由于响应能力不足导致的。在最后 16:00 可以发现由于温度舒适性与空调默认设置温度的差异，楼宇在参与电网响应情况下的能耗较高。

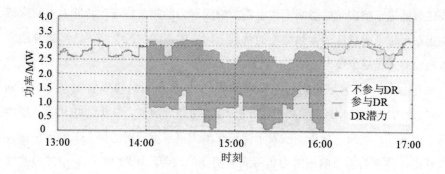

图 11 楼宇用电需求响应潜力分析

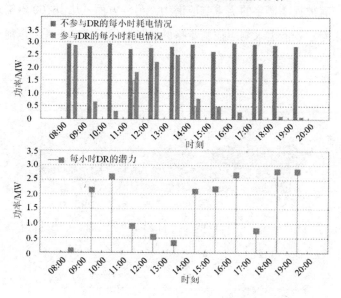

图 12 不同时间段的楼宇用电需求响应潜力分析

进一步分析,从早上 8:00 到晚上 18:00,每小时分析一次楼宇的需求响应潜力,如图 12 所示。从图 12 中可以看出,建筑在早上 8:00 至 9:00 的需求响应潜力最低。由于楼宇中办公人员此时刚刚上班,HVAC 系统需要提供大量的空调能耗来降低室内的高温。在中午和晚上的休息时段,同样的需求响应潜力较低,是由于楼宇本身在这两个时间段使用的能耗较低。

综上所述,楼宇在不同时间段具有不同的需求响应潜力。

2. 楼宇用电需求响应潜力的策略优化结果

上文描述了楼宇在不同时间点和不同响应时长下的需求响应潜力,本节将继续描述智能需求响应策略影响下楼宇需求响应潜力的相关特征。智能需求响应策略是指在最优考虑楼宇的蓄热特性的基础上建立的需求响应策略，达到提升楼宇需求响应潜力和减少楼宇的用电能耗的目标。

采用智能需求响应策略后的算例结果如图 13 所示。可以看出从 13:00 到 14:00，使用智能需求响应策略的楼宇用电能耗显著增加。从 14:00 开始，楼宇参与了电网需求响应。绿色曲线表示建筑在最大需求响应潜力情况下的用电量。可以看出，楼宇的需求响应潜力也得到了明显的改善，即图 13（b）中红绿曲线的面积差大于图 13（a）的面积差。研究表明，该智能需求响应策略能充分利用建筑的蓄热特性，有效提高楼宇的需求响应潜力。另一方面，从 16:00 点需求响应结束后的数据来看，智能需求响应控制策略的能耗比较于楼宇正常用电能耗有了一定量的提升。

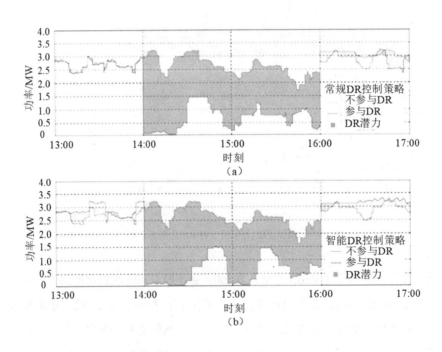

图 13 常规和智能需求响应控制策略下的楼宇用电需求响应潜力对比分析

图 14 为整个园区内楼宇的正常用能、参与电网需求响应和智能需求响应控制的用电能耗情况。

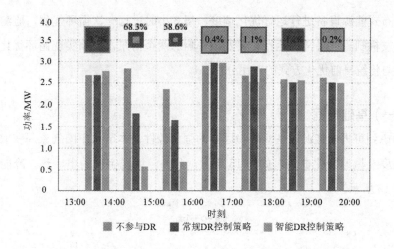

图14　不同时间段的智能需求响应控制能耗分析

图14中的柱状图显示了该楼宇群在三种情况下每小时的用电量。图14上半部分的正方形面积表示常规需求响应与智能需求响应策略的能耗比例。可以看出，在电网响应14:00到16:00的响应时间段内，智能需求响应耗电量显著降低，需求响应潜力相对较高。最后，在响应前后的时间段内，楼宇在智能需求响应控制策略的情况下的用能和需求响应潜力可以得到有效改善。

五、智慧楼宇综合能源运行优化策略研究

以国内某大型楼宇群为例，根据上文建立的运行优化模型模拟楼宇群调度计划。根据楼宇已建设备，电系统包括光伏（PV）、风机（WT）、蓄电池（BESS）和电网，冷系统包括地源热泵（HP）、双工况制冷机组（AC）、常规制冷机组（EC）和蓄冰槽（IS），热系统包括地源热泵（HP）、电锅炉（EB）、燃气锅炉（GB）和蓄热罐（TS）。其中，能源供应主要以电为核心，以燃气为辅助能源，充分利用风、光、地热等可再生能源实现能源供应。依靠地源水全年恒温的特点，实现地源热泵冬季高效制冷、夏季高效制热的供能方式。蓄电池在能源系统中具有平抑可再生能源波动、削峰填谷、响应峰谷电价的功能；蓄冰槽和蓄热罐主要响应南京市夜间双蓄电价，这个电价只针对双工况制冷机组和电锅炉设备进行蓄冷蓄热。该楼宇由于设有大规模信息处理设备，因此对冷系统能源供应稳定性要求较高。本节选取夏季典型日为研究对象，以小时为精度对未来一天时间的综合能源

系统分布式能源设备进行运行优化调度，每 3 小时进行一次循环优化，监测优化采取触发机制。针对常规运行和突发事件响应两个情景，分别实现循环优化、监测优化与传统日前优化方式的对比分析。

（一）基础数据

考虑到可再生能源设备对环境因素的强依赖性，本节从中国气象局获取当日光照强度及风速变化曲线，如图 15 所示。此外，该楼宇群的电、热、冷能源需求如图 15 所示。

图 15　光照强度和风速的折线图

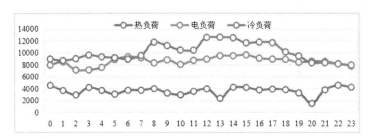

图 16　电、热、负荷曲线图

通过负荷曲线可以看出，夏季冷负荷和电负荷占比较大，集中在白天，持续时间长，冷负荷整体呈现明显的峰谷差。热负荷和电负荷分布较为稳定和均匀，热负荷需求较小。

（二）相关参数

在综合能源系统的运行中，外部能源价格和碳排放直接影响运行优化的效果。在本案例研究中，常规购电价格遵循分时电价，蓄热和蓄冰电价遵循双蓄电价，如图 17 所示，且电网购电碳折算系数为 0.1229kg/ 千瓦时。

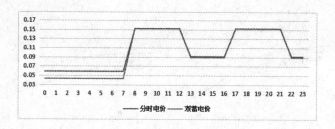

图 17 分时电价和双虚电价图

根据智慧楼宇综合能源系统运行优化流程，充分考虑了分布式能源设备的效率曲线、出力特性和使用成本等，结合楼宇综合能源系统建设情况，分布式能源设备关键性参数如表 1 所示。

表 1 设备参数

设备	参数	参数值	设备	参数	参数值
风力发电机组	使用年限	25 年	光伏	使用年限	25 年
	建设规模	100 台		建设规模	2692 片
	运维费用	0.035 元 / 千瓦时		运维费用	0.07 元 / 千瓦时
	额定功率	10 千瓦		额定功率	260W
	额定风速	14 m/s		效率	0.188
	切入风速	4 m/s		光伏组件额定温度	25℃
	切出风速	20 m/s		温度系数	0.47
储能电池	使用年限	15 年	地源热泵	使用年限	25 年
	运维费用	0.21 元 / 千瓦时		设备数量	4
	容量	10000 千瓦时		运维费用	0.056 元 / 千瓦时
	最大充放电功率	3000 千瓦		启停功耗	161.47 千瓦时
	放电深度	0.9		额定功率	2540 千瓦
	充放电效率	0.925		效率系数	3.595—6.351
双工况制冷机	使用年限	25 年	常规制冷机组	使用年限	25 年
	设备数量	1		设备数量	2
	运维费用	0.056 元 / 千瓦时		运维费用	0.056 元 / 千瓦时
	启停功耗	118.25 千瓦时		启停功耗	67.51 千瓦时
	额定功率	3468 千瓦		额定功率	2461 千瓦
	效率系数	3.242—5.974		效率系数	2.44—4.673
电锅炉	使用年限	25 年	燃气锅炉	使用年限	25 年
	设备数量	3		设备数量	2
	运维费用	0.042 元 / 千瓦时		运维费用	0.042 元 / 千瓦时
	额定功率	1560		额定功率	2200
	启停功耗	37.53 千瓦时		启停功耗	5.35m³
	效率系数	0.95		效率系数	3.516—6.308
蓄冰槽	使用年限	25 年	蓄热罐	运维费用	0.021 元 / 千瓦时
	运维费用	0.021 元 / 千瓦时		充放热额定功率	2500 千瓦
	充放冷额定功率	3000 千瓦		容量	21000 千瓦时
	容量	30000 千瓦时		转化效率	0.96
	转化效率	0.97			

考虑设备运行工况及负载率对运行效率的影响，对热泵、双工况制冷机组、常规制冷机组及燃气锅炉设置了动态效率曲线，如下图所示。

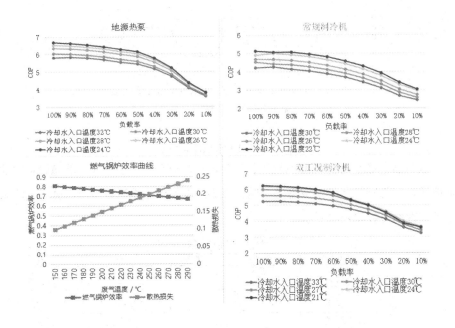

图 18 主要设备效率曲线图

（三）优化结果

1. 常规运行情景优化结果

在常规运行情景下，根据本文构建的综合能源系统运行优化模型，以日经济成本最低和碳排放最低为双重优化目标，对系统设备出力进行优化，日经济成本和碳排放的变化趋势随着设备运行策略的变化而不同。由于两个优化目标互斥，运行优化不能输出唯一最优解，而是以 Pareto 解集形式表现，如图 19 所示。

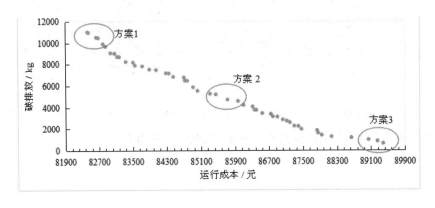

图 19 Pareto 前沿

如上图所示，Pareto 解集由 50 组可行解组成，其中，当日运行成本较低时，系统整体碳排放较高，反之，碳排放较低。因此本节选取日运行成本较低、系统碳排放较低和二者相互平衡的三个可行解进行多维度的方案评价，评价值如表 2 所示。

表 2 多维度方案评价

	方案 1	方案 2	方案 3
运行成本 / 元	82830.02	85829.8	89438.51
碳排放 / kg	11407.95	4526.00	1027.79
综合能效	0.62	0.59	0.54
可再生能源利用率	18.39%	18.45%	18.36%
能源自给率	38.48%	41.20%	46.40%

根据多维度评价指标性质，对经济成本和碳排放量取倒数，实现五个指标的同向化处理，形成雷达对比图，如图 20 所示。

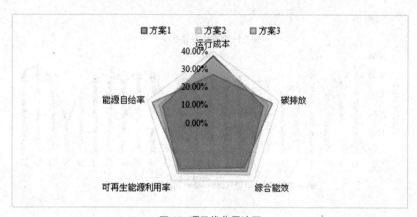

图 20 项目优化雷达图

根据上图可看出，在经济性和碳排放两个方面，三个方案呈现互斥现象，不存在某一方案优于其他方案，这也体现了 Pareto 解集的特点。在能源自给率、可再生能源利用率和综合能效三方面，方案三在能源自给率方面表现更突出，但其他方面均显劣势，方案二在自给率方面略逊于方案三，但在其他方面均优于方案一和方案三，并且各项指标表现较为均衡，因此认为方案二更适合作为实际运行方案。

由于 Pareto 解集无法确定单一解实现综合能源系统运行调度，因此本文选取 TOPSIS 计算方法，结合上述分析结果，确定各目标权重均为 0.5，对 Pareto 解集进行处理，得到均等权重下双目标最优解，其运行结果及调度方案分别如表 3 和图 21、图 22 所示。

表3 运行优化结果

项目	数值	比重	合计
运行成本	78519.42 元	91.57%	85893.57 元
启停成本	925.05 元	1.08%	
蓄能成本	2787.26 元	3.25%	
折旧与维护成本	503.24	4.10%	
下网电量碳排放	2255.30 kg	55.75%	4045.74 kg
耗气量碳排放	1790.44 kg	44.26%	

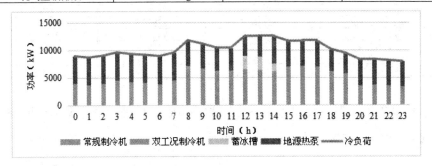

图21 冷系统设备出力

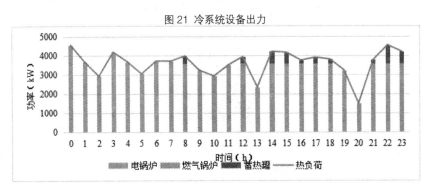

图22 热系统设备出力

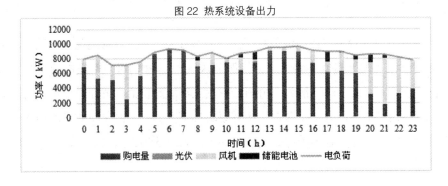

图23 电系统设备出力

在冷系统中，地源热泵以经济性高、供能稳定的特点作为冷系统基础负荷供应设备，在此基础上，夜间由常规制冷机组补充负荷缺口及应对网络负荷波动，双工况制冷机组在夜间5h—7h享受双蓄电价进行蓄冰，在日间由于负荷缺口较大，由双工况制冷机组的空调工况和蓄冰槽同时补充负荷，以实现供需平衡。在热系统中，考虑系统碳排放和夜间低谷电价的经济性，夜间由电锅炉满足用户负荷，并且在5h—7h进行蓄热，在日间主要由燃气锅炉满足用户负荷，蓄热罐补充负荷缺口。在电系统中，完全消纳了风机和光伏的可再生能源发电，其余靠电网输送电力，其中蓄电池利用电价差，夜间谷段电价充电，日间峰值电价放电。

在确定日前优化调度方案的基础上，根据每3小时循环间隔中实际负荷对后续调度方案的影响，对日内运行方案进行再优化与方案更新，考虑运行方案能源供应情况与实际负荷情况的偏差会对经济成本及系统碳排放评价结果造成影响，因此为保证满足用户用能负荷，额外引入运行日用能曲线与供能曲线的拟合优度指标，对日前优化结果与日中7次循环优化结果进行对比，如表4和图24所示。

表4 日前优化结果与日中7次循环优化结果

	日前优化	循环优化						
	0	1	2	3	4	5	6	7
经济成本 / 元	85893.57	87144.54	85844.5	78731.87	77554.89	76615.98	76090.14	75977.79
碳排放 / kg	4045.74	4164.45	4038.71	3897.52	3777.85	3699.26	3648.47	3622.27
用能曲线与供能曲线的拟合优度	95.95%	97.71%	98.87%	99.11%	99.32%	99.45%	99.53%	99.58%

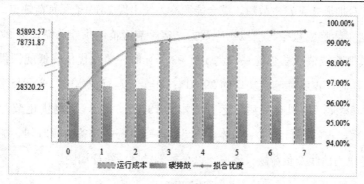

图24 日前优化结果与日中7次循环优化结果

从上图可以看出，综合能源系统运行经济成本和碳排放主要呈现下降趋势，全天循环优化降低经济成本和碳排放9915.78元和423.47kg，分别占日前优化的11.54%和10.47%，系统供能曲线和用户能源需求曲线拟合优度呈现上升趋势，全天循环优化提升3.63%，占前优化拟合优度的3.78%。在0—2次循环优化时，经济成本和碳排放变动不大，甚至第一次循环有上升趋势，主要是通过牺牲经济成本和碳排放提升系统能源供需曲线的拟合优度；在3—5次循环优化过程中，不仅保证前期高拟合优度的供能特点，而且在经济成本和碳排放两方面降幅较为明显；在6—7次循环过程中，由于已发生时间越来越长，未来调度优化空间变小，因此在各方面变化趋于平稳，最后达到系统最优运行。

2. 突发事件响应情景结果

针对监测优化面向解决设备突发情况的功能，本文收集设备突发故障时的实际数据，采用监测优化进行校正与模拟，主要从能源供应缺口、应对突发状况后运行经济性两方面对能源系统实现监测优化。由于系统存在大型信息处理设备，因此在冷系统运行优化中，尽可能降低冷系统中能源供应缺口是极为必要的。

本文选取夏季某日热泵系统异常停机情景为研究对象，对实际现场处理情况与监测优化模拟处理情况进行分析，停机事件发生时冷系统运行现状如表5所示。

表5 停机事件发生时冷系统运行状态

冷负荷	地源热泵	双工况制冷机组	常规制冷机组	蓄冰槽
10638千瓦	7542千瓦（3台）	3096千瓦（1台）	0千瓦（0台）	0千瓦（0台）

综合能源系统在统计时段开始时刻发生某台热泵主机停机，当前负荷为10638千瓦，其中3台地源热泵主机满负荷出力，1台双工况制冷机组补充冷负荷，当其中1台地源热泵发生故障，综合能源冷系统出现2514千瓦负荷缺口。

根据实际响应数据与模拟响应数据，实际响应情况供能总缺口为272.42千瓦时，模拟响应情况总供能缺口为190.93千瓦时，监测优化降低能源供应缺口81.49千瓦时，占实际响应缺口的29.91%；在全天运行成本中，实际日运行总成本84401.38元，模拟响应后日运行成本为79725.52元，监测优化节约日成本4675.86元，占实际日运行总成本的5.54%。冷系统各设备响应时间、随时间变化的设备出力曲线及负荷缺口情况，以分钟为精度，统计如图。

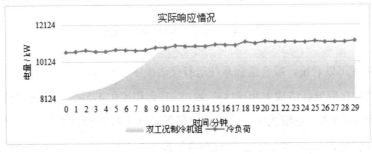

图25 实际响应数据

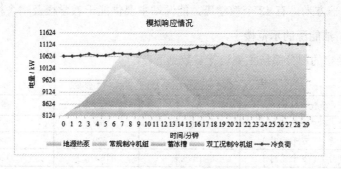

图26 监测优化后响应数据

从实际响应情况可以看出，在 0 时刻冷系统感知到设备故障情况，在 0—3 分钟时间内将现行设备立即提升至满负荷出力，并考虑到实际负荷缺口及负荷增长情况，在第 1 分钟时开启第二台双工况制冷机组，经过辅助设备启动时间，第二台双工况制冷机组于第 3 分钟开始供应冷负荷，冷系统于第 10 分钟时刻实现供需平衡，因此冷系统供应增长速度呈现"快—慢—快"的特点。

从模拟响应情况可以看出，在 0—3 分钟内将现行设备提升至满负荷出力策略不变，经过 42.12s 计算后下达调度指令，同时开启地源热泵、蓄冰槽和常规制冷机组，考虑不同辅助设备启动时间，三者开始供能时间分别为第 2 分钟、第 4 分钟和第 7 分钟，冷系统于第 6 分钟实现供需平衡。该方案首先用蓄冰槽与常规制冷机组迅速提升冷系统出力，为避免过多影响夜间蓄冰量在日间融冰调度的计划，当满足冷系统供需平衡时蓄冰槽退出供冷，考虑系统经济运行的特点，第 7 分钟后地源热泵将逐渐替代常规制冷机组出力，在第 18 分钟后出现小部分负荷尖峰由蓄冰槽满足。

监测优化利用了多台设备同时开启时出力增长迅速的特点，快速补充由设备故障造成的负荷缺口，并充分利用多设备组合特性，优化后续能源设备调度方案，达到了降低系统总供能缺口和节约运行成本双目标，实现了多维度优化，以此证明在突发情况下，监测优化是对日前优化的有效补充。

六、基于大数据的用户能耗评估策略

以石家庄 3 个智慧楼宇式综合能源系统楼宇为例进行说明。楼宇 1 为长江三角洲地区某商业大厦，其总用地面积约 2.41 万平方米，是一个覆盖办公、商务酒店、街区商业的中高端综合体。楼宇 2 为中部平原地区某国际机场，其总建筑面积达 21.2 万平方米，配备有综合能源系统站。楼宇 3 为沿海地区某新建学校，占地总面积17万平方米，有42个教学班，能源站主要供能于教学楼及宿舍楼，是一个提倡使用清洁能源的示范楼宇。

3个楼宇的部分系统主要运行参数见下表：

表6 楼宇的部分系统主要运行参数

参数	楼宇1	楼宇2	楼宇3
发电量/（万千瓦时）	516.7	942.4	370.8
输出热负荷/（万千瓦时）	202.2	699.7	189.9
输出冷负荷/（万千瓦时）	1398.9	1607.2	1208.2
天然气消耗量/万m^3	125.8	303.9	240.6
购买的电量/（万千瓦时）	268.2	0	519.8
太阳能发电量/（万千瓦时）	12.7	0	34.3
地热能发电量/（万千瓦时）	7.63	0	0
生物质能发电量/（万千瓦时）	1.13	0	0
风能发电量/（万千瓦时）	6.12	0	67.9
系统总造价/万元	7086	8252	6456
年运行费用/万元	950.91	782.92	517.98

图27所示为该模型的实现流程，评估流程包括：

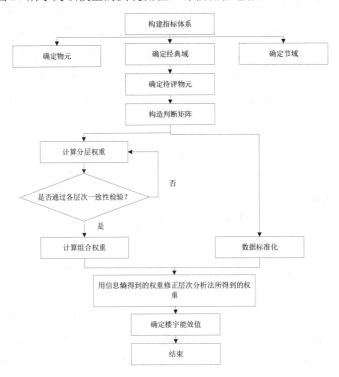

图27 基于AHP—熵权物元可拓模型的能耗评估流程图

所确定的各楼宇的预设能耗指标的数据以及分值如下表：

表 7 楼宇各预设能耗指标的数据及得分

指标	参考	楼宇 1	得分	楼宇 2	得分	楼宇 3	得分
智慧楼宇综合能源利用率	100%—150%	137.5%	0.8536	101.2%	0.0014	123.1%	0.4405
楼宇㶲效率	50%—100%	77.2%	0.5345	67.3%	0.3802	70.3%	0.4264
楼宇节能率	10%—50%	29.8%	0.4969	30.1%	0.5061	16.7%	0.2971
楼宇储能耗率	10%—100%	50%	1	50%	1	50%	1
设备平均利用率	0%—100%	33.3%	0.5517	33.3%	0.5517	39.8%	0.6038
楼宇一次能源利用率	0%—100%	95%	0.7939	67%	0.3757	72.4%	0.4592
楼宇热／冷效率	50%—100%	95%	0.7939	90%	0.7270	87.6%	0.6928
楼宇废弃物排放量	1	1	1	1	1	1	1
楼宇单位能耗排放量	1	1	1	1	1	1	1
楼宇可再生能源占比	0—100%	89.7%	0.9741	0	0	97.2%	0.9981
楼宇废弃物减排率	0.0709	29.8%	0.4969	30.1%	0.3010	16.7%	0.167
楼宇增量投资回收期	8—9 年	8.78 年	0.8187	9.63 年	0.9589	8.23 年	0.1693
楼宇投资费用年值	2000 万—3000 万元	2279.1 万元	0.7759	2571.3 万元	0.8116	2098.1 万元	0.3436

最后，根据各楼宇的预设能耗指标的分值和相应的权重值，确定各楼宇的能耗值，结果如下表：

表 8　各楼宇的能耗值

指标	权重值	楼宇 1 分值	楼宇 2 分值	楼宇 3 分值
智慧楼宇综合能源利用率	0.1318	0.8536	0.0014	0.4405
楼宇㶲效率	0.0621	0.5345	0.3802	0.4264
楼宇节能率	0.1657	0.4969	0.5061	0.2971
楼宇可再生能源占比	0.0248	0.9741	0	0.9981
设备平均利用率	0.0197	0.5517	0.5517	0.6038
楼宇一次能源利用率	0.0206	0.7939	0.3757	0.4592
楼宇热 / 冷效率	0.0385	0.7939	0.727	0.6928
楼宇废弃物排放量	0.0803	1	1	1
楼宇单位能耗排放量	0.0825	1	1	1
楼宇储能耗率	0.0649	1	1	1
楼宇废弃物减排率	0.0709	0.4969	0.301	0.167
楼宇增量投资回收期	0.1259	0.1402	0	0.7896
楼宇投资费用年值	0.0739	0.7759	0.8116	0.3436
各楼宇的能耗值	0.0384	0.64789932	0.463271	0.5709

表 8 显示：楼宇 1 的能耗值最高，楼宇 2 的能耗值最低。另外，可以通过各项预设能耗指标的具体得分，分析该楼宇的优劣势。

如楼宇 1 中得分较高的为智慧楼宇综合能源利用率、楼宇可再生能源占比、楼宇一次能源利用率等指标，说明该系统综合能源利用率、清洁能源占比、一次能源利用两次是优势指标，而楼宇增量投资回收期、楼宇节能率等得分较低，则表明其楼宇节能率和增量回收期有待提升和优化。楼宇 2 和楼宇 3 虽然能耗值相近，但两个楼宇的优劣势指标却不同：楼宇 2 的优势指标主要为楼宇投资费用年值、楼宇热 / 冷效率，说明该楼宇更注重经济性指标，能耗性指标的竞争力则相对较弱，如综合能源利用率、楼宇㶲效率、冷效率指标得分均较低，表明其为了获得较为可观的经济效益，能源浪费较为严重；而楼宇 3 最主要的优势指标为楼宇可再生能源占比，即清洁能源占比大，其他能耗指标如楼宇废弃物减排率较低。从以上分析可以看出，本报告提出的智慧楼宇能耗评估方法评估体系既可以较全面地评估一个系统，也可以通过具体指标得分明确系统的优劣势。

七、智慧楼宇能源管理方案

（一）具体方案

智慧楼宇能源管理通过建设楼宇能效管理系统实现。智慧楼宇能源管理系统首先集成楼宇中的各种自动化系统，如智慧楼宇公共设施等，然后统一分析与调度各下层系统中的可调度电源和负荷元素，上下层系统之间相互协调与配合，共同完成楼宇的低碳化能源管理。

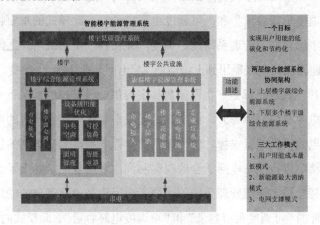

图28 智慧楼宇能源管理系统总体框架

图 28 表示出了智慧楼宇能源管理系统的总体框架结构图。智慧楼宇能源管理系统对内实现楼宇能源的优化管理，涉及的元素包括：楼宇微电网、楼宇电动汽车、楼宇走廊灯照明、楼宇内楼宇各种用电负荷等，其特点可概括为：一个目标、两层架构、三大工作模式。

一大目标指是智慧楼宇能源管理系统以实现楼宇用户用能的低碳化和节约化为目标。

两层架构指的是智慧楼宇能源管理系统采取的上下分布式两层架构：上层的楼宇综合能源管理系统和下层的各子综合能源管理系统。在楼宇综合能源管理系统主要部署了各子综合能源管理系统的协调优化功能；各子综合能源管理系统主要部署针对子系统内部的能源和负荷调控功能。通过楼宇综合能源管理系统的统一调度，实现两层能量管理系统之间的协调。

三大工作模式指的是智慧楼宇能源管理系统在不同的运行目标下的工作状态，分别是：用户用能成本最低工作模式、新能源消纳模式和电网支撑模式。

用户用能成本最低模式：目标是在满足电网安全稳定运行的基本要求下，实现楼宇用户的用能成本最低。在此模式下，楼宇能源管理系统的主要考虑因素是电网侧的实时电价、各子系统级别的"可调度负荷容量"和"可调度电源容量"。此模式的重要特征是：各子系统用户基本独立运行，内部新能源产生的电能只在子系统用户内部流动。

新能源最大消纳模式：目标是在满足电网安全稳定运行的基本要求下，实现楼宇新能源最大消纳，进而实现楼宇用能的低碳化和自给自足。在此模式下，智慧楼宇能源管理系统的主要考虑因素是电网的安全稳定运行的基本因素、子系统级别的"可调度负荷容量"和"可调度电源容量"。此模式的重要特征是：新能源由智慧楼宇综合能源管理系统统一调度，并在各个子系统用户之间优化流动。此种模式的能源优化调度需用到上级电网（配电网）的资源，如配变、配电线路等。

电网支撑模式：目标是在电网需要楼宇提供能量支撑的情况下（例如，峰谷差大、电网电源发生故障等），楼宇能源管理系统集合楼宇所有的电源和可调负荷资源，对电网提供能量支撑，优化电网的运行效率，提高电网的供电能力、供电可靠性。楼宇可按照与电网的合约获得利润，最终分配给各个子系统用户。在此模式下，智慧楼宇能源管理系统的主要考虑因素是电网需要的能量支撑数值、各子系统内部的"可调度负荷容量"和"可调度电源容量"。此模式的重要特征是：新能源由楼宇综合能源管理系统统一调度，并且楼宇用户可能会暂时牺牲舒适度，或只保留重要负荷供电，对电网提供电力支撑。

（二）三大模式的运行条件

智慧楼宇能源管理系统在一般情况下是运行在"用能成本最低模式"，在此模式下，每个子系统用户作为一个独立的单位单独和电网结算，并实现本系统的能量优化，楼宇能源管理系统对各子系统综合能源管理系统只具有弱控制。在新能源可以上网，可以在楼宇内双向流动的条件下，系统可以运行在"新能源最大化消纳模式"，此时楼宇对每个子系统具有比较强的控制功能。在楼宇和电网公司签订了能源支撑协议，并且得到上级电网的能源支撑请求的情况下，运行在"电网支撑模式"下。

楼宇能源管理系统三种运行模式之间的切换依据及盈利来源可以表示为如图 29 所示。

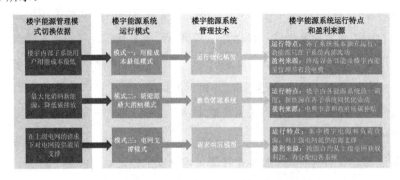

图 29 楼宇综合能源系统运行模式切换依据及运行特点

（三）两层能量管理系统之间的协调与配合

楼宇能源管理系统和各子系统之间功能协调配合，共同完成楼宇的能源优化功能。分别从用户、新能源消纳、电网支撑三个不同的角度来实现能源的低碳化和节约化目标。

智慧楼宇能源管理系统负责综合调度楼宇内全部能源资源，对外接收上级电网下发的控制指令，包括"实时电价信息"和"楼宇电能调度指令"，对内接收下级子系统上传的"电源和负荷可调度容量"信息。系统综合上级电网和业主要求，自动选择工作模式，给出楼宇最优的能量运作方式：用户用能成本最低模式、新能源消纳模式、电网支撑模式。

各子系统则对子系统整体进行用能优化，给出第二天的日前用能计划；在实时运行过程中，由设备用能优化策略对终端设备的用能进行优化，实现用能的削减和迁移；在此基础上，系统预测用户下一阶段的冷热电负荷，并综合考虑优化后的负荷、微电网系统、分时计价的市电、楼宇级能源管理系统下发的能源调度指令等因素制订每15分钟一次的实时用能控制策略，实现子系统级的能源优化管理。其中，公共设施资源包括楼宇储能、楼宇新能源、楼宇电动汽车充电设施、楼宇照明等，其对应的能量管理由一套虚拟能量管理系统来完成。对于上层楼宇级能量管理系统而言，这种"虚拟系统"的抽象屏蔽了楼宇资源和子系统资源的区别，使得系统层次更加分明。

在用户用能成本最低工作模式下，智慧楼宇能源管理系统主要负责"调度容量分析"功能，根据上级电网要求和各子系统可调度容量计算并生成各子系统的"能源调控指令"。下层子系统能源管理系统以该"能源调控指令"为约束进行"实时能量优化控制"。在大多数情况下，上级电网不会对楼宇电网提出调度要求，所以在该模式下子系统用户基本上独立优化和运行，实现系统内用能成本最低。"虚拟系统能源管理系统"则会优化楼宇微电网运行，生成楼宇电动汽车充电策略，通知楼宇用户充电时间和对应价格。

在新能源消纳模式下，各子系统综合能源管理系统计算并上传其内部的"可调度负荷容量"和"可调度电源容量"，楼宇综合能源管理系统以此为约束，并以新能源最大化消纳为目标计算生成各个楼宇的"能源调控指令"，包括新能源发电量和可控负荷控制命令。楼宇综合能源系统在接到"能源调控指令"后，以此为约束进行"实时能量优化控制"。在该模式下，各子系统内部的新能源由楼宇综合能源管理系统通过各子系统综合能源管理系统统一调度，实现新能源在各个系统用户之间的优化流动和最大化消纳。

在电网支撑模式下，智慧楼宇能源管理系统需要在电网出现大峰谷状态或电源故障时，利用需求响应集中楼宇所有的电源和可调负荷资源对电网提供能量支撑，从而保证电网的安全经济运行。各子系统计算并上传系统分内部的极限"可调度负荷容量"和极限"可调度电源容量"，楼宇能源管理系统根据各楼宇上传的极限可调度资源计算出每个子系统的"能源调控指令"并下发，同时将该能量支撑数据上发给上级电网。各子系统根据楼宇综合能源管理系统的"能源调控指令"，采取只保留重要负荷供电、新能源和储能满发等方式来对电网提供能量支撑。

智慧楼宇能源管理系统和子系统之间的配合与协调关系可用图 30 表示。

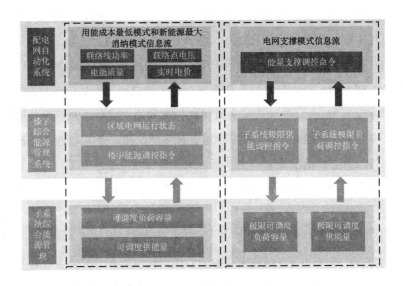

图 30　智慧楼宇上下级能源管理系统之间的信息流

（刘钊、胡梦锦、袁博、庞凝、王云佳）

陆

服务
乡村
振兴篇

乡村振兴背景下关于构建河北省农村现代能源体系的建议

一、农村现代能源体系是乡村振兴战略的重要组成

近些年,我国高度重视农村能源发展在稳增长、调结构、惠民生中的重要作用,中共中央、国务院印发的《乡村振兴战略规划》中,明确提出要构建农村现代能源体系。农村现代能源体系,不仅是建设现代农村经济体系的迫切需要,还是净化美化农村生态环境、提高农民生活品质,实现乡村振兴发展目标的迫切需要。

建立农村现代能源体系,从能源消费侧来看,就是要通过优化用能结构、提高用能效率,构建清洁高效的农村能源消费体系,保障农民能源消费升级、推动农村生态文明建设;从能源生产侧来看,就是要通过有效利用农林等废弃物和光伏等天然资源、引导农民积极参与能源生产,构建绿色安全的农村能源生产体系,保障农村能源供给、为农村产业升级提供新动能;从能源服务侧来看,就是要通过加快能源基础设施建设、完善能源供应和运维网络,构建优质便捷的农村能源服务体系,提升农村普遍服务能力、推进城乡一体化发展。

二、河北省构建农村现代能源体系需要解决的主要问题

河北省农村能源基础设施网络逐步完善,农村能源供给和消费向绿色高效转型进程加快,农村现代能源体系建设成效显著,对促进农村经济发展,保障和改善农村民生起到了重要作用。但同时也应看到,河北省农村能源体系仍不完善,在消费、生产和服务等方面仍存在一些深层次问题亟须解决。

（一）能源消费侧

1. 用能结构持续优化但仍以煤炭为主导

散煤用量大是影响农村生态文明建设重要原因。近几年农村生产和生活用能

中清洁能源占比逐年提升，尤其河北省农村完成"气代煤""电代煤"工程改造1125万户，减少散煤燃烧3000万余吨，对空气质量改善的贡献率达到30%以上。

但受"富煤贫油少气"的资源禀赋、农村劣质散煤监管难、用能成本差异等因素影响，目前河北省农村能源供需平衡短期内仍主要依靠煤炭，农村能源消费中煤炭占比达47.10%，比全国农村煤炭占比38.4%高8.7个百分点，农村能源环保治理形势依然严峻。

河北省农村生产生活能源消费统计表

内容名称	煤（万吨）	油品（万吨）	天然气（亿立方米）	热力（百万千焦）	电力（亿千瓦时）
农林牧渔业消费	95.32	154.99	3.1	206.87 万	107.68
农村生活消费	1272	163.86	10.23	/	255.6
消费量合计	1367.32	318.85	13.33	206.87 万	363.28
折合标准煤	976.67 万 tce	468.71 万 tce	174.62 万 tce	7.03 万 tce	446.47 万 tce
占比	47.10%	22.61%	8.42%	0.34%	21.53%

注：数据来源：《中国能源统计年鉴（2020）》。

2. 能源消费持续升级但用能效率普遍不高

建造与地域气候条件和太阳辐射资源相适应的被动低能耗建筑，因地制宜设计安装高效的建筑用能系统，是提升用能效率、降低能源支出的重要手段。以石家庄地区农村蓄热式电暖器取暖为例，农宅保温改造后房屋的抗停电承受时间可提升到5小时，改造后采暖热负荷降低了70W/平方米左右，可减少50%左右的采暖能耗。2018年河北省农村生活人均能耗为467.37kgce，在北方省份中处于较高水平。

虽然农房节能改造可大幅降低取暖能耗，但由于一次性投入较高，农民改造积极性不高；用能设备尤其是取暖设备选型标准不同导致设备效率参差不齐。2018年河北省农村生活人均能耗为467.37kgce，在北方省份中处于较高水平。

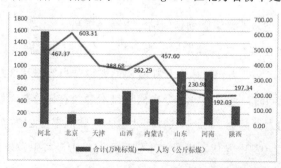

北方典型省份农村生活用能情况图

注：数据来源《中国能源统计年鉴（2019）》和《中国统计年鉴（2019）》

（二）能源生产侧

1. 生物质能潜力巨大但产业发展阻碍重重

生物质资源包括农作物秸秆、林业剩余物、农产品加工废弃物、畜禽粪便、生活垃圾等，生物质能作为唯一与"三农"有直接关系的能源类型，在国家乡村振兴战略中将其列为重要发展方向。河北省农村生活用能总量约为 1400 万 tce，河北省生物质可利用资源量约为 3004 万 tce，从理论上讲河北省生物质资源总量能够满足农村地区全部生活用能需求。另外，生物质资源如果处理不当不但会造成资源浪费，还会对农村生态环境带来严重危害，因此将生物质能作为农村能源生产革命的发力点有其必然性。

近年来河北省加大了生物质天然气、热电联产等项目建设力度，但生物质能产业总体处于起步阶段，生物质能源化利用率仍处于低位。经调研发现，阻碍河北省生物质能发展的原因主要有：一是收储运体系不健全，老百姓缺乏收集积极性，田间秸秆等得不到充分收购，且平均收购价格上涨，导致企业收购成本增加。二是农村垃圾主要施行"村收集、镇转运、县处理"模式进行填埋处理，就地能源化利用未引起重视。三是生物质能涉及原料收集、加工转化、产品消费、伴生品处理等诸多环节，目前河北省尚未形成系统化的高附加值商业开发模式。

河北省主要生物质资源总量表

类别	资源总量（万吨）	可利用资源量（万吨）	折合标准煤（万 tce）
农作物秸秆	5842	3491	1745
林业剩余物	1552	1552	885
禽畜粪便	1368	627	329
生活垃圾（含城镇）	1129	226	45
合计	9891	5896	3004

注：数据来源：《河北省"十三五"生物质发电规划》和《河北农村统计年鉴》。

2. 新能源产业发展需求强劲但消纳能力有待提高

新能源产业在农村的快速发展，为农村产业新旧动能转换提供了新动能。以光伏扶贫为例，河北省已建成光伏扶贫电站发电装机容量达 392.3 万千瓦，投资约 268 亿元。同时，通过将一部分光伏收益附着到农村公益岗位上，进一步激发贫困户内生动力。截至 2020 年底，河北省光伏装机容量 2190 万千瓦，占全省总装机容量的 22.02%；光伏发电量 211 亿千瓦时，占全省总发电量的 7.18%。仅 2020 年四季度新增光伏装机容量 491 万千瓦，弃光率为 1.8%，弃光率有所上升，比同期增长 0.8 个百分点。河北省土地资源的稀缺，受耕地保护红线、永久基本农田红线、生态保护红线，重要湿地、林草用地等制约，都严重困扰着光伏的大规模发展。光伏大规模开发在推动河北省能源生产和能源消费革命的同时，也对电力系统消纳带来了较大的压力。

（三）能源服务侧

1. 农村能源服务能力大幅提升但仍与城镇有较大差距

"十三五"以来，河北省不断完善农村能源基础设施建设，能源服务能力不断增强。在天然气管网建设上，河北省大部分区县已实现管道通气，并通过分布式 LGN 储气罐基本达到"县县通气"；在农网升级改造上，积极推进小城镇电网改造、机井通电、贫困县通动力电，截至 2020 年底，县级供电区供电可靠性提升到 99.77%，电压合格率提升到 99.7%，农民生活更加舒适方便，也为农村供给侧改革提供重要保障。

但受制于"城乡二元结构"体制约束，农村能源基础设施与城镇仍有较大差距。部分偏远农村线路供电半径长、负荷重，导致用户端电压偏低；天然气和热力管网规模化供能特点与农村分散式居住特点之间存在的矛盾，导致集中供能在农村覆盖面窄。农村新能源的后期运维团队、运维资金来源等在政策层面尚未明确，服务市场仍存在标准缺失、准入门槛模糊、人员资质参差等问题，农村能源综合服务体系尚未建成。

三、发达国家农村能源发展经验和启示

不同国家农村发展模式差异很大，农村能源发展模式也不尽相同，但总体来看，发达国家农村现代能源发展基本经历了保障基本供给，到缩小城乡差距，再到谋求可持续发展三个阶段。通过对发达国家的发展经验进行梳理总结，对构建河北省农村现代能源体系具有一定的借鉴作用。

（一）社会各方协同，是降低政府投入的有效手段

发达国家在谋求农村能源可持续发展中，政策侧重点由初期的促进产业成熟转变为提高支持资金的使用效率，同时重视发挥企业主体地位作用，积极引导民众和社会各界参与，政府只需有限出资，带动大量资本投入。例如美国的非营利性机构农电合作社由一定区域范围内的农户自愿组成，通过同比例集资和向联邦

政府申请低息贷款的方式筹集建设资金，并负责日常能源设施的维护；欧盟非常重视民众对可再生能源的理解和参与，欧盟的可再生能源基本是由个体在政府的引导下自发发展起来的；农民协会作为日本农民自主、自助、自治的重要经济组织，在为农业生产包括能源发展构建了强有力的社会化服务体系。

（二）推动生物质资源高效利用，在各国都占有重要的战略地位

目前，世界各国政府已将发展生物质能源产业作为一项重大的国家战略来推进，许多国家相继进行生物质废弃物资源化利用技术开发和研究。早在 1979 年，美国就开始采用生物质燃料直接燃烧发电，近年来美国生物能源的开发主要致力于利用有机固体废弃物生产生物能源，如采用湿法处理垃圾产沼气，回收沼气用于发电，同时生产肥料，其生产效益非常可观。美国、加拿大等还开发了基于互联网技术的农村废物回收和产业共生平台，大幅提升了农业废弃物回收率。在政府相关政策的支持下，欧盟各国都已经加强生物质能的利用工作，通过对生物质能源免税、实施差额摊税政策，激励生物质产业发展。

（三）强化节能优先，是农村能源消费总量控制的有效手段

在目前可再生能源短期难以等量替代传统化石能源情况下，大多发达国家尤其是日本把降低能耗放在了重要位置。日本是目前公认的节能最出色的国家之一，通过打造节能型社会，成为人均能耗最低的发达国家。日本早在 1979 年就颁布了《关于能源合理化使用的法律》，并于 1992 年和 1999 年先后修订过两次。日本还非常重视建筑节能，主张"降低成本是次要的，环保节能是主要的"，"节约能源""延长建筑的使用寿命"已深入到日本建筑的设计和日常使用中。我国发布的《促进能源生产和消费革命战略》也提出控制总能耗，大幅提高能源利用效率的战略要求。河北省农村生活用能占到农村用能总量的 76.72%，通过降低农民生活能耗，可极大降低农民的生活成本，保障农民能源消费可持续性升级。

（四）分布式和集中式相结合的多能协同互补，是保障农村能源供给的发展趋势

农村地区多种能源资源共存，每种能源的利用都存在不足。在农村现代能源发展中，因地制宜发展分布式和集中式相结合的多能协同互补系统，发挥生物质、风电、光伏等可再生能源与传统化石能源的各自优势，是农村现代能源的发展趋

势。丹麦是世界上能源利用效率最高的国家之一，丹麦政府十分鼓励发展分布式能源，既专门为发展分布式能源制订了一系列行之有效的法律、政策和税制，又先后对《供热法案》《电力供应法》和《全国天然气供应法》的相关内容进行了修订，从而不仅在法律上明确了保护和支持分布式能源发展的立场，而且给予分布式能源项目一定的财政补贴。目前，丹麦相当多的风电、生物质发电和热电联产都是以分布式供能方式开发建设的。日本在经历福岛核泄漏后，也加快分布式能源技术创新和电力市场创新的步伐，能源供给系统开始向分布式能源体系转型。

四、构建河北省农村现代能源体系的思路和建议

构建河北省农村现代能源体系，可结合乡村振兴战略阶段性目标和各阶段具体要求，按"示范建设期（2021年）、体系定型期（2022年—2025年）、全面建设期（2026年—2035年）、可持续发展期（2036年—2050年）"四个阶段逐步推进。加强农业、水利、电力、林业、住建、科技、财政等部门的横向协作，在各阶段明确农村清洁煤在散煤占比、电能在终端能源比重、可再生能源开发规模等建设目标，确立区域环境治理、能源利用效率、普遍服务水平、产业带动能力等效益目标，按照目标推进河北省乡村能源开发建设，以减少农村现代能源体系构建中的投资浪费和效率损失。

针对目前河北省构建农村现代能源体系面临的主要问题，提出以下几点建议供参考：

（一）提高清洁用能能效，推动农民能源消费升级

一是在聚居型村落打造低碳用能系统。可结合《河北省建设新型城镇化与城乡统筹示范区建设规划（2016—2020）》，在居住率高经济基础好的聚居型村落，试点推广"空气源热泵＋水蓄热电锅炉"集中式供能方式，打造电能"生态村"；在居住率低生物质资源丰富的聚居型村落，试点推广"生物质颗粒物加工站＋清洁炉灶"集中式供能方式，打造生物质能"生态村"；在空心村，通过建立科学的清洁用能评价体系，因地制宜选择分散式用能方式，并加强散煤管控。

二是因地制宜推广被动式超低能耗农宅。首先，应加强农宅节能宣传，加大"双代煤"农户和贫困户的农房节能改造补贴力度，培养农民建筑节能意识；其次结合河北省中心村和新型农村社区的新民宅建设，综合考虑舒适性、经济性和，

生活习惯等因素，因地制宜推进被动式超低能耗建筑发展，推动光伏建筑一体化；最后，针对河北省既有农宅特点，编制《既有农房节能改造技术导则》，采用"菜单"形式，设定节能30%、60%等不同等级的改造方案，供农民结合自身需求和承受能力搭配选择，并进行差异性补贴。

（二）深挖本地资源开发利用潜力，推动能源自给率

一是将生物质能源置于优化河北省农村能源结构的首位。提升生物质能利用优先级。通过关键技术攻关和综合利用示范区带动，推动生物质能向原料多元化、产品多样化和多联产的循环经济梯次综合利用；根据生物质热电联产项目供热能力确定供热范围；制订针对生物质特点的环保建设标准，达到超低排放的生物质企业可同等享受国家补贴。建立"1+X"的原料收运储供应体系。按照合理半径构建一个乡镇级收储中心加多个村级收储点的供应网络，促进原材料便捷有效利用。同时可将收储点建设列入村集体财产，建立企业租用支付费用、收储利润村民共享的利益链接机制，同时吸纳农村剩余劳动力参与收储点运营管理，增加农民额外收入。探索废弃物全量资源化利用。可率先在武安市、行唐县、正定县、元氏县、邓庄镇、怀来县等省级畜牧业科技园和大型奶牛养殖企业开展畜禽粪污综合利用试点，重点研究开发畜禽粪污—能源作物协同处置与循环利用技术，农村垃圾—畜禽粪污—生物质废弃物协同处置与多联产系统，多联产技术产品深加工等关键技术，建设农村代谢共生产业园，将农林废物、农村生活垃圾、畜禽粪便等的治理和利用与现代能源、化工结合，提高现代农业的附加值。

二是合理论证国土空间规划，给光伏预留足够的发展空间。在土地空间利用规划中，统筹考虑新能源用地空间，科学合理论证生态保护红线、永久基本农田、城镇开发边界等空间管控三条边界，有序布局，为新能源项目可持续发展预留空间，支持新能源项目建设。针对光伏建设用地部分，建议单列光伏建设用地专项指标，不纳入建设用地总规模管理，为光伏大规模发展提供用地保障的绿色通道。突破土地限制，全面推动"光伏+"，出台专项政策，支持光伏发展。充分利用废弃土地、荒山荒坡、农业大棚、滩涂、鱼塘、湖泊、水库等资源，将光电与农业、渔业、工业、交通、乡村、生态环境等产业整合，提高土地复合利用水平。四是鼓励发展分布式光伏。鼓励在园区、商业中心、学校等区域，利用建筑屋顶建设分布式发电系统。同时探索与其他分布式能源相结合的发展方式，促进河北省各地分布式光伏的就近利用。

（三）集中式和分布式供能协同互补，提升农村能源供应保障能力

可结合城乡统筹规划，加快集中供能方式向农村地区延伸。加强农村地区清洁煤加工点以及村镇生物质燃气站、管网和储气调峰等能源基础设施建设，扩大天然气管网和热力管网覆盖范围，增强清洁型煤、燃气、电力供给能力，加快集中供能方式向农村地区延伸。发展分布式和集中式相结合的多能协同互补系统。发挥生物质、风电、光伏等可再生能源与传统化石能源的各自优势，根据坝上高原、燕山和太行山地和河北平原的资源禀赋差异，发挥不同能源在季节、天气、地域上的互补作用。

（四）强化城乡融合发展理念，提升农村能源运维服务能力

一是强化"全生命周期"治理运维意识。通过特许经营、招标或其他竞争性比选方式，择优选择有质量保障、长期经营能力强的能源建设和服务企业，实行市场化运作，统一负责农村能源建设、运营管理和技术服务等事务。二是积极发挥科技特派员的能源服务指导作用。开展农村可再生能源生产和运维职业技能培训，面向广大农民普及宣传农村能源科学知识，提高节能环保意识。三是可采用新能源运维保险方式。按分散式电站、村级集体电站缴纳、政府同比例承担保险金的方式，整体购买保险，解决新能源服务资金出处难的问题，保障广大农户持久受益。

（五）创新市场机制加强金融保障

一是通过设立农村能源专项基金或明确可再生能源发展基金中用于农村能源建设资金的份额，加大财政支持力度；二是加快推进绿色电力证书交易和竞价补贴目录，充分反应可再生能源的生态价值和代际成本，引导全社会绿色消费，促进清洁能源消纳利用；三是积极引入社会资本参与农村能源开发建设，一方面可允许企业通过首次公开发行（IPO）股票或再融资、发行企业债券、短期融资券等债务融资工具等方式，参与农村能源服务站、秸秆收储中心（点）等可商业化运行的能源服务领域建设和运营；另一方面可通过 PPP 等模式，采用市场化运作模式，积极引导社会资本参与生物质多联产、分布式多能协同等政府重点扶持的示范项目建设。

（六）充分发挥技术驱动作用

一是可整合农林业科研院校等资源，积极引进国外先进技术和经验，加大研发投入力度，加强对前沿性重点技术的攻关。重点加强对非粮生物质燃料生产、面向资源化的农村废弃物综合利用、太阳能建筑一体化、分布式能源和储能等技术研究和设备研发；二是可结合河北省农村资源禀赋、可研平台条件和产业基础优势，试点开展低碳低能耗聚集村、农村代谢共生产业园，农村能源革命示范县等，探索可复制、可推广的商业发展模式，树立河北省农村能源革命的标杆；三是可培育以企业为主体的农村能源技术创新战略联盟，同时构建以市场为主导的资源自由流动和优化配置的政策环境，促进科技、信息、资金、管理等现代生产要素向乡村集聚，带动农村能源产业链创业发展。

（魏孟举、刘钊、胡梦锦）

河北省乡村新型电力系统发展模式研究

一、电网企业推动乡村电力系统转型面临的主要挑战

在乡村振兴和"碳达峰、碳中和"目标的叠加影响下，乡村新能源开发规模快速增长，乡村电力系统朝着农网强支撑、分区广互联、整县自平衡的方向发展，电网企业承担的责任与使命日益突出，亟须探索传统农网向乡村新型电力系统跨越式升级的可行模式，在服务乡村振兴和"双碳"战略部署中做出新贡献。

从外部看，需要与乡村振兴内在需求紧密融合。一是满足经济社会发展的需求。全面脱贫攻坚时期，光伏扶贫成效显著，以河北大名县光伏扶贫为例，通过建设 60 兆瓦光伏站，实现年增收 6500 万元，累计撬动社会资金 5.3 亿元。随着迈入共同富裕阶段，新能源产业将进一步发挥造血功能，推动亿万农民成为绿色能源的受益者。随着整县屋顶光伏计划实施，分布式光伏规模将大幅增加，同时接入台区 25% 容量限制取消后，乡村低压电网存在电压升高、光伏拖网等安全隐患，农网的接纳能力与新能源规模化推进需求之间的矛盾日益突出。二是满足农民对美好生活向往的需求。在乡村生活水平快速提升的带动下，河北南网近三年乡村居民用电量增速较城镇高 6.23 个百分点，农村煤改电负荷由 2018—2019 年采暖季的 84.39 万千瓦增至 2020—2021 年采暖季的 234.35 万千瓦，农民对电力等高品质能源需求旺盛，对普遍服务能力提出更高的要求。同时，在数字乡村发展战略的推动下，数字技术正在加快向农业农村渗透融合，电力作为支持数字化服务的重要组成，需要充分发挥新型电力系统的信息化、智能化属性，不断提升农民的获得感和幸福感。三是满足美丽乡村建设的需求。"十三五"时期，农村地区用能结构持续优化，但受能源消费习惯、用能成本差异等因素影响，河北省农民生活能源消费中煤炭占比 34.85%，以煤炭为主的消费格局仍未改变。统筹做好农村可再生能源的开发利用，充分发挥新型电力系统的低碳化、清洁化属性，是改变农村面貌，实现生态宜居美丽乡村建设的重要突破口。

从内部看，需要加快现代化管理能力的提升。一是规划导向由消费需求向超

前服务供需平衡转变。河北南网通过"十三五"期间实施农网升级改造工程，配变负载率基本控制在 40% 以内，基本满足农村生产生活用电需求，但随着分布式新能源在乡村大规模并网，农网将由"注入型"向"平衡型""送出型"转换，农网规划原则和方法都亟待进行适应性调整，达到电力系统供需总体预判和平衡的要求。二是运维管理由保障供电向保障系统稳定安全转变。农村电源、电网和负荷之间的关联性和整体性要求进一步增强，电网企业需从并网服务、交易结算、调控运维等方面系统性优化流程管理。三是公司收益由传统售电收益向多元化市场化收益转变。随着电力"产销者"在乡村大规模涌现，乡村售电收益影响逐步增大，以河北南网为例，按 25% 电量自发自用测算，整县光伏试点的实施每年将降低售电量约 5 亿千瓦时，同时乡村微电网、虚拟电厂、隔墙售电等新模式发展，电网企业需积极参与新业态市场和农村产业发展，打造新的收益增长点。

二、乡村新型电力系统实施路径

提升协同规划能力，明确乡村新能源的开发和责任界面，推动系统的一体化发展。一是以属地化消纳为边界条件，合理确定乡村新能源开发规模和时序、储能配置比例，规范分布式新能源涉网电压、频率要求，促请政府清晰界定安全界面，建立源网荷储等要素统一打包核准机制。二是适应性调整农网规划理念、方法、技术原则和工作体系，以保障清洁能源消纳、电力系统安全可靠供电和全社会成本最优为目标，坚持政府主导、规划统筹，引导乡村微电网、有源配电网等新形态合理布局，纳入大电网发展规划，同时促请政府明确大电网提供备用容量的费用收取标准及权责。

提升智能化水平，加强乡村数字化支撑体系建设，实现系统的"可观、可测、可控"。一是提升感知的经济性，考虑公网连接点、产销者的重点用电和发电设备，布局典型分钟级全景感知点，并以点带面实现监测系统的全景感知，通过"主站下发策略＋就地自调节＋协同联动"调控。二是提升运维可靠性，加快农网一两次融合设备、故障指示器、台区智能融合终端、监拍终端推广应用，实施配电网自动化系统中台改造，逐步构建"站—线—变—户"协同一体化的智慧农网。三是提升不停电作业普及率，推广智能化作业机器人、低压旁路作业系统等新技术新装备在乡村多区域、多场景常态化应用，推动"配网不停电作业智能化管控系统云库、智能APP"在乡村实用化运行，前移不停电作业关口，保障乡村电取暖、农灌等重要负荷供电能力。

协同管理，完善农网运营的模式和流程，保障系统的高效运转。一是精简乡村新能源并网流程，整合现场勘查、方案答复、并行计量装置安装、并网验收等环节、优化业务流程，深化典型设计，丰富线上办理渠道。二是构建"数字孪生电网一体化管控平台"，深化并网接入、调控运维、综合服务等跨专业的流程协同与信息共享。打造乡村供电所"互联网＋"运营模式，提升配电台区运维效率和运行可靠性。三是强化标准和技术引领，推动制订乡村分布式光伏准入、验收、监测运行等核心涉网标准，落实功率调节、电网异常响应、并／离网运行等技术要求，促进政府健全整县光伏资源评估、规划设计、建设安装、并网检测、运行维护、工程评价等全过程标准体系，争取以地方标准形式颁布。

主动服务，构建乡村振兴的多利益主体服务生态，扩大乡村新兴产业规模。一是提升乡村电力消费保障能力，保障煤改电取暖、农业灌溉、慢速充电桩等用电消费，建立基于量测采集的能耗在线监测平台和负荷聚集系统，服务乡村"产销者"和重要负荷参与系统调节，形成与乡村振兴统一的绿色生产生活方式。二是提升乡村能源全过程服务能力，以能效提升、分布式新能源开发利用为重点，拓展以电为中心的多能供应、能源托管、智能消费等综合能源实体项目和增值服务。三是提升乡村振兴服务能力，依托"新能源云"，为实施主体提供设计施工、设备采购、监测运维、产品追溯、金融交易及行业分析等一体化服务，协同推动市场开拓，在现代农业大棚改造、美丽乡村建设、特色旅游发展等方面与上下游产业，建立一体生态体系。

三、国网河北电力试点实践

结合山区、平原、县城等类型乡村实地调研，将河北南网已探索建设的乡村新型电力系统归纳为三大类六个典型场景，并通过不断演变、相互融合，逐步扩大典型场景类型和适用范畴。

表 1 河北南网乡村新型电力系统典型模式汇总表

序号	主要类型	区域分布	乡村振兴对电力系的内在需求	建设模式
1	偏远农村型	山区乡镇，经济相对落后	提升电力供应能力，保障农民创收	虚拟变电站模式
				分布式微电网模式
2	特色小镇型	城区周边和旅游乡镇，经济相对发达	增强服务保障能力，提高农村能源效率	能效一站式服务模式
				产能型农宅模式
3	农业生产型	平原规模化农业乡镇，产业发展潜力较大	促进废弃物循环利用，提升农业精益化水平	电力＋种植业模式
				电力＋养殖业模式

（一）偏远农村新型电力系统

1. 虚拟变电站模式

以河北平山县营里乡为例，该乡属于深山区乡镇，辖 34 个行政村，68 个自然庄，总人口 11000 人。新能源发电环节，水电站 2 座，装机规模均为 200 千瓦，村级扶贫光伏电站 5 座，总容量 1.5 兆瓦。并网调控环节，安装控制系统自动调节无功功率，解决部分电压越限问题，减少储能容量需求；安装可控开关，远程控制实现并网和离网，防止光伏有功功率较大导致储能过充。输配环节，在分支线路交汇处建立开闭所，结合分布式电源、储能装置及通信控制装置将其虚拟成一座变电站，通过 10 千伏出线向周边负荷供电。综合控制环节，将电源、负荷、构建软硬件一体的"配电网边缘控制服务中心"，提供一键黑启动、配网可靠性分析、分布式电源全景感知及智能预测、电压自治、平滑联络线功率、并 / 离网保护自适应、为用户提供精细化的定制服务等一系列边缘控制服务。电力消费环节，包含空气源热泵、村户型农产品电烘干等高能效电气化设备等。

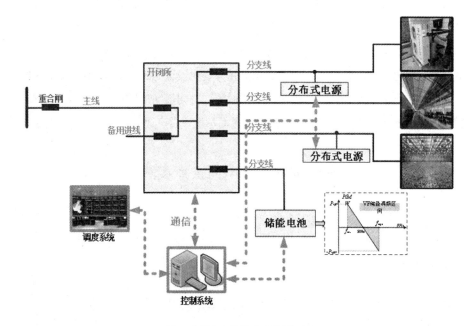

图 1 虚拟变电站模式系统框架图

推广前景方面，在农村电网薄弱地区，建设"开关站 + 储能 + 边缘控制中心"的虚拟变电站，较新建 35 千伏变电站节约 3100 万元，降低电网投资，有效改善为"1 条线"新建"1 座站"的重资产模式。

2. 分布式微电网模式

以河北平山县北庄村为例，由1个主村和1个自然村构成，共313人。

系统构建环节。在服务全村118户安装815千瓦容量屋顶光伏开发的基础上，综合光伏渗透率、全年绿电率和绿电小时数等指标，配置3座合计1200千瓦时容量的分布式储能装置，有效减少分布式光伏接入带来的末端电压抬升问题，提高了电网的接纳承载能力。软件支撑环节。融合电力物联网、BIM、倾斜摄影、虚拟现实等技术，构建数字孪生和微电网控制服务系统，综合应用非侵入式量测、综合能源监测等智慧物联装置，推动源网荷储一体化和区域电力自平衡，确保了屋顶光伏发电100%消纳。运维管理环节。从配变、配电柜、计量箱、智能电表等方面对低压台区进行改造升级，应用"云管边端"的物联网架构，搭建精品智慧台区，支撑拓扑动态识别、故障快速定位、故障主动抢修、电能质量优化治理、远程控制等应用，将智能运维延伸至低压配电网运行管理末端。能效提升环节。加强现代设施农业用电服务，开展电气化农业大棚建设，布置交流充电桩、智慧路灯，完成煤改电及全电厨房改造，推进居民生产生活电气化。

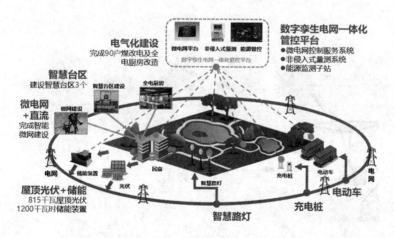

图2 分布式微电网模式系统框架图

推广前景方面，通过微电网群调群控技术构建光储一体的并网型微电网，提升台区供电可靠性，提高清洁能源和多元化负荷的接纳能力，以此扩大应用规模，可支撑更大区域推进分布式光伏。

（二）特色小镇新型电力系统

1.能效一站式服务模式

以河北省正定县塔元庄为例，全村2030人，是全国文明生态先进村，基础设施较为完善，对能源电力服务质量和能效提升提出更高的要求。能源互联网建设环节，以构建1个能源互联网服务中心为支撑，以"东城西乡"2个区域划分，以新能源发电、信息支撑和增值服务"3"类业务为核心，构建"智慧电力＋园区"等N个生态圈的"123+N"综合能源协同共享生态体系。电力一站式服务环节，依托省公司智慧能源管控系统（CIEMS）平台，搭建正定全县智慧能源管控系统，构建需求自动匹配、能源技术支撑、用能全域服务、运维全程托管等模块，为用户提供涵盖区域能源规划—客户经理沟通（在线或上门）—现场勘查—能源方案设计—现场施工（或施工监理）—投入运行—设备代维—系统升级的全过程服务。电力消费环节，紧贴塔元庄农业、养老、旅游产业结构，在清洁能源、多能供应、能效服务、新兴用能等方面，打造了一批以电为中心、网为平台，多种清洁能源综合利用的村级示范项目。

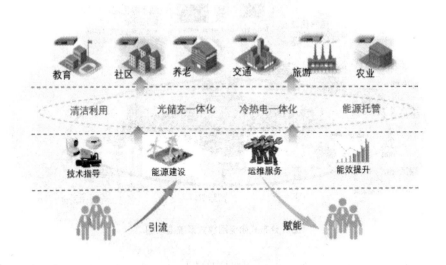

图3 能源互联网一站式服务式系统框架图

推广前景方面，清洁能源利用率，全域用能效率、客户用能满意率均得到提升，为乡村建设能源互联网提供思路，推动公司综合能源业务在农村落地，可在用能服务需求较高农村地区进行推广。

2. 产能型农宅模式

以保定高碑店为例，该地开展产能型农宅试点，在被动式建筑环节，选择EPS保温空腔模块，并根据居住气候环境植入被动式系统。在自产能环节，通过能量回收系统，将照明、电器及人类活动产生热量进行回收，并利用太阳能等可再生能源，构成微能源系统，年发电量可达11000千瓦时。

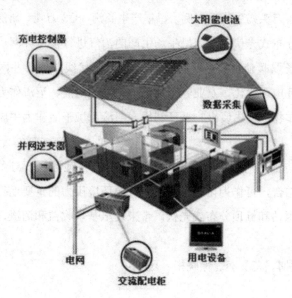

图4 产能型农宅系统框架图

推广前景方面，公司可加快布光伏＋建筑综合能源项目布局，将建筑系统变为电气化、能源生产、协助移峰填谷的建筑配电系统。

（三）农业产区新型电力系统

1. 种植业＋电力模式

以河北饶阳县五公镇万亩大棚为例。新能源发电环节，利用生物质能、风能、太阳能互补发电和电能储存等技术，实现蔬菜大棚内"N—1"不间断供电，改善农排变供电可靠性低的现状。电网环节，在大棚区内农排配变台区下增设分布式发电系统并接入配网末端，灵活调整风光储运行方式，全面应用时可调整光伏容量和储能柜设置，降低单位投资成本。农业种植环节，在棚内布置各类作物生长环境感知器，实时感知作物生长状态，实现自动或人工对棚内施肥、浇水、卷帘机、补光灯等设备远程下达控制指令，实现精准、无人作业，节约人工成本。

推广前景方面，河北秸秆废弃物资源量约 2500 万吨标煤，与农业精益化生产紧密结合，在大规模种植区域具有推广价值。可为公司带来发电量收入、智慧大棚监控、设备运维服务等收益，随着产业链构建，可提供农器具电商产品、农产品销售、农产品物流、农业政策宣传等增值服务。

2. 养殖业＋电力模式

以河北威县万头奶牛牧场为例，每年产生粪污 38.3 万吨。新能源发电环节，在牛棚顶安装分布式光伏，利用奶牛场生产的沼气进行发电并网，余热进行能源站生产和奶牛场取暖使用。电网环节，新建 10 千伏线路保障并网需求，配备无功补偿设备进行电压优化。农业养殖环节，产生的沼液、沼渣作为有机肥料，施用于种植的农作物，促进废弃物循环利用，沼渣可烘干后作为牛床垫料进行重复利用。

推广前景方面，河北省畜禽粪污资源约 1800 万吨标煤，与乡村污染源综合循环利用紧密结合，可作为化解农业发展资源环境压力的重要途径，公司可通过投资生物质能源站和棚顶分布式光伏，带来发电基本收益和沼渣、有机肥、供热等增值收益。

（刘钊、袁博、范文奕、徐晓彬、夏静）

农村综合能源系统优化与控制

一、研究背景及意义

农村能源系统的管理与控制，是社会主义新农村和绿色生态农村建设的重要内容之一，是农村居民的基本生活需求。农村能源系统中对于农村能源系统建设，2016年1月，中共中央、国务院发布的《关于落实发展新理念加快农业现代化实现全面小康目标的若干意见》中提出"加快实施农村电网改造升级工程，开展农村'低电压'综合治理，发展绿色小水电"，在未来的新农村建设中，电、气、热、冷等多种能源将有机结合，逐步形成具有能够促进多种能源优势互补、高效利用的综合能源系统。

农村作为经济社会发展的重要一环，相比于城市，农村在自然资源禀赋、用能特性及能源设施基础条件等方面都具有自身独特特征。农村的综合能源系统主要结合其地域特征和资源优势，促进农村清洁能源高效利用，与农村经济的发展相适应，满足农村用户的多种用能需求，实现农村能源体系的绿色健康发展。只有可观、可控才能充分发挥综合能源系统的互补优势，但是农村综合能源系统存在能源差异、负荷结构不明确、需求侧能源利用率低、源荷协调能力差、系统的管理和控制效率低等问题。产生上述问题的主要原因有三点：第一是系统参数信息不完备，主要是参数精度、数量、延时等与能源系统运行不匹配；第二是源荷匹配能力低；第三是农村电网煤改电负荷与分布式电源大规模接入所带来的源荷新特征影响下，农户能源负荷设备的使用情况不够明确，清洁能源消纳能力低下、供需匹配能力差。随着近年来电网设备的大规模投入、煤改电的实施、空调/春灌负荷的增长和电源建设受限，负荷的季节性、时段性波动不断加大，电力时段性缺乏成为规划建设中面临的主要问题。而中国农村目前面临着能源利用效率低，能源浪费与短缺并存，能源利用与生态发展矛盾等关键问题。农村能源用户数量庞大，能源需求多样，负荷特征明显，如何在农网不增容、减轻农网负荷压力的情况下满足农村用户的特色用能需求是绿色生态农村综合能源系统发展亟须解决的问题。

二、农村综合能源系统特征

随着能源利用相关技术的快速发展、能源传输与转换设备的进一步革新，源端与受端的能源多样化特征以及耦合互联关系愈加紧密，分层协同规划已成为综合能源系统的规划热点。分层协同规划同农村特征相结合，是研究农村综合能源系统规划的出发点，最后落实于规划模型上。农村规划特征主要体现在以下几方面。

（一）农村结构层级明显

农村所包含的"农村—村—用户"3 个自上而下的层级结构，类似于城市的"城市—区—用户"的体系结构。由于农村中层级间关系连接较为紧密，在对各层级的能源系统进行规划时要充分考虑层级间规划的相互影响。根据用户类型的不同，需要针对用户的用能情况进行用能设备的选择，同时需要根据负荷情况对用户进行分区。不同区域的用能时空特性不同，能源分布不同，这将会对村级的能源设备类型的选择、选址，能源网络的拓扑结构等产生影响，同时还需要考虑村中能源系统的规划与农村总体的长时间尺度规划的契合。农村结构层级作为分析规划问题的出发点，对分析不同负荷间的交互影响及耦合关系，建立特色农村多元用能负荷需求模型具有重要意义。

（二）农村资源差异明显

由于中国农村的发展速度、发展方向、资源特性不同，中国东、中、西、东北 4 个地区的农村呈现随地理分布的差异特性。中国东部地区农村发展水平较高，分布较为密集，经济发展快速，人口稠密，但自然资源匮乏，能源产量低，能源生产也存在不平衡。河北、辽宁、山东 3 省的一次能源生产量占东部地区的 73.35% 以上，北京、上海、浙江、海南的一次能源生产量之和仅占 3.2%。所以东部地区农村在发展综合能源系统时，在挖掘地区能源资源的同时需要侧重用能能效，通过电力传输等能源传输形式从外界引入能源。

中国中部地区农村是中国重要的农产品生产基地、能源基地和重要的原材料基地。中部地区资源丰富，农村分布分散，对能源资源的开发利用存在不足。能源消费形式单一，以煤炭为主，石油与天然气为辅。中部地区农村应拓展能源消费形式，并提升能源利用效率。例如对工农业的废料，如秸秆等进行统一处理再加工，加大对能源资源的利用。

中国西部地区农村经济发展水平相对落后，农村分布零散。西部地区面积占全国的 71.4%，生产总值却只占全国的 18.14%。同时西部地区资源禀赋，矿产、水电等资源丰富，却没有充分利用。西部发展综合能源系统应侧重开发当地的能源资源，加大对多种类型能源的利用，调整能源结构，打造清洁绿色的农村综合能源系统。

中国东北部地区有着丰富的煤炭和石油资源，但其用能形式粗放，能源利用率偏低。东北部地区农村发展综合能源系统需要改变原有的能源利用状况，进行节能增效。因此，在对农村综合能源问题进行研究时要根据所在地域展开充分的调研工作，分析气候条件、地理特征、人口分布等环境因素对能源资源的影响，充分根据地域特点进行农村综合能源的建设，挖掘地域的资源特性，调整能源结构。

（三）农村负荷特性明显

农村负荷具有季节性与分散性作的特点。季节性主要体现在农忙时节配电网负荷量显著增加，分散性主要体现在农村负荷分布广而负荷总量却并不高。农村电网相对薄弱，大规模的负荷集中接入，降低了供电可靠性和安全性。由于农村所处的地理位置相对供电端较远，其供电半径较长，农村负荷完全依靠电网供电成本较高。因此，在做规划问题时要考虑到农村负荷的特征，挖掘负荷随时间的规律性变化，对农村负荷做集中化处理。分析不同负荷用能特点，统一考虑经济性、安全性、可靠性、灵活性、可持续性、环境友好性、用户用能满意度等诸多因素的影响，满足用户终端多样化的用能需求，提高可再生能源的就地消纳水平，促进农村清洁能源高效利用，推动农村绿色可持续发展。

（四）农村综合规划复杂

农村在结构上是"农村—村—用户"3 级自上而下的关系，在规划时要考虑"农村—村—用户"分层配合的问题。农村能源需求多样，对于不同的产业其所需的能源类型也不尽相同，在规划时要优化不同能源的配置，满足用户多种用能需求，量化分析不同能源需求的时空分布特征，提高农村能源供给的匹配度与可靠性。农村能源资源受气候条件、地理特征、人口分布等多种因素的影响，因此在分析问题时要展开深入的调研。农村综合能源系统规划问题是一种复杂的混合整数规划优化问题，通常以系统结构、设备容量、建设位置为对象，再结合一定的运行状态，以总投资和运行费用最小为优化目标，获取多能源资源最优配置方案。因此，农村综合规划的复杂程度，增加了模型求解的维度，同时决定了对其模型分析与研究是一项多层次、全方面不断细化的工作。

三、农村综合能源系统规划技术

农村综合能源系统要在农网不增容、减轻农网负荷压力的情况下满足农村用户的特色用能需求，可以从以下几个方面入手。

（一）农村需求侧负荷建模

通过调研生态养殖、生态旅游等农村特色产业，梳理多样化特色农村的产业结构以及社会经济发展水平、人口资源现状等基础信息，分析不同类型特色产业的典型能源需求形式，确定农村内的用户类型以及用能需求结构，分析能源需求多样化特性。与此同时深入挖掘需求侧冷热电负荷的变化规律，考虑用能需求的地区和季节差异化，量化分析不同属性用地的能源需求时空分布特征，形成能源需求多时间尺度、多空间尺度分布。分析能源价格、气象条件、政策机制等外部环境因素对用户用能需求的影响，使用关联分析法，分析不同负荷间的交互影响及耦合关系，提取能揭示需求侧多元负荷发展变化规律的关键特征。落实于农村特色负荷形式，深入分析其产生与变化机理，采用统计综合法，建立特色农村多元用能负荷需求模型。

（二）农村供给侧能源建模

通过调研梳理绿色生态农村分布式水、光、地热、沼气等清洁能源的分布情况，分析气候条件、地理特征、人口分布等环境因素对能源资源的影响，基于当地基础信息数据，分析供给侧能源资源时空分布特性。与此同时调研各类能源的现有供能方式及其在绿色生态农村的适用性，分析各种供能方式的不确定性因素以及政策、市场、经济、环境等外部因素对能源供给的影响，重点考虑供给侧可再生能源出力的随机性与波动性，分析其受自然资源、气象条件的影响程度。研究各类能源形式间的耦合转换方式，建立典型供能设备及耦合环节的数学模型，研究各类供能方式在生产、输送环节的各类约束条件，量化分析各类能源的最大供给能力，建立农村供给侧能源潜力模型。

（三）农村综合能源系统多目标协同规划

通过需求侧负荷模型与供给侧能源的潜力模型，分析归纳出农村综合能源系统典型供用能场景，如图1所示。根据不同用户供用能场景特性，针对用户特色负荷需求与能源供应协调用户间供需平衡，形成用户级综合能源系统分区自治方法。对于村/农村级综合能源系统，结合村/镇供用能情况，形成村级综合能源系统互补协同方法，实现村能源、负荷需求互联互动互补。

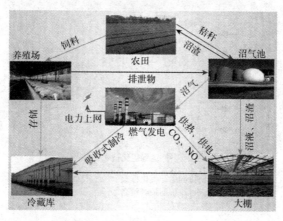

图1 农村综合能源生态系统规划图

考虑投建设备选型、投建容量等关键因素，结合用户级综合能源系统分区自治方法与村级综合能源系统互补协同方法，以最小化经济成本、最小化气体污染排放量、最大化用能能效、最大化清洁能源消纳率等为目标，建立考虑"分区自治与互补协同"的农村综合能源系统多目标协同规划模型。基于能源集线器统一建模理论，分析多能耦合的交互模型。基于最优化原理与方法、复杂网络理论，提出多能互补能源站供用能拓扑结构优化方法与关键组件优化配置方案。

四、农村综合能源系统运行优化技术

近年来，一些专家学者在综合能源系统多能源运行优化技术领域进行了大量的研究和实践工作。然而，综合能源系统多能源运行优化技术发展相关问题的研究，多以城市、园区、实验室为应用场景，针对农村自然资源禀赋、用能特性及能源设施基础条件等方面都具有自身独特特征的综合能源系统运行优化技术的研究很少。因此，有必要深入研究多源联合供给条件下面向农村综合能源系统多能源多级协同运行优化技术。

现代化农村综合能源系统不仅对供能安全、能源利用率提出了更高要求，而且对环境保护、可靠性、可持续性的需求也日益迫切，建立面向绿色生态农村因地制宜的多能系统显得越来越重要。在多能系统自律协同运行优化技术的支撑下，实现农村综合能源系统的横向冷、热、电多能互补，纵向源、网、荷、储互动优化，支撑高比例可再生能源在各层之间的就地消纳与分层互补，提高多能源系统能效。

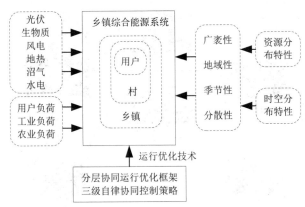

图 2 农村综合能源系统运行优化技术

（一）"用户级—村级—农村级"的多能源分层协同运行优化框架

为实现自然能源在农村各层级之间的就地消纳与分层互补，本文从能源协同运行分析、功能设备分析、多时间尺度建模研究和优化调度目标设定 4 方面，构建了一种"用户级—村级—农村级"的多能源分层协同运行优化框架。三级协同运行优化框架应结充分结合农村综合能源系统多能源负荷特性，对冷、热、电负荷进行分类归纳，找出负荷特性差异，挖掘农村农业负荷特点。

中国农村自然资源丰富，且地区之间存在差异。为实现农村多能的协同开发利用和互补互济，要具体分析农村能源种类、规模、资源特征；基于能源供给的空间特性和设备特性，剖析农村综合能源系统不同能源形式间在生产、转换、分配、存储等环节中的多时间尺度差异性与互补耦合特性；还需要研究农村综合能源系统"用户级—村级—农村级"的协同互补机理和分层协同优化调控框架下不同层级间的信息流与能量流交互机制。最后，从经济性、环保性、可再生能源利用率、供电可靠性等不同方向设计优化调度目标，分析不同目标之间的关联特性，确定农村综合能源系统优化调度目标，形成多能源分层协同运行优化框架。

（二）三级自律协同的控制策略

在"用户级—村级—农村级"的多能源分层协同运行优化框架下，提出了一种三级自律协同的控制策略，主要包括能源互补特性分析、供用能不确定性建模分析、多元典型供用能场景分析和多时间尺度调控研究。在能源需求侧，农村用能需求多样，负荷种类繁多、自然资源丰富。为实现对农村综合能源系统的协同控制，需要对农村综合能源系统准确建模，要深入调研示范区农村综合能源系统的用户电气冷热用能需求，形成在当地资源调节下以经济性、可靠性、清洁性为考量指标的多能源用能优先级机制；此外，还需要挖掘影响农村综合能源系统运行的不确定性因素，包括可再生能源随机波动、用户用能需求变动等，构建系统的多元典型供用能场景，为后续运行策略的制订提供边界条件。在3层协同运行框架的基础上，考虑到用户、村、镇各层级需求不同，需要对农村综合能源系统3级协同下的分层运行目标、运行约束与协同机制进行深入研究，建立农村综合能源系统多时间尺度模型。此外，构建农村综合能源系统长时间尺度的源—储—荷多目标联合优化调度模型，如图3所示。结合农村综合能源系统短时间尺度的滚动调度修正方法，以应对随机性因素对系统运行能效的影响，从而实现农村综合能源系统的稳定和最优运行。

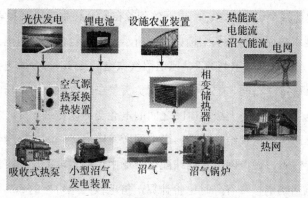

图3 农村综合能源系统结构图

五、农村综合能源系统交易机制

能源系统的交易是微电网以电能为媒介的交易，涉及电能的定价与议价行为，博弈论作为现代数学的一个重要分支，在经济、管理、风险评估、收益计算等方面作用很大，是现今决策的一种重要方式。在电网运行使用方面主要有电力市场、电网规划以及调度。合作博弈中联盟和分配需满足的前提条件：（1）对于整体微电网群，合作之后的利益大于微电网单独合作的利益。（2）对于分配利益，每个微电网的利益不小于单独合作的利益。

针对农村高渗透率新能源接纳问题，提出了基于合作博弈理论的农村微电网群与配电网运行优化方法。通过建立包含风电、光伏、沼气发电、储能和可中断负荷的微电网运行成本最小目标函数，分析不同的运行模式下各微电网的收益，优化微电网内不同时间段各电源的出力水平、蓄电池充放电和可中断的负荷。以各微电网自身运行成本最小为目标，考虑风、光、沼气发电日内的互补性和负荷特性，建立基于合作博弈论的微电网群合作联盟，使有余电的微电网能量与缺电的微电网能量互用，提高联盟整体收益和配电网运营商收益。采用 Shapley 值法对联盟总收益进行分配，实现各微电网利益公平分配。

相比传统配电网的运行模式下，优化后的新能源微电网运行模式在原有运行成本的基础上有所下降，实现了配电网的经济调度运行，并且在新能源的消纳问题中，有效解决弃光、弃风现象。基于合作博弈的微电网群和配电网的优化调度方法，可有效地减少运行成本。配电网的利益在原有利益的基础上增长。

含微电网农村配电网系统结构如图 4 所示，图中包含配电网电力用户、风光微电网 MG1、光伏沼气微电网 MG2、风电沼气微电网 MG3，每个微电网中分布式电源的类型和负荷特性不同。配电网运营商负责整个配电侧电力市场的运行和电能能交易，配电网运营商与上级大电网之间的电能交易以传统的分时销售电价与燃煤机组标杆上网电价进行结算交易。微电网所发电力优先满足自身负荷需求以降低自己的运行成本，微电网运营商在配电市场中可购置电能，也可以出售电能。微电网从配电网购电按峰谷分时电价计算，售电按购电价格的 80% 计算，电储能系统技术参数如表 1 所示。

4 台额定功率为 400 千瓦的风力发电机组，维护成本取每度电 0.11 元；7 组额定功率为 300 千瓦的光伏发电系统，维护成本取每度电 0.08 元；2 台额定功率为 500 千瓦沼气发电机组，维护成本取每度电 0.33 元。根据未来一天的温度、光照、风速预测值，按风电、光伏、沼气机组的发电功率模型得出 24 小时发电曲线。

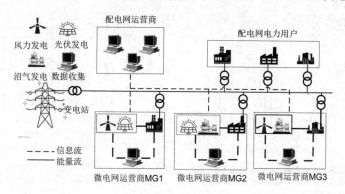

图 4 含微电网群农村配电系统结构

表 1 电储能系统参数

充 / 放电效率 η_{ch} η_{dis}	充 / 放电功率上限 $\overline{P}_{ch}$ / $\overline{P}_{dis}$ （千瓦）	充 / 放电功率下限 $\underline{P}_{ch}$ / $\underline{P}_{dis}$ （千瓦）	储能上限 $\overline{E}_{BAT}$ （千瓦时）	储能下限 $\underline{E}_{BAT}$ （千瓦时）	初始储能 E_{BATINT} （千瓦时）	充 / 放电成本 ρ_{BAT} （元 / 千瓦）
0.9	80	0	550	50	150	0.46

（一）微电网孤岛运行

孤岛运行微电网内 η_{ch} / η_{dis} 包含风力、光伏、沼气、储能，负荷包括重要负荷和可中断负荷。根据综合考虑各时段负荷值、分布式电源的发电成本和储能装置充放电折损成本，对微网内电源出力各时段逐点优化，得出各分布式电源的最优出力。

微电网内各分布式电源 24 小时最大出力，以及电储能装置最大释放功率如图 5（a）所示。依据以上算例参数，应用 LINGO 软件编程实现微网内电源出力各时段逐点优化，优化结果如图 5（b）所示。对比分析图 5（a）、图 5（b）两图可以看出，3、4 点钟出现了减负荷现象，7 点钟反映出出力顺序依次为光伏、风电、沼气、储能，10 点钟光伏发电余量进行储能，20 点钟风电发电余量进行储能，24 点保证初始荷电量。

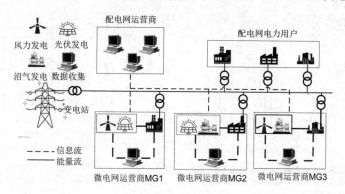

农村综合能源系统优化与控制

305

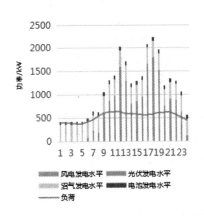
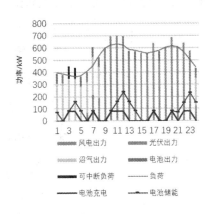

图 5（a） 微电网负荷及发电水平　图 5（b） 分布式电源出力优化结果

（二）单微电网与配电网合作

微电网并网运行中包含风光微电网 MG1、光伏沼气微电网 MG2、风电沼气微电网 MG3 的负荷及发电水平如图 6（a）、图 7（a）、图 8（a）所示。依据以上算例参数用 LINGO 软件编程实现微电网 MG1、MG2、MG3 内电源出力各时段逐点优化，可以得出不同合作模型中 MG1、MG2、MG3 的最小成本、分布式电源的出力水平，优化结果如图所示 6（b）、图 7（b）、图 8（b）。

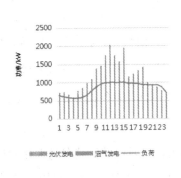
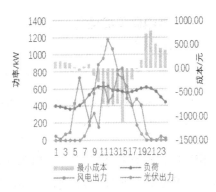

图 6（a） 风光微电网 MG1 发电负荷水平　图 6（b） MG1 出力优化结果

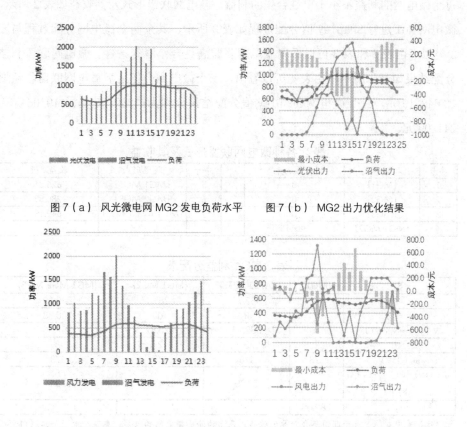

图 7（a） 风光微电网 MG2 发电负荷水平　　图 7（b） MG2 出力优化结果

图 8（a） 风光微电网 MG3 发电负荷水平　　图 8（b） 微电网 MG3 出力优化结果

　　风光微电网 MG1 中风力、光伏发电集中在 7:00—18:00，发电成本小于售电收入，微电网 MG1 呈现盈利状态；光伏沼气微电网 MG2 在全天内光伏发电和沼气发电实现互补状态，微电网 MG2 售电收入集中在 9:00—17:00；风电沼气微电网 MG3 在 20:00—24:00 负荷减少，风力发电出力增多，收入和支出在总体上呈持平状态。

（三）微电网联盟 Shapley 值法利益分配

　　微电网群与配电网合作运行中，微电网联盟后，余电微电网与缺电微电网之间可以实现电能的互补，互补电能交易电价低于直接向配电网购电价格，互用收益等于微电网联盟的收益。合作博弈中联盟和分配需满足的前提条件：（1）对于整体微电网群，合作之后的利益大于微电网单独合作的利益。(2)对于分配利益，每个微电网的利益不小于单独合作的利益。微电网联盟形式及其收益如表 2 所示，微电网 MG1 进行 Shapley 值分配过程如表 3 所示，其余两个微电网分配过程与表 3 类似。由表 2 和表 3 可以看出微电网联盟满足合作博弈条件。微电网联盟利益分配结果如表 4 所示，由表 4 可以看出，三个微电网合作之后微电网联盟收益增加 648.19 元，三个微电网 Shapley 值分配结果分别为：289.05 元、119.06 元、241.09 元。

表 2 各种微电网联盟形式及其收益

序号	联盟形式	收益 / 元	序号	联盟形式	收益 / 元
1	{MG1}	0	5	{MG1 MG3}	626.81
2	{MG2}	0	6	{MG2 MG3}	286.83
3	{MG3}	0	7	{MG1 MG2 MG3}	649.19
4	{MG1 MG2}	382.75			

表 3 MG1 利益分配表

S	{MG1}	{MG1 MG2}	{MG1 MG2}	{MG1 MG2 MG3}
v（s）	0	382.75	626.81	649.19
v（s/i）	0	0	0	286.83
v（s）—v（s/i）	0	382.75	626.81	362.36
|s|	1	2	2	3
ω（|s|）	1/3	1/6	1/6	1/3
ω（|s|）[v（s）—v（s/i）]	0	63.79	104.47	120.79
v_i	289.05			

注：表中 v（s）表示联盟集合产生的收益；表示为除去微电网的收益，剩下微电网合作联盟形成的收益；v（s）—v（s/i）在 i 不参与的情况下，利益差值；表示为加权因子；表示为微电网的利益分配收益.

表 4 微电网与配电网收益分析表

运行模式	MG1/ 元	MG2/ 元	MG3/ 元	总计 / 元
单独合作	2841.26	5567.59	5264.26	13673.11
联盟合作	3130.31	5686.65	5505.35	14321.30
差值	289.05	119.06	241.09	648.19

（四）配电网利益分析

配电网运营商负责整个配电侧电力市场的运行与电能交易，微电网在配电市场中即可购置电能，也可出售电能，根据自身的发用电量需求与配电运营商协调电能交易方式、交易量、交易电价，从而降低自身的运营成本；微电网之间相互交易应计及配电线路损耗，应向配电网支付过网费用；而配电网运营商则通过与微电网运营商协商交易电能，降低上层大电网的电能购置，优化系统内部功率潮流，节省了配电网部分购电成本，从而降低配电系统运行成本。

  微电网联盟负荷发电水平如图9（a）所示，在20、21点微电网群整体出现缺电状态，其余时刻都处于余电状态。配电网购电成本对比如图9（b）所示，通过图9（b）可以看出配电网从大电网购电成本高于从微电网联盟购电成本。经计算可得，配电网运营商从微电网联盟购电可节省成本1369.18元。

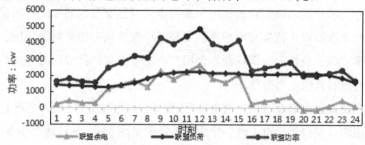

图9（a）　微电网联盟负荷发电水平

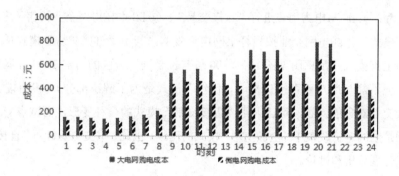

图9（b）　配电网购电成本

六、农村综合能源服务模式

（一）分布式发电市场化交易模式

  在深化电力体制改革背景下，国家发改委、国家能源局于2017年11月发布了《关于开展分布式发电市场化交易试点的通知》，提出了三种指导性的分布式发电市场化交易模式：（1）分布式发电项目与电力用户进行电力直接交易，向电网企业支付"过网费"。交易范围首先就近实现，原则上应限制在接入点上一级变压器供电范围内。（2）分布式发电项目单位委托电网企业代售电，电网企业对代售电量按综合售电价格，扣除"过网费"（含网损电）后将其余售电收入转付给分布式发电项目单位。（3）电网企业按国家核定的各类发电的标杆上网电价收购电量，但国家对电网企业的度电补贴要扣减配电网区域最高电压等级用户对应的输配电价。

为贯彻落实《国家发展和改革委员会关于全面放开经营性电力用户发用电计划的通知》（发改运行〔2019〕1105号）要求，做好全面放开经营性电力用户发用电计划工作，提高电力交易市场化程度，河北省发改委2019年8月8日发布了《关于做好全面放开河北南网经营性用户参与电力直接交易的通知》，指出：经营性电力用户本次均可申请参与电力直接交易。经营性电力用户为除居民、农业、重要公用事业和公益性服务等行业电力用户以及电力生产供应所必需的厂用电和线损之外的所有其他电力用户。

我国分布式电源DG的"上网电价"政策中，DG电能交易采用"全额上网"和"针对单个用户自发自用余电上网"模式（示意图见图4），在该政策中DG将余电或全额电量输送到一定电压等级的主网架后，电网按上网电价收购电量。《关于开展分布式发电市场化交易试点的通知》中给出的三种试行分布式交易模式可简单总结为：①DG与电力用户进行"直接交易"；②DG委托电网企业代售（简称"代售"模式）；③电网企业按标杆上网电价收购。其中"直接交易"模式是本次试行的主推模式（示意图见图10），DG可与位于同一台区的用户1—3开展直接交易，但不能与用户4直接交易。"代售"模式是为了解决部分DG没有能力找寻直接交易对象的问题，可认为是"直接交易"模式的一种变形，而试点交易模式三则是上网电价政策下"全额上网"模式的延续。因此，本文主要针对"直接交易"模式开展分析和讨论。

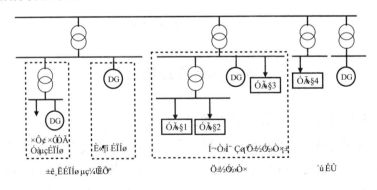

图10 主推的三种交易模式

从"过网费"核算看，"直接交易"模式（也包括"代售"模式）对"过网费"的核算有较大调整。所谓"过网费"是电网企业为回收电网网架投资和运行维护成本，并获得合理的资产回报而收取的费用，也叫"网络使用费"，或是输配电费。在原有的交易模式中，DG余电上网电价与各省市的煤电价格绑定，忽略了DG靠近负荷，输配电成本相对常规电源较低的特点。而"直接交易"模式是按分布式交易双方所处的电压等级范围来核算。目前暂按DG接入电压等级对应的省级电网公共网络输配电价（含政策性交叉补贴）扣减分布式交易所涉及最高电压等级的输配电价计算，使交易双方所要缴纳的"过网费"大大减少（《通知》对"过网费"在交易双方之间的分配未做明确规定），有助于激励DG主动考虑源荷分布，提高技术水平，主动配合负荷波动，提高自身竞争力，实现DG的良性发展。

从DG运营看，在原有政策下，由于未开放DG的市场化交易，一部分DG业主会与某一固定的近端负荷组成整体，整体实现"自发自用，余电上网"。但是这样意味着分布式电源在25年的运营期（以分布式光伏发电为例）中通常只能"绑定"一家用户向其售电。一旦该用户破产或倒闭，就意味着原有投资失败，且单个用户可能出现较高的负荷不稳定或电费支付违约的问题。这样一定程度上增大了DG发展的风险，限制其长期投资运行的空间。"直接交易"模式避免了DG"锁定用户"的风险，开放了DG的市场化交易，是对原有政策的重大突破。

分布式交易中的"直接交易"和"代售"交易模式均可被认为是P2P交易。值得注意的是，电力批发市场中的直接交易也可以被认为是P2P电能交易。但目前电力批发市场中的直接交易不针对分散式DG。P2P电能交易一般需要通过专用交易平台来运营。目前中国多个省市已建立了大用户直接交易平台，开展月度竞争交易。

目前存在的问题及建议：

《通知》明确，开展分布式交易要解决消纳范围和"过网费"审核等一系列问题，这涉及电力系统中电网、国家和省级价格主管部门等各方的管理范围，这一直是电力市场化的主要难点问题。建议先行在有条件的微电网或售电公司内部开展P2P交易试点。

关于"过网费"中的公平性问题《通知》规定，在交易过程中电网企业只能按规定收取"过网费"，并且要保障DG并网运行、输配电服务质量、负荷供电可靠性，以及发用电计量和电费收缴等额外服务。因此，目前来看开展分布式交易会导致电网企业收益受损，而增加的成本最终会分摊到终端消费者的身上。在能源局权威解读交易规则中提到"分布式发电市场化交易给电网企业增加的成本，全部计入核定区域输配电价的总成本予以回收"，这也从侧面体现了"成本转移"，造成公平性缺失。

实时分布式交易中的快速需求响应问题目前中国分布式交易仍在试点阶段，《通知》中对DG上网电量和需求侧负荷的实时平衡不做要求，并且规定由电网企业来负责交易中电能的平衡，但从国外分布式交易现状来看，随着电力交易逐渐从中长期向短时交易推进和系统中间歇性分布式能源DER比例的提高，对满足供需实时平衡的要求会愈加紧迫。因此，可以说实现快速需求响应是电网维持稳定和可靠的关键。

（二）基于主从博弈的综合能源服务

综合能源市场内部含有多种主体，其中包括发电商、分布式光伏、分布式风能、生物质能、用户等能源供应主题和用能主体。由于综合能源市场内参与主体众多，而博弈论作为一种先进的优化工具，十分适合解决多个利益相关主体的决策问题。图11描述了多种主体间的关系。每个综合能源服务商拥有一定的固定用户，其角色类似于售电公司，代替其下属用户在批发市场中进行能源的购买，综合能源服务商的规模大小不一，主要与其下属签约的用户用能体量相关，但总体体量至少应满足能源批发市场的体量准入条件，一般综合能源服务商的业务范围为某区域能源市场，不涉及跨越多个区域能源市场的能源交易。由于日前能源的购买量是以用户的负荷预测为基础，因此在实际运行中会出现一定的功率偏差，这部分能源不平衡量需要在现货市场中进行购买或出售。

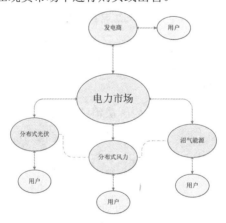

图11 综合能源多主体关系

独立系统运营商的主要职责是保证能源系统的安全运行，组织能源市场交易，根据市场主体提交的能源招投标数量和价格以及系统安全运行约束确定市场出清结果等。用户和能源服务商只有通过高效的能量管理方法，才能保障双方的经济效益。随着售电侧市场的放开，可为用户提供电、热、气能源供应的能源服务商作为一种新兴的运营主体，将在售电侧市场中扮演重要角色。

多能源主体主从博弈交易体系案例分析，在开放的电力市场环境下，能源服务商、居民用户以及电动汽车聚合商的运营模式与能量管理方法基于博弈理论系统地研究了微型能源互联网。主要工作如下：

分析能源服务商运营模式：基于含分布式光伏与微型燃气轮机的微型社区能源互联网，考虑需求侧资源参与调度及电动汽车车载电池作为分布式储能单元，分析了新形势下能源服务商的商业运营环境和运营模式，对运营边界条件、系统框架以及交易方式进行了描述。

建立各主体策略和收益模型：在能源服务商方面，建立了微型能源互联网内部设备运行模型，以及能源服务商电价策略和收益模型；在用户方面，提出了考虑负荷优先级的居民用户需求侧响应模型，并在此基础上，建立了居民用户的收益模型；建立了电动汽车聚合商的充放电和收益模型。

提出基于主从博弈的能量管理方法：建立了以能源服务商为上层领导者，以用户为跟随者的主从博弈模型，并分析和证明了博弈均衡解的存在性。

算例分析：以商住两用型微型能源互联网为研究场景，得出能源服务商的购、售电电价策略、居民用户的可平移负荷策略以及电动汽车聚合商的充放电策略，并得出各参与主体收益，结果表明所建模型可充分发挥电动汽车和可控负荷的调度潜能，验证了本文模型在缩小系统峰谷差、提升多方主体收益方面的有效性。在此基础上，深入分析电动汽车数量、可平移负荷比例以及热电负荷比等因素变动对各主体策略及收益的影响。

（三）以电为核心的多能源互联运营方式

当前，国内综合能源服务整体尚处于发展的初级阶段，而国外能源公司业已展开了综合能源服务的相关实践。电网公司、发电集团及其他大型能源企业都已提出开展综合能源服务、向综合能源服务商转型的企业发展战略，社会资本成立的配售电公司和能源服务公司也纷纷加入综合能源服务市场的竞争。综合能源服务必将成为未来能源行业的重要服务模式和商业形态。

针对多能源互联下综合能源服务商运营模式的研究，一方面，理清多能源互联运营之间的互联方式，提高多能源综合利用的经营效益，为能源服务商开展综合能源业务提供模式支撑；另一方面，通过研究综合能源服务的目标客户、业务范围和实施主体，结合国内综合能源服务商的成功经验，提出多能源互联下综合能源服务商的投资模式、服务策略、盈利策略和发展策略，为综合能源服务商开展业务提供策略建议。

1. 电——热互联运营模式

在多能源系统内加入分布式储能及电热转换单元对电热联合调度，能够更好地协调和配合新能源出力及电热负荷的峰谷特性，以提高多能源互联运营系统的可控性。电力系统和热力系统能够通过热电联产机组和电转元件耦合成电——热互联综合能源系统。电——热互联多能源系统主要包括热、电分产的电——热独立调度、"以热定电"的电——热耦合调度、电——热联合调度等运营方式。

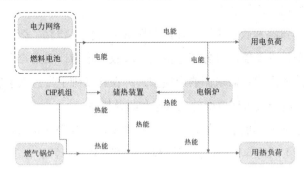

图 12 电——热互联多能源系统运营模式

2. 电——气互联运营模式

天然气管网与电网的联系最为紧密，其能量流传输形式也与电网的大致相似，因此电——气互联运营是多能源互联运营的重要方式之一。电转气技术是将低谷时段剩余的风力、光伏等发出的电能转化为容易储存的氢气或天然气，并在用电高峰时通过燃气轮机发电再次转化为电能。P2G 技术实现了天然气管网与电网的双向能量流动，使电——气网络耦合更加紧密，P2G 技术与燃气轮机组成了电——气互联多能源系统的能量枢纽。

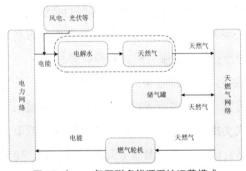

图 13 电——气互联多能源系统运营模式

3. 电——热——冷——气互联运营方式

电——热——冷——气互联多能源运营的核心为综合能源调度运营商通过各种耦合型设备单元。基于用户的用能负荷曲线，对大型能源基地送出的电、热、冷、气等能源进行综合优化调度，在保证系统稳定性的同时，满足用户对气、电、热、冷等不同能源的需求。电——热——冷——气多能源互联运营方式中，既包含气、电、热的独立调度，也存在多种能源的联合调度。

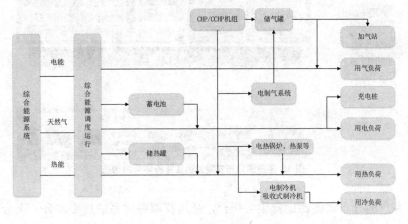

图 14 电——热——冷——气互联多能源系统运营模式

4. 综合能源服务的盈利策略

在多能源系统的运营过程中，综合能源服务商应充分结合不同用户的需求，通过为用户提供多样化的综合能源服务并获取收益。综合能源服务商通过竞标的方式获得增量配电网试点区域配网投资权限，配售电公司可以进行配电网投资并拥有配电网的经营权。其他售电公司、发电企业等售电主体与区域内用户开展电力交易产生的过网电量，则可以对其按照省级核定的输配电价进行收费，获取配电网过网费收益。政府为鼓励分布式发电产业和储能产业发展而进行财政补贴或其他补贴，可考虑按照发电量或系统容量进行价格补贴或一次性补贴，该项补贴收益可视为系统运营商的直接经济收益。

（四）以电为中心的综合能源服务模式

按照客户侧分布式能源运营服务体系构建思路，在明确多元服务主体、服务需求后，结合基于"互联网＋"属性，构建客户侧分布式能源运营服务体系架构如图 15 所示。

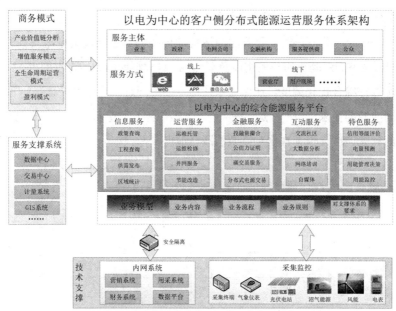

图 15 客户侧分布式能源运营服务体系架构图

客户侧分布式能源运营服务平台，是运营服务体系的核心部分。平台通过 web 应用、手机 APP、微信公众号为多元业务主体提供信息服务、运营服务、金融服务以及交互服务，同时平台能够充分利用电网公司现有信息化系统，以电网公司的数据优势、客户优势和品牌优势为基础，整合协调第三方资源，丰富产业链条相关运营服务厂商业务应用。

通过对分布式光伏发电、分散式风电、沼气发电等多种清洁能源的数据采集及分布式电源系统的实时监控，实时掌握光伏系统的运行状态，支撑发电预测和运维检修服务，通过科学评估体系，辅助决策分析，提升整体发电运营水平。具体包括：对分布式电源系统的电量信息、逆变器状态、组件状态、微气象信息进行监控。采集的运行状态参数包括电压、电流、功率、功率因素、电能质量等模拟量，及并网开关状态、逆变器运行状态（正常运行、故障、过欠压）、储能状态（充放电状态）、抄表终端运行状态等状态量；采集的设备状态参数包括逆变器、组串温度等参数；采集的环境量参数包括辐照、温度等参数。

在平台建设初期，所有并网的分布式电源系统都需与用电信息采集系统接口进行电量数据交互；对于具备条件的分布式电源项目，可直接与逆变器或者逆变器厂商自建后台进行数据交互；可选择少量试点进行加装采集终端和微气象站装置进行试点应用。

基于平台前端采集数据，统计不同时段内分布式能源系统的运行状态、日负荷曲线、发电功率曲线等数据，为业主、电网公司、服务提供商、公众提供气象信息查询、发电预测、系统监测、运行状态评估、电站诊断等服务。

针对分布式发电系统常见问题，提供故障咨询服务；基于人员、物料及设备台账数字化管理，依据标准化流程实施现场查勘、维修／消缺等服务；根据分布式发电系统设备特点，提供标准化抢修服务；提供便携式移动终端，实现作业现场与管控中心的信息共享和互动，提升运维检修效率。

结合分布式能源、储能、微电网建设，开展综合能源服务，一方面，提供电、水、热、气等多种产品；另一方面，提供设计、投融资、建设、运营、管理、维护的一站式服务以及多样化增值服务。

围绕用户的需求进行个性化定制分布式能源供应，针对现代化农业园区、绿色生态农村、旅游村镇等不同用户的能源消费特征，包括用户的冷热负荷、负荷稳定性、连续运行时间等，为客户量身配置与定制各种能源。分布式能源可以根据用户的地理位置、资源禀赋、消费特征等，将风能、太阳能、天然气、氢能、生物质能等不同类型的能源进行优化组合，提高能源系统的综合利用效率。

此外，也可以提供终端客户能源优化服务。通过智能计量技术，可以对终端用户的热、气、电等不同能源的生产与消耗进行自动计量、记录、存储和读取，为优化客户的能源生产与消费模式提供信息基础。基于大数据技术，通过对用户的能源消费与生产记录进行数据挖掘、分析、诊断，深刻理解用户的能源消费模式和特点。比如，如何为客户提供最经济的能源组合选择，什么时候使用公共电网的电，什么时候使用自发电，光伏或天然气发电的出力多少，如何实现储能系统经济性，如何选择合适大小的热泵等等；进而结合物联网、无线通信等技术，实现分布式能源系统与家用电器、电动汽车、充电设施等用户终端电器设施的相互通信与深度融合，提供集成化的需求侧管理和能源优化服务。

（五）能源互联网为基础的综合能源服务模式

能源互联网是一种新型能源供用体系，以电力系统为核心和纽带，高度整合多类型能源网络和交通运输节点，具备多类型能源互补、"源—网—荷—储"协调运作的特点，具备能量流与信息流双向互动的特性。从物理实施上看，能源互联网领域内各种互联、互通的智能系统均可以算作能源互联网中的一环。新型能源互联网的能源建设模式逐渐兴起，对服务模式和服务内容提出新要求。

我国在未来一段时间内，还将继续将城市化作为基本发展战略，城市能源利用的总量大，效率低，这就迫使我国必须进行能源战略转型。能源战略转型在城市能源利用的落脚点可以从两个方面开展，一是优化城市能源结构；二是提高能源利用效率。整体来看，优化能源利用结构，主要从减少非可再生能源利用总量与调节能源利用结构两个方面展开；提高能源利用效率，则可以从提高能源生产效率、提高能源传输效率、提高能源运行效率、提高能源消费效率与提高能源市场效率等5个方面展开。

以优化农村地区能源利用结构，提高能源利用效率为基本目的，构建以电为中心的"清洁低碳、安全高效、灵活智慧、开放共享"的能源体系，可以以综合能源规划、智慧云平台、市场机制研究等几个方面入手，分别从降低外部能源消耗总量、提高能源消费效率、提高能源传输效率、提高能源运行效率、提高能源市场效率等几个方面开展工作，最终真正实现能源综合利用、信息互联互通、服务优化共享等。面向清洁能源的农村地区也逐步向能源的互联互通服务方向发展，农村地区的能源互联网将成为综合能源互联网不可缺少的重要组成部分。

提高能源利用效率，可以从提高能源生产效率、传输效率、终端效率、运行效率与市场效率等5个方面展开。从电网企业的角度看，所需要开展的业务类型由低向高如图16所示。

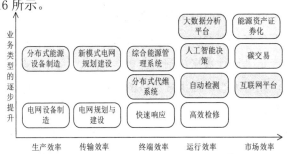

图 16 提高综合能源效率的实施途径

从综合能源服务的参与方看，电网企业的产业链较长，偏向于重资产企业；在提高生产效率方面上，可以考虑从电网设备制造逐步向发电设备制造的产业链上游攀升；在传输效率方面，由电网规划与建设向综合能源型电网的规划理念与设备攀升；在终端利用效率方面，从目前阶段的快速响应向用户代运维、综合能源供能方面逐渐进步；在运行效率方面，目前多采用人工检修方式，未来可以向机器人巡视、人工智能决策、数据平台分析等平台化、智慧化方面开展；在市场效率提升方面，主要依靠平台开展碳交易、资产证券化等市场行为，以提高资源配置效率。

综合能源服务公司在参与市场过程中，利益相关方包括发电企业、电网企业、电力用户三类。发电企业主要包含传统发电、新能源发电、分布式能源站、多能源供应商、供热企业等；电网企业含传统大电网企业和增量配网企业。营利模式结构如图17所示。

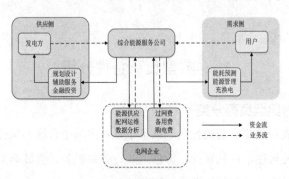

图 17 综合能源服务公司盈利模式结构图

商业模式具体实施可依据先启动政策支持基础好的业务，随着技术的成熟逐步拓展。第一阶段为综合能源服务有序启动阶段；第二阶段为社会能效管理阶段；第三阶段为互联共享平台阶段，形成贯穿能源供应侧、中间服务商和能源消费侧的综合能源生态圈。如图18所示。

图 18 综合能源生态圈

基于能源互联网的综合能源服务模式融入以电为中心的服务模式中，有利于综合能源的高效利用和电力和能源市场的稳定运行。

（庞凝、张泽亚、王云佳）

河北农村典型负荷特性调查分析

一、典型负荷特性分析

（一）农村典型负荷分类

按照河北农村用电负荷的性质，以单个设备或单个台区为单位，将农村典型负荷划分为村民居住、特色农业、特色工业、公共服务、县城典型区域负荷、数字基础设施和其他农村典型负荷 7 大类和 29 小类。

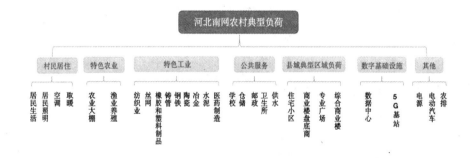

图 1 以单设备／单台区为单位河北农村典型负荷分类

以整村、整县城、整县为单位，将农村典型负荷划分为整村级负荷、县城级负荷、整县级负荷 3 大类 20 小类。

图 2 以整村、整县城、整县为单位河北农村典型负荷分类

（二）农村典型负荷特性分析

1．村民居住

选取居民生活、居民照明、空调、采暖四类负荷作为典型负荷，分区域、分用途、分方式将这四类负荷细分为 21 类负荷。居民生活日负荷特性为一天内出现早、晚两个高峰，日峰值负荷及其出现的时间随季节变化。夏季日照时间长，早高峰不明显，晚高峰出现时间和持续时间较短，冬季早、晚高峰峰值负荷大，持续时间较长。居民照明夏季日峰值负荷主要出现在 18:00—20:00，冬季日峰值负荷主要出现在 6:00—8:00 和 18:00—20:00。中央空调、多联机空调多在商业体中使用，日负荷水平从 8:00 开始逐渐上升，12:00—14:00 达到峰值，随后逐渐降低。山区村家庭空调日最大负荷出现在 14:00，其余时间负荷水平较低；平原村家庭空调负荷在 6:00—20:00 一直处于负荷高峰时段，日最大负荷通常出现在 12:00—14:00。除中央空调年最大负荷出现在冬季外，多联机空调，平原村家庭空调负荷年最大负荷集中在气温较高的夏季，作为制冷负荷，季节性较明显。

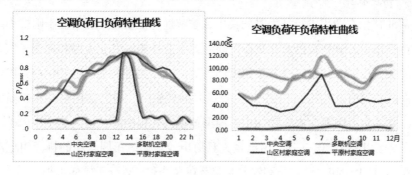

图 3　空调负荷特性曲线

集中式空气源热泵在采暖季基本为全天用电，日负荷曲线较平滑；集中式蓄热电锅炉日负荷特性表现为间断性用电，有较为明显的峰谷特性。分散式蓄热电暖器、分散式空气源热泵、分散式地源热泵和直热式电采暖等分散式电采暖日最大负荷集中出现在 6:00—8:00 和 17:00—19:00。除分散式蓄热电暖器日负荷特性曲线较平滑外，其余分散式电采暖日负荷峰谷差较大。农村电采暖夜间负荷水平较白天高，主要原因是部分农村地区实行峰谷电价，导致居民选择在电价较低的低谷时段用电。

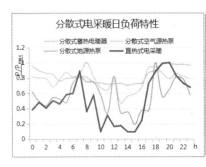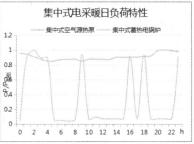

图4 电采暖负荷特性曲线

随着农村居民生活水平的不断提高，居民生活用电增长迅速，农村居民空调、电采暖等大功率电器的使用率提升，农村用电负荷整体呈现夜间低谷需求攀升、负荷曲线平滑、峰谷差逐步降低的趋势。村民居住年最大负荷时刻由"迎峰度夏"逐渐转变为"迎峰度冬"。

2. 特色农业

河北特色农业用电特征为时间集中、季节性特征明显、受气候影响较大、用电负荷不稳定。典型特色农业负荷主要涵盖农业排灌、农业大棚和渔业养殖。农业排灌负荷包括深井泵、浅井泵和喷灌负荷，这三类排灌负荷主要以白天用电为主，高峰负荷时间为 7:00—17:00，持续时间较长，一般会出现早高和午高两个高峰。排灌负荷因河北农作物的生长周期体现出较强的季节性，第一、二季度高峰负荷主要出现在 3—5 月，用电量大且用电较均衡；第四季度的排灌用电高峰出现在 10 月上中旬，深井泵和浅井泵负荷在夏季和冬季处于较低水平。

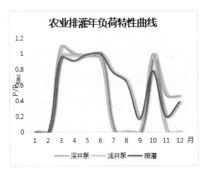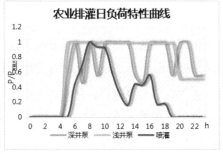

图5 农业排灌负荷特性曲线

农业大棚负荷与天气和农作物生长周期有着密切关系，农忙季节负荷大，农闲期间负荷小；抗旱期间负荷峰值大，日最大负荷主要出现在 10:00—12:00，年最大负荷出现在全年中气温较高的 6—8 月；渔业养殖一天中呈现多个高峰，日最大负荷出现在 21:00，年负荷特性无明显特征。

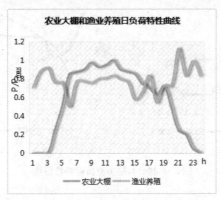

图 6 农业大棚和渔业养殖日负荷特性曲线

3. 特色工业

河北农村典型工业负荷有两大特点：一是用电量大，工业负荷一般为 24 小时连续运转，且占农村负荷比重较大，负荷率较高；二是工业用电比较稳定，丝网、铸管、钢铁、水泥、冶金等河北农村典型工业日负荷曲线和年负荷曲线较为平稳，工业生产用电受季节性的变化小。

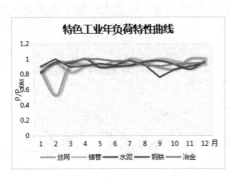
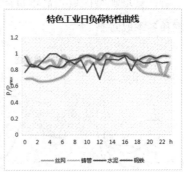

图 7 农村特色工业负荷特性曲线

4. 公共服务

农村公共服务负荷与工作时间相关，日最大负荷主要集中在白天。学校因寒暑假导致 1—3 月和 7—8 月负荷水平较低；仓储在冬季负荷水平较高；邮政全年负荷水平较平稳；卫生所在 2—3 月春节期间负荷水平较低。除学校年最大负荷时刻出现在夏季外，其他类型的公共服务负荷年最大负荷时刻主要集中冬季。

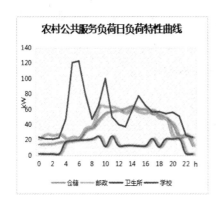 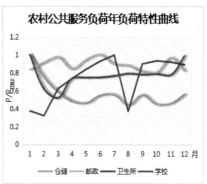

图 8 农村公共服务业负荷特性曲线

5. 县城典型区域负荷

县城住宅小区日最大负荷均出现在 8:00—12:00 和 18:00—20:00，且高层住宅小区用电密度要高于低层和多层住宅小区。商业楼盘底商、综合商业楼等商业负荷特性表现出较强的时间性和季节性，主要原因是商业负荷采用空调、电梯、制冷设备与气候敏感电器使用较为广泛，高峰与平段负荷较高，低谷时段负荷较低，峰谷差较大，与温度变化关系密切，不同商业负荷间的负荷曲线相差较小。整体上看，县城典型区域负荷年负荷曲线趋势相似，年最大负荷主要出现在夏季制冷季和冬季取暖季。

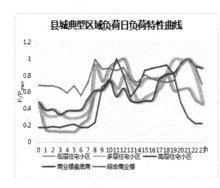 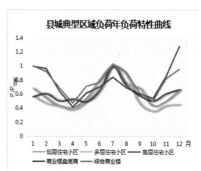

图 9 县城典型区域负荷特性曲线

6. 数字基础设施

近年来，由于数据中心和 5G 基站在农村不断投入运行，数字基础设施负荷持续增长，用电量逐渐增大。数据中心日最大负荷出现在 12:00，其余时间负荷曲线比较平稳，年最大负荷时刻出现在 6 月；5G 基站日最大负荷出现在 11:00—

13:00，年最大负荷时刻出现在 6 月。数字基础设施负荷受季节性影响较小，负荷波动性较小。

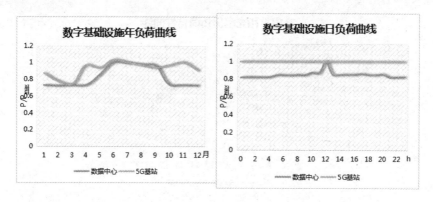

图 10 数字基础设施负荷特性曲线

7. 电源和电动汽车

光伏发电的出力特性与用电负荷特性相吻合，最大日负荷出现在太阳光照射最强的中午时段，也是用电高峰时段，随着光照强度下降，光伏发电负荷逐渐下降，由向变电站输电转为向电厂输电。风电日负荷特性与光伏负荷特性相反，最大负荷出现在 0:00—2:00，7:00—14:00 负荷水平较低；小水电和生物质发电 24 小时持续发电，日负荷曲线较为平稳。光伏电源（10 千伏）年负荷曲线较为平稳，光伏电源（35 千伏）年最大负荷主要出现在 3 月，夏季和冬季负荷水平较高。风电和小水电负荷曲线较为平稳，年最大负荷集中出现在 8 月。

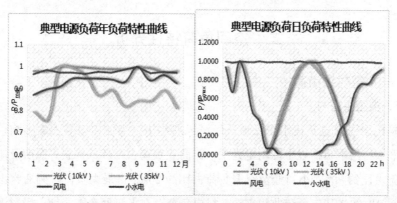

图 11 典型电源负荷特性曲线

农村电动汽车和充电桩充电站数量较少，导致快慢速充电桩和充电站负荷较小。随着近年来电动汽车在农村逐渐增多，充电服务设施负荷增长迅速，2020 年农村充电服务设施负荷增长率约为 50%。充电桩和充电站日负荷曲线相似，10:00—16:00 为充电高峰期，日最大负荷均出现在 14:00—15:00。

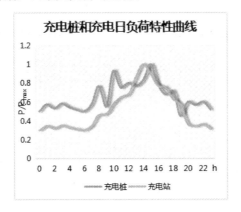

图 12 充电桩和充电站日负荷特性曲线

（三）小结

农村典型负荷种类多，日负荷特性和年负荷特性相对明显。日高峰负荷主要集中在白天，且持续时间较长，年高峰负荷集中出现在冬季和夏季，冬季用电高峰负荷主要出现在 12 月、1 月、2 月最低气温的周期内；夏季高峰负荷主要出现在 7—8 月最高气温的周期内。电采暖、空调、特色农业等负荷受季节性影响，峰谷差较大，负荷曲线波动性较强。特色工业、数字基础设施等负荷受季节性影响较小。

二、空间负荷特性分析

（一）整村级负荷

1. 典型平原村

村民居民用电负荷水平受地区经济发展水平、当地人口等因素影响较大。典型平原村用电负荷以生活用电为主，工商业负荷占比较低，居民照明及厨房用电负荷占比约 80%，小商业及空调负荷占比约 20%。日最大负荷时刻通常出现在 11:00—13:00。从年负荷曲线来看，村内负荷存在冬夏两个高峰期，受空调制冷负荷影响，典型平原村年最大负荷出现在夏季 7—8 月。典型平原村负荷总体特性：峰谷差大，平均负载率低，最大负荷一般出现在照明、空调（采暖）及厨房用电负荷叠加期间。

2．典型山区村

典型山区村人口较少且人口密度较低，以居民生活负荷和居民照明负荷为主，占比约为30%、40%。村内没有灌溉设备，高峰负荷通常出现在9:00—14:00。18:00—21:00负荷仍然维持在较高水平，主要是灯峰负荷与少量基础负荷叠加导致，年负荷曲线较为平滑，无明显年负荷高峰时间。

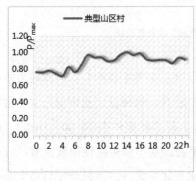
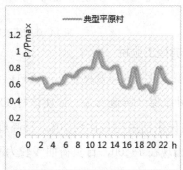

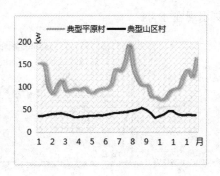

图13 典型平原村和典型山区村负荷特性曲线

3．典型煤改电村

典型煤改电村居民生活负荷占比约为40%、取暖负荷占比约为30%、照明负荷占比约为20%，小作坊式工业负荷占比约为10%。日负荷曲线波动性较强，峰谷差较大，最大负荷通常出现在8:00—10:00。自实施"煤改电"工程以来，年最大负荷出现在冬季。典型煤改电村的年负荷特性呈现出冬季高峰、夏季高峰明显的负荷特点，冬季取暖主要依靠电采暖，负荷较高，同时受温度影响较大；夏季制冷负荷明显，同时受温度和降水双重影响，短期内波动较大。由于灌溉负荷占比较低，春灌负荷已经隐匿，整体春秋季节负荷较低、较平稳，年最大负荷时刻出现在冬季12月。

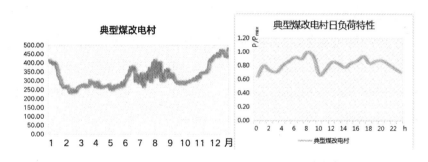

图 14 典型煤改电村负荷特性曲线

4. 典型工业村

典型工业村人口密度较大，该村以丝网加工为主要产业，另有较大规模的洁具制造业 2 家（铸造为主）致使该村 GDP 较高。负荷以工业负荷为主，占比约为80%，居民生活用电占比约 20%。日高峰负荷主要集中在 10:00—16:00，最大负荷时刻出现在 14:00，日负荷曲线较为平稳。从年负荷特性曲线来看，除 2 月受春节假期和疫情影响，工厂停工，负荷水平较低之外，该村全年日最大负荷保持稳定，年最大负荷时刻出现在 4 月。

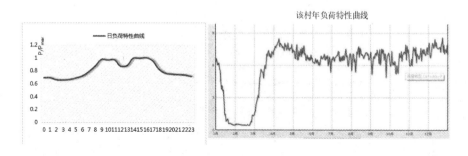

图 15 典型工业村负荷特性曲线

（二）乡镇级负荷

1. 一类乡镇

此类乡镇一般为有工业园区或有较强经济发展潜力的乡镇。大力发展工业项目、农业农村和文化产业建设，近几年用电量快速增长。该乡镇以丝网加工为主要产业，工业负荷占比较大，达到 60%，农业生产用电及居民生活用电占比分别为 20%。年用电量和人均收入较高，日高峰负荷主要集中在 9:00—18:00，峰值负荷可达到 55014 千瓦；受工业为主导产业的影响，该乡镇整体体现出较强的工业负荷特性，因此年负荷曲线较为平稳，全乡最大负荷时刻出现 8 月底。

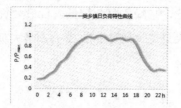
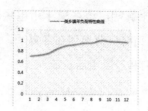

图 16 一类乡镇日、年负荷特性曲线

2. 二类乡镇

该类乡镇为人口 4000 人以上、有相关产业支撑、经济发展潜力较大的乡镇。日高峰负荷时间为 9:00—11:00 和 16:00—18:00，峰值负荷可达到 15179 千瓦。年最大负荷出现在 7 月，年负荷曲线较为平滑。

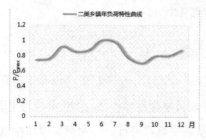
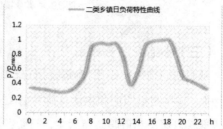

图 17 二类乡镇负荷特性曲线

3. 三类乡镇

三类乡镇为人口在 2000 人与 4000 人之间、对周边辐射影响力较强的乡镇。主要负荷以一般工商业为主，负荷情况主要包括一般工商业负荷、居民生活负荷、农排负荷，一般工商业负荷占比约 45%，居民生活负荷占比 30%，农排负荷占比约 25%。该地区主要在白天用电，日负荷高峰时刻发生在上午和下午，晚上和凌晨负荷较小。高峰负荷出现在夏季 7 月和冬季 1 月，年最大负荷时刻发生在 1 月份。

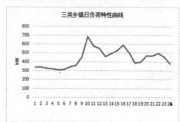
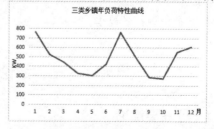

图 18 三类乡镇负荷特性曲线

4. 四类乡镇

四类乡镇为人口少于 2000 人的乡镇、对周边辐射影响力相对较弱的乡镇。四类乡镇工业负荷较少，主要负荷以居民照明和居民生活负荷为主，受当地经济收入水平影响，该乡镇年用电量较低，且峰值负荷较低，日最大负荷出现在17:00，年高峰负荷出现在冬夏季，最大负荷时刻发生在12月，最大负荷包括居民取暖负荷和居民生活负荷。

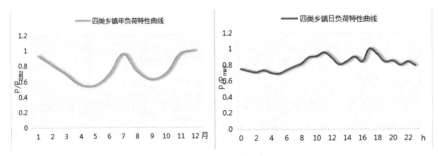

图19 四类乡镇负荷特性曲线

（三）小结

从村级负荷看，平原村以居民负荷和工商业为主，呈现日午高峰和年冬夏高峰特性；山区村以照明和生活负荷为主，呈现日早晚高峰特性，年负荷较为平滑；煤改电村以居民和取暖负荷为主，日负荷呈现早高峰特征，年负荷呈现冬季取暖负荷高峰、夏季制冷高峰特征；工业村以工业负荷为主，日、年负荷较为评估，无明显峰谷特征。从乡镇级负荷看，一类乡镇工业发达，受主导产业影响，工业负荷特性显著，日负荷集中在工作时间，年负荷曲线较为平稳。二类乡镇有相关产业支撑，发展潜力较大，日负荷呈现上午和下午两个高峰，年负荷曲线较为平滑。三类乡镇辐射影响力较强以工商业负荷和居民负荷为主，日负荷呈现上午和下午两个高峰，年负荷呈现夏季和冬季两个高峰。四类乡镇人口较少，辐射影响相对较弱，以居民照明和居民生活负荷为主，日负荷高峰出现在下午，且峰值负荷较低，年高峰负荷出现在冬夏季。

三、结论与建议

（一）主要结论

1. 农村负荷多样性增强，季节性凸显

河北农村经济持续发展和生活水平不断改善，农村负荷种类和用电需求增长较快，并具有明显的负荷季节性特性。按负荷性质分类，以单个设备或单个台区为单位，将农村典型负荷划分为村民居住、特色农业、特色工业、公共服务、县

城典型区域负荷、数字基础设施和其他农村典型负荷 7 大类和 29 小类。以整村、整县城、整县为单位，将农村典型负荷划分为整村级负荷、县城级负荷、整县级负荷 3 大类 20 小类。从负荷特性分析，空调制冷、电采暖、农业春灌等负荷呈现季节性特征，负荷曲线负荷曲线波动性较强，峰谷差较大。

2. 典型负荷日、年负荷波动性与负荷类型密切相关，分布不同

从日负荷特性看，居民生活、照明、空调、取暖负荷，特色农业、公共服务、县城典型区域负荷、光伏发电、风电、电动汽车等负荷具有明显的峰谷特征，波动较大，部分存在早晚、早午等高峰；特色工业、数字基础设施和小水电等全天较为平稳，波动较小；从年负荷特性看，居民生活、照明、空调、取暖负荷，特色农业、公共服务、县城典型区域负荷、光伏发电、风电等负荷随季节波动较大，季节特征显著，多数在夏季、冬季存在负荷高峰，特色工业、数字基础设施、电动汽车、小水电等负荷，全年负荷峰谷差较小，随季节波动较小。

3. 村镇负荷曲线受主导产业影响，特征显著

横向、纵向对比河北各类典型农村和乡镇负荷，农村和乡镇负荷特性受当地主导产业影响较大：典型工业村和工业型乡镇（一类乡镇）的工业负荷占比较大，体现出较强的工业负荷特性，负荷波动性较小，年负荷曲线较为平稳；典型煤改电村体现季节性采暖负荷特性，峰谷差较大，年最大负荷时刻出现在冬季采暖季；典型平原村、山区村和三、四类乡镇受经济收入水平影响较大，整体负荷水平和用电量较低。

（二）相关建议

1. 深入挖掘农村负荷时空分布和互补特性

深入开展河北农村负荷特性分析，以网格为单位，下沉到台区，充分挖掘农村负荷时空分布和互补特性，优化台区负荷接入管理，时空互补负荷优先接入同一台区，平抑负荷波动，降低台区峰谷差，平滑负荷曲线。

2. 持续开展农村负荷需求侧管理研究

基于河北农村负荷特性研究，开展负荷需求侧管理空间潜力分析，以提升负荷灵活可控能力为出发点，探索实用、合理的本地化设备选型方法，差异化制订建设改造标准，开展居民电气设备监测及需求侧管理技术示范，释放电网供电潜力，提高电网设备利用率，提高电网投资效率。

3. 推进现代化农村能源体系建设

积极推动河北农村能源生产革命，结合地区自然资源禀赋，因地制宜开发太阳能、风能、浅层地热能、生物质能等，提高乡村能源供给清洁化；完善农村能源基础设施网络，构建以电为中心的农村现代能源体系。开展农村能源互联网试点，主动对接乡村振兴，实施农村电网巩固提升工程，打造现代化城镇电网示范，试点虚拟变电站、微能源网等新技术，加快农村电网向能源互联网演进步伐，适应现代农村、智慧农业等发展，满足乡村振兴需要。

（赵子珩、张菁、贺春光、安家坤）

深化资源环境协调互动 推进县域经济高质量发展

党的十九届五中全会提出坚持农业农村优先发展，全面推进乡村振兴。坚持把解决好"三农"问题作为全党工作重中之重，走中国特色社会主义乡村振兴道路，全面实施乡村振兴战略。县域作为连接城市与乡村的关键场域，承载着新的功能，它既是乡村振兴的依托，也是实现城乡协调发展的重要区域。深化资源环境协调互动，推动县域经济高质量发展，不仅是全面实施乡村振兴战略、实现城乡区域协调发展的必然要求，也是河北省深度融入京津冀区域协同发展的现实需要。

一、县域资源环境经济协同发展的必要性

（一）深化资源环境协调互动，推进县域经济高质量发展是中国经济由高速增长转向高质量发展的内在要求

习近平总书记强调高质量发展不只是一个经济要求，而是对经济社会发展方方面面的总要求。走高质量发展之路，就要坚持以人民为中心的发展思想，坚持创新、协调、绿色、开放、共享发展。推动实现县域高质量发展，是一项涉及资源、环境、经济等方面的复杂系统性工程，三者之间相互联系、彼此制约。经济发展离不开能源消耗，能源消耗导致环境破坏，环境破坏制约高质量发展，因此经济促进、资源优化、环境治理应一体坚持、一体贯彻，不能顾此失彼，也不能相互替代。

（二）深化资源环境协调互动，推进县域经济高质量发展是乡村振兴战略实施的关键环节

2018—2022 年，是实施乡村振兴战略的第一个 5 年。乡村振兴正在按照"产业兴旺、生态宜居、乡风文明、治理有效、生活富裕"的总体要求快速发展。农业及农村发展是县域发展的基础，推进县域发展则是繁荣农村经济的重要保证。围绕乡村振兴实施主线，资源是县域可持续发展的物质基础和经济命脉；环境作为各种生物存在和发展的空间，是县域发展的载体；经济是构建人类社会并维系

其运行的必要条件，是县域发展的核心动能。县域资源、环境和经济是我国乡村振兴实施的关键要素，缺一不可。

（三）深化资源环境协调互动，推进县域经济高质量发展是可持续发展的必然选择

党的十九届五中全会提出，推动绿色发展，促进人与自然和谐共生。强调深入实施可持续发展战略，促进经济社会发展全面绿色转型，建设人与自然和谐共生的现代化。

二、县域资源—环境—经济耦合协调发展评价研究

（一）河北省县域资源、环境、经济发展现状

县域资源主要包括能源、水、土地等自然资源和人口、资金等社会资源。能源资源方面，河北省县域能源消费结构不合理，煤炭占比超47%，但太阳能、风能、生物质能开发潜力巨大；水资源方面，河北属于"资源型"缺水地区，人均水资源占有量208.1立方米，是全国平均值的1/7，且降雨量空间和时间分布不均，农业节水行动，建设节水型乡村亟须快速推进；土地资源方面，河北县域面积广阔，但存在用地布局分散、利用低效等问题；人口资源方面，随着河北城镇化速度加快，农村人口近20年从5359万人减至3300万人，人口的流动同时带来资金、物流、技术、金融等其他资源要素的流转。

县域环境主要表现在可持续发展的空间条件、环境容量、环境可塑性量度等方面，乡村振兴战略提出建设生态宜居的美丽乡村，持续改善农村人居环境，加强乡村生态保护和修复，县域环境治理为资源开发、经济发展提出约束性要求。2020年，河北省整体生态环境质量实现大幅改善，全省环境空气质量创2013年以来最好水平，水环境质量明显改善，声环境质量总体保持稳定，辐射环境质量总体情况良好，生态环境状况稳中有升，全省生态环境总体状况首次评估为良。空气质量综合指数排名前五的县为张家口市的赤城县（2.42）、康保县（2.51）、沽源县（2.73）、张北县（2.74）以及承德市的丰宁满族自治县（3.38）。PM2.5平均浓度（微克/立方米）最低的五个县为张家口市的赤城县（17）、康保县（18）、张北县（19）、沽源县（21）和尚义县（26）。

从第一产业、第二产业和第三产业整体来看，河北县域经济总体保持快速增长，区域差距逐步缩小，但县域经济主体仍表现为传统的农业和工业"二元结构"，经

济发展活力仍显不足，产业结构层次依然偏低，农业供给侧结构性改革仍需进一步深化，农业装备、信息化水平亟待转型升级，产城融合的协调发展模式尚未形成。

（二）河北省县域资源、环境、经济发展存在的问题

河北省县域处在由资源与环境消耗型的粗放性经济发展向低消耗可持续型的精细性经济发展转变，找准生态环境保护与推进经济发展的平衡点，坚定不移走绿色发展之路。推动县域经济高质量发展，牢固树立"绿水青山就是金山银山"的理念，做好绿色产业发展、资源集约利用、生态环境保护工作，加速向可持续的绿色发展转变，成为县域经济高质量发展的必然要求。当前，河北省县域资源、环境、经济的发展存在以下一些问题。

1．县域资源能源结构亟待优化

能源资源方面，河北省县域能源消费结构不合理，煤炭占比超47%，但太阳能、风能、生物质能开发潜力巨大；水资源方面，河北属于"资源型"缺水地区，人均水资源占有量208.1立方米，是全国平均值的1/7，且降雨量空间和时间分布不均，农业节水行动，建设节水型乡村亟须快速推进；土地资源方面，河北县域面积广阔，但存在用地布局分散、利用低效等问题；人口资源方面，随着河北城镇化速度加快，农村人口近20年从5359万减至3300万，人口的流动同时带来资金、物流、技术、金融等其他资源要素的流转。

2．环境治理体系有待健全

十三五期间，河北省在大气污染，水环境，土壤污染防治都取得突破性进展。特别是土壤污染防治方面，完成农用地土壤污染状况详查，13668家重点企业地块全部完成基础信息采集，调查进度和质量均居全国前列。但全省大气质量还处于"气象影响型"阶段，环境空气质量恶化风险较高。大气结构性污染依然突出，水环境治理形势依然严峻，水环境改善受到水资源短缺、污染物排放量高、基础设施相对滞后等限制。土壤污染治理配套政策不全，技术支撑和环境监督管理经验缺乏，尚未形成完整的支撑体系。

3．县域经济结构仍需转型

经济发展方面，从第一产业、第二产业和第三产业整体来看，河北县域经济总体保持快速增长，区域差距逐步缩小，但县域经济主体仍表现为传统的农业和工业"二元结构"，经济发展活力仍显不足，产业结构层次依然偏低，农业供给侧结构性改革仍需进一步深化，农业装备、信息化水平亟待转型升级，产城融合的协调发展模式尚未形成。

（三）县域资源环境经济协调评价指标体系的构建

资源、环境、经济协调评价指标体系主要包括一元指标体系、二元指标体系和三元指标体系。其中一元指标体系包括资源、环境和经济三个方面。资源一元指标包含能源、水、土地等自然资源和人口、资金等社会资源等；环境一元指标包括环境支持指数、环境质量、环境污染和环境治理等；经济一元指标包括经济发展指数、国民经济核算、全县域投资、价格指数、产业产值、财政情况等。二元指标体系包括资源—经济、资源—环境、环境—经济三个方面，其中资源—经济二元指标包括单位 GDP 能耗、资源消费弹性系数、资源投资等；资源—环境二元指标包括农林废弃物综合利用、畜禽粪污综合利用、资源开采的环境影响等；环境—经济二元指标包括产业对环境污染指数、环境治理成本等。资源—环境—经济三元综合指标体系是根据各子系统间的因果关系进行设置，包括绿色 GDP、综合发展指数、资源环境的成本核算等。本研究主要探讨资源、环境和经济三个子系统的耦合协调情况，为政府及相关部门在资源开采、环境治理与保护和经济发展方面制订专项政策提供参考，因此采用一元指标体系更适合。参考已有实证研究所用频率较高的指标，在遵循科学性、动态导向性、稳定性、系统性和简明性等原则的基础上，构建以下指标体系：

1. 资源子系统

现有研究对资源的探讨大多集中在土地资源、水资源、矿产资源等自然资源的存量方面，然而衡量一个地区的资源不仅需要关注其自然资源，社会资源也应考虑在内，其中人力资源和固定资产投资对经济增长和环境保护和治理具有显著的影响。因此采用年末常住人口增长率和固定资产投资增长率两个指标来衡量社会资源。资源的过量消耗加剧了环境的污染，制约着经济社会的可持续发展，所以除资源的存量外，利用效率也成为衡量一个地区资源水平的关键指标。自然资源采用万元 GDP 能耗下降率、人均电力消耗、人均耕地面积和农林牧渔产值四个指标来衡量。

2. 环境子系统

环境通过对人、农作物和气候等产生影响从而间接影响经济的发展，优良的环境有利于国民经济持续健康发展，提高经济增长的质量。在"绿色发展"的理念下，追求经济发展的同时，也要实现环境的有效治理。环境系统通过一个地区的实际环境质量和治理效果来衡量系统的发展水平，由环境状况和环境治理两方面组成，其中环境状况由人均公共绿地面积和空气质量优良天数两个指标来衡量；环境治理由空气质量综合指数和 PM2.5 浓度来衡量。

3.经济子系统

经济系统由经济生产力和经济活力两方面组成。高水平的发展意味着生产力的提高和经济效益的增长。经济生产力通过人均GDP、第二产业占GDP比重和第三产业占GDP比重三个指标来衡量；经济效益通过城镇居民可支配收入、农村居民可支配收入、一般公共预算收入和一般公共预算支出四个指标来衡量。

综上分析，本文构建了包含资源禀赋、环境质量和经济发展3个一级指标，6个二级指标以及17个三级指标的资源—环境—经济耦合协调性评价指标体系（如表1）。三级指标中除空气质量综合指数、PM2.5浓度和第二产业增加值占GDP比重为负向指标外，其余均为正向指标，同时在计算过程中对负向指标进行了正向化处理。

表1 县域资源—环境—经济耦合协调度评价指标体系

一级指标	二级指标	三级指标
资源禀赋	自然资源	万元GDP能耗下降率（0.0292）
		人均电力消耗（0.0442）
		人均耕地面积（0.0449）
		农林牧渔产值（0.0740）
	社会资源	年末常住人口增长率（0.0954）
		固定资产投资增长率（0.0153）
环境质量	环境状况	人均公共绿地面积（0.0580）
		空气质量优良天数（0.0231）
	环境治理	空气质量综合指数（0.0439）
		PM2.5浓度（0.0520）
经济发展	经济生产力	人均GDP（0.0968）
		第二产业增加值占GDP比重（0.0545）
		第三产业增加值占GDP比重（0.0281）
	经济效益	城镇居民可支配收入（0.0654）
		农村居民可支配收入（0.0560）
		一般公共预算收入（0.1267）
		一般公共预算支出（0.0925）

4.研究对象与数据来源

本研究以河北省石家庄市下辖17个区、县为例，对县域资源—环境—经济耦合协调情况展开研究，所用数据来源于《中国县域统计年鉴2019（县市卷）》以及各区县2019年国民经济和社会发展统计公报、政府工作报告。为了降低不同量纲和数量级对评价结果的影响，保证结果的可靠性，所有数据均进行了标准化处理。

（四）数据标准化和权重确定

为尽可能降低主观因素对权重的影响，本文采用较为可观的熵值法确定各指标的权重。该方法在现有研究中广泛运用，具体方法不再赘述。本文采用极小值法对各项数据进行标准化处理，即：

$$x^{'} = (x_i - x_{min})/(x_{max} - x_{min}) \quad （1）$$

其中：$x^{'}$ 是标准化后的变量，x_i 为实际变量，x_{max} 为该指标数据中的最大值，x_{min} 为该指标数据中的最小值，标准化后 $x^{'}$ 的取值范围在 $[0, 1]$ 之间。基于标准化后的数据，根据公式（2）得出资源、环境与经济三个系统的发展指数：

$$U = \sum_{i=1}^{m} \lambda_i x^{'} , \quad （i = 1,2,3...m） , \quad （2）$$

其中，U 为各系统的发展指数，λ_i 为通过熵值法确定的单个指标的权重。

三、县域资源—环境—经济耦合协调性分析

可以发现，从资源禀赋得分来看，研究选取的石家庄 17 个区、县（市）2019 年资源发展指数最高的是正定县（0.1746），最低是井陉县（0.0649），均值为 0.1217，表明区县间资源禀赋差距不大；从环境质量发展指数来看，17 个区、县（市）的环境发展指数比较均衡，其中 12 个地区处于 0.1 以下，最高为赞皇县（0.1353），最低为无极县（0.0091），均值为 0.0833；从经济发展来看，最高为辛集市（0.3993），最低为赞皇县（0.0642），均值为 0.1979，各区县经济发展差距较大，经济发展速度有待提高。

整体来看，石家庄市的资源、环境和经济的发展处于失调状态。所研究的 17 个区、县（市）资源、环境、经济的发展均不协调，耦合协调度均值为 0.3409，处于轻度失调状态。具体而言，耦合协调度最高的是正定县（0.4591），最低的是无极县（0.2189），其中，微度协调的区、县（市）有藁城区（0.4055）、鹿泉区（0.4452）、正定县（0.4591）、辛集市（0.4470）；轻度失调的区、县（市）有栾城区（0.3762）、井陉县（0.3051）、灵寿县（0.3151）、高邑县（0.3293）、赞皇县（0.3136）、平山县（0.3766）、晋州市（0.3349）和新乐市（0.3346）；中度失调的区、县（市）为行唐县（0.2824）、深泽县（0.2673）、无极县（0.2189）、元氏县（0.2972）、赵县（0.2870）。轻度失调和中度失调占 76.47%，资源、环境和经济协调亟待提升。

结果表明：（1）经济发展水平与耦合协调度呈现较高的一致性，即经济发展水平较高的区、县（市）（如：藁城、鹿泉、正定、辛集），其资源禀赋和环

境质量发展指数也相对较高，三个系统的耦合协调度也呈现出相对较高数值。经济发展水平低的地区（如：行唐、深泽、无极、元氏、赵县）资源禀赋和环境质量也相对落后，耦合协调度也相对低。（2）资源、环境和经济耦合协调类型分为三种，包括环境滞后型、资源滞后型和经济滞后型。环境滞后型有 13 个，分别是藁城区、鹿泉区、正定县、行唐县、高邑县、深泽县、无极县、平山县、元氏县、赵县、辛集市、晋州市和新乐市，占比高达 76.47%；资源滞后型有 2 个，包括栾城区和井陉县；经济滞后型有 2 个，包括灵寿县和赞皇县。因此可知，石家庄市大部分区县当前环境治理和保护滞后于资源的消耗和经济发展，同时从综合发展发展指数看，环境子系统的发展指数明显低于资源和经济子系统，表明各地区政府与企业当前对环境的治理和保护尚未跟上经济发展的速度，应继续加强节能减排与绿化建设方面工作，在未来的城市建设过程中做好生态环境的保护，使环境发展与资源和经济发展相协调。对于资源滞后型的栾城和井陉，在资源开发过程中要加强资源的高效配置和合理利用，调节产业结构，重点发展低能耗、低污染产业。灵寿和赞皇两个县，经济发展滞后于资源禀赋和环境质量，同时耦合协调度也较低。结合实情来看，灵寿和赞皇两个县由于之前是贫困县，加之地理位置、资源贫乏等因素，经济发展相对滞后于其他两个系统。今后需要大力培育经济发展新动能，调整农业种植结构，发展生态旅游，带动全县经济的发展。

表 2 2019 年石家庄区、县（市）资源、环境与经济耦合协调结果

地区	各子系统综合发展指数			耦合协调度	协调等级	发展特征
	资源禀赋	环境质量	经济发展			
藁城区	0.1498	0.0763	0.3893	0.4055	微度失调	环境滞后
鹿泉区	0.1656	0.1211	0.3873	0.4452	微度失调	环境滞后
栾城区	0.0997	0.1160	0.2452	0.3762	轻度失调	资源滞后
井陉县	0.0649	0.0970	0.1280	0.3051	轻度失调	资源滞后
正定县	0.1746	0.1289	0.4158	0.4591	微度失调	环境滞后
行唐县	0.1127	0.0562	0.0803	0.2824	中度失调	环境滞后
灵寿县	0.1416	0.0978	0.0707	0.3151	轻度失调	经济滞后
高邑县	0.1238	0.0907	0.1136	0.3293	轻度失调	环境滞后
深泽县	0.1015	0.0401	0.0896	0.2673	中度失调	环境滞后
赞皇县	0.1094	0.1353	0.0642	0.3136	轻度失调	经济滞后
无极县	0.0987	0.0091	0.1225	0.2189	中度失调	环境滞后
平山县	0.1237	0.0930	0.2478	0.3766	轻度失调	环境滞后
元氏县	0.0953	0.0492	0.1471	0.2972	中度失调	环境滞后
赵县	0.0853	0.0554	0.1183	0.2870	中度失调	环境滞后
辛集市	0.1696	0.1181	0.3993	0.4470	微度失调	环境滞后
晋州市	0.1180	0.0587	0.2041	0.3349	轻度失调	环境滞后
新乐市	0.1361	0.0731	0.1412	0.3346	轻度失调	环境滞后

表3 县域资源、环境和经济相关指标描述性统计

	最大值（Max）	最小值（Min）	极差	平均值
资源子系统	0.1746	0.0649	0.1097	0.1217
环境子系统	0.1353	0.0091	0.1262	0.0833
经济子系统	0.3993	0.0642	0.3351	0.1979
耦合协调度	0.4591	0.2189	0.2402	0.3409

四、县域资源—环境—经济协调发展空间自相关分析

为了衡量县域资源—环境—经济耦合协调发展的空间关联性，本文采用空间自相关分析法，通过计算 Moran's Ⅰ 大小，度量每个区县（市）与周边地区之间的空间关联和空间差异程度。通过计算显示，2019年石家庄17个区、县（市）资源—环境—经济协调发展水平的全局 Moran's Ⅰ 为—0.0573，Z 值为0.034远远小于1.65，P 值为0.173，表明整体来看各区、县（市）各区、县（市）资源—环境—经济协调发展水平空间分布不具备显著相关性，呈离散状态，在空间上没有形成较好的集聚效应。

全局 Moran's Ⅰ 衡量的所研究的17个地区资源—环境—经济协调发展水平整体上呈现的空间分布状态。为进一步探索各地区之间内部空间依赖和相关情况，采用局部空间自相关法，绘制 Moran 散点图，具体分析各区、县（市）之间的空间关联情况，如图3—1所示：

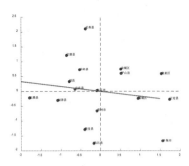

图1 各区、县（市）资源—环境—经济耦合协调发展局部

由图3—1可知，各区、县（市）资源—环境—经济耦合协调发展水平整体分布较为离散。与邻近地区的关系具体表现为：栾城、鹿泉和平山处于第一象限内，呈现高—高的集聚状态，表示这三个地区本身具备相对较高的协调发展水平，并

且与其周边地区协调发展水平也较高，可以实现优势互补、共同发展；无极、深泽、晋州、赞皇、高邑处于第三象限，呈现低—低的空间集聚特征，表示自身协调发展水平不高，与其周边地区协调发展水平也有待提高；第二象限的藁城、正定和辛集呈现高—低的集聚特征，表明这三个地区自身协调发展水平相对较高但是周边地区协调发展水平落后，没有对周边地区产生带动作用；处于第四象限的灵寿、行唐、井陉、赵县、元氏和新乐，低—高的集聚特征表明虽然这几个地区自身协调发展水平较低，但是其周边地区协调发展能力较强，可以吸收借鉴周边地区的资源和发展经验，提升自身协调发展水平。

五、县域资源—环境—经济耦合协调预测分析和优化

（一）三系统耦合协调预测结果分析

基于灰色 GM（1，1）预测模型，借助 Matlab 软件，采用石家庄下辖 17 个区县 2016—2019 年三大系统耦合协调度为分析数据（表4—2），将预测参数进行设置即残差数列类型为生成数列残差，预测时间长度为 4，残差重复建模次数为 3，进而得到三大系统耦合协调预测结果（表4—3）。

表4 石家庄 17 区、县（市）资源、环境与经济耦合协调度时间演化

各区县	2016	2017	2018	2019
藁城区	0.3934	0.3856	0.3993	0.4055
鹿泉区	0.4402	0.4409	0.4447	0.4452
栾城区	0.3576	0.3702	0.3746	0.3762
井陉县	0.2874	0.2986	0.2997	0.3051
正定县	0.4458	0.4579	0.4577	0.4591
行唐县	0.2732	0.2798	0.2824	0.2824
灵寿县	0.3089	0.3113	0.3150	0.3151
高邑县	0.3374	0.3296	0.3288	0.3293
深泽县	0.2585	0.2675	0.2673	0.2673
赞皇县	0.3099	0.3127	0.3133	0.3136
无极县	0.2174	0.2187	0.2185	0.2189
平山县	0.3701	0.3723	0.3748	0.3766
元氏县	0.2898	0.2883	0.2987	0.2972
赵县	0.2823	0.2814	0.2865	0.2870
辛集市	0.4387	0.4456	0.4468	0.4470
晋州市	0.3323	0.3348	0.3349	0.3349
新乐市	0.3344	0.3298	0.3338	0.3346

表 5 石家庄 17 区、县（市）资源、环境与经济耦合协调发展预测

各区县	2020	2021	2022	2023
藁城区	0.4043	0.4054	0.4069	0.4177
鹿泉区	0.4467	0.4522	0.4524	0.4539
栾城区	0.3760	0.3767	0.3766	0.3767
井陉县	0.3035	0.3012	0.3023	0.3042
正定县	0.4598	0.4623	0.4627	0.4625
行唐县	0.2829	0.2832	0.2816	0.2804
灵寿县	0.3169	0.3172	0.3187	0.3191
高邑县	0.3189	0.3186	0.3181	0.3178
深泽县	0.2583	0.2592	0.2614	0.2619
赞皇县	0.3097	0.3145	0.3149	0.3132
无极县	0.2187	0.2168	0.2185	0.2176
平山县	0.3769	0.3754	0.3761	0.3753
元氏县	0.2978	0.2982	0.2979	0.2969
赵县	0.2877	0.2889	0.2893	0.2895
辛集市	0.4475	0.4496	0.4518	0.4523
晋州市	0.3364	0.3369	0.3368	0.3372
新乐市	0.3346	0.3375	0.3377	0.3380

从表 5 可以看出，石家庄县域资源—环境—经济三大系统耦合协调度未来几年发展大致延续 2016 年—2019 年的变化特征，除行唐、高邑、无极、元氏、平山耦合协调度出现轻微下降之外，其余区县均呈现出小幅度上升趋势，部分区县出现耦合协调度轻微下降然后转年上升情况。预测结果显示，石家庄区县资源—环境—经济未来几年协调发展情况虽然整体上有所改善，但是耦合协调水平提升与演进发展速度较为缓慢，达到资源—环境—经济三大系统相互促进、协调发展仍需较长时间。这就要求各区县在未来发展中着力突破自身资源禀赋与技术水平的限制，实现资源禀赋、环境治理和经济增长的三者协调同步、整体提升。

（二）县域资源—环境—经济耦合协调优化路径选择

1. 资源滞后型区县优化路径

资源承载着支持经济增长、实现生态文明、提高人民福祉的重要任务。县域经济的发展离不开对资源的开发与利用，只有对县域资源的合理化运用才能更全面地推进县域经济的发展。由于资源具有分布不均和有限性的特征，对于资源滞后型的区县来说如何立足自身资源优势推动县域经济成为高质量发展进程的重点。

首先，科学配置和合理使用资源。各个区县要素资源各异，发展程度不同，因此要在对各项资源统一整合的基础上，努力发展资源优势。建设资源与要素充分整合的平台，使人才、资金、技术、信息等生产要素流动起来，实现要素资源

河北能源发展报告（2021）

的优化配置。合理控制资源开采，做好资源开发保护工作，要用"规模化、合理化"来实现各个行业的相互促进作用。

其次，深入挖掘当地优势资源。找准发展突破口，把资源优势尽快转化为现实的生产力和经济优势。河北省各区县抓住交通条件改善、发展环境优化的难得机遇，认真分析市场需求，根据自身资源禀赋，在处理好资源开发利用与生态环境保护关系的基础上，做好绿色农产品、山水资源和休闲旅游文章。加大招商引资力度，促进本地的优势资源与企业的资金、人才和市场等要素的有效对接。

最后，充分提高资源利用效率。对于资源滞后型的县域来说，循环利用、节约资源是实现资源可持续的必然选择。政府积极建立健全资源利用信息共享机制和激励机制，根据资源利用现状，区分问题产生原因，分类登记，按照"一事一策"的原则制订切实可行的处置方案，分类指导，依法处置。改变传统的"资源—产品—废品"的线性模式，建立"资源—产品—再生资源"的循环模式，把"废物"看作"资源"，从全局的视角提高资源循环使用。

2.环境滞后型区县优化路径

党的十九大报告指出："我们要建设的现代化是人与自然和谐共生的现代化，既要创造更多物质财富和精神财富以满足人民日益增长的美好生活需要，也要提供更多优质生态产品以满足人民日益增长的优美生态环境需要。"协调的生态环境是可持续发展的重要内涵和最终目的。加强县域生态环境建设和保护，是生态文明建设的关键环节，也是至关重要的微观基础。

对于环境发展滞后的县域，首先，突出环境治理重点，依法铁腕治理污染。以全面治理垃圾、"三废"排放为重点，对县域内农村村镇、居民社区、道路两侧、公路沿线、河道及两侧进行全面排查，逐一清理整治，加快垃圾分类和无害化处理过程。以全面治理"小散乱污"企业为重点，坚持疏堵结合、分类处置，坚决关停污染企业，有效治理超标排放企业，大力推进企业节能减排和新能源替代进程。以全面治理农村坑塘水系污染和农村生活污水处理为重点，因地制宜，综合施策，采取疏通水系和管网集中终端无害化处理等办法，彻底解决农村坑塘和生活污水污染问题。

其次，成立县生态环境保护研究中心。紧紧围绕"县域生态环境安全与可持续发展"战略定位，围绕县域环境保护与生态建设的重大科技需求和国家生态环境科学前沿，不断突破支撑国家生态安全、环境健康和可持续发展的重大科学理论与关键技术，为县生态文明建设、环境治理与生态保护、实现人与自然的和谐发展作出基础性、战略性、前瞻性创新贡献，将研究中心打造成县生态环境科学应用基础研究和技术创新基地、高级专门人才培养基地、生态环境综合性研究机构。

最后，加强宣传力度，提高环保意识。县人民政府及有关部门增强对生态环境污染治理的紧迫感和责任感，把环境治理工作摆上重要议事日程。搞好环境卫生宣传，让群众充分认识到环境卫生与自身健康的关系，自觉养成良好的卫生习惯。要加强对农村环境污染防治的宣传教育，特别是融入国家生态环境保护战略中，把生态环境保护宣传到各个阶层使之家喻户晓，不断提高广大农民群众的环境保护意识。

3. 经济滞后型区县优化路径

县域经济是国民经济发展战略的战略基础，其发展落后、动力不足严重阻碍了人们对美好生活的追求。在努力实现资源、环境、经济等方面全面协调可持续发展的当下，不但注重经济发展的资源配置和建设能力，更加强调资源和环境对经济的反作用。然而，在强调资源和环境的同时并不是否定经济的发展，而是要重新定义经济的发展方式。追求最大利润和那种单纯以消耗资源为主体的经济发展并不是县域经济发展的方向，适度的经济增长，注重经济发展的质量才是经济发展的核心。

首先，选择经济可持续发展的道路。要想做到经济可持续，就必须注重可再生能源的开发，合理地控制能源的开发与能源的利用，减少消耗资源，不断地提高环境的承载力以及提高能源利用率。要坚决反对一次性的开发，避免"资源诅咒"，避免攀比消费、恶性消费和高消费，禁止浪费。通过科学技术的力量，不断寻找可替代能源和发明再生能源，同时，出台相关法律、法规合理使用非可再生资源，让经济发展趋于合理化。只有这样，才能实现最好的经济效益、最优的生态效益以及和谐的社会效益的有机统一。

其次，持续优化县域产业结构。总体上看，2019年河北省产业结构调整优化实现新突破，服务业增加值比重首次突破50%，达到51.3%，比第二产业比重高12.6个百分点，产业结构"三二一"态势进一步增强。然而从区县级别来看，仍有一些县区的经济总量中一、二产业占比较大，服务业发展缓慢。各区县可以根据自身实际情况，对优势资源进行整合，优先发展主导产业，适当加大对非主导产业的投资，保证其他关联产业和基础产业适度跟进，最大限度发挥其带动、辐射作用。紧扣5G数字经济、智能制造等战略性新兴产业做强县域产业。积极促进新型农业产业化经营，加快推进农业现代化，重视构建农业现代产业体系，加强农业基础设施建设。积极推进县域产业经济绿色转型，大力推进循环经济和节能环保经济的发展建设，以带动实际县域经济逐步朝着资源节约型、生态环保型等发展模式逐步前行，坚持走科技水平高、经济效益好、能源损耗低、环境污染小的经济发展道路，以为县域经济整体发展创造更大的效益。

最后，加快县域地区现代化城镇发展建设步伐。加强促进县域地区现代化城镇发展建设步伐，重视利用城镇化发展建设带来的经济发展条件和环境，以带动县域经济朝着现代化高质量发展方向不断前行。提高县域城镇的整体承载能力和服务水平，有效利用好县域地区现有基础设施，并全面根据县域地区的具体情况进行合理规划设计。推进县域现代化城镇发展建设标准体制，全面加强县域地区户籍工作体制改革、社会基本保障工作体制改革以及农业产权工作体制改革，逐步健全农村土地流转以及征地补偿工作体制，以建立科学高效的城乡人口公共服务共享工作体制，从而有效带动县域地区整体经济水平的提高。

六、相关建议

2020—2050 年是实现 2030 年左右碳排放总量达峰、碳排放强度相对 2005 年下降 60%—65%，2060 年前实现碳中和等目标的关键期，又是 2035 年达到基本实现社会主义现代化目标的蓄力加速期，还是 2050 年实现建成富强民主文明和谐美丽的社会主义现代化强国的奋斗期，对资源环境经济高质量协调发展提出新要求。同时《乡村振兴战略规划（2018—2022 年）》明确指出，到 2035 年，乡村振兴取得决定性进展，农业农村现代化基本实现；到 2050 年乡村全面振兴，农业强、农村美、农民富全面实现。

（一）优化资源能源结构，保障可持续发展物质基础，坚守县域经济发展命脉

提高清洁能源使用效率，推动县域能源消费升级。以社会总投资最小化、资源利用率最大化为出发点，在居住率高经济基础好的县域，打造低碳用能系统。将生物质能源置于优化能源结构的首位，深挖生物质能开发潜力。结合河北省实际情况，对生物质等可再生能源项目开辟"绿色通道"。制订合理的方式充分利用闲置资源，对闲置资源进行兼并重组，提高资源利用率，激活和释放存量资源红利，拓展发展空间。结合城乡统筹规划，加快集中供能方式向农村地区延伸。发展分布式和集中式相结合的多能协同互补系统。培育以企业为主体的能源技术

创新战略联盟，构建以市场为主导的资源自由流动和优化配置的政策环境，促进科技、信息、资金、管理等现代生产要素向乡村集聚，带动县域能源产业链发展。

（二）提升环境保护治理成效，以生态文明建设引领县域高质量跨越式发展

加强河湖生态流量管理，保障生态用水。统筹推进县域水资源、水生态、水环境保护，持续改善水环境质量，逐步恢复水生态系统功能。加强对县级及以上饮用水水源地达标治理。对地下水严重超采的地区，综合采取节约用水、生态补水、水源置换、种植结构调整等措施，逐步实现地下水采补平衡。深化大气污染联防联控联治，推进农村面源污染治理。加强散煤复燃管控，加大劣质煤治理力度。改进施肥方式，加强农业氨排放控制，降低大气氨排放。强化土地环境污染联防联保共治，加强土壤污染源头防控，推进用地土壤分类风险管控，加强土壤环境监管及综合防控。大规模推动国土环境绿化。统筹城乡绿化，推进国土绿化行动。

（三）加速县域产业转型升级，抓准资源—环境—经济发展平衡点

注重资源要素集约利用，发展现代化产业园区，实现生产力集中布局、资源要素集约利用、污染物和废弃物集中治理和综合利用。发挥县域优势特色产业，聚焦细分市场精耕细作，以品牌建设占领市场，提高行业竞争力。加快产业结构优化，推动全产业链协同，实现一、二、三产业融合发展。建立健全绿色发展体系。发展自成体系生态圈，构筑内循环式产业格局。加大环境保护与治理力度，转变经济发展模式，改善落后产能，加大高能耗行业的整合力度，优化产业布局，推进第二产业的优化升级，积极发展新能源和节能环保等战略性新兴产业，从提供补贴和指定优惠税收政策两方面为战略性新兴产业的发展提供支持和鼓励，力求实现经济、资源和环境的协调健康持续发展。

（魏孟举、刘钊、田学斌、陈艺丹）

柒

专题
研究篇

基于用电大数据分析的用户终端综合能源服务业务布局新模式研究

一、基于大数据的用户用能画像构建

满足用户多元化用能需求是综合能源的核心理念，通过对用户大数据分析，建立用户标签体系，分析用户用能需求，构建用户用能画像，精准定位用户痛点，提出综合能源解决方案。

电力用户画像是电力信息化发展的必然趋势。通过电力大数据将用户基本信息、用电行为习惯、用电发展需求、用能需求等进行数据挖掘与处理，全面掌握用户全貌，打通与用户之间的"最后一公里"，形成与用户的关键纽带。

（一）基于用电行为的用户用能分析

1. 数据来源分析

目前，电力用户画像的数据来源主要分为两部分：内部数据与外部数据。内部数据来源主要是用电信息采集系统、营销系统、营业厅、98895工单等，这些系统主要包含用户基本信息、负荷数据、电量数据、缴费习惯、交互记录等。其中电量与负荷数据用于分析测算用户的用电习惯、饱和负荷、年用电量，用户的基本信息中的行业特性、建筑面积、地理位置等信息用于分析用户负荷构成、可靠性要求、综合能源敷设条件等。外部数据来源主要是气象站、其他用能数据（天然气、集中供暖等）以及用户个性化需求等。其中气象数据主要用于测算光伏、风机可利用装机容量，其他能源数据用于测算用户供热负荷、天然气用量等，用户个性化需求主要是在满足用能需求的基础上，结合用户需求对综合能源解决方案、商业模式等进行优化提升。

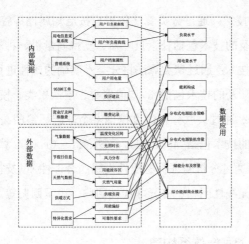

图 1 数据来源与应用分析

2.标签库建立

用户画像的目的是对用户的行为特性进行分析,根据分析结果给用户提供更好的综合能源解决方案。本标签库需要采用定性分析与定量分析相结合,基于定性分析将不同类别的用户进行区分,基于定量分析为综合能源解决方案提供数据基础。

通过用户标签体系,可以开展用户个体画像与群体画像。从基本信息、负荷水平、用电行为、互动能力、用能需求等方面给出用户个体画像。也可以通过输入用户画像指标反向查询用户群体,了解潜在用户信息。

图 2 用能画像标签库

3.数据挖掘技术

由于通过数据采集数据种类、数量、类型众多,所以需要通过相关大数据处理技术将海量数据进行识别、分类、关联、融合等操作,形成关键指标数据。

（1）分类分析技术：通过分类算法将用户按已知属性标签分类，提高标签覆盖率和合理性，涉及的技术包括朴素贝叶斯、支持向量机、神经网络等。

（2）聚类分析技术：通过聚类算法将分类不明确的属性进行聚类分析和挖掘，提供标签准确性，涉及的技术包括 K 均值聚类、层次聚类、模糊 C 均值聚类等。

（3）关联分析：通过关联分析深度挖掘多个基础标签的关系，得到更高层次的客户标签，涉及的技术包括 Apprioir 算法、FP—Growth 算法等。

（4）回归分析：通过分析验证标签属性设置的合理性，以及客户画像的准确性，涉及的技术包括多元线性回归、多元非线性回归、逻辑回归等。

（二）用户用能画像体系构建

用户画像是根据用户社会属性、生活习惯和消费行为等信息抽象出的一个标签化的用户模型。通常用于提升用户满意度、挖掘客户价值、拓展新型业务、提升专业服务水平等。本文在用户画像的基础上构建用户用能标签体系，分析用户用电行为、供冷供热需求、电动汽车等电能替代负荷，为用户构建定制化综合能源服务模式，全面解决用户用能需求。

用户用能画像架构主要包括数据源、画像标签体系与展示应用三个层级结构。数据源包括电力信息化内部数据与外部数据。画像标签体系是由管理标签产生规则和应用规则产生标签两部分组成。自定义标签体系是通过人工定义一套标签并完成数据分类，通过定性与定量计算完成用户标签的制订。另外，通过数据挖掘技术辅助产生用户特征标签，形成最终的用户标签库。基于用户标签库可以展示个体用户画像、群体用户画像、自定义用户画像等，可实现用户潜力挖掘、用户能耗总量测算、综合能源解决方案初选、商业模式研判等。

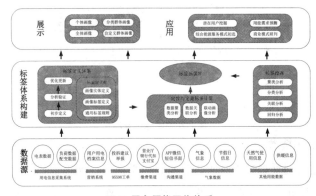

图 3　用户用能画像体系

二、用户终端综合能源服务模式研究

区别与传统的综合能源服务流程，基于用户用能画像体系分析潜在用户群体，拓宽用户对象。在用户需求分析方面基于用户画像也可以实现用能水平、用能构成、用能特性的精准定位，全面了解用户现状，勾勒用户未来用能画像。此外，在提出实际的解决方案之前综合地考虑综合能源技术模式与商业模式，根据用户不同的偏好、要求等提出不同场景下的解决方案，如效益最大化、可靠性高、自足能力等。

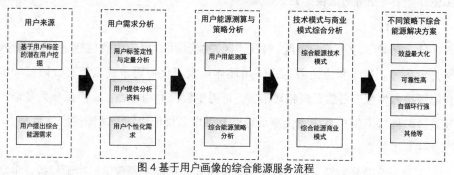

图 4 基于用户画像的综合能源服务流程

（一）基于用户用能画像的综合能源服务新模式

1.典型用户划分

（1）居民区。

居民区用户细分为别墅区、普通住宅与高层住宅。用能主要包括供冷、供热、天然气、生活负荷、电动汽车等。需求特点主要为：①尖峰负荷明显。通常晚区间为用电高峰明显，且持续时间较短；②节假日负荷波动明显。节假日期间，随人口流动，居民区负荷随人口流动而产生波动变化；③季节差异性。北方需要温差大，供冷供热需求明显。

（2）学校。

学校用户细分为幼儿园、中小学与大学。用能主要包括供冷、供热、照明、餐饮等。需求特点主要为：①负荷需求规律性强、集中且明确；②周期性强。由于寒暑假，具有明显的阶段性与间歇性；③季节差异性。北方需要温差大，供冷供热需求明显；④温控要求。对图书馆、体育场、实验室等有温度控制要求。

（3）城市综合体。

城市综合体用户细分为商业综合体、生活综合体。用能主要包括供冷、供热、餐饮、设备设施、电动汽车等。需求特点主要为：①日内用能具有规律性。基于营业时间，具有明显波峰波谷特性；②季节差异性。北方需要温差大，供冷供热需求明显；

（4）医院。

医院用户细分为三甲医院、普通医院。用能主要包括供冷、供热、餐饮、医疗设备等。需求特点主要为：①可靠性高。供电质量要求高、24小时不间断功能；②季节差异性。北方需要温差大，供冷供热需求明显；③环境要求。对住院部、化验室、手术室等有温度、光线需求。

（5）园区。

园区用户细分为工业园区、科技园区、物流园区。用能主要包括：供冷、供热、电力设备等。需求特点主要为：①用能体量大。负荷需求高且相对分散；②综合能源接入性强。自然资源相对丰富，可再生资源利用率高；③能源体系复杂。通过区域性协调供热系统、供冷系统以及供电系统形成综合能源供给体系。

（6）工业企业。

工业企业细分为轻工业企业与高耗能企业。用能主要包括：加工设备、重型工业设备、办公区（生活区）负荷。需求特点主要为：①供电可靠性高。针对生产设备供电质量与可靠性要求较高；②负荷需求高。用电负荷大且利用小时数高；③能源利用效率要求高。为时间节能降损，通过改进工艺或者能源梯级利用来控制能耗成本。

2. 用户综合能源策略分析

在综合能源服务中,常用到的分布式能源包括：光伏、风机、热泵（水源、地源、空气源）、生物质发电等。当前主要的能源存储与转换的技术包括：冷热电三联供、储能（化学、机械、热）、蓄热式电锅炉技术、蓄冷式空调技术。主要的用能需求包括：取暖负荷、制冷负荷、照明负荷、动力负荷、充电桩负荷、设备负荷等。针对不同用户用能特点以及能耗结构，给不同用户推荐不同策略的解决方案。

（1）典型医院能源解决方案。

通过光伏发电来解决部分电力负荷，基于地源热泵、水冷热泵、空气热泵、燃气热泵等解决医院冷热负荷的需求，通过化学储能设备来调节光伏间歇性出力，满足照明、空调、医疗设备、一般动力、电梯、充电桩等用能需求。

（2）典型园区能源解决方案。

通过光伏、风力发电作为主要的电力来源，基于冷热电三联供、地源热泵、蓄冷式空调等来提供园区冷热负荷的需求，通过化学储能设备类调节光伏、风机的间歇性出力，保证园区照明、办公设备、生产设备、充电桩等用能需求。

（3）典型工业能源解决方案。

通过光伏、风力发电作为主要的电力来源，基于空气热泵、工业余热热泵、蓄冷式空调来提供企业冷热负荷需求，通过化学储能、小型微燃机来调节设备用电需求，保证企业生产设备、生活区用能需求。

（二）基于用户用能画像的综合能源商业模式

传统的综合能源商业模式包括合同能源管理、能源托管、BOT、PPP、设备租赁等模式。本文提出将基于用户画像的综合能源解决方案与商业模式进行优化组合，针对不同用户属性、能源应用场景、个性化需求等综合条件制订不同用能偏好的综合能源解决方案。

表 1 典型用户综合能源模式推荐

用户分类	综合能源解决方案		方案特点
	典型用能策略	典型服务模式	
居民区	光伏＋光伏幕墙＋碳晶采暖＋电网	能源托管	清洁、能效高
	光伏＋光伏幕墙＋（地源＋空源）热泵＋储能	能源托管	清洁、自主
	光伏＋地源热泵＋电网＋天然气	EMC	经济、可靠
	光伏＋地源热泵＋电网	EMC	经济性高
学校	光伏＋光伏幕墙＋碳晶采暖＋电网	能源托管	美观、能效高、环保
	（地源、水源、空源）热泵＋蓄冷式空调＋电网	EMC	经济、节能
	光伏＋光伏幕墙＋蓄热式锅炉＋蓄冷式空调＋电网	能源托管	经济、可靠
城市综合体	空气热泵＋蓄热式电锅炉＋蓄冷式空调＋电网	EMC	经济、节能
	光伏＋光伏幕墙＋（地源、水源、空气）热泵＋蓄冷式空调	能源托管	清洁、循环、自主
医院	光伏＋微燃机＋地源热泵＋燃气锅炉＋水冷热泵＋储能	能源托管	清洁、可靠、自主
	光伏＋燃气锅炉＋蓄冷式空调＋电网	能源托管	经济、能效高
园区	光伏＋风机＋地源热泵＋蓄冷式空调＋储能	BOT	低成本
	光伏＋地源热泵＋燃气锅炉＋蓄冷式空调＋电网	能源托管	清洁、节能
工业企业	光伏＋地源热泵＋工业余热热泵＋电网	能源托管	节能、高可靠性
	光伏＋风机＋（地源、水源、空气）热泵＋储能	BOT	低成本

三、结论建议

（一）主要结论

本文提出基于大数据用户画像体系的构建实现对用户属性、能耗构成、用能特性等全方面分析，完成用户需求精准定位。针对不同的应用场景以及用户偏好，融合不同的综合能源服务策略与商业模式，有针对性地提供综合能源解决方案，以满足高可靠性、清洁能源高占比、强自治能力、效益最大化等多元化综合能源供给需求。

（二）相关建议

1. 加强综合能源服务的扶持

要进一步深化能源体制改革，破除各能源行业壁垒，鼓励多元股权投资、混合所有制投资等形式推进综合能源一体化供应，支撑能源结构优化与能源效率提升。通过加大商业、工业等用户的峰谷价差、阶梯电价，反向刺激综合能源的发展；通过减免税收、贴息等方式引入各方资源，带动技术进步、模式创新、产业链完善。

2. 搭建综合能源服务互动管理平台

通过能源互联网大数据分析平台完成系统内外能源数据的采集与分析，平衡系统最优运行状态。构建智慧能源多能互补管理体系，对能源生产和消费环节进行智能化管控，源、网、荷、储智能化调度、高比例清洁能源安全性防御、间歇性能源出力预测与管控、用户用能辅助决策等。

四、综合能源服务发展现状

（一）国外发展情况

传统能源服务产生于 20 世纪 70 年代中期的美国，主要针对已建项目的节能改造、节能设备推广等，合同能源管理是其主要商业模式。基于分布式能源的能源服务，产生于 20 世纪 70 年代末期的美国，以新建项目居多，推广热电联供、光伏、热泵、生物质等可再生能源，其融资额度更大，商业模式更加灵活。现如今，互联网、大数据、云计算等技术出现，融合清洁能源与可再生能源的区域微网技术的新型综合能源服务模式开始诞生。

1. 欧洲

欧洲是最早提出综合能源系统概念并最早付诸实施的地区，其投入大，发展也最为迅速。早在欧盟第五框架（FP5）中，尽管综合能源系统概念尚未被完整提出，但有关能源协同优化的研究被放在显著位置，如 DG TREN（Distributed Generation Transport and Energy）项目将可再生能源综合开发与交通运输清洁化协调考虑；ENERGIE 项目寻求多种能源（传统能源和可再生能源）协同优化和互补，以实现未来替代或减少核能使用；Microgrid 项目研究用户侧综合能源系统（其概念与美国和加拿大所提的 IES 和 ICES 类似），目的是实现可再生能源在用户侧的友好开发。

英国的企业注重能源系统间能量流的集成。英国作为一个岛国，和欧洲大陆的电力和燃气网络仅通过相对小容量的高压直流线路和燃气管道相连。英国政府和企业长期以来一直致力于建立一个安全和可持续发展的能源系统。除了国家层面的集成电力燃气系统，社区层面的分布式综合能源系统的研究和应用在英国也得到了巨大的支持。例如英国的能源与气候变化部 DECC 和英国的创新代理机构 Innovate UK（以前称为 TSB）与企业合作资助了大量区域综合能源系统的研究和应用。2015 年 4 月创新英国在伯明翰成立"能源系统弹射器"（Energy Systems Catapult），每年投入 3 千万英镑，用于支持英国的企业重点研究和开发综合能源系统。

德国的企业更侧重于能源系统和通信信息系统间的集成，其中 E—Energy 是一个标志性项目，并在 2008 年选择了 6 个试点地区，进行为期 4 年的 E—Energy 技术创新促进计划，总投资约 1.4 亿欧元，包括智能发电、智能电网、智能消费和智能储能 4 个方面。该项目旨在推动其他企业和地区积极参与建立以新型信息通信技术（ICT）通讯设备和系统为基础的高效能源系统，以最先进的调控手段来应付日益增多的分布式电源与各种复杂的用户终端负荷。通过智能区域用能管理系统、智能家居、储能设备、售电网络平台等多种形式开展试点，E—Energy 最大负荷和用电量均减少了 10%—20%。此外，在 E—Energy 项目实施以后，德国政府还推进了 IRENE、Peer Energy Cloud、ZESMIT 和 Future Energy Grid 等项目。

2. 美国

在管理机制上，美国能源部（DOE）作为各类能源资源最高主管部门，负责相关能源政策的制订，而美国能源监管机构则主要负责政府能源政策的落实，抑制能源价格的无序波动。在此管理机制下，美国各类能源系统间实现了较好协调配合，同时美国的综合能源供应商得到了较好发展，如美国太平洋煤气电力公司、爱迪生电力公司等均属于典型的综合能源供应商。

在技术上，美国非常注重与综合能源相关理论技术的研发。美国能源部在2001年即提出了综合能源系统（Integrated Energy System, IES）发展计划，目标是提高清洁能源供应与利用比重，进一步提高社会供能系统的可靠性和经济性，重点是促进对分布式能源（DER）和冷热电联供（CCHP）技术的进步和推广应用。

3. 日本

日本的能源严重依赖进口，因此日本成为最早开展综合能源系统研究的亚洲国家。2009年9月，日本政府公布了其2020年、2030年和2050年温室气体的减排目标，并认为构建覆盖全国的综合能源系统，实现能源结构优化和能效提升，同时促进可再生能源规模化开发，是实现这一目标的必由之路。在日本政府的大力推动下，日本主要的能源研究机构都开展了此类研究，并形成了不同的研究方案，如由NEDO于2010年4月发起成立的JSCA（Japan Smart ommunity Alliance），主要致力于智能社区技术的研究与示范。Tokyo Gas公司则提出更为超前的综合能源系统解决方案，在传统综合供能（电力、燃气、热力）系统基础上，还将建设覆盖全社会的氢能供应网络，同时在能源网络的终端，不同的能源使用设备、能源转换和存储单元共同构成了终端综合能源系统。

（二）国内发展情况

目前，国内综合能源服务尚处于起步阶段。开展能源服务的企业类型包括售电公司、服务公司和技术公司等。国内典型的综合能源服务供应商有南方电网综合能源有限公司、广东电网综合能源投资有限公司、华电福新能源股份有限公司、新奥泛能网、协鑫分布式微能源网、远景能源、阿里云新能源等。广东电网综合能源投资有限公司、华电福新能源股份有限公司、华润电力、科陆电子等都在向综合能源服务转型。此外，2016年11月，国内第一个发、配、售电一体化项目获批，即深圳国际低碳城分布式能源项目参与配售电业务，也在向综合能源服务转型。

五、综合能源服务典型案例

（一）国外典型案例

1. 德国 RegModHarz 项目

RegModHarz项目开展于德国的哈慈山区，其基本物理结构为2个光伏电站、2个风电场、1个生物质发电，共86兆瓦发电能力。生产计划由预测的日前市场和日内盘中市场的电价及备用市场来决定。RegModHarz 项目的目标是对分散风力、太阳能、生物质等可再生能源发电设备与抽水蓄能水电站进行协调，令可再生能源联合循环利用达到最优。其核心示范内容是在用电侧整合了储能设施、电动汽车、可再生能源和智能家用电器的虚拟电站，包含了诸多更贴近现实生活的能源需求元素。该项目的技术方案如下：

（1）建立家庭能源管理系统。家电能够"即插即用"到此系统上，系统根据电价决策家电的运行状态，根据用户的负荷也可以追踪可再生能源的发电量变化，实现负荷和新能源发电的双向互动。

（2）配电网中安装了 10 个电源管理单元，用以监测关键节点的电压和频率等运行指标，定位电网的薄弱环节。

（3）光伏、风机、生物质发电、电动汽车和储能装置共同构成了虚拟电厂，参与电力市场交易。

2. 美国 OPower 能源管理公司经营模式

OPower 公司通过自己的软件，对公用事业企业的能源数据，以及其他各类第三方数据进行深入分析和挖掘，进而为用户提供一整套适合于其生活方式的节能建议。截至 2015 年 10 月，根据 Opower 网站上的动态信息，其已累计帮助用户节省了 82.1 亿千瓦时的电力，节省电费 10.3 亿美元，减排二氧化碳 121.1 亿磅，随着用户规模逐渐增大，这些数据均以加速度在增长。

（二）国内典型案例

1. 某大学综合能源服务示范工程

上海某大学新校区占地面积 960 亩，一、二期建筑面积总计 25.8 万平方米，全日制在校生 10000 余人。该校区由国网节能服务有限公司投资，国网节能设计研究院总承包，建设智能微电网综合能源服务项目。该建设项目包括 1 套智慧能源管理系统（由智能能源管控系统总平台、智能微网子系统、建筑群能耗监测管理子系统等组成）、装机容量 2061 千瓦光伏发电系统、300 千瓦风力发电系统、总容量 500 千瓦时多类型储能系统、49 千瓦光电一体化充电站、10 套太阳能 + 空气源热水系统以及 5 杆风光互补型智慧路灯。

学校用能需求主要为电、热水、冷、热。该校区用冷和供暖需求在学校工程建设中已同时建设了中央空调，因此该项目设计时主要满足学校用电和用热水的需求。

（1）用电负荷。学校一、二期建筑面积总计258万平方米，经测算，假期用电负荷约为2584千瓦，配置约2兆瓦的新能源发电系统，所发电量基本可在校园配电网内消纳。

（2）用热水负荷。该校师生约为1200人，按照每天60%的学生使用淋浴器，每人平均每天消耗热水60升，约需要400升。根据公寓楼屋面布局，配置了日储480热水的能力。

为了满足大学校园多种能源需求，所设计校园微能源网及其智慧管控系统配置如下：

（1）分布式光伏发电系统，分布于全校21栋建筑屋面及一个光电一体化充电站车棚棚顶，安装总装机容量2061千瓦。光伏组件采用单晶多晶、BHPV、PERC、切半、叠片等多种组件形式，供应清洁电力的同时为学校师生免费提供了研究新能源技术的场所。

（2）风力发电系统，采用一台300千瓦水平轴水磁直驱风力发电机组，与光伏发电系统、储能系统组成微电网系统。

（3）储能系统，系统配置有容量为100千瓦×2h的磷酸铁锂电池150千瓦×2h的铅炭电池和100千瓦×10h的超级电容储能设备。三种储能设备与校园的不间断电源相连，一并接入微网系统。

（4）太阳能空气源热泵热水系统，分布于10栋公寓楼屋面，为了提高能效，每栋楼采用空气源热泵及太阳能集热器组合形式。33台空气源热泵满负荷工作运行，晴好天气充分利用太阳能，全天可供应热水800余升，保证全校万余师生的生活热水使用需求。

（5）智能微网，采用光伏发电、风力发电等发电及储能技术、智能变压器等智能变配电设备，实现用电信息自动采集、供电故障快速响应、综合节能管理、智慧办公互动、新能源接入管理。在切断外部电源的情况下，微电网内的重要设备可离网运行1—2小时。

（6）智慧能源管控系统，该系统主要监测风电、光伏发电、储能、太阳能+空气源热泵热水系统的运行情况，实现与智能微网、校园照明智能控制系统及校园微网系统的信息集成及数据共享，对新能源发电、园区用电、园区供热等综合能源资源的动态实时监控与管理，通过对数据分析与挖掘，实现各种节能控制系统综合管控，是整个项目的智慧大脑。

2. 某管委会办公大楼综合能源示范工程

天津某商务中心绿色办公大楼综合能源示范工程，致力于打造生态型、环保型、节能型智能绿色楼宇，提高能源供需协调能力，推动能源清洁生产和就地消纳，减少弃风、弃光，促进可再生能源消纳，对建设清洁低碳、安全高效现代化能源体系具有重要的现实意义和深远的战略意义。该办公大楼总用地面积58平方米，建筑面积400平方米主楼和裙房两部分组成，主楼为地上8层（建筑高度41.1m），裙房为地上2层（建筑高度为132m）、地下1层（建筑高度为6m）。

该综合能源示范工程于2016年11月动工，2017年5月投入运行，运行良好，示范作用显著。该示范工程能源系统主要建设分6部分，利用商务中心屋顶、车棚建设总容量为286.2千瓦的光伏发电系统；利用湖岸建设7台5千瓦风力发电系统；利用一套容量为50Ah的磷酸铁锂电池储能单元打造风光储一体化系统；利用3台地源热泵机组建设供冷供热系统；在大楼两侧构建电动汽车充电桩系统，并同步开展"津e行"电动汽车分时租赁业务；在以上五大系统的基础上，并搭建综合能源智慧管控平台。它能够统筹商务中心能源生产、储存、配置及利用四个环节的能源监测、控制、调度和分析功能，同时提供发电、供热、制冷、热水等多种服务，促进清洁能源即插即用、友好接入，实现多种能源互联互补、协同调控、优化运行，保障商务中心能源绿色高效利用。

（1）光伏发电系统。

利用商务中心屋顶、车棚建设总容量为286千瓦的光伏发电系统，预计光伏发电系统运营期内平均年发电量为275万千瓦时、光伏发电系统运营期内平均年发电量为72万千瓦时；发电模式为"自发自用、余电上网"。可满足商务中心照明、办公等基本用电需求，为实现区域能源多样性及高效利用提供了保障。

（2）风力发电系统。

利用湖岸7台5千瓦风力发电机组建设风力发电系统，实现发电利用最优，安全性能好，运营期内总发电量约为144万千瓦时，年平均发电7.2万千瓦时。

（3）地源热泵机组供冷供热系统。

现场原有一套地源热泵系统，包含三台机组及三台冷冻泵和三台冷却泵，地源热泵监控系统提供地源热泵系统运行状况总览各机组的实时运行数据和机组状态等，并可根据主水管供、回水温度、机组负荷情况、供回水温度设定值进行综合判定，自动调节机组运行台数及负荷量，达到节能减排的目的。

（4）储能单元。

利用一套容量为50Ah的磷酸铁锂电池储能单元，打造风光储一体化系统，可以通过平台的有功功率给定按钮，设置蓄电池的充放电功率等。

（5）电动汽车充电桩系统。

大楼两侧构建电动汽车充电桩系统，并同步开展"津 e 行"电动汽车分时租赁业务。

（6）综合能源智慧管控平台。

在上述五大系统的基础上，搭建综合能源智慧管控平台，统筹商务中心大楼能源全生命周期监测、控制、调度、分析，实现源——网——荷——储的协调运行、能源流——信息流——价值流的合并统一，实现多种能源互联互补、协调调控、优化运行，保障商务中心能源绿色高效利用。

3. 某医院综合能源服务项目

湖南某医院是集医疗、教学、科研、预防、保健为一体的大型国家三级甲等综合医院，医院编制床位 2300 张，年门诊量 120 万余人次，住院病人 72 万余人次。医院院区总建筑面积 1435535 平方米，使用面积 12215997 平方米，门诊面积 223256 平方米。

该医院综合能源服务解决方案采用技术节能与管理节能有机结合的方式，其中技术节能包含多联机节能管控、中央空调节能管控、电梯回馈节能控制照明系统节能改造四个部分；管理节能包括能效考核、规范用能习惯、运行策略优化、制订用能规划四个部分。该方案建设重点包含医院能耗监管系统建设变电站配电监控系统设备、后勤数字化监控中心建设、节能技术改造四个方面：

（1）医院能耗监管系统建设。

改造前情况：配电室高压进线和变压器出线均安装了微机综合保护装置，用于测量、控制、保护和通信，但是缺乏电力监控系统，所有信息仅限于本地显示；配电室低压进线和馈线均部分安装三相智能电能表，但并未带有远传功能，无法实现医院用电实时在线计量监测和故障及时告警。楼层强电间配电箱部分目前已经根据医院的用能考核需求安装了机械式用电分项计量电能表，目前能耗数据均需人工定期抄表和记录，费时费力，严重阻碍了能源数据的精细化管理。

改造方案：通过部署医院能源管控一体化软件，配电房各进线柜、馈线柜安装多功能仪表、内部网络接入已有和新装电力仪表和楼层各科室配电回路计量仪表等设备，实现变电站的能耗数据采集和楼层科室能耗计量采集。

（2）变电站配电监控系统配备。

在 5 个低压配电房和 1 个中压配电房动力环境监测设备安装多功能电力仪表，

同时接入医院视频监控系统中配电房部分视频信息，部署配电监测模块实现变电站集中监控。

（3）后勤数字化监控中心建设。

改造前情况：中央空调运行没有任何优化控制，依靠人工管理，效率低成本高；存在不合理使用及其他低效率问题，导致空调耗电过高，分体/多联机空调故障会降低空调能效，导致用电量上升，严重的会影响舒适度。分体/多联机空调缺乏空调残值分析工具，对该修还是该换缺乏科学判断依据，造成不必要的成本浪费。

改造方案：现场搭建3×4拼接大屏展示监控系统，部署能耗监管与配电监控中心。通过数字化监控系统对中央空调运行进行优化，采用科学分析工具和方法，提高空调运行效率。

（4）节能技术改造。

改造前情况：医院部分灯具出现故障报修时便更换为LED灯，但大多数灯具仍为普通荧光灯或者T5、T8的节能灯。灯具缺乏智能控制，不能结合光照度或者人体存在的传感器等设备，通过调光驱动器实现医院公共区域的照明智能控制。全院电梯接近28台，单台电梯日耗电量约46千瓦时，电梯房内电梯较高散热量导致空调能耗较高。

改造措施：部署能耗监管与配电监控后台设备，对电梯加装电梯专用能量反馈装置，对全院未进行LED灯更换的灯具进行LED灯升级。

4．天津某示范区综合能源项目

天津某示范区规划范围用地面积约800万平方米。规划面积800万平方米（城镇建设用地650万平方米），常住人口4万人。建设功能复合的科技服务核心区，包括软件研发中心、科技创业中心、技术交易与培训中心等，发展产业研究、创业孵化、企业管理等服务外包产业。

（1）冷、热供应模式。考虑到实际情况，这里集中供热和供冷的区域为商业、研发地块的部分区域。

（2）容量配置。商业及研发部分供热、供冷采用三联供及地源热泵。学校供热采用分散式采暖，供冷采用冷水机组，居住区采用燃气锅炉供热，分体式空调供冷。其他区域采用燃气锅炉及冷水机组。

（3）能源站选址。A区新建2座地源热泵站，1座燃气锅炉站。B区新建2座地源热泵站，1座燃气炉站。C区新建3座地源热泵站，1座燃气锅炉站，1座三联供站，三联供需独立占地，面积 8000 平方米。D 区新建 2 座地源热泵站，1 座燃气锅炉站。

（4）管网设计。根据能源站负荷供应原则，以双海道、双锦路为界，将核心区分为 4 个区块，区块内能源站间热力管网互联互通，区块间原则不交叉供应。

5．智能电网

（1）建设坚强网架：结合区域项目开发进度，实现配电网 100% 双环网，满足该区域用户接入需求。

（2）开展配电自动化建设：推动区域配电自动化 100% 全覆盖，同步开展状态检测、主动抢修、互动服务等工作。

（3）开展主动式配电网试点：选取 2 组环网，建设 2 座 10 千伏交直流混联开闭站，通过两端柔性环网控制实现 2 条不同变电站 10 千伏母线合环并联运行。

（4）推广清洁替代：规划建设充电桩群，开展电动汽车分时租赁业务；推动校园蓄热式电锅炉建设。

（6）综合能源服务管理平台。按照两级、三层、四中心的建设思路，打造综合能源服务管理平台，为用户提供经济、节能、环境、生态等多目标优化的综合能源服务。两级指整体设计，分层建设，打造区域级与用户级两级平台。三层指以能源供给网络为物质基础，以通信信息网络为神经系统，以多源大数据中心为智慧中枢，构建综合能源服务管理平台。

六、传统综合能源商业模式

（一）合同能源管理（EMC）

合同能源管理（nergy management contracting，EMC）是一种新型的市场化节能机制，其实质就是以减少的能源费用来支付节能项目全部成本的节能投资方式。

这种节能投资方式允许客户使用未来的节能收益为工厂和设备升级，以降低目前的运行成本。能源管理合同在实施节能项目的企业（用户）与专门的综合能源服务公司之间签订，它有助于推动节能项目的实施。综合能源服务公司又称能源管理公司，是一种基于合同能源管理机制运作、以营利为目的的专业化公司。综合能源服务公司与愿意进行节能改造的客户签订节能服务合同，向客户提供能源审计、可行性研究、项目设计、项目融资、设备和材料采购、工程施工、人员培训、节能量检测、改造系统的运行、维护和管理等服务。在合同期综合能源服务公司与客户企业分享节能效并由此得到应回收的投资和合理的利润。合同结束后，高效的设备和节能效益全部归客户企业所有。

（二）能源托管模式

能源托管模式是从托管行业独立出来的能源消费托管服务的节能新机制。综合能源服务公司针对用能企业能源的购进、使用以及用能设备效率、用能方式、政府节能考核等进行全面承包管理，并提供资金进行技术和设备更新，进而达到节能和节约能源费用的目的，完成国家对能耗企业的考核目标。

能源托管重在管理，对客户提供能源专家型的价值服务能源托管包括全托管和半托管。全托管内容包括设备运行、管理和维护人员管理，环保达标控制管理，日常所需能源燃料及运营成本控制等，并最终给客户提供能源使用。半托管内容只包括日常设备运行、管理和维护。

（三）建设—运营—移交（BOT）

建设—运营—移交实质上是基础设施投资、建设和经营的一种方式，以政府和私人机构之间达成协议为前提，由政府向私人机构颁布特许，允许其在一定时期内筹集资金建设某一基础设施并管理和经营该设施及其相应的产品与服务。政府对该机构提供的公共产品或服务的数量和价格可以有所限制，但保证私人资本具有获取利润的机会。整个过程中的风险由政府和私人机构分担。当特许期限结束时，私人机构按约定将该设施移交给政府部门，转由政府指定部门经营和管理。

（四）移交—经营—移交模式（TOT）

移交—经营—移交模式，指当地政府或企业把已经建好投产运营的项目，有偿转让给投资方经营，一次性从投资方获得资金，与投资方签订特许经营协议，在协议期限内，投资方通过经营获得收益，协议期满后，投资方再将该项目无偿移交给当地政府管理。在移交给外商或私营企业中，政府或其所设经济实体将取得一定的资金以再建设其他项目。

一般在项目转让过程中，只转让项目经营权，不转让项目所有权。实施 TOT 项目融资风险较小，同时大大缩短了项目建设周期，加快了资金周转。与银行贷款等比较，不需偿还资金和利息。因此通过 TOT 模式引进外部资本，可以减少政府财政或者企业压力。

（五）建设—拥有—运营模式（BOO）

建设—拥有—运营模式，即准建设维运营模式。投资者或项目公司根据政府给予的特许权承担项目设计、融资、建设经营、维护和用户服务，但不将此项目移交给政府部门，项目公司可以不受时间限制地拥有并经营项目，但在项目合同签署时必须有公益性约束条款。此式可以最大限度鼓励项目公司从项目全寿命周期的角度合理建设和经营项目以提高服务质量，降低项目总体成本，提高经营效率。

利用社会资本承担公共基础设施项目建设，由政府授予特定公共事业领域内的特许经营权利，以社会资本或项目公司的名义负责项目的融资、建设、运营及维护，并根据项目属性的不同通过政府付费、使用者付费和政府可行性缺口补助的不同组合获得相应的投资回报。BOO模式中不存在政府与私人部门之间所有权关系的二度转移，自公私合作开始基础设施的所有权、使用权、经营权、收益权等系列权益都完整地转移给社会资本或项目公司，但公共部门仅负责过程中的监管，最终不存在特许经营期后的移交环节，项目公司能够不受特许经营期限制地拥有并运营项目设施。

（六）设备租赁模式

设备租赁模式是设备的使用单位向设备所有单位（如租赁公司）租赁设备并付给一定的租金，在租赁期内享有使用权，而不变更设备所有权的一种交换形式。设备租赁分为经营租赁和融资租赁两大类，设备租赁的方式主要有以下几种：

（1）直接融资租赁。根据承租企业的选择，向设备制造商购买设备并将其出租给承租企业使用。租赁期满，设备归承租企业所有。该方式适用于固定资产大型设备购置，企业技术改造和设备升级。

（2）售后回租。承租企业将其所有的设备以公允价值出售给租赁方，再以融资租赁方式从租赁方租入该设备。租赁方在法律上率有设备的所有权，但实质上设备的风险和报酬由承租企业承担。该方式适用于流动资金不足的企业，具有新投资项目而自有资金不足的企业，持有快速升值资产的企业。

（3）联合租赁。租赁方与其他具有租赁资格的机构共同作为联合出租人，以融资租赁的形式将设备出租给承租企业。合作伙伴一般为租赁公司、财务公司或其他具有租赁资格的机构。

（4）转租赁。以同一物件为标的物的融资租赁业务。在转租赁业务中，租赁方从其他出租人处租入租赁物件再转租给承租人，租赁物的所有权归第一出租方。此模式有利于发挥专业优势、避免关联交易。

（七）政府民营资本合作模式（PPP）

公私合营最早由英国政府于 1982 年提出，是指政府与私营商签订长期协议，授权私营商代替政府建设、运营或管理公共基础设施并向公众提供公共服务。

公私合营模式融资是以项目为主体的融资活动，是项目融资的一种实现形式，主要根据项目的预期收益、资产以及政府扶持措施的力度而不是项目投资人或发起人的资信来安排融资。项目经营的直接收益和通过政府扶持所转化的效益是偿还贷款的资金来源，项目公司的资产和政府给予的有限承诺是贷款的安全保障。

公私合营融资模式可以使民营资本更多地参与到项目中。政府的公共部门与民营企业以特许权协议为基础进行全程合作，双方共同对项目运行的整个周期负责。

七、各类应用场景用能需求分析

（一）学校领域综合能源服务

学校类综合能源系统用能需求具有如下基本特征：

（1）短时间尺度上负荷需求集中、明确。学校日常活动具有计划性，因而能源系统具有明确的日内运行规律，负荷需求集中、明确。

（2）长时间尺度上负荷需求具有阶段性、间歇性。学校年内具有明确的寒暑假周期特性，因而长时间尺度上学校负荷具有明显的阶段性和间歇性。

（3）北方学校负荷具有季节差异性。由于季节更替特点，北方各类学校负荷具有明显季节差异性。冬季有采暖需求，而夏季有供冷需求。

（4）热水及餐饮用能需求。除采暖需求外，学校普遍还具有饮用热水需求，同时住宿中小学以及大学还具有生活热水需求。此外，学校食堂有一定的炊事用能需求。

（5）环境控制需求。学校部分负荷具有相对较高的环境控制需求，比如图书馆和体育馆都具有一定光线和温控需求，也具有一定的调控和响应能力。

（二）大型综合体综合能源服务

城市综合体的用能需求特点是：

（1）日内负荷需求集中、用能时间具有规律性。由于营业时间以及用能习惯限制，城市综合体的日内负荷具有明显的峰谷特性。节假日负荷与平日负荷的峰谷特性具有明显差别。

（2）北方城市综合体的负荷需求具有季节差异性。由于气候原因、冬季采暖需求、夏季供冷需求。

（3）一般具有饮用热水、生活热水需求。

（4）环境控制需求。高端商场、写字楼等城市综合体对环境温度和光线有一定的精细调控需求。

（5）餐饮用能需求。一般具有餐饮用气、用电等负荷需求。

（三）医院领域综合能源服务

（1）含有Ⅰ类负荷，电能质量要求高，供能品质要求高。

（2）用能密度高，24小时不间断供能。

（3）北方地区医院的负荷需求具有季节差异性。由于气候原因，冬季有采暖需求、夏季有供冷需求。

（4）一般具有饮用热水、生活热水需求。

（5）环境控制需求。住院部、化验室、手术室等场所对环境温度和光线有精细调控需求。

（6）餐饮用能需求。一般具有餐饮用气、用电等负荷需求。

（7）除常规用能需求外，还需提供消毒蒸汽。

（四）园区领域综合能源服务

（1）园区负荷需求体量大、种类多，负荷在时间分布上存在一定的互补特。

（2）通过协调区域供热系统、区域供冷系统以及区域供电系统满足区域内多种能源需求的综合能源供给。

（3）综合能源园区服务涵盖综合能源规划及综合能源服务两个维度。

（4）在满足区域能源合理需求的前提下，综合考虑区域能源条件和资源条件，充分利用园区内可再生资源，最大限度地降低区域内能源消耗，降低污染物和碳排放，获得最佳经济效益与社会效益。

（五）工业企业综合能源服务

（1）工业生产负荷一般负荷需求高、用能质量要求高，由于生产工艺需要负荷具有一定的周期性和规律性。

（2）为适应工业自动化以及节能减排要求，工业企业的冷热负荷有电能替。

（3）除工业生产负荷外，办公区、生活区一般具有冷热负荷及生活热水负荷需求。

（4）核心工业生产负荷、实验室等场所具有环境控制需求。

（5）作为产业单位，工业企业具有能效提升、节能降耗需求。改进工业企业的生产工艺和能源梯级利用是其能效提升和节能的重要途径。

（6）特殊产业具有工业生产用热、蒸汽需求。

（7）工业企业电力需求量巨大，具有市场化购电需求。

（马国真、刘雪飞、胡珀、王云佳、徐晓彬）

交直流配电网典型应用场景分析

一、概述

交直流配电网（AC/DC distribution network）又称交直流配电网、交直流混合配电系统，是指从电源侧（输电网、发电设备、分布式电源等）接受电能，并通过交直流配电设施就地或逐级分配给各类用户的电力网络。对于直流电压等级，±50千伏（不含）至±100千伏电压等级电网为高压直流配电网，±1.5千伏（不含）至±50千伏电压等级电网为中压直流配电网，±1.5千伏及以下电压等级电网为低压直流配电网。

二、交直流配电网应用场景分析

（一）服务新能源并网

1. 服务集中式新能源发电

集结可再生能源发电的交直流配电场景区域内主要包括大容量的集中光伏发电站、风电站等。其中太阳能光伏发电为直流形式，风电也通常需要将随风速变化的交流转换为直流以便逆变为50Hz工频交流并网，因此需要直流配电网来接纳新能源的并网。采用直流配电方式，一方面可将光伏直接并网或节省风电并网的逆变环节，提高了系统可靠性并减少损耗和投资；另一方面可将电站内各子系统通过直流方式集结，相对于交流集结方式只需要控制各子系统的电压幅值，无须相位和频率一致，直流集结控制更加简单，系统更加可靠。此外，海上或海岛风电采用直流电缆送出的成本要低于交流海底电缆的成本。

2. 服务分布式新能源发电

分布式电源直流配电的场景区域内主要包括城市工业园区屋顶光伏、光伏墙、光伏公路、电动汽车、储能、风机等，这些分布式电源的发电量较小，可以全部上网，自发自用余量上网，或者自发自用余量不上网。对于需要并网的情形，风机发出的交流电通过 AC/DC 变换成直流电接入直流母线；光伏发电采用直流输出，通过 DC/DC 升压后并入电网；电动汽车充放电以及储能电池，可以通过双向 DC/DC 变换器接入电网，作为分布式电源的储能设备，增加供电的可靠性。光伏的局限性在于对日照要求较高，在阴雨天气的情况下不能提供电能，考虑结合储能，在发电量多余的同时给储能电池充电，在光伏发电不能供给时，储能电池放电提供负荷供电。从另一个角度讲，在发电量不能满足负荷用电的情况下，可在正常情况下使用市电作为主要电源，光伏和储能作为备用电源，体现分布式电源的灵活互动性。

光伏和储能的原始电源接口都是直流，在分布式电源较多的情况需要直流网架提供"即插即用"的接口，可以简化换流层级，有效消纳分布式电源。

（二）服务配电网互联

1. 不同电压等级互联

传统交流配电网中，不同电压等级之间难以实现互联，通常局限于分区内同一电压等级互联。例如中压配电网中 20 千伏与 10 千伏和高压输电网 220 千伏与 110 千伏供电区域无法实现互联，需要通过降压或者升压过程，且不利于配电网的协调控制，并对电网整体规划带来了局限性。基于电力电子的发展，不同电压等级线路可通过多端口柔直换流器、电力电子变压器等实现交直流线路互联，从而提高区域内电网的供电可靠性。

2. 同一电压等级不同分区互联

传统交流配电网中同一电压等级之间大多采用"闭环设计，开环运行"的方式解决不同分区的联络问题。不同分区之间采用联络开关构成联络，当一个分区发生故障后，通过闭合联络开关可以实现不同分区间的负荷转供，但快速联络转供负荷的同时，也会造成电网潮流不可控，导致事故范围的扩大等问题；由于直流配电方式不存在频率同步要求，且电力电子装置在电压源控制方式下并联运行的控制方法研究也较为成熟，因此可通过采用直流配电方式实现不同交流分区间的闭环互联，且可以通过控制直流配网中潮流实现不同交流分区间的功率均衡。

（三）服务直流负荷用电

1. 直流负荷集中区直流配电

数据中心主要为各类企业提供服务器数据管理业务，保证各类数据安全，数据中心主要负荷为服务器负荷，另外数据中心服务器需要保证常年维持在 7℃的恒温，制冷负荷也是数据中心的主要负荷，数据中心对服务器供电的可靠性要求较高，一般采用双电源供电方式，低压侧 380 伏采用单母线分段接线，两段母线互联，同时每两段母线配置一套柴油发电机作为后备电源，通过自动转换开关（Automatic transfer switching equipment，ATS）开关实现市电、柴发供电切换。380 伏交流母线接入两个不间断电源（Uninterruptible Power System/ Uninterruptible Power Supply，UPS），UPS 容量配置不低于 15 分钟，采用并机系统方式，并配置旁路检修通道，保证服务器的高可靠性供电。服务器侧为双电源负载，接入两路交流电，保障各类情况下服务器不失电。考虑数据中心的主要负荷为直流的服务器和变频的制冷负荷，常规交流电源接入需要经过 AC/DC 环节，所以数据中心的大规模直流负荷更需要直流电源接入和直流配电网的可靠支撑。

2. 工业园区直流配电

工业园区内一般包含各类变频器、轧机、电解炉、电子精密仪器等敏感负荷、电弧炉、大型空调换风系统、电梯等中压直流负荷，直流负荷的比例占到 40%—60%。工业园区对供电容量、供电可靠性，电能质量的需求都非常高，直流配网可以同样的线路走廊传输更多的电能，保障大型企业的供电可靠性和电能质量。另外，工业园区一般都并有各种新能源的接入，可以将风电、太阳能光伏发电等新能源与交流电网隔离，减少新能源并网对电网的冲击。因此，工业园新区是中压直流配电网的一类主要应用场景。

3. 城市商住区直流配电

城市商住区直流配电包含家庭用电器负荷和商业用电负荷。随着电力电子元器件的发展，家庭负荷和商业负荷一般都可以使用直流电源接入，例如：LED 灯，变频冰箱、空调、洗衣机，电视，电脑，充电桩等；这些直流负荷如果使用交流电源接入，需要经过 AC/DC 换流环节。在规划建设时期，在条件允许的情况下，可以预留直流配电设施，通过直流配电网的接入，可以将城市直流负荷接入，提升用电效率。

4. 交流配网增容受限的城市负荷中心直流配电

部分城市负荷中心或旧城区出现供电容量短缺的问题，采用交流线路改造，在供电制式不变的情况下为增加供电能力需要对供电走廊进行扩展，建设成本很高。而如果采用直流配电进行改造，理论上其供电能力在原有线路不变的前提下可以提升 1.5 倍，杆塔更低，线路更少，成本更低。如果采用同线馈送技术，更不涉及拆迁和工程建设，是一种有效的交流电网改造方案。

三、交直流配电网的典型示范案例

张北柔性变电站与交直流配电网示范工程是以世界首个基于柔性变电站的交直流配电网示范工程，于 2018 年 12 月投入商业运行。柔性变电站（flexible power electronics substation）是以电力电子变压器为核心，具有多电压等级交直流端口、集成潮流柔性控制、多形态能源接入、故障隔离、电能质量治理等功能的变电站。电力电子变压器（power electronic transformer, PET）又称固态变压器、智能通用变压器、电子电力变压器，是指通过电力电子技术及高频变压器实现的具有但不限于传统工频交流变压器功能的新型电力电子设备。

（一）应用场景分析

该示范工程主要用于服务直流负荷供电。阿里巴巴张北创新研发展示中心位于张家口市张北县的云计算基地小二台镇园区，主要用于实验及展示等。该中心规划服务器分三批建设：2017 年该中心第一批服务器投入使用，总负荷约 0.8 兆瓦；2018 年，该中心第二批服务器投入使用，新增负荷 0.8 兆瓦，总负荷 1.6 兆瓦；2020 年，第三批服务器投入使用，新增负荷 0.8 兆瓦，总负荷 2.4 兆瓦。创新研发展示中心直流负荷与交流负荷约 3:1 配置，三批总计负荷 2.4 兆瓦，其中直流负荷约 1.8 兆瓦，交流负荷 0.6 兆瓦。直流负荷以服务器为主；交流负荷包括空调系统、采暖系统、照明系统及通讯相关设备。综上，需为用户的直流负荷提供高可靠性的供电方案。

此外，该示范工程还可用于服务新能源并网。2016 年 10 月，国家能源局、国务院扶贫办两部委联合下发了《关于下达第一批光伏扶贫项目的通知》，其中亿利集团张北县 50 兆瓦光伏扶贫电站项目距离直流负荷中心阿里巴巴张北创新研发展示中心较近，可将其小部分容量通过光伏直流升压站（不经逆变环节）直接升压接入示范工程，简化新能源接入方式，实现高效并网。

（二）电压等级

为了同时兼顾给交直流负荷可靠供电、实现光伏发电直流接入系统以及与原有交流配电网进行有效的能量交换，采用高度集成的柔性变电站技术。受当前设备生产水平和制造工艺限制，柔性变电站最高电压等级为 10 千伏。综合考虑创新示范效应和减小网损，柔性变电站交流高压侧采用 10 千伏，直流高压侧采用 ±10 千伏。综合考虑给阿里巴巴创新展示中心的交流负荷供电以及交流电压等级序列，交流低压侧采用380伏。综合考虑给阿里巴巴创新展示中心的直流负荷供电、未来可能的分布式电源、电动汽车等接入需求、柔性变电站低压直流侧变压范围以及直流电压推荐序列，低压直流电压等级选择极间750伏，正负极对地各375伏。服务器既可以作为交流负荷，也可以作为直流负荷。作为直流负荷时，服务器所需供电电压为240伏直流，因此在用户侧增设直流750伏—240伏的DC/DC变换器。

（三）供电结构

如果采用传统的交流供电方式，阿里巴巴公司数据中心常用的供电结构（如图1所示），为单母线分断结构，也是国内数据中心常用的供电结构。

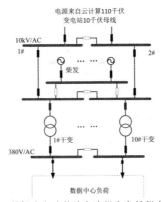

图1 数据中心（传统交流供电）的供电结构

根据用户需求，考虑到数据中心传统的供电结构以及柔性变电站的设备特点，10千伏交流侧采用单母线分段接线，±10千伏直流侧采用单母线接线，750V直流侧采用单母线接线，380伏交流侧采用单母线分段接线，如图2所示：

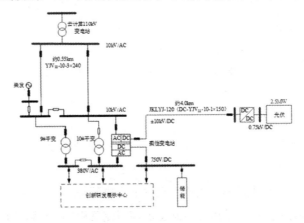

图2 柔性变电站示范工程的供电结构

（四）设备选型

展示中心终期交直流负荷约为 2.4 兆瓦，接入柔性变电站的低压交流侧和低压直流侧。由于负荷重要等级较高，变压器选型应考虑 1:1 的容量冗余。柔性变电站 10 千伏高压直流侧接入的光伏容量为 2.5 兆瓦。综合考虑展示中心交直流负荷容量、光伏接入容量、极端工况下的潮流以及设备制造水平，选取 5 兆伏安的柔性变电站设备。具体来说，四端口柔性变电站 AC/DC/DC/AC（高压交流 / 高压直流 / 低压直流 / 低压交流）的容量为 5 兆伏安 /5 兆瓦 /5 兆瓦 /2.5 兆伏安。由于柔性变电站具有故障快速闭锁功能，本示范工程不采用直流断路器。

（五）示范工程特点与意义

张北柔性变电站及交直流配电网示范工程在理念上、技术上、效益上均提供了丰富、广泛的示范价值，是未来配电网的雏形，代表着配电网的发展方向。该工程具有技术原创、柔性自愈、灵活开放、智能高效四个方面的鲜明特色。

技术原创方面，示范工程的成功投产实现了光伏发电兆瓦级容量不经过逆变环节直接高压直流并网，缩短了变换环节，降低变换损耗约为 2%，每年为亿源德胜光伏扶贫电站增加收益约 7 万余元。

柔性自愈方面，示范工程提出了基于柔性变电站的交直流配电网新理念，构建了成套设计的框架体系，设计了多种交直流配电网组网模式。示范工程攻克了"源—网—荷"协调优化控制和直流快速保护技术难题，实现了功率潮流的灵活调控、故障限流与自愈。示范工程将阿里巴巴集团数据中心和亿利集团光伏扶贫电站连接，组成包含"源—网—荷"元素的交直流配电网，实现了智能电网与云计算产业的深度结合。

灵活开放方面，柔性变电站具有 4 个交直流端口，在交直流配电网中相当于"能量路由器"。在低压侧能够提供直流 750 伏（含 240 伏）、交流 380 伏等 3 种灵活的供电方式，可实现多种能源、多元负荷和储能的即插即用和灵活接入，丰富了用户对电能供应的自主选择权。引入张北县德胜村 2.5 兆瓦光伏扶贫发电，满足了阿里巴巴集团数据中心绿色用能需求。示范工程打造了灵活开放的能源互联网平台，实现了发电、电网、用户等多利益主体的共赢，开启了高品质电力供给的新模式。

智能高效方面，示范工程的技术创新推动了"源—网—荷"协调发展，为发电、电网、用户带来了实实在在的效益。先进的电网调度控制技术，让配电网更加智能，能够实现"源—网—荷"间的能量互补调剂。让光伏发电既能优先在数据中心就地消纳，又能在发电富余时保证全额上网消纳，同时保证数据中心不间断地高可靠供电。领先的电子电力技术，让电力系统更加高效。根据初步测算，光伏发电采用直流升压，提高了光伏系统效率约 2%，每年可以为德胜村新增约 7 万元发电收入。数据服务器采用直流供电，可以节省数据中心设备投资约 1%（每 1 万台服务器节省投资约 60 万元），降低数据中心能耗约 10%—20%。

当然，受目前的电力电子技术水平所限，各类电力电子装置的成本相对较高，10 千伏柔性变电站的投资成本远高于常规变电站，交直流配电网示范工程的造价也高于相同供电能力和规模的交流配电网。然而，随着经济社会的快速发展，以及各类负载对电能质量要求的逐步提高，将有越来越多的负载要求采用不停电电源或变频技术，以提高电能利用效率与电能质量。另外，随着电力电子技术的飞速发展以及各类装置研发技术的逐步成熟，功率半导体电力电子器件的价格必将继续降低。因此，未来柔性变电站以及交直流配电网仍存在较大的降价空间。

四、总结

交直流配电网是智能配电网发展到一定阶段的产物，融合了先进的电力电子技术，是配电网多元化发展的一种形态。

交直流配电网的主要应用场景有服务新能源并网、服务配电网互联、服务直流负荷用电三大类，实际应用场景是其中一种或者多种的组合。

基于柔性变电站的交直流配电网示范工程目前具有技术原创、柔性自愈、灵活开放、智能高效四方面特点。

目前交直流配电网示范工程的造价高于相同供电能力和规模的交流配电网。

（赵敏、赵一男、董少峭）

储能电站参与河北南网电力现货市场机制研究

一、研究背景

　　储能资源能够有效实现电能转换、储存和利用，有助于提升电力系统运行灵活性并促进可再生能源消纳，在能源革命和低碳化转型的背景下储能具有可观的应用前景。然而储能在效用功能、成本特性、物理约束、装置规模等方面具有的特殊性，使得原先面向发电机组和用电负荷设计的电力市场尤其是电力现货市场机制并不完全适合储能。目前，我国电力现货市场试点建设省份尚未建立起针对储能参与电力现货市场的完善的制度体系，国外成熟电力现货市场也仍在逐步探索储能电站参与市场的体制机制，尚未形成完全成熟、可供复制的经验。

二、河北南网集中式储能电站规模预测

（一）我国各省储能配置政策

　　储能是应对新能源发电间歇性与随机性，平衡新能源发展与消纳，提升电网调峰能力，实现电力系统灵活性调节的重要资源。"十三五"以来，青海、内蒙古、辽宁等新能源项目密集的省份陆续提出了优先支持配置储能的新能源发电项目相关政策。

　　在电化学储能成本逐年降低、电力市场改革持续深化、新能源为主体的新型电力系统建设持续加快背景下，储能逐渐成为新能源开发的重要前置条件，并能够通过现货市场与提供辅助服务获取合理收益。随着新能源规模的扩大，储能也将在高比例新能源电力系统中发挥重要作用。收集各省市最新政策，宁夏、青海、山东、甘肃、内蒙古等省市区对配置储能设备比例作了明确要求，配比基本在5%—20%之间，储能时长2小时以上。

表 1 各省市新能源配储能的政策

省市	时间	文件	文件简介
宁夏	2021年1月11日	关于加快促进自治区储能健康有序发展的指导意见	"十四五"期间，新能源项目储能配置比例不低于10%、连续储能时长2小时以上。原则上新增项目储能设施与新能源项目同步投运，存量项目在2021年底前完成储能设施投运。
大同	2021年1月13日	《大同市关于支持和推动储能产业高质量发展的实施意见》	"十四五"期间，大同市增量新能源项目全部配置储能设施，配置比例不低于5%；存量新能源项目鼓励企业分期适量配置；优先对微电网、增量配电、独立园区等具备条件的用户配置。同时文件还指定储能产品的起点标准要达到单体电芯容量280Ah及以上，循环寿命≥8000次。
青海	2021年1月18日	关于印发支持储能产业发展若干措施（试行）的通知	新建新能源项目储能容量原则上不低于新能源项目装机量的10%、储能时长2小时以上。并对储能配比高、时间长的一体化项目给予优先支持。实行"水电＋新能源＋储能"协同发展模式，新建、新投运水电站同步配置新能源和储能系统，使新增水电与新能源、储能容量配比达到1:2:0.2，实现就地平衡。
内蒙古	2021年1月25日	内蒙古自治区可再生能源电力消纳保障实施方案	自治区能源局会同自治区工信厅督促各市场主体，通过配套储能设施、可调节负荷、自备机组参与调峰、火电灵活性改造等措施，提升可再生能源电力消纳能力。
山东	2021年2月19日	2021年全省能源工作指导意见	建立独立储能共享和储能优先参与调峰调度机制，新能源场站原则上配置不低于10%储能设施。全省新型储能设施规模达到20万千瓦左右。
甘肃	2021年3月25日	关于加快推进全省新能源存量项目建设工作的通知	甘肃全省新能源存量项目共约600万千瓦，鼓励在建存量600万千瓦风充电项目按河西5市（酒泉、嘉峪关、张掖、金昌、武威）配置10%—20%储能、其他地区按5%—10%配置配套储能设施，储能设施连续储能时长均不小于2小时。
内蒙古	2021年8月23日	内蒙古自治区关于加快推动新型储能发展的实施意见	要求新建保障性并网新能源项目，配建储能规模原则上不低于新能源项目装机量的15%、储能时长2小时以上；新建市场化并网新能源项目，配建储能规模不低于新能源项目装机量的15%、储能时长4小时以上；配建比例2022年后根据情况适时调整。探索发展集中共享式新型储能电站，集中共享式新型储能电站功率原则上不低于2万千瓦、时长不低于2小时。

（二）河北南网集中式储能电站规模预测

根据《国网河北省电力有限公司构建以新能源为主体的新型电力系统行动计划》目标：2025年、2030年、2050年河北南网网内新能源装机分别超过3400万千瓦、5000万千瓦、8500万千瓦。到2050年，河北南网新能源装机占比80%以上。考虑目前生物质、垃圾等新能源装机发展，初步估算到2025年、2030年、2050年，河北南网光伏和风电网内装机分别超过3200万千瓦、4800万千瓦、8000万千瓦。

参考国内各省份储能配置要求，制订高（新能源配套储能比例20%）、中（新能源配套储能比例10%）、低（新能源配套储能比例5%）三种方案，储能时长为2小时，对未来各年河北南网储能的配置边界条件规模进行匡算，并按照全部并网储能容量中30%为集中式储能电站形式的假定条件，测算河北南网并网的集中式储能电站规模，作为开展成本、效益量化测算分析的边界条件。若按储能配比为新能源项目装机量的10%计算，到2025年集中式储能将超过192万千瓦时；到2030年集中式储能将超过288万千瓦时；到2050年集中式储能将超过480万千瓦时。

表2 河北南网光伏、风电装机集中式储能电站规模预测

年份	光伏、风电网内装机（万千瓦时）	储能时长（小时）	储能配比	储能（万千瓦时）	其中：储能电站（万千瓦时）
2025	3200	2	20%	1280	384
			10%	640	192
			5%	320	96
2030	4800	2	20%	1920	576
			10%	960	288
			5%	480	144
2050	8000	2	20%	3200	960
			10%	1600	480
			5%	800	240

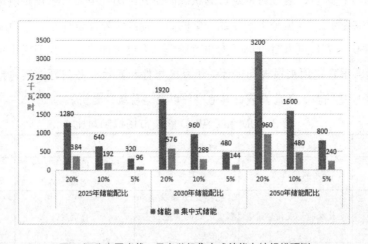

图1 河北南网光伏、风电装机集中式储能电站规模预测

三、储能电站参与电力市场交易的国内外经验

（一）储能参与电力现货市场交易的国际经验

从国际经验看，市场参与多元化与政策扶持是储能发展的关键。主要国家对储能均给予了支持与帮助，利用电能量市场、辅助服务市场等途径，扩展储能的套利空间，同时加大资金与技术扶持，保障产业链健康发展，具有积极的示范意义。

1. 美国储能参与电力现货市场交易措施

美国以市场规则和政策法案的形式，解决了储能参与电力市场的合法性及回报机制问题，对整个储能行业的健康发展起到了关键性作用。

在美国，储能技术能在电力系统中规模化应用，除了储能技术自身的发展，主要得益于美国联邦能源监管委员会在立法层面的制度保障。

电力批发市场规则的修订和州政府储能政策法案的制订，是美国推动储能应用的两个主要抓手。在电力批发市场规则方面，除了FERC 841（2018年2月推出）等法案外，目前主要思路包括将储能列为一类独立的电力资产，定义储能参与电力市场的模式，降低储能参与电力市场的门槛（为将来分布式储能参与市场做好铺垫），允许储能设备并网，规定储能时长要求等。在州政府政策方面，主要包括制订采购目标、建立经济激励、将储能纳入综合资源规划等。

美国主要有PJM和CAISO两种能量市场。美国PJM市场重点从市场结构、行为和绩效等方面进行评估，由独立的市场监督部门（MMU）负责，公开发布电力市场年度评价报告，通过对特定市场状况的研究，制订电力市场规则改进方案和措施。主要特点：一是基于产业经济学的SCP范式构建评价体系，对市场运行状态进行评价；二是重点对市场行为和市场操纵力进行评估，防止形成市场垄断。CAISO运营报告是用来报告和审计关于系统事件和其他业务问题，其包括频率响应、应急储备图表、负荷减载、其他事件以及运营统计分析。

表 3 PJM 和 CAISO 能量市场机制对比

市场	投标标的	荷电状态管理	其他参与方式	成本审核
PJM	充放电能量	储能自行管理	自调度、ISO 应用抽水蓄能优化模块调度	暂无
CAISO	充放电能量或循环价差	储能提交初始状态和期望达到的末尾状态，ISO 管理	自调度	有

2. 英国储能参与电力现货市场交易措施

英国拓展储能参与市场的各类途径。在英国的市场模式中，储能有两种参与能量市场的方法：一是提前通过双边谈判或在交易所交易购入或出售电能，明确交割电力曲线，并在日前提交出力计划，尽管储能本身净发电量小于零，但峰、谷电量块合约可以体现电能的分时价值，储能可出售价格较高的峰时段块合约，购入价格较低的谷时段块合约，套利获取利润；二是参与实时的平衡市场，依靠自身的灵活性，提供上调量应对潜在的功率缺额，提供下调量帮助可再生能源消纳。在 2020 年的改革之后，储能开始被纳入平衡市场，通过提供上下调节量获利已经没有了政策障碍。

英国也允许储能参与容量市场。在 2020 年组织的容量市场中，储能中标容量占比约为 5%（50.4 GW 中的 2.7 GW）。英国在核定储能容量价值时，从可靠性指标出发，根据系统的电源结构、负荷曲线形状确定储能实际的容量支撑价值，这与美国市场在讨论的 ELCC 模式类似。

辅助服务方面，英国也建立了包含增强快速调频、快速调频、短期运行备用、快速备用等多种产品。其中，2016 年诞生的增强快速调频产品要求资源在 1s 之内完成响应，这尤其有利于电化学储能发挥其灵活性优势。目前，英国有近 1000 兆瓦的储能提供调频服务。

3. 北欧储能参与电力现货市场交易措施

北欧电力市场主要以 OTC 方式开展中长期双边交易。北欧现货市场由日前市场、日内市场和平衡市场 3 个部分构成，其交易标的均为电能。辅助服务的交易机制与英国大致相同，由各国输电运行机构（TSO）负责购买，可通过签订双边合约或集中招标的方式实施。

日前市场由北欧电力交易所负责组织，是一个基于双向匿名拍卖的集中式物理交易市场，于日前 12:00 闭市，在 13:00 向市场公布出清结果。日内市场同样由北欧电力交易所负责组织，市场成员可以在日内市场上进行持续滚动的物理电量交易，直到关闸之前结束（北欧各国的关闸时间不同，大致在实际运行的 1—2 小时之间）。平衡市场则在关闸之后由各国 TSO 分别组织，其实施方式与英国的平衡机制类似。

北欧电力市场同样开展了较大规模的中长期双边交易，主要以 OTC 的方式实施，所签订的双边交易需要在实际运行时进行物理交割。双边交易之外的电量则在现货市场上交易，主要集中于日前市场上，日内市场与平衡市场的交易量则相对较小。其中，平衡市场的交易量一向比较稳定，而日内市场的交易量则呈现着一定的增长趋势，这与近年来北欧地区风电等间歇性电源的快速发展有很大关系。

北欧日前市场采取分区边际电价的价格机制。随着北欧市场范围的扩大与区域间阻塞情况有所加重，目前已扩增至 15 个价区。北欧电力交易所依据市场成员的投标信息，在不考虑网络约束的前提下，计算系统的无约束边际出清电价，即系统电价。当无约束出清发现区域间的传输阻塞时，则采取"市场分裂"的方式，在不违背阻塞约束的前提下分区计算各区的边际电价。

日内市场则采取撮合定价的价格机制。市场成员提交其投标竞价信息，北欧电力交易所以"价格优先、时间优先"的原则进行撮合，即首先对负荷报高价者与发电报低价者进行撮合成交，报价相同时则按先到先得的原则撮合。TSO 在平衡市场阶段则将依据电量调整方向和报价高低对增减出力的投标分别进行排序，并依据费用最小的原则进行调度。被调用的电量将以区域的边际价格进行事后结算，分为上调边际价格和下调边际价格两个类别。

图 2　ENTSO—E 下北欧平衡市场运行过程

4. 澳大利亚储能参与电力现货市场交易措施

澳大利亚致力于完善储能参与能量、辅助服务市场机制。澳大利亚目前共拥有储能 3110 兆瓦，其中非抽水蓄能为 320 兆瓦。澳大利亚和美国市场一样，也拥有能量、辅助服务的交易标的，以供储能完成价值实现，但缺乏成熟的容量补偿机制，只依靠单一能量市场，因此致力于形成准确的能量价格信号。

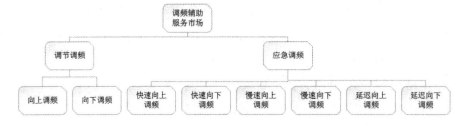

图 3　澳大利亚调频辅助服务市场

市场计划从 2021 年 10 月开始，将结算时间细粒度从 30 分钟降为 5 分钟，这有助于反映极短供需紧张时段内能量的尖峰价值，储能的快速响应、容量支撑作用可得到奖励。

此外，澳大利亚也考虑了储能与电网之间潜在的双向功率流，定义了新的资源模型。储能资源可同时申报充电报价和放电报价，市场出清时将根据供需情况，决定储能具体的充放电状态和功率。这种新型的模型赋予了储能更大的运行可行域，为市场提供了资源配置的更大空间。

表 4 国外储能电站参与电力市场交易措施

国家	政策	年份	具体实施方案
美国	制订了电力批发市场规则的修订和州政府储能政策法案	2018	在技术方面，美国能源部推出"分布式能源系统网络优化计划"，对虚拟储能资源的网络化应用给予资金支持，开发能够灵活调控并优化储能等分布式能源应用的系统。在电力市场规则方面，FERC 简化小型发电设备的并网流程，2015 年允许消费端能源产品和 2016 年开始就储能与分布式能源参与电力市场方面的规服务参与批发电力市场，进行建议征集和全面修改。
英国	英国能源监管机构发布的"英国智能灵活能源系统发展战略"	2020	主要从"消除储能发展障碍""构建智能能源的市场机制和商业模式""建立灵活性电力市场机制"三个方面入手推动英国构建智能灵活能源系统。储能不仅有两种参与能量市场的方法，还可以参与容量市场和辅助服务市场。
北欧	正在努力制订北欧电力市场的统一规则和条例	2020	北欧电力市场同样开展了较大规模的中长期双边交易，主要以 OTC 的方式实施，所签订的双边交易需要在实际运行时进行物理交割。
澳大利亚	太阳能＋储能项目激励计划	2020	为电网级、住宅以及社区级太阳能＋储能项目提供资助，截至 2018 年澳大利亚可再生能源署对 14 个储能项目进行资金支持，支持资金总额达 5724 万澳元，主要涉及储能技术的研发与示范应用。储能资源可同时申报充电报价和放电报价，市场出清时将根据供需情况，决定储能具体的充放电状态和功率。

（二）储能参与电力市场交易的国内经验

从国内实践看，储能发展具有市场规模大、技术与机制创新快、多种业态相互融合等特点。在市场交易套利的基础上，"共享储能""增值服务"等新模式逐渐涌现，为储能大规模配置奠定良好的市场基础。甘肃、山东等省份在时段、价格的设置积累经验，甘肃、深圳在业态融合方面做出探索，相关经验值得借鉴。

1. 江苏开展电网侧储能项目试点建设

为保证电网安全稳定运行和新能源并网消纳，国家能源局江苏监管办公室出台了《江苏能源监管办关于进一步促进新能源并网消纳有关意见的通知》，鼓励新能源发电企业配置一定比例的电源侧储能设施，支持储能项目参与电力辅助服务市场，推动储能系统与新能源协调运行。

例如江苏镇江东部电网侧储能示范项目，其主要由江苏省网公司确定第三方公司作为项目总包方，负责项目投资建设，并与之签订一定时期固定收益率的经营性租赁合同，电网公司获得储能系统的使用权。投资方对储能设备等进行招标采购，确定供应商并按照一定的支付比例分期向储能设备供应商支付。电网企业调用储能系统为电网提供服务，投资方获得租金收益。

镇江丹阳建山储能电站已于 2018 年 6 月 21 日并网运行，是镇江第一个建成投运的电网侧储能项目，包含 8 个储能电站、总容量 20.2 万千瓦时。电网侧储能主要服务于大电网的安全可靠运行、新能源合理配置与完全消纳，促进镇江地区电网削峰填谷，有效缓解镇江东部电网供电压力。

2. 广东储能现货试点价差相对较小

广东的储能现货试点工作走在全国前列，从试点运行情况看，目前存在价差低、市场限价等问题，储能参与现货交易仍面临一系列问题。尤其是在 2019 年 5 月和 6 月，广东进行了国内首次储能现货市场试运行。从运行的数据来看，最明显的变化来自于储能现货市场的峰谷电价差，相比原目录电价的 702 元 / 兆瓦时，储能现货市场试运行的价格高峰与低谷价差仅为 253 元 / 兆瓦时，较原目录峰谷电价差降低了约 63%。主要有以下几点原因：一是广东的电力供应本就处于供大于需的状况，储能现货市场试运行又只是开放部分市场，所以造成电价较低，尤其是峰值价格变低。二是用户侧采用全网加权平均的节点电价计算方式，发电侧节点电价传导至用户侧后，所有负荷的最终结算电价是统一的加权平均电价，相当于对发电侧的竞争结果进行了平滑，使得价格波动被平抑，导致峰值电价不高。三是规则中设立的发电侧报价上限、市场出清上限偏低（市场申报上限为 0.665 元 / 千瓦时，下限为 0 元 / 千瓦时，市场出清上限为 0.8 元 / 千瓦时，下限为 0.07 元 / 千瓦时）。四是储能现货市场规则下的中长期交易价格和输配电价均未考虑峰谷特性。在目录电价时代，峰谷平电价中的能量价格和输配电价，其实相当于都按照峰谷比例进行了折算，包含了时间特性。但在目前的现货市场模式下，输配电价只是一个固定价格，只在不同区域有所差别，并没有考虑时间上价值的差异性。

3. 青海储能电站参与辅助服务市场

2019 年，国网青海电力首次将储能电站作为独立主体纳入电力辅助服务市场，提出了双边协商、双边竞价及单边调用三种市场化交易模式。三种交易模式均获得国家能源局西北监管局批准，并写入《青海电力辅助服务市场运营规则》，为储能企业参与辅助服务市场交易打下基础。

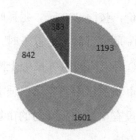

图 4　2020 年青海省电源装机情况

截至 2020 年 11 月底，基于区块链技术的共享储能市场化交易平台累计成交 1801 笔、充电电量 3750 万千瓦时、放电电量 2987 万千瓦时，充放电效率达到 79.65％，获得补偿费用合计 2095 万元。平台引导省内 335 座新能源电站参与储能辅助服务市场交易，新能源增发电量为 3866 万千瓦时，实现了多方共赢。

共享储能的交易特征是"1 对 N"，在传统交易模式下，共享储能存在多边交易矛盾冲突、清结算规则复杂等问题。该平台采用融合区块链加密技术、智能合约和共识机制，将参与市场交易的主体信息上链存储，配合大电网安全校核和自动控制系统，解决了"源—储"端电力、电量、电价难以精准区分、匹配的难题，实现每一千瓦时绿色电力可追溯。同时，平台设置双边协商及市场竞价交易规则，编写区块链智能合约，实现新能源电站和储能电站的快速撮合交易，保障了共享储能的清分结算、交易信息的透明化。

4．山东明确辅助服务价格机制

2021 年 9 月 3 日，山东能源监管办公室印发《山东电力辅助服务市场运营规则（试行）（2021 年修订版）（征求意稿）》提出，储能调峰每日最多可申报 3 个调用时段。AGC 调频辅助服务申报价格上限暂按 8 元兆瓦执行。还增加了用户侧有偿调峰辅助服务、虚拟电厂调峰辅助服务等内容，单个电力用户最小调节时长不低于 2 小时，最小响应容量不低于 1 兆瓦。储能设施可作为主体参与电力辅助服务市场，其中充电功率不低于 5 兆瓦，持续充电时间不低于 2 小时。

参与有偿调峰交易的储能设施包括独立储能设施和集中式新能源场站配套储

能设施。储能设施在日前申报次日最大充放电功率、可调用时段（调用持续时长不低于 1 小时）和交易价格，每日最多可申报 3 个调用时段。

试运行初期，储能有偿调峰报价上限 400 元／兆瓦时。储能示范应用项目参与有偿调峰交易时报量不报价，按照 200 元／兆瓦时给予补偿。电力调度机构在火电机组低谷调峰运行至 50% 最大可调出力以下时，采用滚动循环调用方式优先调用储能示范应用项目。AGC 调频辅助服务报价上限暂按 8 元／兆瓦执行，下限为 0 元／兆瓦。在参与交易市场主体的调频调节速率不能满足电网次日调频调节速率需求的情况下，或日前没有申报调频交易的市场主体时，优先调用调节性能综合指标较高的机组或储能设施。

表 5 国内储能电站参与电力现货市场交易措施

省市	政策	年份	具体实施方案
江苏	《江苏能源监管办关于进一步促进新能源并网消纳有关意见的通知》	2019 年	鼓励新能源发电企业配置一定比例的电源侧储能设施，支持储能项目参与电力辅助服务市场，推动储能系统与新能源协调运行。
广东	《广东调频辅助服务市场交易规则（试行）》	2019 年	相比原目录价的 702 元／兆瓦时，储能现货市场试运行的价格高峰与低谷价差仅为 253 元／兆瓦时，较原目录峰谷电价差降低了约 63%。
青海	《青海电力辅助服务市场运营规则》	2019 年	国网青海电力首次将储能电站作为独立主体纳入电力辅助服务市场，提出了双边协商、双边竞价及单边调用三种市场化交易模式。共享储能采用融合区块链加密技术、智能合约和共识机制，将参与市场交易的主体信息上链存储，配合大电网安全校核和自动控制系统，解决了"源—储"端电力、电量、电价难以精准区分、匹配的难题，实现每一千瓦时绿色电力可追溯。
山东	《山东电力辅助服务市场运营规则（试行）（2021 年修订版）（征求意见稿）》	2021 年	储能调峰每日最多可申报 3 个调用时段。AGC 调频辅助服务申报价格上限上调为 8 元／兆瓦。还增加了用户侧有偿调峰辅助服务、虚拟电厂调峰辅助服务等内容，单个电力用户最小调节时长不低于 2 小时，最小响应容量不低于 1 兆瓦。储能设施可作为主体参与电力辅助服务市场，其中充电功率不低于 5 兆瓦，持续充电时间不低于 2 小时，即储能规模不小于 5 兆瓦／10 兆瓦时。

四、储能电站成本特性及其在电力系统中的价值贡献分析

（一）储能技术特性分析

储能技术按能量的转化机制不同，可分为物理储能（抽水蓄能、压缩空气储能、飞轮储能）、电化学储能（锂离子电池、钠硫电池、铅蓄电池和液流电池等）和电磁储能（超级电容器、超导储能）3 类，各储能技术分类占比见图 5。

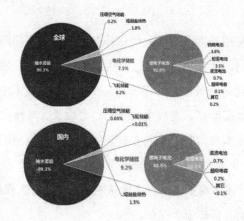

图 5 2000—2020 年全球及国内储能累计装机分类占比

1. 电化学储能

电化学储能的响应速度较快，基本不受外部条件干扰，但投资成本高、使用寿命有限，且单体容量有限。在电池储能技术特性方面，受储能规模、系统成本、能量及功率特性、安全性、可回收性等综合影响，目前锂离子电池优势突出，铅炭电池、液流电池及钠硫电池特定场景下具备竞争力。铅酸电池服役寿命过短、钠硫电池安全问题突出且技术进步缓慢。目前锂离子电池的产业规模最大，在消费类、交通类锂离子电池产业体量能够很好支撑锂离子电池储能市场的发展。目前锂电池储能电站的装机规模占电化学储能电站项目的 80% 以上。电化学储能各技术对比见表 6。

表 6 电化学储能各储能技术比较

储能类型	典型额定功率	额定容量	循环寿命（次）	循环效率	优点	缺点	应用场合
铅酸电池	千瓦—50 兆瓦	1 分钟 ~3h	500—1200	75%	技术成熟，成本较小	寿命短，环保问题	电能质量、频率控制、电站备用、黑启动、可再生储能
铅炭电池	千瓦—50 兆瓦	1 分钟 ~3h	1000—4500	90%	性价比高，一致性好	比能量小，环保问题	电能质量、频率控制、电站备用、黑启动、可再生储能
液流电池	千瓦—100 兆瓦	1~20h	≥ 12000	80%	安全性高、寿命长、能量与功率分开控制	储能密度低，成本高	电能质量、备用电源、调峰填谷、能量管理、可再生储能
钠硫电池	千瓦—100 兆瓦	数小时	2500—4500	85%	响应速度快、比能量与比功率较高、规模化应用	需要维持高温条件，运行安全问题有待改进	电能质量、备用电源、调峰填谷、能量管理、可再生储能
锂离子电池	千瓦—100 兆瓦	分钟—小时	1000—10000	90%	比能量和比功率高，无记忆，自放电小，污染小	成本较高、循环寿命低，安全问题有待改进	电能质量、备用电源、不间断电源

2．飞轮储能

飞轮储能主要应用于为蓄电池系统作补充，如用于不间断电源／应急电源、电网调峰和频率控制，具有使用安全、全生命周期无污染，残值高，工作温度范围宽，20 年超长使用寿命等绿色环保特点。在各类储能技术中，飞轮储能对比其他储能技术具有功率密度高、充放电次数高、寿命长、环境友好等独一无二的优势，但高昂的投入成本相对制约了其在储能领域的大规模应用（目前成本为化学电池的 3—4 倍）。未来，在国家政策影响下，随着能源产业的变革和产能规模的扩张以及材料和技术本身的创新，飞轮储能成本将随着大规模化生产快速下降，有望追平电化学电池，打破市场壁垒。

表 7　飞轮储能技术特性

储能类型	典型额定功率	额定容量	循环寿命（次）	循环效率	优点	缺点	应用场合
飞轮储能	5 千瓦—1.5 兆瓦	15s—15 分钟	≥ 20000	85%—90%	比功率大、寿命长	成本高、噪音大	调峰、频率控制，UPS 和电能质量

3．超级电容器储能

超级电容器储能具有长寿命、循环次数多，充放电时间快、响应速度快，效率高，少维护、无旋转部件，运行温度范围广，环境友好等特点，超级电容器储能将电能直接储存在电场中，无能量形式转换，充放电时间快，适合用于改善电能质量。但超级电容器的电介质耐压很低，制成的电容器一般耐压仅有几伏，储能水平受到耐压的限制，因而储存的能量不大，且能量密度低、投资成本高、有一定的自放电率。超级电容器储能适合与其他储能手段联合使用。

表 8　超级电容器储能技术特性

储能类型	典型额定功率	额定容量	循环寿命（次）	循环效率	优点	缺点	应用场合
超级电容器储能	10 千瓦—1 兆瓦	1s—30s	≥ 50000	95%	响应快、比功率高	成本高、储能量低	电能质量

（二）储能电站成本特性分析及成本预测

1．储能电站全寿命周期成本分析

储能电站全生命周期成本可以分为建设成本、运行维护成本、回收成本三部分。

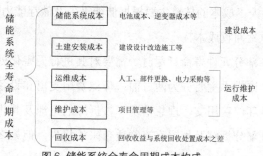

图6 储能系统全寿命周期成本构成

（1）建设成本。

储能电站的建设成本，也被称为系统成本，是指单位容量的储能系统的成本。电池储能电站初始建设成本包括储能电池成本、平衡系统成本、土建安装成本等。以电化学储能电站为例，其建设成本构成及占比如图所示。

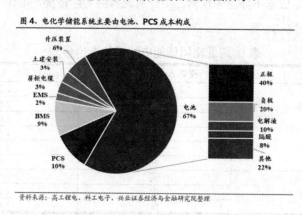

图7 电化学储能电站系统成本构成

储能设备包括储能电池、电池管理系统（BMS）、储能逆变器（PCS）、能量管理系统（EMS）等，这些设备的购置费用构成设备安装成本。施工建造成本主要包括建筑工程费、安装工程费和设备设施设计、调试等费用。在建设成本中的电池成本所占比例较大，约为67%，对储能电站成本影响最大；其次为变流系统及BMS，分别占据成本的10%、9%左右。

（2）储能电站运行维护成本。

储能电站每年的运行维护成本包括系统维护、电力采购和人工成本等。维护费用包括检查、维修、备件、设施费用、保险、管理与行政、控制系统、风险管理以及能源交易等。储能电站的电力采购成本即充电成本是指充电过程中发生的全部费用，其中包括在充电过程中的能源合理损耗。购电成本直接与电池的性能和配置以及批发能源价格在其使用寿命的变化相关，在不同时期波动性较大。对于电池储能电站人工成本的核算主要根据储能设备及储存能力的大小而定。

（3）储能电站回收成本。

储能系统各部分元件寿命耗尽时，需要对其进行无害化处理，所投入的资金就是处置成本。该成本主要分为两方面：环保费用支出和设备残值。回收电池所付出的成本就是环保费用支，理想情况下，拆卸的电池及其化学物质可以回收利用，这可以抵减部分拆解及处置有害物质带来的损失，但最终与处置相关的成本应该包含在储能电站的总成本当中。

2. 储能电站单位造价成本预测

2020 年全国储能电站单位造价在 3.5 元 / 瓦时左右，随着技术进步和政策支持，电化学储能成本将进一步下降，根据美国国家可再生能源实验室对全球 2019—2050 年的储能成本下降速率预测，结合河北省的实际情况，电化学储能单位造价计算可以得到表 9。

表 9 河北南网储能电站单位造价预测

年份	较 2020 年下降幅度	单位造价（元 / 瓦时）
2025	高	2.24
	中	2.50
	低	2.91
2030	高	1.51
	中	1.80
	低	2.44
2050	高	0.80
	中	1.20
	低	1.63

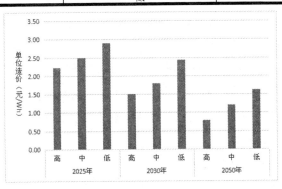

图 8 储能电站成本下降趋势

（三）储能电站在电力系统中的价值贡献分析

储能电站目前的主要贡献体现在：新能源电站配置储能可任意减少弃风弃光，

促进可再生能源并网消纳；电网侧参与调峰调频，延缓输配电设备扩容；用户侧可利用峰谷价差套利，作为应急保障电源。

表 10 储能电站在电力系统中的主要价值贡献

应用场景	主要用途	价值贡献
发电侧	可再生能源并网、减少弃风弃光	大电站配储在电网消纳满负荷时，储存电量，适当时机再并网消纳，提升光伏风电利用率，减少污染物排放，助力能源结构转换。
电网侧	参与电力调峰调频、延缓输配电设备扩容	利用储能进行调峰，配电容量会大幅度减小，大大节省电力装备的建设投资，减少增容费用，缓解高峰输电阻塞问题。
用户侧	峰谷价差套利、应急保障电源	用户侧储能主要用于满足电力自发自用、峰谷价差套利、节约容量电费、提升电能质量。

1. 发电侧：促进可再生能源并网，减少弃风弃光

储能电站在电网消纳满负荷风光时，储存电量，适当时机再并网消纳，提升光伏风电利用率，减少资源浪费。以我国为例，2020 年我国并网侧新增储能 0.5GW，同比增加 405%，随大电站配储比例的提升，2020 年我国风电／光伏利用小时为 2097h/1160h，弃风弃光率分别为 3.5%/2.0%，风光发电的利用水平进一步改善。

2. 电网侧：参与电力调峰调频，保障电网安全运行

电网侧储能电站的主要功能是调峰调频、改善电能质量、保障电网安全运行和延缓电网投资建设。利用储能进行调峰，配电容量会大幅度减小，大大节省电力装备的建设投资，减少增容费用，缓解高峰输电阻塞问题。储能参与电网调频，可有效改善功率波动性和不确定性影响，传统调频火电机组控制偏差较大，而电化学电池储能具有快速的功率响应能力，且能实现功率的正反双向调节，调频效果优于火电，具备更好的经济性，同时降低火电发电量，进而减少各类污染物排放，助力能源结构转换。利用储能对电网中的有功和无功功率进行补偿，可以有效改善分布式电源并网和电网自身的电能质量。对于不可预期的大扰动，储能的快速响应性能可以使系统能够快速从紧急状态恢复到正常运行状态，尽可能地减少扰动对系统可靠性的影响，并能为电网提供紧急功率支持。当配电网故障时，储能可以作为负荷的应急电源，保证负荷的持续可靠供电，并可以支持电网黑启动。

3. 用户侧：峰谷价差套利，降低系统整体用电成本

目前国内用户侧储能应用装机占总储能装机的 29%，主要盈利模式在于自发自用、峰谷价差套利，同时可提升电能质量和供电可靠性。根据峰谷平的电价差，

在电网谷值电价较低时，利用储能向电网购电，待峰值电价较高时，再向电网卖电，可以减少工商业和家庭等的用电费用，也能缓解电网峰谷时的电量供需紧张问题，且能够实现一定程度的收益。当出现不可预期的事件时，用户侧储能还可用于应急电源使用。

五、储能电站参与河北南网电力现货市场机制及影响研究

（一）河北南网储能电站参与电力现货市场机制设计总体思路

参照 2021 年 9 月山东省能源监管办公室印发的《山东电力辅助服务市场运营规则（2021 年修订征求意见稿）》中的相关规定，独立储能电站标准定义为，充放电功率不低于 5 兆瓦，持续充电时间不低于 2 小时，即储能电站的规模不低于 5 兆瓦 /10 兆瓦时。

目前，世界各国及国内各省针对储能电站参与电力市场的机制都有所不同，因此，本报告紧密结合河北南网新型电力系统及电力现货市场的建设进度，提出分三个阶段，按照"三步走"的方式逐步推进、完善储能电站参与河北南网电力市场交易机制的总体思路，如图 9 所示。

储能电站参与日前市场电能量-调频市场联合优化，实时市场由调度机构按需调用	推动储能电站逐步参与中长期市场，发挥储能资源在优化电力交易曲线方面的特殊优势	建成电力容量市场，充分反映发电机组、储能在新型电力系统中的容量资源贡献
第一阶段	第二阶段	第三阶段

图 9 储能电站参与电力市场机制设计总体思路

储能参与电力现货市场交易的第一阶段，为 2022 年—2025 年。这一阶段，在电力市场建设方面，河北南网初步建成电力现货市场并正式运行，初期辅助服务市场交易品类只包含调频；在电源结构方面，风力发电、光伏发电并网容量将达到 3200 万千瓦；在储能并网规模方面，按照新能源配储能 10% 的比例测算，并网储能预期规模将达到 320 万千瓦 /640 万千瓦时，按照储能电站占比 30% 测算，并网储能电站规模预计将达到 96 万千瓦 /192 万千瓦时。

储能参与电力现货市场交易的第二阶段，为 2026—2030 年。这一阶段，在电力市场建设方面，河北南网电力现货市场体系逐步发展完善，辅助服务市场交易品类包含调频、备用、需求侧可调节资源等多种品类；在电源结构方面，风力发电、光伏发电并网容量将达到 4800 万千瓦；在储能并网规模方面，按照新能源配储能 10% 的比例测算，

并网储能预期规模将达到万 480 万千瓦 /960 万千瓦时,按照储能电站占比 30% 测算,并网储能电站规模预计将达到 144 万千瓦 /288 万千瓦时。

储能参与电力现货市场交易的第三阶段,为 2031 年—2050 年。这一阶段,在电力市场建设方面,河北南网电力现货市场体系继续深化发展,逐步建立起能够充分反映发电机组容量资源价值的电力容量市场;在电源结构方面,风力发电、光伏发电并网容量将达到 8000 万千瓦;在储能并网规模方面,按照新能源配储能 10% 的比例测算,并网储能预期规模将达到 800 万千瓦 /1600 万千瓦时,按照储能电站占比 30% 测算,并网储能电站规模预计将达到 240 万千瓦 /480 万千瓦时。

不同阶段河北南网电力市场建设情况及储能电站参与电力市场的方式如表 11 所示。

表 11 不同阶段河北南网电力市场特点及储能电站参与市场方式

项目	阶段	2025 年	2030 年	2050 年
电源结构特点及储能并网规模	风电、光伏并网规模(万千瓦)	3200	4800	8000
	装机容量中新能源发电占比(%)	51%	59%	80%
	储能并网规模(按新能源配置储能 10% 计算)(万千瓦 / 万千瓦时)	320/640	480/960	800/1600
	储能电站并网规模(按照储能电站占比 30% 估算)(万千瓦 / 万千瓦时)	96/192	144/288	240/480
电力市场建设情况	中长期市场特点	储能电站、新能源发电不参与中长期市场	储能电站、新能源发电部分参与中长期市场	储能电站、新能源发电全部参与中长期市场
	现货市场特点	日前市场,储能电站不纳入 SCUC,在开机机组组合确定后再安排储能电站的充放电计划、确定承担调频任务的机组或储能电站	日前市场,储能电站不纳入 SCUC,在开机机组组合确定后再安排储能电站的充放电计划,确定承担调频、备用的机组或储能电站	日前市场,需将储能电站模型及相关技术、经济约束纳入 SCUC 模型,根据新模型统一优化形成次日机组组合、储能电站充放电计划安排
	辅助服务市场特点	交易种类包含调频服务	交易种类包含调频、备用服务	交易种类包含调频、备用服务
	是否建成电力容量市场	否	否	是
储能电站参与电力市场方式	储能电站参与的市场交易类型	现货电能量市场;辅助服务市场(调频服务)	中长期市场;现货电能量市场;辅助服务市场(调频服务、备用服务)	容量市场;中长期市场;现货电能量市场;辅助服务市场(调频服务、备用服务)
	储能电站参与现货市场交易方式	日前市场 SCUC 模型不考虑储能电站,在确定的机组组合状态下由调度机构按照储能申报的充放电价格、容量、调频报价等信息统一安排储能电站的充放电、调频计划;实时市场由调度统一调用	日前市场 SCUC 模型不考虑储能电站,在确定的机组组合状态下由调度机构按照储能申报的充放电价格、容量、调频、备用报价等信息统一安排储能电站的充放电、调频、备用计划;实时市场由调度统一调用	日前市场 SCUC 模型中考虑储能电站的技术约束及经济约束,确定机组组合及储能电站的充放电、调频、备用计划;实时市场由调度统一调用

（二）河北南网储能电站参与电力现货市场机制设计

按照本报告提出的储能电站参与河北南网电力现货市场交易的"三步走"的方式，分别设计储能电站参与现货电能量—调频市场、中长期市场、电力容量市场的交易机制。

1. 储能电站参与现货电能量—调频市场交易机制

国内外各市场中的现货电能量及调频辅助服务市场出清协调机制各不相同，本报告结合河北南网电力现货市场交易规则，设计了储能电站参与现货电能量—调频市场交易机制。

机制设计的总体思路是，在日前市场，进行现货电能量市场与调频辅助服务市场的顺次出清；在实时市场，沿用日前调频辅助服务市场出清结果，并视情况由调度机构补充出清（或调用）。

具体业务流程包含四个步骤，如图10所示。

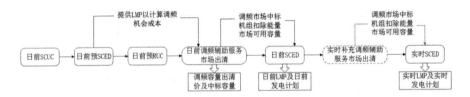

图10 储能参与河北南网现货电能量—调频市场交易流程

（1）在日前市场，各火电机组提供次日的报价（报量且报价），新能源发电机组仅报量不报价，由调度机构根据日前安全约束机组组合（security constrained unit commitment，SCUC）确定次日的机组组合方式（即开机方式），由于储能电站规模较小，不具备价格影响力且不影响机组组合，故在SCUC模型中不考虑储能电站的影响。

（2）在机组组合确定后，纳入储能的申报信息（储能需进行申报的信息清单见表12），进行预安全约束经济调度（security constrained economic dispatch，SCED），确定各时段发电机组、储能电站的出力分配及市场的统一边际出清价格（marginal clearing price），作为调频辅助服务市场出清计算的基础（即参与调频服务而非发电的机会成本）。

（3）在预安全约束经济调度确定的机组出力及市场价格的基础上，开展日前可靠性机组组合（reliability unit commitment，RUC）及调频辅助服务市场出清，确定次日所需的调频容量价格及各机组、各储能电站的中标容量，扣除中标容量后再次进行日前 SCED，最终确定日前发电计划并确定各时段的分时电价。

（4）在实时市场运行过程中，由调度机构根据实际需求，按照实时调频辅助服务市场实际需求调用调频资源，并在扣除最终确定的机组调频容量后每隔 15 分钟实时滚动进行 SCED 计算，生成实时发电计划及实时电价，并记录各调频单元的实际调频里程。

在信息申报环节，独立储能需要申报的信息如表 12 所示。

表 12 储能电站参与现货电能量—调频市场交易申报信息明细

申报信息类别	申报具体内容
价格信息	充电价格、放电价格、调频容量价格、调频里程价格
功率信息	最大充电功率、最小充电功率
电量信息	调频容量上限、调频容量下限；最大允许 SOC、最小允许 SOC；运行日初始 SOC、运行日最终 SOC
效率信息	充放电效率

注：1. 调频容量：表示储能电站预留用于进行调频的容量；
　　2. 调频里程：表示储能电站实际的调频贡献，即包含实际上调节量、下调节量的总调节贡献；
　　3. SOC 表示储能电站的荷电状态（state of charge）。

在整体协调机制方面，市场总体采用现货电能量市场与调频辅助服务市场顺次出清的机制。由于调频辅助服务市场出清需考虑发电资源提供调频辅助服务的机会成本，所以在日前进行调频辅助服务市场出清时则需反复进行 SCUC 及 SCED 模型计算，流程较复杂；在调频辅助服务的价格机制方面，按照日前市场形成的调频容量价格进行调频容量费结算，按照实际调频里程进行调频里程费结算。

2. 储能电站参与中长期市场交易机制

同国内大多数省份一样，河北南网电力现货市场采用集中式市场模式（即全电量优化），中长期市场的电力合约采用金融合约（financial binding）的方式与现货市场衔接，仅具有金融结算意义，而不需要物理执行。目前新能源发电暂不参与中长期市场交易，但随着新能源发电并网规模和发电量的持续增加，2025 年新能源发电并网装机容量将达到全网的 51%、2030 年将达到 59%，建立新能源发电参与的新型中长期电力交易机制将成为未来新型电力系统建设的研究热点。中长期合约电量进行曲线分解示意如图 11 所示。

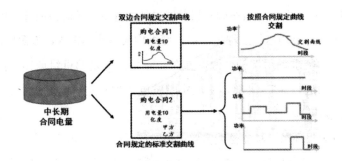

图 11 中长期电力交易曲线交割示意图

按照《河北南网电力市场中长期交易实施细则（征求意见稿）》中规定，常用中长期电力交易合同约定的交割方式见表 13 所示。

表 13 河北南网电力中长期交易分解曲线类型

合同约定的交割方式	划分方式	类型
采用市场推荐的标准曲线进行交割	按照日期不同划分	工作日典型曲线；周末典型曲线；节假日典型曲线
	按照每日不同时段划分	峰、平、谷 3 种形式及各种组合形式
双边协商的曲线进行交割	按照发电、用电双方自行约定的曲线进行交割，并报交易机构及调度机构备案	

以风电、光伏为代表的新能源发电出力具有随机性、间歇性和波动性等特点，难以形成稳定的中长期电力合约售电曲线，因此无法直接单独参与中长期电力交易市场。

通过建立新能源场站与储能电站合作机制，可以在新能源电站发电较多的用电低谷时段，由储能电站存储新能源发电电量；在新能源电站发电较少或无法发电的用电高峰时段，由储能电站继续向购电方按照中长期合约约定的供电曲线供应质量合格的电能。光伏发电与储能电站结合优化出力曲线示意图如图 12 所示。通过统筹考虑新能源场站、储能电站的度电成本及容量规模、效率等技术经济参数，结合电力中长期市场的合约曲线特点，在科学测算的基础上保证通过中长期市场获得的合约交割实际执行电费收入高于双方分别单独参与市场交易所获得的收入总和，新能源场站、储能电站可以获取额外的经济利益。

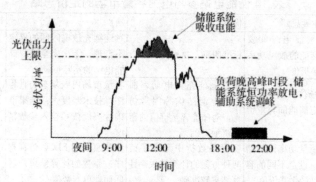

图 12 光伏电站与储能电站联合参与中长期晚高峰时段竞价示意图

因此，在新能源发电并网规模持续扩大的背景下，将储能电站纳入中长期电力交易市场，建立新能源电站与储能电站联合参与电力中长期交易尤其是绿色电力中长期交易，提前锁定长期收益的交易机制，可以帮助新能源场站、储能电站提升盈利稳定性水平，帮助电力系统提升新能源消纳水平、降低新能源并网带来的市场风险，在未来的新型电力系统中具备可行性与推广价值。

3. 储能电站参与电力容量市场机制

所谓电力容量市场，是指在政府宏观控制之下，通过统一规划、统一组织项目可行性研究论证，确定一定时期内电力市场中发电容量的合理范围，从而实现电力行业可持续发展，降低电力行业投资风险，保持电力供给和需求平衡的一种特殊的市场形势，是现代电力市场的重要组成部分。

随着新能源发电并网规模的持续扩大，通过建立电力容量市场激励储能电站、火电机组积极参与新能源消纳，为具有间歇特性的低碳能源提供充足的备用容量，对保障电力系统的安全稳定运行、提升新能源消纳能力从而实现"碳中和"战略目标，有极强的现实意义。

电力容量市场的本质，是一种对资源的容量支撑作用给予奖励的容量充裕性机制。储能电站作为一种容量有限型资源，如何科学衡定其容量价值，目前在国内外学界和产业界共有三种技术路线，三种技术路线的内涵、特点及推广情况见表 14 所示。

表 14 储能电站参与电力容量市场的定价思路

序号	方案的主要思路	优点	缺点	推广情况
方案一	设定连续放电时间要求，对储能的放电功率进行直接折价	标准明确、执行简单	对连续充放电时间的界定不合理，无法完全反映储能电站的实际贡献	美国 PJM
方案二	根据市场仿真的 ELCC 结果确定储能的容量价值	通过储能充放功率曲线、电源结构等因素仿真，对储能容量价值的衡量更加准确	容量市场内嵌复杂仿真程序，技术难度大；结果准确性高度依赖输入参数精度	英国电力市场、北欧四国电力市场
方案三	对不同能量功率比的储能电站，设定不同的容量系数以量化其价值	容量系数折中考虑了前两种方案的计算结果，计算结果较准确	依赖复杂的 ELCC 仿真程序；系数的计算结果是区间而非单一数值	美国 NEISO、NYISO

注：1.ELCC，表示有效带负荷能力（effective load carrying capability）；

2.PJM，表示宾夕法尼亚—新泽西—马里兰电力互联组织；

3. 北欧四国电力市场，包括瑞典、丹麦、挪威、芬兰；

4.NEISO，表示新英格兰独立系统调度机构；

5.NYISO，表示纽约独立系统调度机构。

在储能电站参与电力容量市场的初级阶段，推荐采用较为简单的方案一参与方式，即按照额定的标准放电时间折算储能电站的最大连续放电功率的方式，认定储能电站的容量价值。如规定要求储能电站的放电持续达到 4 小时以上，则 1 兆瓦 /4 兆瓦时的储能电站能以 1 兆瓦的放电功率连续放电 4h，其容量价值认定为 1 兆瓦，其容量系数为 100%；而 1 兆瓦 /2 兆瓦时的储能电站则只能以 0.5 兆瓦的放电功率连续放电 4 小时，因而其容量价值只能认定为 0.5 兆瓦，容量系数为 50%。

容量市场的流程设计，可包含容量定额建立、资格及拍卖机制、二级市场交易、电能交付、结算支付 5 个阶段，如图 13 所示。由能源管理机构在容量定额建立和电能交付阶段进行市场引导与监管，资格及拍卖机制、二级市场交易遵循完全市场竞争的方式开展公平竞价与交易。

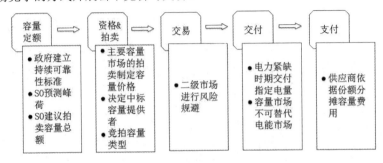

图 13 含储能电站参与的电力容量市场交易流程

（三）储能参与河北南网电力现货市场交易影响测算

按照本报告提出的储能电站参与河北南网电力现货市场交易的"三步走"的推进方式，在科学考虑储能建造成本逐步下降的背景下，分别对河北南网2025年、2030年、2050年并网储能电站的财务收益情况进行科学测算。

在测算中，并网储能电站规模按照表9中不同年份下，高、中、低三种情景的数值进行测算；储能电站统一按照"每日两充两放"的模式进行运行，年运行日为300天，储能容量衰减比例假定为2%/年，储能充放电效率假定为93%，储能循环寿命为6000次，建设期1年，运行期10年；电力现货市场上网电价峰谷价差参考山东电力现货市场典型日的价格，并按照电力现货市场建设进度考虑峰谷价差逐步扩大的趋势；调频市场出清价格参考山东调频市场出清方式及价格；远期容量市场补偿标准按照4小时放电为基准进行容量计量，容量市场补偿标准参考学术论文推荐的280元/千瓦进行测算。

测算结果见表15。

表 15 河北南网储能电站财务收益情况测算

年份	储能电站规模预测	储能电站规模（万千瓦/万千瓦时）	净现值（万元）	内部收益率(%)	投资回收期（年）
2025	高	192/384	—5532.50	—5.277	无法回收
	中	96/192	—110649.99	—5.277	无法回收
	低	48/96	—22130.00	—5.277	无法回收
2030	高	288/576	20121.07	3.952	7.49
	中	144/288	10060.54	3.952	7.49
	低	72/144	5030.27	3.952	7.49
2050	高	480/960	159160.73	23.851	3.3
	中	240/480	79580.36	23.851	3.3
	低	120/240	39790.18	23.851	3.3

从表15中可以看到，在2025年，由于储能电站建设成本高，且电力现货市场峰谷电价差较小，导致储能电站在现行的市场规则体系下无法回收成本，整体处于亏损状态。

在2030年，随着储能电站建设成本的逐步降低（主要是电池设备费的降低）和电力现货市场峰谷价差的扩大，储能电站参与电力市场交易可获得微利，投资回收期为7.49年，项目财务内部收益率为3.952%。可以预见储能电站将持续吸引社会资本的投资热情，经济性拐点出现。

在2050年，随着储能电站建设成本的大幅下降、电力现货市场峰谷价差的持续扩大、电力容量市场机制的建立，储能电站投资收益率将持续升高，投资回收期仅 3.3 年左右，项目财务内部收益率可达 20% 以上，投资收益很高。在以新能源为主体的新型电力系统中，随着市场规则和回报机制的逐步完善，储能电站将占据重要位置。

六、工作建议

在设计储能电站参与电力现货市场交易的机制时，必须充分考虑如下两方面因素：一是由于电力系统技术经济特性的差异，各省在储能电站参与电力现货市场的制度体系设计中并无可供直接复制套用的经验，必须结合各省的电源结构、电力市场建设的具体情况，逐步推进储能电站参与电力市场的交易机制设计；二是在电力现货市场建设过程中。

在交易机制方面，结合北欧、美国等先进国家和江苏等先进省份的经验做法，必须提前谋划、超前布局，做好基础资料的收集和规则研究工作，努力提升市场机制设计的科学性。

在政策法规方面，目前大多数省份尚未出台储能电站参与电力现货市场交易的相关政策，主动向省能源局、省发改委汇报，促请尽快出台方案，将储能电站纳入电力市场交易，为相关业务开展提供制度保障。

在价格机制方面，建议完善峰谷价差市场机制，鼓励峰谷价差的合理扩大，增强储能电站的投资汇报水平，扩大储能电站并网规模。

在储能电站市场准入规则方面，建议明确储能准入门槛，确保储能高质量应用，赋予第三方储能独立市场主体地位，推动发电侧、用户侧的储能资源在闲置时参与市场竞价，扩大资源优化配置空间。

在试点示范方面，尽快建立储能电站参与电力现货市场交易示试点示范工程，通过采取资金支持、税收优惠、优先并网等激励政策，为探索储能电站参与电力现货市场交易机制体系积累经验。

（周波、徐楠、马国真、张洪珊、夏静、丁荣）